Werner Möllenkamp

Die letzte Nacht muß man wachen

Werner Möllenkamp

Die letzte Nacht muß man wachen

Schicksalstage in Ostpreußen

C. A. Starke Verlag Limburg

Anschrift des Verlages:
C. A. Starke Verlag
Frankfurter Straße 51/53, D-65549 Limburg / Lahn
Tel. 06431 / 96 15 0; Fax 06431 / 96 15 15

ISBN: 3-7980-0531-1

VORWORT

Alle Generationen haben den Traum vom ewigen Frieden geträumt, doch hat sich dieser Traum nicht erfüllt. Alle Menschen wollten Brüder werden, doch Zwietracht und Zwistigkeiten obsiegten.
Was ist geschehen, was geschieht und was wird in vergleichbarer Weise noch geschehen? Mir war daran gelegen, mit Abstand von den Dingen innezuhalten und Bericht zu geben über die Ereignisse in Ostpreußen, meiner verlorenen Heimat, zu Zeiten des letzten Kriegsjahres. Ereignisse. Namen. Standorte. Ortschaften. Fügungen. Fluchtpunkte. Mahnungen. Erinnerungen.

Die vorliegende historische Erzählung handelt von Menschen, die das Schicksal in einer unglaublichen Weise geschunden hat, obwohl sie nicht schuldig geworden waren, wie so oft in der Geschichte der Menschheit die Götter die Schuldlosen zur Erlösung von der Schuld heranziehen und die Opfer auswählen, die nur dem Ende der Tragödie zu dienen haben und das Grauen auf der Bühne ausgestalten.

Eine mehrfache Überarbeitung des Manuskripts diente nicht allein der Verdichtung des umfänglichen Erlebnisstoffes, sondern vor allem auch der Versachlichung der Beschreibung der Geschehnisse. Wo dies nicht in vollkommener Weise gelungen ist, möge der Leser Nachsicht gewähren.

In Erinnerung an Horst Marienhagen, Günther Moll und die Abiturienten des Osteroder Gymnasiums im Jahre 1939, die verpflichtet waren, sich einen Tag nach dem Abitur zum Militärdienst in den Kasernen einzufinden, weil soeben der Zweite Weltkrieg begonnen hatte, eine Erinnerung, die niemals verblassen wird.

Und da ich auf dem Lande und bei den Herden groß wurde, weiß ich auch noch, was Heimat ist.
Industrialismus, die Fabrikation des neuen Menschen, Intellektualismus, alle Schatten, die dieses Zeitalter über meine Gedanken wirft, alle Mächte meines Jahrhunderts, von denen ich mich mitreißen ließ oder denen ich mich entgegenstemmte – es gibt Augenblicke, da dieses ganze gequälte Leben versinkt, und es bleibt nichts als diese wunderbaren Wälder, Weiden, Seen, das Glück der unberührten Weite, der Segen der Erde, der betäubende Duft der Jahreszeiten.

Stuttgart, März 1996
frei nach Gottfried Benn aus seinem Brief an Klaus Mann

Verfluche
dein Schicksal, Soldat,
deine *profession*, Soldat,
ist der Tod
unter entrolltem Fahnentuche,
bis dahin
ist deine Heimat
das Bataillon.
Ruhen kannst du,
bist du gefallen, Soldat,
die Armee wird dich
bewachen,
nur deine letzte Nacht,
Soldat,
die letzte Nacht
mußt du wachen!

1943 von einem unbekannten Soldaten
auf den Höhen von Ssinjawino

1

Herbst 1944.

Mit der zunehmenden Länge der Nachschubwege büßte die Sommeroffensive des russischen Heeres ihren beträchtlichen Schwung ein. Die deutschen Einheiten gewannen Zeit, durchzuatmen und sich neu zu ordnen. Ein wenig Hoffnung kam auf. Ostpreußen richtete sich zur Verteidigung ein. Die Kürze der inneren Linie sollte von Vorteil sein.

Es regnete schon die ganze Nacht, und auf dem Schotter der Landstraßen standen kleine, dreckige Pfützen. Die Straße erschien ihnen unendlich lang. Die Männer der bespannten Batterie wußten nicht, wohin diese Straße sie noch führen würde. Sie wußten nur, was hinter ihnen lag, wo diese Straße ihren Anfang genommen hatte. Sie wußten es, aber sie sträubten sich gegen die Erinnerung. Doch die Erinnerung entließ sie nicht. Niemals würde die Erinnerung sie entlassen.

Sie kamen aus einer bitteren Vergangenheit: vom Ladoga-See, vom Wolchow, von der Wolga oder vom Schwarzen Meer. Und immer noch marschierten sie auf dieser Straße, die staubtrocken in der Sonne brütete oder deren Schlamm den Pferden bis zum Bauch hinaufklatschte. Lasttiere des Schicksals, getrieben von der Peitsche einer unsichtbaren Hand. Bei Tag und Nacht marschierten sie, an Katen, Weidensträuchern und Wäldern vorbei, erfüllt von der Unruhe großer Wanderungen. Mit den Jahren hatten sie die Farben der Straße angenommen: grau und schwarz und gelb, wenn das Sonnenlicht auf ihrer fahlen Haut brannte. Man hätte sie auf dieser Straße liegen lassen können, bei Regen, wenn die Müdigkeit flüchtender Haufen sie überfiel, und es wäre kein

Unterschied gewesen zwischen ihnen und den kleinen drekkigen Wasserpfützen. Sie und die Straße gehörten zusammen bis in alle Ewigkeit, sie und diese gottverdammte Straße zwischen Ost und West.

„Noch zehn Minuten, dann werden wir an der Grenze sein", sagte Oberwachtmeister Unruh.

„An welcher Grenze?" fragte der Hauptmann gedankenverloren. Hatte der Krieg nicht alle Grenzen gelöscht?

„An der Grenze zu Ostpreußen", sagte der Oberwachtmeister. Seit Tagen sprachen sie von nichts anderem.

„Es ist nur ein Strich auf der Karte", meinte der Hauptmann, „nur eine Linie, Unruh."

„Was geschieht dann mit uns?"

„Wir bleiben Reserve, bis wir neue Geschütze haben. Wird aber schnell geschehen, schätze ich. Hinten soll alles voll liegen. Material, Munition noch und noch." Hauptmann Westermann bog sich im Sattel zurück und sah den Wachtmeister spöttisch an. „In den letzten dreieinhalb Jahren waren wir einmal Reserve. Eine knappe Woche dauerte das Glück, dann steckten sie uns in das scheußlichste Loch des ganzen Nordabschnitts. Also wird das Glück auch diesmal nur Tage währen."

Der Oberwachtmeister nickte. „Neue Kanonen, das ist gut. Von Kanonen verstehen wir was. War eine Schnapsidee, uns in eine Stellung zu stecken, die die Infanterie auch nicht gehalten hätte. Wenn die da oben keine Infanterie mehr haben, soll'n sie mit dem Krieg aufhören."

„Trösten Sie sich, die hören nicht auf. Solange wir eine Trompete blasen können, hören die nicht auf ... Da ist schon die Grenzwache."

Der Kiefernwald trat etwa hundert Meter vor dem Schlagbaum von der Straße zurück und gab den Blick auf ein vielfach verschlungenes Grabensystem, Unterstände und spanische Reiter frei. „Na, ist das gar nichts?" fragte Unruh.

„Könnte die Ostpreußenstellung sein“, meinte Westermann.

„Die Ostpreußenstellung?“

„Ja“, bestätigte Hauptmann Westermann und hob sich ein wenig aus dem Sattel. „Hat die Partei gebaut. Hier sollen die von drüben sich totlaufen. Hören Sie genau hin, Unruh: hier an der Ostpreußenstellung müssen die anderen sich totlaufen . . . oder kein Mensch hält sie auf.“

„Hier werden sie uns nicht verjagen. Gewiß nicht. Schließlich weiß jetzt jeder, worum es geht. Wissen Herr Hauptmann noch . . . Fast an der gleichen Stelle haben wir angefangen . . . Ein paar Kilometer nördlich von hier zogen wir los, damals . . . Mitte Juni . . . eines Nachts . . .“

„Ich weiß, Unruh. Ich erinnere mich. Wer wird den frühen Morgen je vergessen?“

2

Juni einundvierzig.

Westermanns Ausbildung zum Artillerieoffizier nahm siebzehn Monate in Anspruch. Da sein Einsatz in der Einundzwanzigsten ostpreußischen Infanteriedivision vorgesehen war, gehörte zu seinem Ausbildungsprogramm das Reiten. Den letzten Schliff erhielten die Offiziersanwärter in der Artillerieschule Jüterbog. Westermann nahm während der ganzen Ausbildungszeit vier Tage Urlaub, einen Sonntag von Jüterbog aus nach Berlin und drei Tage von Elbing aus nach Osterode, seiner Heimatstadt in Ostpreußen. In Berlin traf er sich mit zwei Osteroder Klassenkameraden, die in einer Panzerabwehrschule im Norden Berlins ihre Ausbildung absolvierten. Von seinen Klassenkameraden erfuhr er, daß Hitler am 20. April im Berliner Sportpalast vor den Offiziersanwärtern reden würde. Westermann gab diese Neuigkeit bei einem Mittagessen in Jüterbog Mitte April an seinen

Ausbildungsleiter weiter, der seinerseits den Staatssicherheitsdienst unterrichtete. Es kam zu einem Verhör und zu einer Sonderbelehrung des Offiziersjahrgangs über die Melde- und die Schweigepflicht eines Soldaten. Da dürfe kein Zweifel aufkommen. Der Führer sei ein Mann, den man mit allen Mitteln schützen müsse.

„Hat zu diesem Komplex noch jemand eine Frage?"

Nein. Niemand. Um Himmels willen nein.

Zum Leutnant befördert und zum Artillerieregiment nach Königsberg versetzt, strich Westermann das Vorkommnis aus seinem Gedächtnis. Doch noch einmal siegte die Versuchung eines schnell dahingeworfenen Wortes. Er lag als vorgeschobener Beobachter an der Grenze zu Litauen. Eine harmlose Friedensübung, wie es hieß. Am Abend vor dem Angriff auf Rußland rief ihn der Batterieoffizier Leutnant Rademacher aus der Feuerstellung an, er solle seine Beobachtungsstelle abbrechen und mit allen Geräten in die Feuerstellung kommen. Dort liefen schon die Vorbereitungen für das Unternehmen Barbarossa. Aber das erwähnte Rademacher nicht. Der Feind könne mithören. Welcher Feind?

„Wo geht's denn nun hin?" fragte Westermann und hängte den Gurt der Maschinenpistole über die Stuhllehne.

„Wir greifen in aller Herrgottsfrühe Rußland an."

„Nochmal!" Westermann verschlug's die Sprache.

„Um drei Uhr fünfzehn überschreiten wir die Grenze nach Litauen", sagte Rademacher. „Da bleibt dir nicht mehr viel Zeit."

„Krieg gegen Rußland." Westermann hatte das schon verstanden. Konnte es aber nicht glauben.

„Ja, mein Guter." Rademacher gab sich Mühe, ihm Beine zu machen.

„Das schaffen wir nicht", meinte Westermann.

„He, Leutnant, dein Beruf ist der Krieg. Wer sonst wird morgen früh gebraucht, wenn nicht du?" Rademacher sah ihn spöttisch an, und dieser spöttische Blick wollte kein Ende nehmen.

Er kannte das schon. In jeder Generation brauchte der Staat die Westermanns. Dachte plötzlich an seinen Vater.

Westermanns Vater ist Artillerist. Hindenburg hat die Russen bei Tannenberg aufhalten können. Die deutschen Armeen rücken ins Baltikum vor. Bei Dünaburg stabilisiert sich die Lage. Rußland ist nicht zu besiegen, sagt Westermanns Vater. Sein Regiment, das Artillerieregiment Nummer sieben, wird im Westen gebraucht. In Flandern. Das Regiment wird mit der Bahn an die Westfront geschafft. Bei Ypern läuft sein Vater in einen englischen Gasangriff, er wird sehr spät ins Lazarett gebracht. Seine Bronchien sind vergiftet. Westermann denkt oft an seinen Vater. Nachts erwacht das Haus, sein Vater findet keine Ruhe. Warum des Nachts? Er geht ins Wohnzimmer und wirft die Asthmamaschine an. Unter dem Dampfkessel brennt die Petroleumflamme. Vater sitzt dann keuchend vor dem Atemtrichter. Manchmal wekken ihn auch die pfeifenden Geräusche der Atmung seines Vaters. Der Junge steht auf und geht ins altmodisch eingerichtete Wohnzimmer. Vaters Gesichtshaut ist blaugefärbt. Vater bittet ihn, aus der Garderobe im Flur die Wollhandschuhe zu holen. Der Vater friert an den Händen. Der Junge kehrt zurück und riecht die Dämpfe der atropinhaltigen Öle. Die Asthmamaschine faucht wie eine Lokomotive.

„Wir werden es nicht schaffen“, wiederholte Westermann geistesabwesend.

Rademacher redete dann plötzlich sehr ernst auf ihn ein. Er, Westermann, müsse das durchstehen. Jeder habe seine Pflicht zu tun. Wer sich sträube, werde im Strafbataillon landen. Oder an die Wand gestellt werden. Rademacher war ein guter Kumpel. „Wir wollen dieses Gespräch vergessen.“

„In Ordnung, es hat nicht stattgefunden“, bestätigte Westermann.

„Dann pack deine Sachen. Und vergiß nicht die Munition für die Maschinenpistole."

„In Ordnung."

„Und noch etwas", fügte Rademacher hinzu, „es wird wie jeder andere ein Blitzkrieg. Offiziere nehmen in ihrer Kleiderkiste die Galauniform mit. Deine Kiste folgt mit dem Troß. In einer Stunde kommen Männer vom Troß, um deine und meine Kiste abzuholen."

Dann sagte Rademacher noch irgend etwas über Generaloberst Halder, aber danach würde sich Westermann erst wieder erkundigen, wenn sie den Schelonj überschritten, im Sommer, südlich des Ladoga-Sees.

Mitternacht war dann rasch vorüber. Um drei Uhr nullfünf sollte der Angriff beginnen. Um drei Uhr nullfünf sollte sich die Armee aus ihren Löchern erheben. Um drei Uhr nullfünf: Feuerüberfall auf das rote Haus. Zehn Minuten später Überschreiten der Grenze. Unwiderruflich. Ein Wort aus dem Duden des Teufels.

Westermann ritt vorbei an Pionieren, die auf kleinen Handkarren ihre Flammenwerfer nach vorn zogen, vorbei an einem Sturmbataillon, dessen Landser schon Stielhandgranaten unter dem Koppel trugen. Los, los, los, beeil dich, alte Braune, um drei Uhr nullfünf Feuerüberfall auf das rote Haus.

Dieser Feuerschlag mußte klappen, denn im roten Haus saßen die russischen Wachen, und dieses rote Haus war sein erster Auftrag. Der Anfang sollte leicht sein für die Infanterie. Aus diesem ersten Morgen wollten sie den Mut schöpfen für einen ganzen Feldzug.

Der Leutnant ritt ab. Das Scherenfernrohr im Lederfutteral schlug im Takt der Gangart gegen den Pferdebauch. Unwilliges Schnauben. Ein Unteroffizier, zwei Funker und ein Pferdehalter folgten in Reihe. Zwischen den Weiden links und rechts des Weges blieben dünne, durchsichtige

Staubwolken in der hellen Nacht zurück. Sie ritten vorbei an Infanteriekolonnen und Panzerspähwagen.

Weidenzweige peitschten sein Gesicht. Weiter, alter Himmelhund! Sie ritten in die Sperrzone ein. Von jetzt ab konnte man drüben jeden Lärm hören. Schritt!

Nach wenigen Minuten ließ Westermann absitzen und übergab die Pferde dem Pferdehalter. Dann gingen sie zu viert am Rande eines Roggenfeldes weiter, mit den Beobachtungs- und Funkgeräten auf dem Rücken. Das Gelände stieg zur Grenze hin sanft an. Die Funker ließen den Abstand größer werden. Die Funkkästen zerrten schwer an den Traggurten. Die Karabiner 98 K schlenkerten vor ihrer Brust herum und klopften mit den Beschlägen gegen die Koppelschlösser. Schließlich ließ Westermann die Leute zurück und suchte einen gedeckten Platz, der sich bei Hellwerden gut zur Beobachtung eignen würde. Von einem Gartenstück aus lief eine breite Reihe von Stachelbeersträuchern nach vorn, dicht genug für ein gutes Versteck. Er ging zurück und holte die Funker nach. Sie setzten ihre Geräte ab, schnallten die Spaten aus den Lederhüllen und begannen, zwischen den einzelnen Stauden Löcher zu buddeln. Ein Mann fluchte leise. Westermann baute das Scherenfernrohr auf. Noch war es nicht hell genug, noch konnte man nichts erkennen. Er dachte: Vielleicht kann ich noch einmal vor die Hecke kriechen, um die Tarnung zu begutachten. Wenn man wenigstens rauchen dürfte!

So also fing ein Feldzug an! Ein Gedanke in einem einsamen Hirn, Notwendigkeit oder Traum, Wahnsinn oder Furcht: dann ein Plan, viele gläubige und ungläubige Gehirne, gekonnte Rechenexempel, geheime Kommandosachen, Telefongespräche, Meldefahrten, schließlich kroch eine ganze Armee aus den Betten, um befehlsgemäß auf irgendeine Sache – die einem persönlich völlig gleichgültig war – loszugehen, bis es Zeit wurde, den Abzugshebel durchzudrücken.

Westermann sah in der ersten Morgendämmerung das rote Haus. Vor der Tür latschte ein Posten auf und ab, der sicher darauf wartete, wieder unter die warmen Decken zu kommen. Er hatte ein Gewehr über die Schultern gehängt wie etwas Lästiges, Fremdes. Woran der Posten da drüben vor dem roten Haus dachte? Wahrscheinlich hatte er irgendwelche Frauen im Kopf. Auf Nachtwache hatte man immer Frauen im Kopf, um die Zeit möglichst schnell herumzubekommen. Das wußte Westermann aus eigener Erfahrung. Nachts dachte man immer an Frauen, oder nur an eine, und der Posten da drüben dachte jetzt bestimmt, was er noch alles tun würde, wenn dies sture Wacheschieben erst einmal vorbei wäre.

Der Zeiger rückte weiter vor. Westermann erkannte jetzt, daß der Mann da drüben eine Mütze trug, was er in ein paar Minuten vielleicht bereuen würde. Doch auch ein Stahlhelm hätte ihm keine Chance gegeben. Du wirst es gleich merken, mein Lieber, dachte Westermann damals. Ihr alle werdet es gleich merken, denn hinter uns, ein paar hundert Meter hinter uns, drehen sie jetzt, in diesem Augenblick, die Rohre hoch, schieben die Granaten gegen die Führungsschiene, bis die kupfernen Ringe an den Zügen anstoßen, werfen die glatten, frisch geölten Schlösser zu, nehmen die fettigen Abzugsleinen in die Hand und stehen nun da, ein wenig aufgeregt und doch sehr sicher und selbstbewußt: was soll denn schon passieren, an den Lärm sind wir gewöhnt, und die da drüben liegen in den Betten. Nun nimmt der voreilige Batterieoffizier die rechte Hand hoch, weit über den Stahlhelm hinaus und läßt sie dort stehen wie eine lebendige, letzte und harte Mahnung. Er hebt den linken Arm im Winkel unter das Kinn und starrt auf die Armbanduhr, ob es nicht bald Zeit sei, die rechte Hand fallen zu lassen.

Drüben der Posten blickte auf die Uhr, weil er wieder ins

Bett wollte, aber es war noch nicht ganz drei, und wahrscheinlich kam er nie wieder ins Bett.

Westermann sah auf das Zifferblatt und horchte nach Westen, denn nun mußte es nach dreißig Sekunden losgehen ... noch fünfundzwanzig Sekunden ... Der Mann da drüben stand unbeweglich vor der Tür des roten Hauses, und es sah aus, als ob er in den Himmel starrte. Vielleicht gehst du doch noch in das Haus hinein, dachte Westermann ... noch zwanzig Sekunden ... vielleicht hättest du dann Glück und könntest verduften ... Verlaß dich nicht auf unsere Gleichgültigkeit. In der ersten halben Stunde, wenn die Wut über alles, über dieses beschissene Leben und diese törichte Schießerei aus dem Menschen herausbricht, ist es schwer, Gefangener zu werden ... Noch zehn Sekunden ... Überleg nicht so lange! ... Noch fünf Sekunden ... aber du starrst in den Himmel ... Vor noch nicht allzulanger Zeit war er mit Ute die Wilhelmstraße hinuntergeschlendert. Wiesbaden blühte bis hinauf zu den Kuppen des Taunus. Sicher schlief die Stadt jetzt noch und träumte von einem sorglosen Sommer, indessen er hier zwischen Stachelbeersträuchern lag und hinüberstarrte zu einem Mann in erdfarbener Montur, zu einem roten Haus, das ihn verdammt wenig anging. Die Welt war aus den Fugen geraten, doch Befehl war Befehl!

In diesem Augenblick begann das Stückchen Erde unter ihm zu zittern. Über ihm sangen plötzlich hohe und tiefe Stimmen, und mit gurgelndem Brüllen stürzten sich die Granaten in das fremde Land. Gruben sich in die Erde, explodierten, schufen Trichter, zersplitterten Bäume. Das rote Haus verschwand hinter schwarzen Erdfontänen.

Dann erhoben sich vor ihm unzählige namenlose Schatten, rannten auf das Stacheldrahthindernis der Grenze zu, schnitten und bogen Drähte beiseite, keuchten durch Gassen, formierten sich lautlos, als fehlte ihnen jede Stimme oder die Möglichkeit, für dies Geschehen einen Ausdruck zu finden, stürmten hinauf, von unsichtbaren Dämonen gehetzt, schon nicht mehr sie selbst, schon erfüllt von dem Taumel des Geschehens, das ihnen ihre alltäglichen Züge nahm.

Ein paar Handgranaten platzten. Der Tumult brach vollends in den Morgen ein, Schüsse und Geschrei klangen herüber. Dann Stille.

„Einpacken, Stellungswechsel nach vorn!“ Westermann klappte das Scherenfernrohr zusammen und erhob sich. Banal, wirklich banal. So sieht das also aus. Kalte Erde. Nässe dringt durch das Tuch der Reithose. Ich friere ein wenig, das rechte Bein ist mir eingeschlafen, ich habe Hunger, und der Vormarsch beginnt. Ute denkt bestimmt, es sei heroisch, und ich habe es auch gedacht. Er drehte sich um und sagte eine ganze Idee zu gewollt: „Marsch!“

Der Mann mit der Mütze und dem Karabiner lag in der Tür des roten Hauses. Westermann sah sofort, daß ihn keine Granate getötet hatte, sondern eine Garbe kleiner Geschosse. Das Haus stand fast unversehrt da, nur die Scheiben waren aus dem Rahmen geblasen. Im Flur stank es merkwürdig nach verbrannten Lumpen. Einer hing mit dem Kopf aus dem Bett heraus und seine Augen starrten seltsam frostig und unbeteiligt in den Raum. Westermann ging wieder zurück und blieb wenige Minuten vor der Tür stehen, wo der Mann mit der braunen Mütze lag. Immer wieder sah er ihn an und konnte kaum begreifen, daß dieser Mensch vor einigen Sekunden noch gelebt hatte.

Dann sagte jemand zu ihm: „Herr Leutnant“, und mit einem Schlage wurde ihm bewußt, daß eine Armee sich in Marsch gesetzt hatte und daß er mitmarschieren mußte. Und zum zweiten Male an diesem Morgen half er sich über sich selbst hinweg und sagte „Marsch“. Und dann lief er den anderen hinterher.

Das lag nun dreieinhalb Jahre zurück. Dreieinhalb Jahre marschieren, schießen, zurückmarschieren und immer wieder Tage und Nächte, Wochen und Monate hindurch schießen. Seit dreieinhalb Jahren schlief man in der Reithose, die Feldbluse zusammengerollt als Kissen unter dem Kopf, seit dreieinhalb Jahren zu Pferde und zu Fuß auf den Straßen, durch Sand, Moder und Sumpf, seit dreieinhalb Jahren in dem festen Glauben, es doch noch schaffen zu können, und darum immer wieder zu allem bereit, was sich von Menschen überhaupt ertragen ließ.

Westermann hielt sein Pferd zurück, bis er auf gleicher Höhe mit dem Oberwachtmeister ritt. „Können Sie mir sagen“, fragte er, „warum Sie hier eigentlich reiten, Unruh?“

Der Oberwachtmeister nahm die Zügel in die linke Hand und legte die rechte auf den Sattelknauf. Er grinste. „Na, das ist doch ganz einfach. Wir reiten, weil es so befohlen ist.“

„Glauben Sie an die Hölle, Unruh?“

„Ich glaube an unsere Sache.“

Im Verlauf der letzten Rückzugsgefechte im Baltikum waren sieben Kanoniere und Fahrer gefallen, sechsundzwanzig Männer wurden verwundet. Mehr als dreißig Pferde gingen verloren. Bei dem Angriff der Dritten weißrussischen Front mußte die Batterie ihre vier Feldhaubitzen zurücklassen. Die russische Artillerie hatte ihre vielfache Überlegenheit unter Beweis gestellt. Die Zeiten hatten sich verdammt nochmal geändert.

„Weiß nicht“, sagte Westermann, „mir kommen langsam Zweifel bei der ganzen Geschichte.“

Sie hatten ihre Gefallenen nahe der Protzenstellung bei Raseinen beerdigt. Sie waren in Eile, die russische Infanterie drängte nach und die eigenen Einheiten zogen sich mit hinhaltendem Widerstand zurück. Er hatte dem Hauptwachtmeister befohlen, eine Skizze von den Grabstätten anzufertigen, aber er wußte, daß es dafür zu spät war. Alles, was er für die Toten noch tun konnte, war ein Nachruf, den er fast auswendig hersagen konnte. Im Kriege trifft es die Tapferen zuerst. Etwas in dieser Art. Möge es den Angehörigen ein Trost sein, daß die Soldaten ihr Leben für eine große Sache hergaben. Seit Stalingrad haßte er diese Phrase, aber es gab nichts, was er an ihre Stelle setzen konnte. Also blieb er dabei. Jeder von ihnen hatte etwas auf dem Buckel. Er hoffte, er würde später, sollte er den Krieg überleben, eine Gelegenheit finden, die Familien der Gefallenen für diesen Spruch um Vergebung zu bitten. Die Toten hatten Besseres verdient. Jeder von ihnen hatte Besseres verdient. Vielleicht ergab sich das Bessere aus dem Umstand, daß ihnen noch Schlimmeres erspart blieb. Das hätte er ihnen gern sagen wollen.

„Mir nicht, Herr Hauptmann“, sagte Unruh.

„Glücklicher Soldat.“

„Das muß ich wohl sein.“

„Der Befehl lautet, am Eichwalder Forst vorbei Richtung Gumbinnen zu marschieren. Da gibt es an der Pissa ein Dorf mit dem Namen Elchenaue, zwischen Eichenberg und Hagelsberg, dort sollen wir Quartier nehmen.“

„Also marschieren wir nach Elchenaue.“

Für die braven Leute schienen die Dinge immer sehr einfach zu sein.

Unruh rauchte nur Zigarren. Zu seiner vollen Figur und dem Bauchansatz unter dem Koppel, zu seinen weitschäftigen Stiefeln konnte nichts besser passen als eine Zigarre. Aber diese war soeben in einem kurzen Regenschauer ausgegangen. Er schob sie von einem Mundwinkel in den anderen, ohne auch nur eine Miene zu verziehen. Er dachte, was will der Hauptmann eigentlich mit dieser Fragerei? Ein Soldat hat sich über solche Dinge nicht den Kopf zu zerbrechen, es gibt genug Kram und Krempel, die vierundzwanzig Stunden ausfüllen. Politische Soldaten? Wir sind Soldaten und damit basta. Was geht uns die Politik an? Marschieren und dazwischen Feuerkommandos und nach der Kanonade einen Schnaps, was braucht man mehr.

Gut, dachte Westermann, Unruh zweifelt nicht. Vielleicht zweifelt niemand. Das ist das Eigenartige: noch scheinen alle an den Sieg zu glauben. Keiner scheint skeptisch, oder . . .? Zumindest sagt niemand etwas. In der Armee kann noch jeder sagen, was er will. Noch darf man alles sagen. Wir sind Landsknechte, die einen Stiefel saufen und dann fluchen, ohne daß einer kommt und mit der Faust auf den Tisch schlägt. Die wirklich großen Dinge geschehen am Rande, still, wie selbstverständlich. Nein, die Leute zweifeln alle nicht, sonst würden sie es sagen . . . Oder war da schon ein Anfang von Angst?

„Nein“, sprach Westermann laut vor sich hin, „alles Quatsch, ich zweifle ja auch nicht, man wird ein bißchen sentimental, wenn man ohne Kanonen in die Heimat einreitet. Schon gut, Unruh, ab und an muß man sich selbst bestätigen. Das ist es.“

Sie ritten an den ersten Häusern der Grenzstadt vorbei. Einige Zivilisten rannten verstört herum, auf den Höfen standen pferdebespannte Wagen. Richtig, die Partei hatte ja den Befehl gegeben, zu Hause zu bleiben, weil nie ein Russe deutschen Boden betreten würde. Das wurde ihnen vom Obersten Befehlshaber vorgebetet. Und der hatte ja den Überblick über die Gesamtlage, den notwendigen Überblick um zu wissen, ob er so etwas sagen konnte oder nicht. Hitler und Gauleiter Erich Koch.

Westermann hielt vor einer Litfaßsäule, die ihn erneut mit schmerzhafter Deutlichkeit daran erinnerte, daß sie in Deutschland waren. Ein buntes Plakat: „Karneval der Liebe“ mit Kulturfilm. „Der Gouverneur“ mit Brigitte Horney und Willy Birgel. Bekanntmachungen über Lebensmittelrationen. Unterschrift: Der Landrat. Eine Vortragsankündigung: „Deutsche Schutzgebiete unter Mandatsherrschaft“. Es kam ihm alles unsagbar grotesk vor: Der Karneval der Liebe, eine Sehnsucht in Moll? Aus mit dem Karneval, aus mit der Liebe! Auch mit dem Landrat? . . . Morbleu!

Auf dem Marktplatz, gegenüber der Kronenapotheke, stand ein Flüchtlingswagen, vereinsamt, hoch bepackt. Zwei braune, kräftige Pferde knabberten unmutig an den am Boden liegenden Heuresten herum. Auf dem Wagen saß inmitten des Durcheinanders vergnügt trällernd ein kleines Mädel, dessen linke Hand im Takt des Liedes auf den hölzernen Deckel einer Nähmaschine schlug. Es war kein bekanntes Lied, es war überhaupt keine sinnvolle Melodie, nur das muntere, helle Summen eines Kindes, ähnlich der Stimme einer Spieluhr, deren Töne kichernd von der Walze hüpfen. An der Deichsel des Wagens stand ein betrunkener Bauer, der sich vergeblich bemühte, mit dem Feuerzeug seine Zigarre anzuzünden.

Plötzlich lärmten zwei Schlachtflugzeuge über der Stadt. Sie fegten mit ihren Bordkanonen, deren Mündungen kleine helle Flämmchen in den Äther spuckten, über den Platz. Der eine der beiden Schlachter löste zwei winzige Torpedos von den Flügeln – dann war der ganze Spuk verrauscht.

Der Hauptmann stand immer noch an der Litfaßsäule. Er hatte nicht einmal „Fliegerdeckung“ gerufen, die Männer wußten auch so Bescheid. Die Fahrer standen zwischen den Pferden, die Kanoniere hatten sich rechts und links der Straße in Deckung geworfen. Fast gleichzeitig knallten die beiden Bomben auf das harte Pflaster.

Schmutziger grauer Qualm zog mit dem Winde langsam vorüber. Das Kind, dessen Stimme von diesen beiden Schatten über ihm zunächst erstickt schien, begann mörderisch zu schreien. Der Batteriesanitäter lief schon mit seiner unförmigen Ledertasche hinüber, hinter ihm her der Beschlagunteroffizier, der an seinem Pistolenfutteral herumfingerte.

Das eine der beiden Pferde lag verendet auf dem Steinpflaster, dem anderen hatte ein Splitter die Bauchdecke aufgerissen. Der Beschlagunteroffizier setzte ihm das Eisen zwischen die Ohren, ein kurzer Schlag, dem Wallach begannen die Beine zu zittern, dann kippte er mit einem müden Stöhnen nach vorn über.

Der Sanitäter deckte den Bauern mit einer Decke zu. Aus der Haustür des Dorfkruges stürzten jammernd zwei Frauen. Das Kind trällerte schon wieder die gleiche Melodie.

Der Hauptmann rief seinen Pferdehalter: „Aufgesessen!"

Reiten, das war Trost. Die Fahrer nahmen die Zügel auf und trieben die Gespanne an. Die Batterie marschierte durch die Stadt.

„Hallo, na ja, hallo . . . Menschenskind, wir sind doch wieder in Deutschland."

An der Brücke stand ein Schild: Nach Tilsit. Insterburg. Gumbinnen.

3

Mitten auf der regenfeuchten Dorfstraße von Elchenaue stand der Ortsgruppenleiter. „Woher kommen Sie?"

„Aus dem Baltikum", antwortete Westermann. Er saß ab und führte sein Pferd an der Trense.

„Nein, ich meine, sind Sie Ostpreuße?"

„Osterode ist meine Heimatstadt."

„Na, dann kennen Sie sich hier ja aus", bemerkte der Ortsgruppenleiter. Er war ein großer kräftiger Mann, etwa einsachtzig, in brauner Uniform und braunen Stiefeln. An seinem Koppel hing eine schwere Dienstpistole. Einige Meter hinter ihm blieb eine schwangere Frau mit einem Kind auf dem Arm stehen und beobachtete die heranrückenden Pferde- und Fahrzeugkolonnen der Ersten Batterie. „Ich habe Ihre Quartiermacher schon eingewiesen."

„Großartig", sagte Westermann.

„Sie wohnen am besten im Gutshaus des jungen Herrn. Da existiert auch noch ein Telefon. Wenn Sie das Fernsprechamt von Gumbinnen wählen, werden Sie mit Osterode verbunden."

„Hört sich so an, als lebten Sie hier im tiefsten Frieden.“

„Das nicht gerade“, schränkte der Ortsgruppenleiter ein, „aber wir können gut organisieren. Sagen Sie mir, was Sie brauchen, und Sie bekommen es.“

Die Partei hatte das Dorf fast vollständig räumen lassen. Nach zähem Ringen mit Erich Koch durfte der Ortsgruppenleiter den größten Teil der Bewohner in Notquartieren südlich Insterburg unterbringen lassen. Er begründete seinen Antrag mit der Feststellung, der Eichwalder Forst mit Heubude und Florhof bis Eichenberg sei Frontbereich. Die Luftaufklärung hatte Vorauskommandos der Dritten weißrussischen Front ostwärts der Rominter Heide ausgemacht. Und die deutschen Einheiten waren gerade eben erst dabei, in der Nordsüdlinie Schaulen – Suwalki – Bialystok eine Auffangstellung einzurichten. Das Dorf Elchenaue reichte im Süden bis an die Pissa. Da sich in Gumbinnen die Pissa und die Rominte vereinigten, führte der Fluß hier am Dorf reichlich Wasser. Es gab zwei Versorgungssysteme, eins brachte das Wasser des Flusses in einen Hochbehälter über dem Viehstall, und da die Abluft des Stalles den Behälter wärmte, gefror das Wasser nur in sehr kalten Wintern. Für solche Fälle diente das zweite System, das eine Zisterne speiste. Neben der Zisterne hatte man ein festes Pumpenhaus errichtet mit einer Elektropumpe und einer Schaltanlage. Die Stromversorgung arbeitete zu diesem Zeitpunkt noch einwandfrei. Nahe dem Stall auf hohem Stahlgerüst ein Windrad für die Getreidemühle.

Der Ortsgruppenleiter führte Westermann durch das Gutshaus und den Hof des jungen Herrn, wie er sagte, eines Landwirts namens Robert von Elchenaue-Balga, der in Frankreich im Stabe Rommels Dienst tat. Roberts Vater, der alte Herr, Major der Nachrichtentruppe, kämpfte in der Kurlandarmee nahe Riga. Unter dem Dach der Remise standen mehrere verstaubte Fahrzeuge. Ein Heurechen. Eine Gig. Ein kleiner Kastenwagen mit Gummibereifung. Ein Feldschlitten aus Eichenholz mit angerosteten Eisenbeschlägen. Daneben ein Nobelschlitten. Die Bank und die beiden Kutschersitze mit grünem Samt bezogen. Ein Buggy, ein einspänniger hochrädriger Feldwagen. Ein riesiger dunkelblauer Dodge, ein amerikanisches Fabrikat, das der junge Herr über Danzig importiert hatte. Die Armee hatte die Autoreifen requiriert. Die vier Achsen ruhten auf kräftigen Holzklötzen. Die Motorhaube geöffnet. Wo die Batterie hingehörte, hingen zwei gummiisolierte Kabel. Neben der Remise ein doppelstöckiger Bau aus roten Backsteinen. Im Erdgeschoß ganze Kolonnen gefüllter Getreidesäcke. Zur linken Hand die hölzerne Häckselkammer. Der Ortsgruppenleiter zog die Haspel der Klappe hoch und öffnete die Tür eine Handbreit. Das trockene Häcksel rutschte gleich einem Wasserfall aus der Kammer. „Sie können hier aus dem vollen schöpfen, wirklich."

Die Kaminwand des Wohnzimmers bedeckte ein Regal vollgepackt mit Büchern. Auf der marmornen Kaminumrandung standen Silber- und Kupferarbeiten aus Nah- und Fernost, Elfenbeinelefanten, Onyxpinguine und Buddhanachbildungen aus Jade auf Ebenholzfüßen. Auf einer Konfektkaraffe das Etikett von Toulouse-Lautrec mit seinem Bild „Divan Japonais, 75, rue des Martyrs". Offenbar hatten die Elchenaue-Balgas verwandtschaftliche Beziehungen nach Frankreich. Eine Daguerreotypie zweier ergrauter Ehepaare trug die Unterschrift „Elchenaue-Balga, Fontenay-aux-Roses, Juillet 14, 1883".

„Wir haben eine Menge Pferde verloren", sagte Westermann, „zudem sind einige verwundet worden oder hufkrank, ich wäre Ihnen sehr dankbar, wenn Sie Ersatz beschaffen könnten."

Der Ortsgruppenleiter bestand darauf, ihm das Dorf, die Schule, das Gebäude der freiwilligen Feuerwehr und die Molkerei zu zeigen. Sie kamen an einem vernagelten Kolonialwarenladen vorbei, in dessen Schaufenster ein Plakat hing mit der Aufschrift „Hunde und Juden bleiben draußen". Der Ortsgruppenleiter schlug die Scheibe ein und riß das Plakat heraus. „Wir hatten hier nur zwei jüdische Familien", sagte er, „die sind schon vor Jahren ausgewandert." Einer Familie gehörte der Kolonialwarenladen, der anderen die Bäckerei. Sie hatten sich im Dorf Ansehen und Wohlstand erworben. Sie arbeiteten bis Mitternacht und dann wieder ab fünf Uhr morgens und boten ab halb sieben Brötchen und frischen Matzen an, die Matze dreimal am Tag, und waren sparsam in ihren Ausgaben für Kleidung. Fast entschuldigend fügte der Ortsgruppenleiter hinzu: „Wenn Erich Koch uns gelegentlich besuchte oder es kamen Männer von der Partei, um nach ein paar Lebensmitteln zu fragen, die wollten so etwas sehen."

An der Wand des Schulgebäudes prangte ein weiteres Plakat, und das ließ der Ortsgruppenleiter dort hängen. „Wir wollen den totalen Krieg. Meldet Defätisten, Partisanen und Spione!"

Dann sagte der Ortsgruppenleiter: „Offengestanden bin ich froh, daß Sie hier eingezogen sind. Der Gauleiter ließ mich vor kurzem wissen, wir müßten mit Partisanen rechnen. Sie sollten rund um das Dorf Wachen aufstellen."

Westermann hatte schon selbst daran gedacht. „Kennen Sie den Gauleiter gut?" fragte er.

„Kennen Sie ihn gut?"

„Überhaupt nicht", sagte Westermann.

„Erich Koch war zweiunddreißig schon Gauleiter von Ostpreußen, als ich mich mit sechzehn zur Reiter-SS meldete. Kannte mich mit Pferden aus. Aber man wollte mich nicht. Ich hatte diesen verdammten Oberlippenfehler. Das entsprach nicht den SS-Idealen. Aber für eine Hasenschartenoperation fehlte meinen Eltern das Geld."

„Das hätte die Königsberger Universitätsklinik machen müssen", meinte Westermann.

„Absolut. Und das war dann genau das, was Erich Koch deichselte.“ Sie blieben einen Augenblick vor der Steintreppe zur Molkerei stehen. „Die plastische Operation hatte einen Preis. Nicht SS. Keine Reiterei. Aber SA und Knochenarbeit im Stab des Gauleiters. Beiträge eintreiben, Plakate kleben. Nach der Machtergreifung im Januar dreiunddreißig ging's dann aufwärts.“

„Dann sind Sie aber sicher ein guter Reiter“, meinte Westermann.

„Ich reite in Trakehnen die Remonten ein.“ Er führte Westermann über die Wagenrampe in den Behälterraum. Die Molkerei wirkte sehr sauber und kürzlich geweißt. Die Kannen in Reih und Glied. Aufgeräumte Regale. Tabellen an den Wänden. „Ich bin jetzt neunundzwanzig. Alles gut. Ich meine gute Chancen. Und die Gauleitung läßt mich nicht aus den Augen.“

4

Später, als Westermann durch die Quartiere seiner Leute ging und die Unterbringung der Pferde inspizierte, traf er den Landpastor, der sich der Evakuierung des Dorfes nicht angeschlossen hatte. Er wollte sich um das Gotteshaus und den Friedhof kümmern, wollte um jeden Preis bei den Verstorbenen seiner Gemeinde bleiben. Er meinte, die Räumung werde sicherlich nur kurze Zeit gelten und die Kirche biete ausreichend Schutz vor ein paar lumpigen russischen Granaten. Und dann würde auch schon wieder alles beim alten sein. Gott sei auf der Seite der Gerechten. Das war die Sprache der Gauleitung. Sie klang hohl. Die Rede hörte sich an wie die heruntergelesenen Leviten. Er war ein mittelgroßer Mann von kräftiger Statur. So um die Sechzig. Übergewicht. Sein angegrautes volles Haar bedurfte dringend der Hand eines erfahrenen Friseurs. Die langen gekräuselten Nackenhaare quollen widerborstig aus dem zu engen Kragen. Seine wasserblauen Augen blickten ruhig und wie abwesend die Dorfstraße entlang, als sähen sie schon eine wolkige Mischung aus Gut und Böse, Fehl und Sünde, Verlorenheit und Erlösung durch den gütigen Herrn.

„Ich biete an, für Ihre Leute am Sonntag einen Gottesdienst zu geben", sagte der Pastor, „wenn Sie dann noch da sind."

„Wir warten hier auf neue Geschütze, also werden wir am Sonntag wohl noch hier sein."

„Ist unter Ihren Männern einer, der die Orgel spielen kann?"

„Weiß ich nicht, muß der Hauptwachtmeister feststellen. Ich kann aber einen sehr guten Konzerttrompeter anbieten, sofern seine Trompete im Baltikum nicht verloren ging."

„Ich brauche den Mann", sagte der Pastor, „eine Bach-Trompete liegt bei uns im Instrumentenkeller."

Als Westermann schon weitergehen wollte, fragte der Landpastor: „Sind Sie ein Stauffenberger?"

Das Attentat auf Hitler lag jetzt mehr als vier Wochen zurück. „Weder . . . noch", antwortete Westermann. „Ich kannte den Mann ja nicht."

„Was soll das denn heißen?"

„Ich habe am Gymnasium in Osterode mein Abitur gemacht und natürlich die Geschichte von Caesar und Brutus gelesen. Wir hatten einen phantastischen Lateinlehrer. Wir mochten ihn. Er sagte über Brutus, was immer man von ihm halte und wen immer es treffe, die nutzlosesten Attentate in der Geschichte seien mißlungene Attentate. Sie lösen Mord und Totschlag aus und spalten die Nation."

„Nicht schlecht, Ihr Lateinlehrer."

„Das sagte er, so schätze ich, achtunddreißig. Er wollte aber nicht Prophet sein. Lehrte Latein und Geschichte und nicht den Tyrannenmord."

„Er hätte aber gut daran getan“, sagte der Landpastor. „Denke ich jedenfalls. Es wäre meiner und Ihrer Generation gut bekommen.“ Obwohl nicht so gemeint, wirkte es belehrend und spitz.

„Das meinen Sie! Was hätte ich als Abiturient damit anfangen können?“

„Sie würden jetzt nicht ‘weder . . . noch’ sagen. Was kann aus einer solchen Position schon werden?“ Da hatte der Landpastor seine ganze Parole zusammen. Sage niemals weder . . . noch.

„Sind Sie selbst denn ein Stauffenberger?“ fragte Westermann.

Der Pastor schwieg eine Weile. Mußte er nicht ein purer Kirchenmann sein? Sollte die Kirche über Despoten richten und den Tyrannenmord gutheißen? Sprach nicht der HERR: Mein ist das Urteil? Mein ist die Rache? Als die Leute noch im Dorf waren, als die Erschießungen und das Aufhängen der Stauffenberger ihren Anfang nahmen, saßen sie verängstigt im Kirchenkeller und diskutierten. Saisonarbeiter. Zwangsarbeiter. Dienstverpflichtete französische Studenten. Ein junger Lehrer aus Dijon zitierte einen französischen Philosophen: Wird das Böse dreist, muß das Gute Mut zeigen. Jetzt zitierte der Landpastor den Lehrer. „Er meinte, der Stauffenberg sei gut und habe Mut gezeigt. So kann es doch nur sein.“

Westermann erinnerte sich jetzt sehr gut, daß es darüber im Heer eine befohlene Meinung gab. Der NS-Führungsoffizier wachte darüber. „Und wer war das Böse?“

Der Landpastor wußte, was er gern gesagt hätte, doch schien es ihm klüger, es nicht zu sagen. Er wich aus. „Wir alle hätten Mut zeigen müssen.“ Ach ja, der Weise war der Bruder des Schweigsamen.

„Wirklich?“ Westermann war jetzt ziemlich sicher, daß man in nicht allzu ferner Zukunft die Menschen in zwei Kolonnen von Unschuld, Mitschuld, Schuld und Sühne einordnen würde. Die Bösen, die dreist geworden waren, da mußten die Guten Mut zeigen. Andere Propheten würden behaupten, die Bösen mußten Mut zeigen, als die Guten dreist wurden. Gut. Böse. Dreist. Mutig. Propheten. Und dann war da noch die dritte Klasse. Die Weder-noch-Bürger. Die Unentschiedenen.

„Gehen wir für einen Augenblick in die Kirche?“ Der Pastor machte eine einladende Bewegung. Er mochte hier unter dem freien Himmel nicht weiterdiskutieren. Besser, sie redeten in seiner Fluchtburg.

„Verzeihen Sie, nein.“

„Dann sage ich es Ihnen hier auf der Dorfstraße.“

„Tun Sie's.“

„Gestern ist Paris gefallen.“

Westermann wollte es nicht gehört haben, weil es verboten war, zu viel zu wissen. Jeder sollte nur das erfahren, was für seine Aufgabe von Bedeutung war. *Nec scire fas est omnia.* Noch weniger interessierte ihn, woher der Pastor es wußte. Wenn er die Nachrichtenübertragung aus London nicht abhörte, konnte er es nur von Gott gehört haben, und mit Gott zu reden durfte ihm niemand verwehren. Westermann störte es auch nicht, wenn die Soldaten beteten und sich an Gott wandten.

Im heißen Sommer zweiundvierzig, in den Sümpfen des Pogostje-Kessels, war er an Sumpffieber erkrankt, und der Abteilungsarzt hatte gesagt, er müsse eine Weile Chinin nehmen. In einer Fiebernacht, als russische Maschinengewehrgarben über den flachen Holzbunker strichen, hatte er eine Begegnung mit Gott gehabt. „Was machst du hier?“ hatte Gott gefragt. Westermann hatte versucht, Gott zu erklären, weshalb er hier sei, es sei eine Frage der Pflicht. Und Gott hatte gesprochen: „Wenn du hier bist, um deine Pflicht zu tun, dann tue deine Pflicht und beklage dich nicht, denn des Soldaten Pflicht und Schuldigkeit sind sein Himmelreich, und so werde ich dich erwarten.“ Nach diesen Worten war die Unterhaltung abgebrochen, und fortan wandte sich Westermann nicht mehr an Gott, denn nun glaubte er, daß Gott alles sah und fand, daß es gut war, so, wie es war in den Sümpfen des Pogostje-Kessels.

Der Pastor redete eine Weile auf ihn ein. Er, Westermann, solle sich vor dem Ortsgruppenleiter hüten. Er habe einen persönlichen Draht zu Erich Koch, den das Oberkommando in der Wolfsschanze bei Rastenburg zum Reichsverteidigungskommissar ernannt hatte. Als Stauffenberg die Bombe in der Wolfsschanze hochgehen ließ, hatte der Ortsgruppenleiter eine flammende Rede gegen die Verräter um den Führer gehalten und Hitlers Predigt wiederholt, Deutschland werde siegen und Ostpreußen würde um jeden Preis gehalten. So wolle es die Vorsehung. In dieser Art zitierte er den Führer. Und wie Westermann sicher wisse, sei der Gauleiter Koch befugt, standrechtliche Erschießungen anzuordnen. „Hüten Sie sich, er ist ein gefährlicher Mann.“ Und leise fügte er hinzu: „Er hat den Charakter eines Keilers.“ Die Leute in der Molkerei hätten seine straffe Betriebsführung wohl geschätzt, ihn aber auch gefürchtet, weil er nur zu gern androhte, wer nicht seine Arbeit tue und seine Pflicht erfülle, komme an die Front. Das sollte auch für Fremdarbeiter gelten, die zumindest die Munition nach vorn bringen konnten oder in der Lage sein würden, an den Geschützen die Granaten anzureichen, bei Dauerfeuer allerdings eine Knochenarbeit. Der Ortsgruppenleiter wußte zu erzählen, daß auch die russischen Batterien hierfür Sklaven aus den Hilfsvölkern einsetzten. Der Kampf in Schützengräben und das Richten und Laden der Geschützrohre schienen für ihn weniger vaterländische Pflicht als Strafkommandos zu sein. Nur zwei französische Zwangsarbeiter hatten sich mit dem Ortsgruppenleiter vollständig arrangiert. Sie wurden von einem

Kriegsinvaliden der spanischen Blauen Division am kurzen Zügel geführt. Obwohl ihn der Ortsgruppenleiter mit einem Zivilanzug aus grobem Leinen ausgestattet hatte, trug er das Eiserne Kreuz zweiter Klasse und war damit gleichsam unantastbar. Also kuschten die Franzosen, arbeiteten eifrig und servil und kümmerten sich in ihrer Freizeit heimlich um die Mägde, die mit wehender Wäsche zu ihnen übergelaufen waren. Tauchten gelegentlich Fronturlauber auf, gab es Raufereien und der Ortsgruppenleiter mußte einschreiten.

Je länger der Krieg dauerte, desto umfangreicher wurden die ordnungspolitischen Aufgaben des Ortsgruppenleiters. Er mußte an der Einberufung der jüngsten Soldatengeneration mitwirken, die Einberufenen durch Fremdarbeiter oder Schüler ersetzen, sich um die pünktliche Verteilung der Lebensmittel- und Kleiderkarten kümmern und die Propagandamaschine in Gang halten. An jedem Sonnabend gab er im Dorfkrug einen Überblick über die militärische Lage und nahm Verbesserungsvorschläge und Beschwerden entgegen.

Und nun plötzlich diese Ruhe vor dem Sturm. Ein unheilvolles Schweigen der Fronten. Auf Grund der kurzen Entfernung zur Ostpreußenstellung durfte der Ortsgruppenleiter die Leute ausquartieren und ins Hinterland schicken und konnte sich darauf beschränken, im Dorf einen Notdienst aufrecht zu erhalten. Er selbst als Kommandant. Der Pastor für die Kirche und für eine Handvoll von Beerdigungen von Soldaten, die jenseits der Ostpreußenstellung gefallen waren. Der Spanier, die Franzosen, einige Bäuerinnen mit zwei Pferden und einem Kastenwagen und die Mägde, die die Nachrichten zwischen dem Dorf und den Ausweichquartieren austauschten und Gemüse und Obst aus den Gärten fortschafften. Zurückgebliebenes Federvieh. Im Felde herumstreunende Hunde und Katzen. Halbverhungert. Eine störrische Ziege, die sich der Ausquartierung widersetzte und die Duldung mit Milch aus prallem Euter vergalt. Etwas unheimlich das alles, und als er den Hauptmann die Dorfstraße herunterkommen sah, fragte er ihn, ob er abends ins Gutshaus kommen könne. Die Frau des jungen Herrn habe ihm die Haus- und Kellerschlüssel anvertraut und gestattet, daß er sich des Eingemachten und der Weinvorräte bediene.

Westermann nahm den Vorschlag gern an. Während er in das Gutshaus ging und den Telefonhörer abhob, um sich mit Osterode verbinden zu lassen, fuhr der Kradmelder der Artillerie auf den Hof. Der Fahrer stellte die Zündapp KS 750 mit Beiwagen neben dem Treppenaufgang ab und betrat das geräumige Kaminzimmer. Er überbrachte Westermann den Befehl, sich mit der Ostpreußenstellung zwischen Gumbinnen und Goldap und der Angerapp vertraut zu machen, wo die 21. Division nach Auffrischung und Munitionierung zur Verteidigung eingesetzt würde. Die Vorauserkundung solle die Rominte und die Rominter Heide einschließen. Westermann sah sich den Abschnitt auf der Karte an. Die Rominte entsprang östlich der Seesker Höhen und mündete bei Gumbinnen in die Pissa. Elchenaue lag an der Pissa. Gleichwohl würde die Erkundung einige Tage in Anspruch nehmen, wollte man es gründlich machen. Und Westermann wollte alles, was er tat, gründlich tun. Also rief er seinen Burschen Johann Broschda und sagte ihm, was er für die Erkundung brauchen werde. Broschda stammte von den Kernsdorfer Höhen. Sohn einer Waldhüterfamilie. Vater Forstwartanwärter. Westermanns Vater, der aus Frankreich etwas französisch und aus Spanien ein paar Brocken spanisch mitgebracht hatte, nannte sie „Montaneros“, die er für einen besonders zuverlässigen Menschenschlag hielt. Johann Broschda war, wie es so hieß, ein Mann für alle Jahreszeiten. Ein Soldat für das Nachrichtenwesen. Ein Mann fürs Essenholen, für das Fassen der Verpflegung. Broschda für alles. Kleidung und Schuhzeugtrocknen. Das Lagerfeuer hüten. Er wußte, wie man Birkenrinde auch bei nassem Wetter und tiefem

Frost anzündete. Broschda fertigte aus einer Konservendose ein Holzöfchen fürs Zelt. Er konnte Fallen stellen, den Gänsen die Bäuche aufschneiden und den Hasen das Fell abziehen. Griff die gackernden Hühner und rupfte sie. Broschda kochte aus Pferdefleisch erstklassiges Gulasch. Er kannte alle Pilzarten und konnte mit einem Blick Kreuzottern und Blindschleichen erkennen und wußte, wie man über das Moor ging und wie man auf sumpfigem Boden ein trockenes Nachtlager baute. Broschda redete wenig und haßte es, herumzudschabbern.

Als Westermann mit ihm über die Erkundung der Rominter Heide sprach, rückte Broschda auf seine Weise mit der Sprache heraus. Die Sprache über ein Mädchen. Broschdas Freund war bei Raseinen gefallen. Broschdas Freund hatte eine Braut in der Nähe von Insterburg. Broschda hatte seinem Freund versprochen, sich um seine Braut zu kümmern, die Braut des gefallenen Freundes. Das Marjellchen hieß Ilse Schwittek und sie war schwanger. Ob er mal an das Telefon dürfe. Natürlich. Westermann half ihm. Es dauerte eine Weile, bis Broschda diese Ilse an den Apparat bekam. Als Broschda wieder auflegte, fragte er seinen Chef, ob er einen Tag Urlaub nehmen dürfe, um mit der Ilse zu reden. Einen Tag Urlaub und einen Einspännerwagen und ein Pferd. Während der Erkundung in der Rominter Heide. Westermann meinte, Broschda würde dafür einen Sonderausweis benötigen, wahrscheinlich mit der Unterschrift des Ortsgruppenleiters oder des Kommandeurs der Feldpolizei, um alle Sperren passieren zu können. Ob Herr Hauptmann das wohl hinbekommen werde?

„Wir versuchen es, Broschda.“

„Tut mir leid. Herr Hauptmann haben so viel Brast am Hals.“

„Hab’ ich, Broschda.“

„Man könnt’ ganz meschugge werden.“

„Wir werden nicht meschugge, Broschda."
„Es gibt viele Gerüchte, Herr Hauptmann."
„Ich weiß, Broschda."

Am frühen Abend kam der Ortsgruppenleiter ins Haus. Er führte Westermann die Treppe hinunter in den Keller. Hinter dem Vorratskeller, Regalen mit Eingemachtem und Winterobst, öffnete der Ortsgruppenleiter das Vorhängeschloß eines Kabäuschens, in dem der junge Herr seine Schätze aufbewahrte. Machandel. Goldwasser. Aquavit. Selbstgemachten Bärenfang. Feine Weinsorten. Griechischer Rotwein von der Insel Lemnos, dem schon Homer Lob gezollt hatte. Trockener Trollinger aus Württemberg. Beaujolais. Rioja. Santa Rita. Chianti Classico. Montepulciano aus den Abruzzen. Bei dieser Sorte, erzählte der Ortsgruppenleiter, beliebte der junge Herr regelmäßig zu scherzen. Der Duce habe ihm persönlich den Wein geschenkt, als er in Rom als Ordonnanzoffizier arbeitete.

„Dann nehmen wir den Wein des Duce", sagte Westermann und nahm zwei Flaschen vom Regal. Im nicht sehr großen Kaminzimmer öffnete er eine Flasche, schenkte sich ein und trank das Glas halb leer. Dann goß er sofort nach. Eine alte Unsitte, die er in Rußland angenommen hatte.

Im Laufe des Abends lud der Ortsgruppenleiter ihn zur Hasenjagd im Eichwalder Forst ein. Sie würden mit der Gig oder dem Buggy ein Stück nach Norden fahren, bis an den Strius, dort trafen sie auf Hasen, Rebhühner, Wildenten und Schwarzwild.

„Hasenjagd, sagten Sie wirklich Hasenjagd?"
„Sagte ich."
„Ich verstehe nichts von der Hasenjagd. Bin nur ein altes Frontschwein."

„Macht nichts", meinte der Ortsgruppenleiter, „Artilleristen haben schon auf Spatzen geschossen. Diesmal sind die Hasen dran. Eine Flinte kann ich Ihnen borgen."

Westermann sagte, er müsse erst die Erkundung in der Rominter Heide und die Besprechung beim Abteilungskommandeur hinter sich bringen.

Inzwischen trafen die ersten Ersatzsoldaten ein. Kanoniere. Fahrer. Strippenzieher. Funker. Der Hauptwachtmeister legte Westermann das Ausbildungsprogramm vor. Mit welchen Geschützen würden sie ausgerüstet?

5

Die Vierte Armee, die zu diesem Zeitpunkt der Heeresgruppe Mitte unterstand, grub sich an den Grenzen Ostpreußens fleißig ein. Die Soldaten hoben Gräben aus und bauten Maschinengewehrnester für die vordersten Linien. Männer des Arbeitsdienstes und des Volkssturms halfen häufig mit schwerem Gerät, Betonbunker und Zufluchtsorte zu errichten, die den Erfahrungen der Organisation Todt aus dem Bau des Westwalls entsprachen. Aus der Etappe wurden Stacheldraht und Propagandamaterial herangefahren. Die Rotationsmaschinen arbeiteten auf vollen Touren, Papier und Druckerschwärze strömten zur Front. Zwischen den Zeilen aber entdeckte man ein seltsames Gemisch aus Sicherheit, Zuversicht, Übermut, Hoffnung und Angst.

Die Offiziere, sofern sie wußten, wem sie vertrauen konnten, erörterten im engsten Kreise die kleine Lage und manchmal auch die große Lage. Niemand, der seinen Verstand noch beisammen hatte, konnte sich vorstellen, daß der Führer nicht überblickte, wie es weitergehen würde. Nur noch ein Wunder konnte die Lage bereinigen. Der Führer hatte den notwendigen Überblick und durchschaute das Wunder, also konnte man auf ihn setzen, sich dem Wunder überlassen. Wer wollte in einer solchen Situation seiner Kleinmütigkeit wegen gescholten werden? Die Menschen wurden hin- und hergerissen. Was war wahr, was Traum?

Was nicht mehr täglich nach vorn kam, was nicht zu Bergen gestapelt wurde, was nicht zu jeder Stunde bis in den vordersten Graben flutete, das war die Munition, das waren die Waffen, das war der Nachschub an Menschen, an ausgebildeten Soldaten. Statt dessen trafen Schulungsbriefe ein.

Auch die Rote Armee betrieb Propaganda. Die nächtlichen Nähmaschinen warfen nicht nur Bomben ab. Flugblätter regneten in die Dörfer und auf die Felder.

Die Infanteristen bezogen Stellungen, die zu Großkampfstellungen und Hauptkampflinien ernannt worden waren. Nur wenige hatten einen Überblick über die größere Lage. Es sei von Partisanen behauptet worden, die Dritte weißrussische Front unter einem General Tschernjakowski stehe für die Schlacht um Ostpreußen bereit. Der dicke Oberwachtmeister Unruh übergab Westermann ein russisches Flugblatt in deutscher Sprache, das ein Marschall Rokossowski unterzeichnet hatte. Der Marschall garantierte allen, die sich gefangen gaben, das Leben und die Belassung des persönlichen Eigentums. Die Flut von Propagandamaterial, die von beiden Seiten auf die deutschen Soldaten einstürmte, stumpfte ab und bewirkte, daß sich die Männer nur noch mit ihren naheliegendsten Sorgen beschäftigten. Es waren Maschinengewehrnester zu bauen, Gräben auszuheben, Waffen zu reinigen, Verpflegung zu fassen und auf dem Acker ein trockenes Fleckchen für die Nacht zu schaffen. Die Ruhe vor dem Sturm weckte nicht nur Hoffnung, sie förderte auch die Resignation. Da war es gut zu wissen, daß der Kommandeur der deutschen Vierten Armee, die der Dritten weißrussischen Front gegenüber liegen würde, Hoßbach hieß. General Hoßbach war ein erfahrener Haudegen, der bei der Truppe in hohem Ansehen stand. Da konnte man wahrlich sicher sein, gut geführt zu werden. Tschernjakowski und Hoßbach würden gleichwertige Feldherren sein.

Westermann und sein Oberwachtmeister Unruh fuhren seit dem frühen Morgen mit der Gig des jungen Herrn von

Elchenaue-Balga kreuz und quer durch das Gelände diesseits der Rominte. Unruh sog mißmutig an seiner Zigarre. „Die Gertrud, das ist die Tochter meiner Schwester, schreibt ab und zu an ihren dicken Onkel. Man hat sie jetzt in eine Munitionsfabrik gesteckt. Ist ja nicht schlimm für die kurze Zeit, müssen eben alle mit ran, aus den Mädels wird mal was werden. Junge, Junge, das gibt tüchtige Frauen ab, direkt zum Zupacken . . . Wollen Herr Hauptmann noch zum Fluß? Wir könnten hier nach links abbiegen, wir haben ja Zeit . . . Also, was die Gertrud, meine Nichte, ist, die hat neulich geschrieben, in Königsberg ruft man sich zu: 'Genießt den Krieg, der Frieden wird furchtbar'. Ja, die Leute haben Humor. Soll wohl verboten sein, so was zu sagen. Ich kann mir nur nicht vorstellen, wer sich darüber schon aufregt. Da, dort drüben . . . sehen Sie . . . in der Delle, eine Treibjagd würde sich lohnen. Hasen gibt es hier genug."

„So lustig ist das in Königsberg auch nicht mehr", schränkte Westermann Unruhs Spaßgeschichten ein, „die Engländer haben gerade das Zentrum der Stadt bombardiert und den Dom in Trümmer und Asche gelegt."

„Die Engländer? Was machen die denn an der russischen Front?" Unruh sah seinen Chef fragend an.

„Die wollen wohl Stalin imponieren", sagte Westermann, „Politik."

„Wir haben die Luftwaffe der Alliierten unterschätzt", meinte Unruh.

Sie fuhren mit der Gig ein Stück der zukünftigen Stellung entlang. Im Osten hörte man die russischen Panzer rumoren. Zwei Aufklärungsflugzeuge überflogen die Rominter Heide und drehten schließlich Richtung Kowno ab.

„Das Gelände eignet sich gar nicht zur Verteidigung", sagte Westermann, „es ist zu flach, ganz eben und ohne Wald. Wir müssen abwarten. Weiter hinten sollen die alten Leute auch schon graben."

„Junge Mädels und alte Leute. Wo ist nur der Arbeitsdienst geblieben?“

„Die müssen die Feuer in den Städten löschen.“

Westermann schlug den Mantelkragen hoch, weil der Südwestwind jetzt wieder einige Regentropfen ausstreute. Unruh hatte die Richtung zur Rominte eingeschlagen. Er stippte mit der Gerte auf die Kruppe des Pferdes. Der Braune machte erschrocken einen großen Satz und ging dann schnaubend und prustend zu einem forcierten Trab über. Der Himmel lag hinter dunstigen Schleiern verborgen, die sich nach Osten hin immer mehr der Erde zuneigten, als wollten sie sich mit dem feuchten Boden vereinen. Der Wagen näherte sich der Hauptkampflinie. Aber es war völlig ruhig, man hätte denken können, man träume nur vom Krieg. In Wirklichkeit sei alles ganz anders. Eine Idylle. Direkt am Fluß lag das Dorf. Aus dem Wasser erhob sich sanft die Uferböschung, nicht sehr breit und wuchtig, aber doch fest und für Maschinengewehrstände sicher geeignet.

Dann kam die eigentliche Dorfstraße parallel zum Fluß, vielleicht achthundert Meter lang. Auf der vom Fluß abgewandten Seite erhoben sich einstöckige Bauernhäuser, Scheunen und Ställe. Die Gebäude sahen sauber und gepflegt aus. Nur hier und da Spuren einer plötzlichen Flucht: Kisten lagen herum und allerlei Krimskrams, von dem sich die Leute schon nach den ersten Schritten getrennt haben mochten, weil sie einsahen, daß man mit dem ganzen Schurrmurr, an dem das Herz und tausend Erinnerungen hingen, auf der Flucht ja doch nichts Rechtes würde anfangen können.

Unruh lenkte den Braunen ein Stück auf der Dorfstraße entlang, dann bogen sie auf einen Bauernhof ab, dessen Wohnhaus besonders stabil gebaut schien. Vor dem roten Ziegelstall hielten sie an. Westermann sprang aus dem Wagen, trampelte zwei-, dreimal herum und schlug die Arme über der Brust zusammen, um den Körper wieder gelenkig zu machen. Der Oberwachtmeister band das Pferd an einen Eisenring der Stallwand an, kletterte über einen Schweinetrog ins Innere des Stalles und kam sogleich mit einem Arm voll Heu zurück, das er dem Braunen vorwarf. Während er die letzten Heufasern von seinem Mantel absammelte, schnallte Westermann das Trensengebiß aus den Halfterringen, holte dann einen Woilach aus der Gig und deckte das Pferd zu.

Es hörte auf zu regnen. Über das Wasser trieben Nebelfetzen. Kleine, flache Wellen spielten in den Halmen am Ufer. In halber Höhe der Böschung lösten sich die Nebelschwaden auf, so daß die beiden das andere Ufer und dessen Hinterland gut überschauen konnten. Weidenreihen, schmale Wege, links und rechts von Wassergräben begrenzt, eingezäuntes flaches Land, nur hier und da ein einsames, stilles Gehöft. Flußabwärts nach Nordwesten zu, einige hundert Meter von ihnen entfernt, schmiegte sich zwischen verkrüppelten Kopfweiden eine niedrige, vielleicht zwanzig Häuser zählende Siedlung an den Deich. Auch dort völlige Stille. Sie brauchten nur mit einem Fischerkahn auf die andere Seite zu fahren, um ebenfalls eigenes Land zu betreten . . . aber da, mitten durch das Wasser, würde die Front verlaufen.

Hinter ihnen, auf der Dorfstraße, trotteten einige Infanteristen vorbei. Ein Hund, der wohl einem von ihnen gehörte, blieb kurz stehen, bellte zu den beiden Gestalten hinauf, wartete noch einen Augenblick, als müsse von oben jemand zurückbellen oder rufen, dann drehte er sich einmal kurz um sich selbst und lief den Landsern nach.

Westermann hob das Fernglas an die Augen, kontrollierte die Einstellung der Okulare und schaute auf die andere Seite zu einem Gehöft hin, auf dem er eben einen Menschen gesehen zu haben glaubte.

„Sie sind klug, die Brüder“, sagte der Oberwachtmeister.

„Am hellichten Tag zeigt sich kein Schwanz. Da liegen

sie in den weißen Betten, die wir ihnen fast noch warm überlassen haben, schlafen sich aus, um dann nachts wie die Wanzen das Gelände zu überschwemmen.“

„Sie fühlen sich wohl in unserem Land, man kann es ihnen nicht übernehmen.“

„Wenn wir nur erst unsere Kanonen hätten.“

„Wenn wir Kanonen hätten . . . wenn wir Munition hätten . . . Unser Doktor würde sagen: Meine Herren, einen Schluck auf den großartigen General! Was für ein Hauptquartier, wenn wir den nicht hätten!“

„Der Doktor ist kein Soldat, Herr Hauptmann, der macht nochmal schlapp, der wird nochmal weich mit seinen ewigen Meckereien.“ Der Oberwachtmeister zog seine Pranken aus den Manteltaschen und schüttelte sie, als wolle er Granaten anpacken und sie über den Fluß werfen. Sie kletterten von der Böschung herab und gingen die Dorfstraße entlang, um eine Beobachtungsstelle zu suchen. Sie stapften im Gleichschritt dahin, als gäbe es nichts anderes mehr als eisenbeschlagene Absätze und den ewigen Gleichschritt.

„Das Land eignet sich nicht zur Verteidigung“, wiederholte der Hauptmann. „Haben sie den Fluß erst überquert, können sich die Panzer auf festem Boden bewegen.“

„Wir werden trotzdem schießen, was das Zeug hält“, erwiderte Unruh. „Solange man mir nicht eine Granate unter den Arsch setzt, kann mich das alles nicht erschüttern.“

Sie blieben vor einem stabilen Steinhaus stehen. „Ich denke, hier können wir die Beobachtungsstelle einbauen, Unruh, was meinen Sie?“

„Das Haus macht einen soliden Eindruck“, erwiderte der Oberwachtmeister. „Es ist auch durch den Deich geschützt.“

„Vor allem kann man von hier aus gut auf die Insel sehen.“ Westermann nahm eine Pergamentpause aus der Kartentasche, legte sie auf die Karte und begann mit ein paar flüchtigen Strichen den Sichtbereich einzutragen. Schließlich schob er seine Feldmütze aus der Stirn und betrachtete mehrere Minuten lang durch das Fernglas die Insel. Unruh kaute an seiner Zigarre.

„Ein Glück, daß wir mit der Insel nichts zu tun haben, damit kann sich diesmal die Dritte Batterie herumärgern. Finde überhaupt, dieser Abschnitt ist militärisch ganz uninteressant, wir können uns gratulieren."

„Ja", meinte der Hauptmann und verpackte sein Zeichengerät, „mit der Insel will ich nichts zu tun haben, das ist eine Beule, die sich leicht entzünden kann."

Sie gingen zurück zum Wagen.

„Wir wollen zusehen, daß wir noch Pferdefutter finden. Die Fahrer können morgen gleich mit den Fuhrwerken hierher kommen. Wer zuerst kommt, der mahlt zuerst."

„Unsere Bauern waren nie kleinlich", meinte Unruh mit einer Spur von Zynismus, „sie haben uns ja auch ihre Bettwäsche dagelassen."

Westermann war anderer Meinung. Man hatte die Menschen in dem Glauben gelassen, niemand könne ihnen etwas anhaben. Ostpreußen würde gehalten werden. Wurde es nicht gehalten, war ein größeres Unglück nicht denkbar. „Was soll das den Leuten schon bedeuten", sagte er, „das ist doch für uns alle nichts, im Bett zu schlafen, aber ich glaube, es wird ohnehin nicht lange dauern."

Weitere Tage vergingen, bis sich in der Heide und am anderen Ufer des Flusses russische Spähtrupps sehen ließen. Das sah alles sehr harmlos aus. Vorn am Fluß ein paar neugierige Rotarmisten, jenseits der Wiesen, der großen Flächen Heidekraut und der ersten Reihen Kiefern Geräusche von schweren Zugmaschinen und Panzerketten.

Auf dieser Seite der Heide wurde immer noch unermüdlich gegraben. Wo zuerst nur kleine Maulwurfshügel aus der Erde lugten, liefen nun Gräben und Stacheldrahtverhaue, Zementkuppeln verschwanden unter der frisch gestochenen

Grasnarbe, die Gefechtsstände wurden von den Häusern in Bunker verlegt, die für alle Ewigkeit gebaut schienen. Straßen und Wege wurden verriegelt. Panzerabwehrkanonen standen zum direkten Schuß bereit, allmählich kam auch Munition nach vorn. Nachrichtenmänner zogen Kabelgräben für die empfindlichen Fernsprechdrähte, das Funknetz kam langsam wieder in Ordnung. Es fanden zahlreiche Besprechungen und Befehlsempfänge statt, deren Resümees schriftlich festgelegt und in die Kriegstagebücher aufgenommen wurden.

So war es auch an diesem grauen, nieseligen Septembernachmittag, als sich die Batterieführer der ersten Artillerieabteilung auf dem Gefechtsstand von Major Hut versammelten. Routinemäßige Lagebesprechung hieß es im Befehl. Westermann hatte sich von Elchenaue mit der einspännigen Gig hinbringen lassen. Am Kopfende des schweren, massiven Holztisches saß der Major. Gleich neben ihm, an der rechten Längsseite, der Adjutant, ein Leutnant, sein Sekundant. Dann der Stabschef als Führer der Stabsbatterie. Auf der anderen Seite die Batterieführer.

Zunächst wurde beiläufig von der Gefechtsstärke, vom Pferdenachschub, vom Gesundheitszustand der Truppe, von Schwierigkeiten in der Munitionsbeschaffung und schließlich auch von einem Kriegsgerichtsverfahren gesprochen, das in einem Infanterieregiment wegen wahrscheinlicher Selbstverstümmelung eines Oberschützen lief. Dann erst zog Major Hut einen Regimentsbefehl aus der Mappe, verlas die Feindlage, die Paraphrase der eigenen Situation. „Wir werden täglich stärker . . .“ Und die Erläuterung der eigenen Absichten: „Der Hauptgedanke ist, im Frühjahr aus der Tiefe des deutschen Raumes zum letzten vernichtenden Gegenschlag auszuholen. Im übrigen“, und jetzt las der Major nicht mehr vor, „werden durch eine Anordnung des Oberkommandos der Wehrmacht alle Dörfer zu Festungen erklärt.“

„Wie bitte?“ fragte einer verblüfft.

Der Major senkte ein wenig beklommen die Augenlider, als wolle er hinzufügen, daß es auch ihm selbst leid täte.

„Die Dörfer werden zu Festungen erklärt? . . . Das bekommen wir schriftlich?“ fragte der Chef der Dritten Batterie.

„Sie bekommen es schwarz auf weiß“, erwiderte der Major hastig. „Sie müssen es schwarz auf weiß bekommen, schon zu meiner Entlastung. Ich muß diese Erklärung weitergegeben haben, ich hafte für die Ausführung dieses Befehls mit meinem Kopf. Es genügt wohl, Sie der Form halber auf die Vorschriften über die Verteidigung von Festungen aufmerksam zu machen.“

Einen Augenblick sah er seine Chefs der Reihe nach an und suchte dann plötzlich in seinen Rocktaschen nach einer Zigarette. Der Adjutant, ein überschlanker, hagerer Bursche mit kurzem struppigem Haar und einer frechen Stupsnase, schob eine angebrochene Schachtel hinüber. Der Major reichte herum, hob dann selbst eine Zigarette heraus, ließ sich Feuer geben und nahm zwei tiefe Züge. Er hatte Aufregungen schon immer gescheut, ganz abgesehen davon, daß sie ihn meist an den defekten Kreislauf seiner Herzkranzgefäße erinnerten.

„Das genügt nicht, Herr Major“, sagte Hauptmann Westermann störrisch und lehnte seinen Oberkörper vor, als wolle er sich aus dem Sattel heben und ein Hindernis anreiten. „Das genügt in diesem Falle nicht. Ich bitte gehorsamst um einen ausführlichen Kommentar.“

Der Adjutant grinste frech zum Abteilungskommandeur hinüber. Der Chef der Stabsbatterie, ein dinarischer Typ mit buschigen Augenbrauen, einer leicht geknickten Nase und harten Lippen, malte gelangweilt Sonnenräder auf den Rand eines mit Maschine beschriebenen Papierbogens.

Erstaunt hob der junge Leutnant, der die Zweite Batterie führte, seit deren Chef bei Tauroggen gefallen war, die Augenbrauen. Ihm war es unangenehm, Zeuge eines solch aufrührerischen Einwandes zu sein. Major Hut schwieg. Voller Neugierde sah ihn der Chef der Dritten Batterie, der zu seiner Rechten saß, an.

„Soweit ich unterrichtet bin, sind Festungen im Sinne der Verteidigung befestigtes Gelände, ausgerüstet mit schweren und schwersten Waffen, großen Munitionsbeständen . . .“ begann Westermann.

„Der heutige Befehl“, fiel ihm der Major ins Wort, „hat nichts mit Vorschriften zu tun. Wenn ein harmloses Dorf zur Festung erklärt wird, so dürfte das kaum vorschriftsmäßig sein. Dieser Befehl stützt sich streng genommen auch nicht auf Vorschriften, außer daß Sie Ihren Kopf dabei riskieren können. Dieser Teil der Vorschrift gilt. Im übrigen besagt der Befehl lediglich, daß alle Dörfer zu Festungen erklärt und daher bis zum letzten Mann zu halten sind.“

„Daher . . . ist meiner Ansicht nach nicht ganz richtig. Festungen mußten bisher nicht unbedingt bis zum letzten Mann gehalten werden.“

Der Chef der Dritten blätterte in einem kleinen, blau eingebundenen Buch. „Von der Truppenführung wird verlangt, daß sie mit kleinstem Einsatz an Menschenleben den größtmöglichen Zweck erreicht.“

„Quatsch! Die Heeresdienstvorschrift interessiert in diesem Zusammenhang nicht“, sagte der Major kalt. „Es handelt sich um einen kategorischen Imperativ, den man im Hauptquartier in die militärische Befehlsform gebracht hat! Da, wo du bist, wirke, was du kannst. Im übrigen, heißt es weiter, sind Offiziere, gleich welchen Ranges, verpflichtet, unverzüglich die Todesstrafe zu vollziehen oder vollziehen zu lassen, falls sie Soldaten oder selbstverständlich auch Offiziere antreffen, die ihrer vaterländischen Pflicht nicht genügen.“

Major Hut zog das Kinn an den Hals heran und stülpte die Unterlippe vor. Der Gedanke, er, der Kommandeur, müßte an einem Mann seiner Abteilung die Todesstrafe vollziehen lassen, tat ihm physisch weh. Welch absurde Idee!

Der Chef der Stabsbatterie räusperte sich. Jetzt nahm der Major den Befehl vom Tisch und las vom Blatt ab: „Soldaten im Sinne dieses Befehls sind alle Personen, die mit der Wahrnehmung militärischer Obliegenheiten beauftragt sind.“ Er sah einen Augenblick auf. „Gemeint sind also auch Volkssturmmänner und sonstige Uniformträger. Höheren Führern der Partei steht ebenfalls das Recht zu, diese Strafe zu verhängen.“

„Jeder schießt auf jeden“, grinste der Adjutant mit der Stupsnase.

Der Chef der Dritten meinte etwas müde: „Zum Kotzen, die ganze Befehlsgebung.“

„Nur eine Frage der Gewohnheit.“

„Dieser Befehl heißt praktisch“, schaltete sich Westermann ein, „daß ich gefechtsmäßig steril zu sein habe.“

„Wieso gefechtsmäßig?“ blökte die Stupsnase.

„Na, was denn“, schimpfte Westermann, „wenn mir befohlen wird, das Spritzenhaus von Buchwalde oder Biessellen bis zum letzten Mann zu verteidigen, so muß ich mich genau da verheizen lassen, obwohl . . . sagen wir mal tausend Meter hinter dem Spritzenhaus die dickwandige Molkerei steht, die die schönste Deckung abgibt und sich bedeutend besser verteidigen ließe.“

„Im Zweifelsfalle wird man Einwände machen können“, besänftigte der Kommandeur.

„Ich fasse den Befehl ziemlich eindeutig auf“, sagte der Chef der Stabsbatterie.

Es wurde dunkel im Zimmer. Die Besprechung geriet ins Stocken. Der Kommandeur rief den Burschen herein, eine breite, untersetzte Gestalt.

„Wir haben Hunger, Jung.“

„Stullen, Herr Major, oder geröstetes Brot mit kaltem Fleisch?“

„Mach ein paar Schnitten fertig . . . und gib uns hinterher einen Nikolaschka.“

„Ich glaube nicht, daß wir noch viele Zitronen da haben“, meinte der Stabsgefreite. „Zitronen kommen fast gar nicht nach.“

„Hat das Dorf noch Licht?“ fragte der Adjutant.

„Das Licht brennt all’ noch, Herr Leutnant. Ich muß erst verdunkeln, sonst spucken die Flieger herein.“

Der Bursche wandte sich den kleinen, niedrigen Fenstern zu und hängte alte, eingerissene Kommißdecken davor. „Wenn keine Zitronen mehr da sind, bring ich Bärenfang . . . Bärenfang ist gut für’s Herz.“

Er grinste zu ihrem Tisch hinüber, ging dann zur Tür, drehte die elektrische Deckenlampe an und verschwand wieder mit dem lauten Poltern seiner schweren Reiterstiefel.

Sicher kommt er aus der Marienburger Niederung, dachte Westermann, Bärenfang trinkt man in der Niederung, in Neuteich, in Groß-Mausdorf, in dem Säuferdorf Lupushorst. Dort sitzt man am Abend in der Vorlaube, schaut auf die Straße und trinkt ein paar Gläschen.

Sicher hatte der Mann dort einen Hof, oder sein Vater hatte einen Hof und schwere Pferde, denn Kaltblüter mußten es schon sein für den zähen Boden. Natürlich, so ein Mann mußte einfach Pferde haben.

Westermann würde nie jenes Bild vergessen, das sich ihm in Stalino, unten bei Melitopol, eingeprägt hatte. Dort hatte man sie vorübergehend auf einer Sowchose, einem Staatsgut von zweitausend Hektar, untergebracht. Man schnitt gerade die vierhundert Morgen Sonnenblumen. Aber wo die Bauern früher mit ihren Pferden langgezogen waren, ratterten Maschinen mit sechs Meter langen Schneidflächen und davor natürlich Traktoren. Diese Roboter wurden nur von Jungen bedient, denn die Alten, die ihre Pferde wie sich selbst geliebt hatten, wollten nichts mit den Motoren zu tun haben. Sie spuckten aus, wenn ein Traktor vorüberfuhr.

Die Niederung aber, das ganze Land hier, war noch ein Paradies der Pferde.

Der Stabsgefreite verteilte die Gläser.

„Prost, meine Herren, auf Ihr Persönliches . . .“

„Sehr zum Wohle, Herr Major.“

Der Adjutant breitete eine Karte aus und schnüffelte mit seiner Stupsnase über sie hinweg, als wollte er auf diese Weise eine besonders vorteilhafte Stellung ausfindig machen. Zwischendurch zog er an seiner Zigarette und blies den Rauch in dicken Schwaden über das aufgemalte Gelände hinweg.

„Die einzig schwachen Punkte im ganzen Divisionsabschnitt sind die panzertragende Heide, der Flußbogen und die Insel mitten im Fluß. Aber es gibt zwischen Goldap und Gumbinnen keine günstigere Gelegenheit für die Ostpreußenstellung. Die Heide als Bereitstellungsraum. Der Flußbogen. Die Insel.“ Westermann, der sich in dieser Gegend gründlich umgesehen hatte, geriet in Versuchung, dem Major zu widersprechen. Er hielt eine Stellung so dicht an der bewaldeten Heide für gefährlich. Die Russen waren in der Heide nicht einzusehen. Man wußte nicht, was sie vorhatten. Aber Westermann schwieg. Und der Major fuhr fort: „Die Insel ist das A und O. Wenn der Gegner die Insel hat, hat er praktisch einen sauberen Einbruch in das diesseitige Ufer. Unsere Seite ist in Höhe der Insel ziemlich unübersichtlich, zudem liegt die Insel dicht am Deich. Es würde leicht sein, von dort aus auf unser Ufer zu gelangen. Bitte, sehen Sie dort am Wassergraben, der von Süden einmündet. Diese Stelle ist stark verschilft, der Untergrund soll angeblich fest sein, fest genug, um schon im Wasser aus den Booten zu steigen. War übrigens einer der Herren dort?“

Westermann und der Chef der Zweiten nickten.

„Leider kann man im Augenblick noch nicht auf die Insel, die Pionierboote sollen heute kommen, das heißt, heute nacht“, fuhr der Major fort und sah den Adjutanten an. „Rufen Sie hinterher das Pionierbataillon an, wie es damit steht. Schließlich müssen wir ja wissen, ob wir unseren Beobachter auf die Insel setzen können.“

„Das wird wohl nicht gehen“, meinte Westermann.

„Ich werde das entscheiden, sobald ich auf der Insel war“, sagte der Major mit einer unwilligen Bewegung seines Kopfes. „Wahrscheinlich wird es gehen. Es wird noch viel mehr gehen müssen!“

„Es geht nicht“, unterbrach ihn Westermann. Er sah den Major einen kurzen Augenblick voll an, dann senkte er, nervös und plötzlich verärgert, den Blick. Es war ihm unangenehm, dieses „es geht nicht“ in das offene, erstaunte Gesicht des Kommandeurs zu sprechen. Er wird nicht verstehen, dachte er. Er ist ein anständiger Kerl, aber wir sitzen in der Falle. Draufgänger, gut, aber besser noch schlaue Füchse.

„Es geht nicht“, wiederholte Westermann, während er in Gedanken nach einer passenden Formulierung suchte, einer Formulierung, die auch den anständigen Kerl befriedigen würde. Den Fuchs hätte er schnell überzeugt. „Ich war gestern abend selbst noch einmal am Fluß und auf der Insel. Die Insel ist für die Verteidigung völlig wertlos, nur für Selbstmörder ist sie geeignet.“

„Ihre rein menschlichen Ausführungen sind uninteressant“, unterbrach ihn der Kommandeur. Seine sommersprossige Stirn zog sich in Falten. „Sagen Sie mir sachlich, was mit der Insel los ist. Bitte Einzelheiten, das Regiment wird danach fragen. Hier, greifen Sie zu, die Zigaretten sind zum Rauchen da.“

Major Hut war andere Offiziersbesprechungen gewohnt. Das, was er von seiner Abteilung und seinen Offizieren zu verlangen hatte, pflegte er im allgemeinen kurz und sachlich vorzutragen, nur zu gern gewürzt mit seinen Erfahrungen aus drei Feldzügen. Und alles, was er anordnete, hielt sich streng an die geheiligten Vorschriften der Truppenführung, an die Regeln über den Einsatz von Artillerieeinheiten, an die Prinzipien der Taktik. Aber jetzt, in diesen Tagen, mußte er wider besseres Wissen seine Offiziere davon zu überzeugen suchen, daß ein X auch ein U sein konnte, wenn das nur von einer genügend hohen Stelle befohlen wurde. Sein Freund, Horst Edgar von Auer, hatte ihm vor kurzem aus Berlin streng vertrauliche Bissigkeiten mitgebracht: „Der Führer braucht keine klugen Mitarbeiter, der Führer ist selber klug."

„Die Insel ist für die Verteidigung wertlos, Herr Major, die Insel ist einfach nicht zu halten", sagte Westermann.

„Die ganze Front ist nicht zu halten", meinte der Chef der Dritten sarkastisch. „Die ganze Front ist wertlos."

„Meine Herren, Sie wissen so gut wie ich, daß sich in diesem Abschnitt nichts Besseres gefunden hat. Erfahrene Offiziere der Korpsreserve sind diese Front Meter für Meter abgegangen. Sie können unmöglich mit einem Federstrich zum Witz erklären, was alte, versierte Hasen in aller Ruhe ausgesucht haben."

„Die äußere Ostpreußenstellung hat man auch in aller Ruhe ausgesucht, wie lange hat sie gehalten?" fragte der Chef der Dritten. Er gab seiner Stimme zu viel Ernst, das wirkte nicht. Der Adjutant grinste. Ein wunderbarer Bursche, dachte Westermann, mit Nerven.

„Man kann jede Linie halten, wenn man es will. Und vor allem, wenn der Führer es so will. Und der Führer will diese Ostpreußenstellung halten, ist das klar? Ich darf Sie zu gegebener Zeit bitten, mir Ihren Rat zur Verfügung zu stellen", sagte der Major und wandte den Kopf. „Westermann, was ist also mit der Insel los?"

Die Stimmung wurde immer gereizter. Westermann bemühte sich, eintönig zu sprechen. Ich muß so tun, dachte er, als wäre mir die Insel völlig egal, sonst bleibe ich an ihr hängen. Er wollte aber auf gar keinen Fall an dieser verdammten Insel hängenbleiben. Wenn er jetzt etwas gegen die Insel sagte, blieb er bestimmt an ihr hängen. Ich kann sie meinen Jungens nicht zumuten, es ist Selbstmord, dachte Westermann, es ist noch mehr als Selbstmord. Er zeigte mit dem Bleistift auf jenen kleinen Flecken auf der Karte, der eine Insel im Fluß darstellen sollte. „Ich möchte nichts gegen die Insel gesagt haben, wir werden uns alle erst an diese Gegend gewöhnen müssen . . .“ Er zögerte einen Augenblick. „Nun, die Insel ist vielleicht zwanzig Meter breit, das ist es nicht, aber es gibt keine Möglichkeit, sich einzugraben, der Boden ist fest gewachsen. Er hebt sich kaum einen Meter über den Wasserspiegel. Sträucher und überkopfhohes Gebüsch bieten gute Tarnung. Die Sicht nach beiden Seiten und aufs andere Ufer ist verlockend gut.“

„Auf deutsch, eine charmante Mausefalle“, unterbrach ihn der Chef der Dritten. Der Führer der Zweiten machte sich säuberlich Notizen.

„Meine Herren, die Infanterie hat Befehl, die Insel zu besetzen und zur Verteidigung einzurichten. Die Frage lautet also nicht: Insel ja oder nein, sondern Insel-Beobachter ja oder nein.“

Es ist schon alles befohlen, dachte Westermann, sie haben schon alles schriftlich, es ist schon seit Wochen alles festgelegt. Es ist aussichtslos, etwas dagegen zu sagen. Gleich wird er mir erklären, daß ich auf die Insel einen Beobachter mit Funk setzen soll, und dazu wird er sein Bedauern ausdrükken . . . Es ist Wahnsinn . . . aber vielleicht muß das so sein.

„Westermann!“ Der Kommandeur sprach mit sanfter, ausgleichender Stimme. „Sie kennen die Situation. Leider – das haben die Chefs so an sich.“ Er lächelte flüchtig. „Sie meinen also . . .“

„Warum soll man auf die Insel einen Beobachter stecken, Herr Major? Die Infanterie möchte neben jedem Gewehrschützen einen Beobachter haben. Zugegeben, die Sicht ist nicht schlecht. Aber man kann die Insel, diesen kleinen Flekken Erde und Gestrüpp, leicht unter Feuer nehmen, und dann kommt man nicht mehr zum Ufer herüber. Ich darf mir die Bemerkung erlauben, im Falle eines gegnerischen Angriffs ist die Insel erledigt. Man schießt sie ganz einfach zusammen, verstehen Sie, man haut sie zusammen wie einen Klumpen Lehm, mit allem, was darauf ist. Man hat dann keine Chance mehr – und eine Chance will jeder haben."

Der Kommandeur fuhr sich mit der Hand übers Haar bis zum Nacken hinunter. Seine Stirn war einen Moment ganz glatt. „Kerle, Kerle!" Sekunden herrschte Stille. Draußen vor der Haustür hörte man die Ordonnanzen schimpfen. Jemand ließ ein Motorrad anlaufen. Der Stabschef atmete einmal tief und trank den Rest Nikolaschka aus. Dann drehte er den Kopf zum Kommandeur hin.

„Ich glaube, die Insel ist eine ganz schmutzige Sache", warf der Chef der Dritten plötzlich ein, „und niemand wird sich darum reißen."

„Sehr zum Wohle, meine Herren . . . Hm, wir werden der Infanterie schon den Gefallen tun müssen, Westermann. Außerdem meinten Sie doch selbst, daß die Sicht von der Insel sehr gut sei, nicht wahr?"

Westermann legte die Unterarme auf den Tisch und zog mit der rechten Hand den Aschenbecher zu sich heran. „Die Sicht ist das einzige, was dafür spricht, alles andere spricht dagegen, auch die Infanterie hat keine Chance dort." Und nach einer kurzen Pause: „Ich würde die Insel in die Luft sprengen, dann hat die arme Seele Ruh!"

„Morgen werde ich mir dies Stückchen Erde da im Fluß", der Kommandeur rollte mit einem Kilometerzähler bereits auf der Karte herum, „diesen unsympathischen Flecken mal anschauen. Abends muß ich sowieso zur Infanterie, das ist ein Aufwaschen."

Der Adjutant stand auf.

„Die Infanterie soll uns jedenfalls nicht vorwerfen können, wir hätten gekniffen."

„Solange nichts passiert, ist Ihre Auffassung richtig", meinte der Chef der Dritten.

„Im Krieg passiert immer etwas", gab der Adjutant zur Antwort, „wir haben schon andere Dinge überstanden."

„Sie vergessen, daß jetzt jeder Mann doppelt zählt, Befehl von oben ... Doppelte Anzahl gibt doppelte Kampfkraft und ... doppelte Ausfälle", erwiderte der Chef der Dritten.

„Der Krieg wird im Hauptquartier auf eine andere Art geführt als hier", sagte der Stabschef, der zugleich NS-Führungsoffizier war. „Und diese Art der Kriegsführung dürfen wir nicht mit unserem Maßstab messen. Die Armee vergißt, wofür sie da ist. Die Idee, die große, gewaltige Idee, den Untergang des Abendlandes aufzuhalten und Europa neu zu gestalten, läßt sich überhaupt mit keinem Maßstab messen. Wir haben jedes Opfer zu bringen, um dieser Idee würdig zu werden."

Es war Westermann, als habe er diese Worte schon irgendwo vernommen. Sie kamen ihm bekannt vor. Der Adjutant hörte offensichtlich nicht mehr zu. Er sah aus, als träumte er von einer Feldpostliebe, einem Urlaub in den Bergen, dem Frieden auf einem anderen Stern.

„Die alles überragende Idee unserer Staatsform ist vor allem darum großartig, weil wir einen Mann haben, der mit dieser Idee die Masse in Bewegung setzte. Er gab damit unserem Jahrhundert eine einmalige und letzte Chance ... nichts wäre verwerflicher, als diese Chance ungenutzt vorübergehen zu lassen. Wir müssen versuchen, uns dieses Mannes würdig zu erweisen. Wir, als die Führer dieser Generation, dürfen die einmal in Bewegung geratene Masse nicht zur Ruhe kommen lassen. Meine Herren, wenn diese Masse sich unserem Einfluß entzieht, aus dem Schritt fällt und in Unordnung zur Ruhe kommt, dann wird keine

Macht der Welt sie zu neuer schöpferischer Unrast erheben können."

Der Adjutant erwachte aus seinen Träumen. Er hob sein Glas. „Einen Nikolaschka auf die schöpferische Unrast."

Der junge Leutnant von der Zweiten Batterie trank ihm zu.

„Was uns Offiziere, zugegeben, bisweilen stört", fuhr der Stabschef fort, „ist, daß wir unseren Oberbefehl an einen Mann abgegeben haben, der seiner Idee eine diktatorische Form, wie man es in gewissen Kreisen nennt, gegeben hat. Das war notwendig, um zunächst einmal einen Ausgleich gegen die Trägheit in der Hand zu haben. Ich bin der festen Überzeugung, daß sich diese diktatorische Form in eine gelöstere Form verwandeln wird, später, wenn wir soweit sind . . . wobei ich persönlich der Ansicht bin, daß die Diktatur der Anständigkeit die einzig zufriedenstellende Verfassung ist."

„Von der Politik verstehe ich nichts", sagte der Major in einem Tone, als habe ihn soeben ein Straßenmädchen angesprochen. „Politik interessiert mich gar nicht, verstehen Sie, und außerdem hat das verdammt wenig mit der Insel zu tun." Er machte jetzt einen müden und sehr blasierten Eindruck. Langsam zog er das Kinn an den Hals und schob die Unterlippe vor. „Jetzt wollen die Herren vielleicht den Landser noch einmal mit ihrem politischen Soldatentum aktivieren! Diese ausgewaschenen, dreimal gegerbten Männer, diese Landser, die man zu Fuß und zu Pferde oder im stinkigen Raupenpott durch ganz Europa geschleppt hat, dieses Stückchen Haut und Knochen wollen Sie mit Ihren politischen Ideen noch einmal wachmachen? Wenn Ihnen das gelingen sollte, dürfen Sie mir eine Kugel durch den Bauch jagen, doch glaube ich, daß Sie sich vorher selbst aufhängen. Das einzige, was dem Kommiß noch imponiert, sind klare und vernünftige Befehle . . . sehr verehrter Herr . . . vernünftige

Befehle . . ." Der Kommandeur brach plötzlich ab, als habe er schon zu viel gesagt.

Der Stabschef schwieg böse. Sie verstanden ihn nicht, oder sie wollten ihn nicht verstehen. Aber er würde einen Bericht schreiben. Er würde schreiben, wie die Dinge tatsächlich standen. An den NS-Führungsoffizier des Regiments. Kopie an den NS-Führungsoffizier der Division. Man mußte den Anfängen wehren. Man lebte an der Zeit vorbei. Gewiß, sie gehorchten, aber es fehlte ihnen der innere Motor, es fehlte ihnen eben die Begeisterung, der Elan großer Zeiten der Geschichte, es fehlte ihnen die Hingabe an den Mythos des deutschen Jahrhunderts. Es fehlte ihnen die wunderbare Triebkraft der Idee.

Das hier waren Offiziere. Keine Fanatiker. Keine Seher. Keine Politiker. Eher Polemiker. Das waren Subalterne. Normaloffiziere. Durchschnitt. „Prost." Er setzte das Glas wieder ab.

Sie sind gut in ihrer Art und tüchtig, dachte er, aber sie sind trotzdem unbrauchbar. Napoleon hätte auch nichts mit ihnen anfangen können. Die Parallele zu Kaiser Napoleon schien ihm eine gute Legitimation. Man durfte diese Parallele nur nicht zu oft zitieren, sonst nutzte sie sich ab und es konnte der Eindruck entstehen, der Führer sei auch nicht mehr als ein Napoleon, wo er doch eine ganz andere historische Dimension aufwies.

Westermann hörte wie aus unwirklicher Ferne zu. Der Doktor würde jetzt sagen: „Meine Herren, einen Schluck auf den großartigen General." Er sehnte sich plötzlich zu seiner Batterie zurück, wo die Debatten nicht so kompliziert waren. Je weiter man nach vorn kam, desto einfacher wurden die Gedanken. Laß sie reden, ich werde zu den Leuten zurückreiten und werde ihnen sagen, daß die Insel verteidigt werden muß, und sie werden es einfach tun und damit basta. Er überlegte sogar schon, wen er hinschicken konnte. Entweder einen ganz alten Hasen oder den Fähnrich. Der Fähnrich war noch reichlich unerfahren, aber er hatte eine gute Nase, und vor allem wollte er sich seine Sporen verdienen. Am besten gab man wohl dem Fähnrich einen alten Hasen mit, jedenfalls für die ersten Tage und Nächte. Das war das Sicherste. Er holte sein Notizbuch aus der Rocktasche und schlug die Seiten September auf und malte ein F und ein L. F hieß Fähnrich und L bedeutete Lohmann. Lohmann war ein alter Hase. Unteroffizier Lohmann, der kleine Himmelhund, würde sogar mit dieser Insel etwas anfangen können. Wachtmeister würde er nie werden, weil er zu viel soff. Bei allem Wohlwollen, er soff wirklich zu viel. Aber abgesehen davon würde man wahrscheinlich mit einer Handvoll Lohmänner die Insel tagelang verteidigen können. Ich muß die Besten nehmen, dachte Westermann, sonst mache ich mir hinterher Vorwürfe. Oder werde ich mir gerade darum Vorwürfe machen?

Die Insel war ein exorbitanter Unfug. Vielleicht konnte man dort im Sommer wunderbar baden. Glückte es . . ., dann konnte er den Fähnrich zur Auszeichnung einreichen . . . aber es würde wohl nicht glücken . . .! Er überlegte . . . und malte schließlich hinter das F und L ein Fragezeichen. Man würde Befehl geben, die Insel zu besetzen, obwohl es auf der Hand lag, daß solch ein Befehl Verluste brachte und keinen Gewinn. Sie hatten nicht mehr genügend Raum hinter sich, sie mußten um jeden Meter kämpfen. Das war es.

Zuerst wurde behauptet, der „General Raum“ kämpfe auf unserer Seite. Aber die Befehle waren damals auch nicht besser. Sie gaben keine strategisch einwandfreien Befehle, sie gaben politische Befehle. Sie sprachen vom „General Raum“ und vom „General Winter“. Alle diese „Generäle“ hatten versagt. Keiner hatte gehalten, was man sich von ihm versprach. Nun sollte es der „General Moral“ schaffen. Warum aber gab es keinen „General Vernunft“? Vielleicht war der Mann im Mond der „General Vernunft"? Es hatte keinen Zweck, darüber nachzudenken. Westermann glaubte, daß es immer wieder Kriege geben würde. Jeder Streit und jeder Krieg bewies eben nur, daß der Mensch nun einmal ein Mensch war und immer bleiben würde. Vielleicht brachte dieses Ungeheuer Mensch es eines Tages fertig, die Menschheit von sich selbst zu erlösen. In dem Augenblick aber, in dem die Menschheit ihre Existenz zu beenden vermochte, in diesem Augenblick würde der ewige Friede beginnen. Das hieß, und Westermann empfand eine gewisse Freude bei der sich anbietenden Folgerung, der Mensch und der ewige Friede waren zwei ganz verschiedene Dinge, die keinesfalls zu gleicher Zeit existent sein konnten. Das eine schloß das andere aus. Man durfte nicht glauben, und Westermann glaubte es auch tatsächlich nicht, daß das, was die Menschen Gott nannten, sich in diese ausschließende Kausalität einschalten würde. Mochten wieder einmal Millionen sterben, fallen, verbrennen, verfaulen, mochten Hunderttausende von Müttern und Kindesleibern in verschütteten Luftschutzbunkern vermodern, für die Masse war das nichts als ein Mückenstich. Die Übriggebliebenen würden neues Leben und weitere Kriege gebären, weil sie nie und nimmer aufhörten, Menschen zu sein. Gott wußte schon vor dieser Zeit, daß die Kains die Abels erschlagen würden, und er ließ es doch geschehen.

Wenn seine Batterie, dachte Westermann, heute nacht vom Gegner in die Luft gesprengt würde, so bedeutete das für die anderen nichts weiter als ein Aufrücken nach rechts und nach links. Wenn die ganze Stadt Königsberg morgen von Luftminen zu Staub zermahlen würde, so war das für die übrige Welt völlig belanglos und nicht mehr wert als eine Sensation für eine Stunde.

Wir nehmen uns zu wichtig, das ist alles.

An dieser Stelle dachte Westermann an seinen Bruder, der den Königsberger Jagdfliegern angehörte.

Die Stimme des Majors schreckte ihn aus seiner Träumerei auf.

„Und dann, meine Herren“, sagte der Kommandeur, „bitte ich ganz besonders darauf zu achten, daß die Auszeichnungen, die jetzt leider in reichlichem Maße zur Verfügung stehen, nur dann verliehen werden, wenn die Männer sich tatsächlich durch außergewöhnliche Tapferkeit hervorgetan haben. Wenn sich ein Zahlmeister von einem gegnerischen Panzer aus dem Bett schießen läßt, so erscheint dies nicht hinreichend, ein Eisernes Kreuz zu verleihen, selbst wenn besagter Herr unter Nichtachtung seines Schlafanzuges die Regimentskasse rettet.“ Er lachte wie über einen guten Witz. „Na, los, Adju, schenken Sie nochmal ein . . . Wir nähern uns der Heimatfront, Kerle, Kerle, wer hätte das gedacht. Die Sache mit der Insel geht mir nicht aus dem Kopf. Übrigens, Westermann, Menschenskind träumen Sie? . . . Ja, also das Regiment trägt sich mit dem Gedanken . . .“

Es klopfte. „Was denn, was ist denn los?“

Der Bursche stand in der Tür und meldete einen Unteroffizier, der mit dem nächsten Lastwagen vom Regiment nach Königsberg fahren sollte. „Stören Sie nicht“, sagte der Major, „soll losfahren. Die Post liegt im Abteilungsgeschäftszimmer. Der Wachtmeister soll ihm nochmals die Telefonnummer meiner Wohnung aufschreiben. Falls meine Mutter was mitzugeben hat. Ab die Post.“

Dann schwieg der Major einen Augenblick. Es stand nicht gut um Königsberg. Nichts ließ sich ändern. Aber darüber wollte er nicht reden.

„Übrigens Königsberg.“ Das war sein Stichwort. „Wie Sie wissen, meine Herren, werden unsere Kanonen in Königsberg zusammengesetzt. Die Rohre kommen von der Ruhr, die Schräubchen und der ganze übrige Kram wird mit der Bahn angefahren, die Geschichte diftelt man dann in Tragheim zusammen. Jedenfalls klappt die Sache noch nicht so richtig. Nun will das Regiment einen Offizier hinschikken, der an Ort und Stelle prüft, wie weit sich die Lieferzeit abkürzen läßt, und der auch mal ein paar grobe Worte sagt. Ich habe Sie vorgeschlagen, Westermann, obwohl ich Sie ungern hergebe, und sei es nur für ein paar Tage. Aber andererseits sind die Kanonen ja das Wichtigste. Diese Spritztour soll sich morgen entscheiden, ich rufe Sie dann an. Ich erwarte, daß Sie vorher die Sache mit der Insel klar kriegen."

„Soll die Erste Batterie sich mit der Insel befassen, ausgerechnet die Erste?"

„Das fiel mir eben so ein, Westermann, Sie waren doch schon oben", meinte der Major leichthin. „Prost!"

Daß die Insel meine Aufgabe wird, das war vorauszusehen, dachte Westermann. Ich schicke den Fähnrich hin und den Unteroffizier Lohmann, vielleicht passiert dann beiden nichts. Daß Lohmann nichts passiert, dürfte klar sein. Wenn es auf dieser Welt auch nur die geringste Möglichkeit einer Vorbestimmung gab, und wenn diese Vorbestimmung auch die Art des Todes in sich einschloß, dann war es Lohmann bestimmt, sich zu Tode zu saufen. Daß er an nüchternen Tagen einer der Tüchtigsten war, ließ die Zeiten der Unruhe und der Trunkenheit vergessen. Ich werde dem Fähnrich meinen einzigen Lohmann mitgeben, meinen einzigen Talisman, vielleicht hilft das auf der Insel. Oder es hilft nichts auf diesem gottverdammten Fleckchen Erde.

„Es wäre besser, wir könnten uns die Hauptkampflinie selbst aussuchen", sagte Westermann, „schließlich wissen wir ja, was zu halten ist und was nicht."

„Bei uns kommen sie sowieso nicht", antwortete der Major. „Das ersehen Sie aus der großen Lagekarte. Wir sind kein Schwerpunkt, und daher ist die Frage der Hauptkampflinie im Augenblick auch zweitrangig. Wenn sie kommen, bieten sich zwei Keilrichtungen an. Erstens Gumbinnen – Insterburg – Königsberg und zweitens Neidenburg – Allenstein – Osterode – Marienburg – Danzig."

„Also viel weiter rechts“, ergänzte der Adjutant. Er schob seine Stupsnase wieder über die Karte. „Wir sind ein unbedeutender Frontabschnitt und haben daher die Klappe zu halten.“ Er sah sich grinsend um.

Der Stabschef hob den Kopf. „Die große Lage ist Sache des Hauptquartiers. Die Hauptkampflinie ist uns zur Verteidigung zugewiesen, über mehr brauchen wir uns wohl kaum den Kopf zu zerbrechen.“

Westermann blickte kurz zu dem Sprecher hin, um sogleich wieder in seinem Notizbuch weiterzuschreiben. Eigentlich gab es gar nichts zu schreiben, aber er malte mit dem Bleistift an dem F von Fähnrich und dem L von Lohmann herum. Tatsächlich aber überlegte er, was in dem Gehirn des Stabschefs vorgehen mochte. Sicherlich dachte der Mann, sie alle seien nicht fanatisch genug. Leute dieser Art pflegten nicht die Wirklichkeit zu lieben. Vielleicht hatte der Doktor recht, wenn er alle diese Fragen mit einem Satz beantwortete: Einen Schluck auf den großartigen General.

Das Telefon klingelte. Der Adjutant hob den Hörer ab. Es wurde still im Raum. Man hörte die Stimme, die in der Ohrmuschel des Telefonhörers krächzte. Der Adjutant sagte mehrmals „jawohl“ und „es muß eben gehen“.

Der Kommandeur fuhr sich wieder mit der Hand über die Stirn und den Kopf bis zum Nacken hinunter. Die Stimme im Hörer schnarrte immer noch. „Teile Zwotes Bataillon gehen rüber, Beobachter sofort mit“, wiederholte der Adjutant. „Wahrscheinlich die Erste. Ja. Bleibt noch die Frage, mit wem der Beobachter schießen soll ... Wie bitte? ... Mit der schweren Batterie ... Gut, das ist klar ... Nein, es ist alles klar ... Ja, wir melden Vollzug ... Und eine Sichtskizze, jawohl ... Sobald wie möglich ... Guten Abend.“ Der Adjutant legte auf und klingelte das Gespräch ab. Er sah den Kommandeur an. „Plötzlich ist wieder alles brandeilig. Das Zweite Bataillon fünfundvierzig besetzt heute nacht mit zwei

Schützengruppen und einer Pioniergruppe das diesseitige Ufer des Flusses und die Insel. Ein Spähtrupp nistet sich auf dem jenseitigen Ufer in der Nähe der Heide ein. Reine Beobachtung. Wir haben ja noch keine Feindberührung und das Oberkommando rechnet zudem damit, daß es vor der Frostperiode zu keinem Angriff kommen wird. Die Dritte weißrussische Front stützt sich vornehmlich auf Panzer, da sollte der Boden der Heide durchweg gefroren sein. Die Infanteristen haben Befehl, sich dort vollständig zur Verteidigung einzurichten. Wir . . . das heißt laut Regimentsbefehl die Erste Batterie . . . sollen gleich heute nacht einen Beobachter mit Funk hinüberschicken, damit die Infanterie beruhigt ist. Im übrigen wird man die Insel stark verminen."

Er hob seine Stupsnase und sah sich im Kreise um.

„Kerle, Kerle", sagte der Kommandeur.

„Das war Punkt eins", fuhr der Adjutant fort. „Punkt zwei: Das Regiment befiehlt, daß Hauptmann Westermann Montag früh mit dem Volkswagen nach Königsberg fährt, um mit allem Nachdruck dafür zu sorgen, daß wir unsere Kanonen bekommen. Ein alter Wachtmeister soll mitfahren."

Der Adjutant wandte sich nun direkt an den Chef der Ersten Batterie, als halte er es für überflüssig, zunächst dem Kommandeur die Dinge auseinanderzusetzen. „Falls sich herausstellt, daß für die sofortige Lieferung der Kanonen die Anwesenheit eines höheren Kommandeurs nützlich sein könnte, so haben Herr Hauptmann unverzüglich das Regiment anzurufen. Der Regimentskommandeur möchte zunächst vermeiden, persönlich nach Königsberg zu fahren, da die Division ohnehin unser Mißtrauen wittert."

„Mit Recht wittert", sagte der Major, „die Division steckt voller Schlafmützen. Wir könnten unsere Kanonen schon längst haben, reine Organisationsfrage. Westermann, tun Sie mir einen Gefallen und sorgen Sie dafür, daß das heute, spätestens morgen vormittag mit der Insel klappt. Der Volkswagen steht Montag früh hier zu Ihrer Verfügung. Wenn Sie sich abmelden, bitte ich um Bericht, ob alles in Ordnung ist."

„Ich darf", fiel Westermann nochmals ein, „darauf aufmerksam machen . . ."

„Ich kenne Ihre Bedenken, sehr verehrter Herr", fuhr der Kommandeur fort, ohne sich stören zu lassen, „ich kenne Ihre Bedenken und Sie kennen die Befehle des Regiments, damit sind wir quitt. Über Grundsatzfragen wollen wir nach dem Kriege diskutieren . . . Sie sind so liebenswürdig, einen Brief an meine Mutter mitzunehmen, ich hoffe, hinterher noch ein paar Zeilen schreiben zu können. Nun möchte ich Sie nicht länger aufhalten . . . Ihre Nacht ist kurz genug . . ."

Westermann stand auf. „Ich möchte gehorsamst bemerken, daß mir . . ."

„Halt, mein Lieber, bemerken Sie nicht, trinken Sie!" Der Kommandeur schob ihm noch einen Nikolaschka zu. „Nichts für ungut, Westermann, wir können ja alle nicht dagegen an . . . Prost . . . Kerle, Kerle, schmeckt das Zeug gut." Er setzte das Glas ab und tastete mit den Fingerspitzen über den Raum zwischen den großen Brustmuskeln und dem linken Schultergelenk. Na also, dachte er, das Herz. Wäre ja auch ein Wunder gewesen, wenn nicht . . .

Obwohl Major Hut zu diesem Zeitpunkt schon sehr genau wußte, daß die Erste Batterie als Ersatz für die verlorenen deutschen Feldhaubitzen russische Beutekanonen erhalten würde, hütete er sich, dies Westermann wissen zu lassen. Da das ganze Artillerieregiment der Einundzwanzigsten Infanteriedivision mit leichten und schweren Feldhaubitzen ausgestattet war und sich die Leute mit dieser Waffe sehr genau auskannten, war es im Regiment üblich, von Geschützen zu sprechen. Bei den Panzerabwehrkompanien sprach man von Kanonen. Da sowohl der Major als auch der Adjutant von Kanonen gesprochen hatte, befürchtete Westermann, in Königsberg nur Kanonen vorzufinden. Er war von dieser Möglichkeit äußerst betroffen. Wütend drehte er sich an der Tür noch einmal um und grüßte Major Hut durch straffes Anlegen der gestreckten rechten Hand an den Schirm der Feldmütze.

Der Major hatte scharf gebechert und zeigte sich deutlich angetrunken. Er machte Westermann ein Zeichen, er solle noch im Zimmer bleiben. Als der Adjutant vom Hauseingang zurück kam, schmiß er ihn raus und warf die Tür zu. „Sie sind Ostpreuße, Westermann, richtig?“

„Das stimmt, Herr Major.“

„Kennen Sie Rastenburg?“

„Natürlich. Liegt nördlich von Allenstein, und Allenstein liegt ein Stück oberhalb von Osterode.“

„Aber Sie waren niemals im Führerhauptquartier?“

„Himmel, nein.“

„Als sich der Rauch des Stauffenberg-Attentats verzogen hatte, traf Reichsmarschall Hermann Göring . . . Sie erinnern sich . . . oder nicht . . . eine Huldigungsentscheidung. Er befahl der Wehrmacht, nur noch den deutschen Gruß zu gebrauchen. Schon vergessen, Westermann?“

„Nein, Herr Major.“

„Sie grüßen aber immer noch wie ein hartgesottener Preuße.“

Westermann zog mit der rechten Hand die Schirmmütze vom Kopf und klemmte sie unter den linken Oberarm. „Weil ich ein Preuße bin, Herr Major.“

„Sie sind ein Mann von Charakter, Westermann, deshalb rede ich mit Ihnen wie ein Vater mit seinem Sohn.“

„Ich danke, Herr Major.“ Es berührte angenehm, daß es noch Vorgesetzte gab, die sich als Vater ihrer Soldaten verstanden.

Der Major sprach plötzlich ernster und leiser. „Wenn wir den Krieg erst gewonnen haben, steht uns eine Auseinandersetzung mit der Partei bevor. Die Partei wird dann behaupten, sie allein habe den Krieg gewonnen.“ Er machte eine Pause. „Bei der Gelegenheit werden wir Soldaten die alten preußischen Tugenden wieder einführen und auch wieder preußisch grüßen. Ich wiederhole: erst dann."

„Ich habe Herrn Major verstanden."

„Hören Sie auf bis dahin, den kleinen Rebell zu spielen. Wir sind hier nicht im Schmierentheater. Und noch etwas, Westermann. Die Armee richtet auf Befehl des Führers fliegende Standgerichte ein. Unser Standgericht leitet ein Mann namens Flinder. Merken Sie sich den Namen. Dieser Flinder hat bei Roland Freisler seine Schularbeiten gemacht. So sagt man im Divisionsstab. Beide, Westermann, beide sind harte Gegner jeder Widerstandsbewegung."

Westermann stand jetzt sehr gerade vor dem Major und legte die freie rechte Hand an die Hosennaht. „Ich danke gehorsamst, Herr Major."

„Hüten Sie sich vor unseren Juristen, man weiß nie, auf welchen Fuß man ihnen gerade tritt." Der Major gab Westermann die Hand und entließ ihn mit einem väterlichen Klaps auf den linken Oberarm. „Viel Glück."

Kurz vor Mitternacht erreichte er mit der Gig das Gutshaus in Elchenaue. Eine noch wohlgeordnete Welt, hätten sich die Menschen nicht von ihrem Dorf trennen müssen. Während der Fahrt hatte er entschieden, mit dem Gros der Batterie in Elchenaue zu bleiben und in der Ostpreußenstellung am Fluß nur eine vorgeschobene Beobachtungsstelle einzurichten und sie auf Zusammenarbeit mit der schweren Batterie anzuweisen. Von Elchenaue aus mußte er sich um die neuen Geschütze kümmern. Oder um die neuen Kanonen, wie es in der Besprechung bei der Abteilung geheißen hatte.

6

Donnerstagmorgen. Noch vor dem Frühstück meldete sich Johann Broschda aus Insterburg zurück. Es war ihm gelungen, Ilse Schwittek, die versprochene Braut seines gefallenen Freundes, aufzutreiben. Er hatte sie gleich mitgebracht. Nicht nur Ilse Schwittek. Broschda beichtete in Etappen. Auch Ilses Mutter Lydia Schwittek hatte sich ihrer Tochter angeschlossen. Insterburg erwies sich als eine überfüllte Etappenstadt und die Versorgung mit allem Lebensnotwendigen klappte nicht mehr so recht. Für Johann Broschda war es eine Frage der Ehre, sich um die beiden Frauen zu kümmern, solange die Batterie in Elchenaue einquartiert blieb. Ilse Schwittek sei ein Schatz, erklärte Broschda. Etwa einssiebzig groß, trug sie ihr hellbraunes Haar glattgekämmt, in der Mitte gescheitelt und ab Ohrmuschelhöhe je einen dicken geflochtenen Zopf. Die einfache Nickelbrille wollte nicht recht dazu passen, gab ihrem Gesicht aber einen gescheiten und lustigen Ausdruck. Das wenige, das sie mitbrachte, bestand aus einem Arbeitsdienstmantel, einem dunkelblauen Rock und ein paar weißen Sportblusen. Den hochgestellten Kragen der Blusen hielt ein geknoteter grober Kommißschnürsenkel zusammen, der ihr in der Batterie gleich am ersten Tage den Kosenamen „Schnürsenkelchen" einbrachte. Sie war zweiundzwanzig Jahre alt und von Beruf Weißnäherin. Was sie außerdem noch mitbrachte, warm eingepackt, war ihr Sohn, der vor vier Monaten seinen Anspruch auf Mitleben, Mitessen, Mittrinken, Mitbleiben oder Mitflüchten angemeldet hatte. Broschda fragte, ob die beiden Frauen und das Kind im Gutshaus wohnen dürften, eine mehr rhetorische Frage, denn das Trio war schon unter Dach und die beiden Frauen machten sich in der Küche zu schaffen. Schnürsenkelchen hatte Mengenprobleme mit der Milch. Westermann bat den Hauptwachtmeister, sich nach einer Milchquelle umzuschauen, aber die Mutter Lydia Schwittek brachte schon eine deutsch-polnische Magd an, die selbst ein Baby hatte und über einen prallen Busen mit reichlich Milch verfügte.

„Diese Ilse ist ein hübsches Mädchen, Broschda", meinte Westermann, „aber lange bleiben kann sie hier nicht. Die Ruhe vor dem Sturm wird nicht ewig anhalten."

„Wir wollen heiraten“, sagte Broschda und grinste nicht gerade unglücklich, „nach der Hochzeit bring ich die drei zurück ins Hinterland.“

„Na, das ist ja großartig. Und was wird aus dem Bub?“

„Ich nehme ihn an an Vaterstelle, wenn Herr Hauptmann behilflich sein wollen.“ Und nun rubbelte Broschda mit beiden gestreckten Händen seine Ohrmuscheln.

„Wie soll ich behilflich sein, Broschda?“

„Wenn Herr Hauptmann Pate sein wollen, oder was?“

„In Ordnung, Broschda, und wer ist der zweite Pate?“

„Vielleicht der Ortsgruppenleiter, Herr Hauptmann. Wenn er die Patenschaft übernimmt, taufen wir den Jungen auf den Namen Adolf.“

„Na gut“, meinte Westermann, „doch der zweite Pate sollte eine Frau sein. Frauen sind hier knapp. Vielleicht übernimmt deine Schwiegermutter die Patenschaft oder wir fragen den Pastor, ob er uns eine der Landfrauen empfehlen kann. Die Magd mit der guten Milch macht einen ganz ordentlichen Eindruck. Ich spreche mit dem Ortsgruppenleiter und du besuchst den Pastor.“

„Eine Nottrauung müßte doch rasch zu machen sein“, hoffte Broschda.

Westermann winkte ab. „Ohne Not gibt es keine Nottrauung. Es muß eine Kriegstrauung werden. Und so machen wir es. Aber Adolf Broschda . . . paßt der später auf die Kernsdorfer Höhen?“

„Weiß nicht, Herr Hauptmann. An Adolf dachte ich wegen dem Ortsgruppenleiter.“

Westermann hütete sich, dieses Thema vor den Leuten zu vertiefen. „Im Altertum gab es einen Hirten und Waldhüter, der hieß Jonathan. Ich hab’ immer davon geträumt, meinen ersten Sohn Jonathan zu nennen.“

„Herr Hauptmann haben keinen ersten Sohn, es ist mein erster Sohn, und wenn Herr Hauptmann mir den Namen schenken, nehm ich ihn.“

Westermann mußte sich hüten, eine Lawine loszutreten. Wenn die Dritte weißrussische Front einen Zangenangriff auf Ostpreußen vorbereitete und die linke Zange würde nach Osterode, Allenstein und Elbing greifen, mußte er seine Familie auf die Flucht vorbereiten. Er ließ sich mit seiner Großmutter in Osterode verbinden und sagte ihr, er wolle für die Weihnachtstage einen Heimaturlaub von einer Woche beantragen, er habe eine Einladung von der Verwandtschaft in Potsdam erhalten. Ob sie nicht mitkommen wolle. Seine Großmutter erklärte, im Winter werde sie nicht verreisen, ob er auf dem Wege nach Potsdam in Osterode Station machen werde. Das sei zweifelhaft. Ob sie für ihn ein paar Pakete nach Potsdam schicken könne. Durch glückliche Umstände wurde das Gespräch nicht abgehört. Seine Großmutter hatte die Absicht aber verstanden und begann mit der Potsdamer Paketaktion.

Am späten Donnerstag vormittag kam der Ortsgruppenleiter ins Gutshaus, um ihn zur Hasenjagd einzuladen. Westermann nahm gern an. Ob sie um fünf Uhr aufbrechen könnten.

Aber natürlich. Für ihn kein Problem. „Ich habe mir in Rußland die Pest geholt", erklärte Westermann, „mir macht es nichts aus, mich von Broschda um vier Uhr wecken zu lassen."

„Himmel nein, was für eine Pest?"

„Die Pest der Schlaflosigkeit", antwortete Westermann. „Meine Nachtruhe ist hauchdünn."

„Gönnen Sie sich eine Flasche Rotwein aus den Beständen des jungen Herrn."

„Guter Rat."

„Na schön, ich bin am Sonnabend um fünf mit einem Einspänner vor der Tür. Die Jagdflinte bringe ich für Sie mit." Der Ortsgruppenleiter wollte gleich wieder verschwinden, aber Westermann hielt ihn fest. „Ist noch was?"

„Ich habe eine kleine Aufgabe für Sie und eine Bitte."
„Erst die Aufgabe", sagte der Ortsgruppenleiter.
„Wir haben Hochzeiter im verlassenen Elchenaue. Mein Bursche Johann Broschda und seine Braut Ilse Schwittek wollen heiraten und am Sonntag vom Pastor getraut werden. Sie hat ein Kind von einem gefallenen Soldaten. Broschda hat diesem Mann versprochen, sich seiner Braut anzunehmen, mir scheint, für Broschda ist das eine Frage der Treue. Nun gut, Treue und Ehre, können Sie heute hier im Gutshaus die standesamtliche Kriegstrauung vornehmen? Was meinen Sie dazu?"
„Das soll doch wohl keine Handschuhehe werden, oder?"
„Keineswegs", sagte Westermann.
„Dafür wäre ich nicht zu haben, Hauptmann."
„Es wird alles seine Ordnung haben."
„Sehr gut. Ich bin für geordnete Verhältnisse." Der Ortsgruppenleiter fand das dann sogar ganz lustig. Sein Pflichtenkreis war eingeengt. Er konnte nicht herumkommandieren. Da bot sich eine kleine Abwechslung in seinem eintönig gewordenen Alltag an. „Lassen Sie mir ein bißchen Zeit, ich muß das Amtsregister suchen. Kann sein, daß es noch in Hagelsberg liegt. Sonst müssen wir ein Notregister anlegen. Jedenfalls kriege ich das hin." Er zögerte einen Augenblick. „Machen wir's um sechzehn Uhr hier im Gutshaus."
Broschda beschäftigte sich gerade mit dem Holzhacken und dem Heizen der Kachelöfen. Er dankte dem Ortsgruppenleiter und auch Ilse Schwittek gab zu erkennen, daß sie sich freute, wieder geregelte Verhältnisse zu schaffen. Ihr Verlobter hatte das ja genau so gewollt, sollte ihm etwas zustoßen.
„Wir wünschen uns, daß mein Junge den Namen Jonathan Broschda erhält und daß Johann Broschda rechtmäßiger Vater wird."
„Wir werden es so eintragen", bestätigte der Ortsgruppenleiter. „Mit dem Pastor müssen Sie selbst reden."

„Ich habe uns schon angemeldet“, sagte Westermann.

„Und Ihre Bitte?“

Westermann hatte den Adjutanten von Major Hut quasi privat angerufen und erfahren, daß die Erste Batterie in der kommenden Woche mit Beutekanonen der sowjetischen Feldartillerie ausgerüstet werden sollte. Diese Kanone, die in großen Mengen in deutsche Hände gefallen war, hieß in den russischen Regimentern ZIS-3, sie wurde seit langem in Gorki und Wotinsk gebaut. Westermann bezeichnete das Modell als zuverlässig. Obwohl die Kanone dann die deutsche Bezeichnung FK 288/1 (russisch) 7,62 cm erhalten hatte, hieß sie bei den Landsern nur Ratsch-Bumm. Die Kanone erreichte eine sehr hohe Mündungsgeschwindigkeit von fast 750 m/s, der Einschlag der Granate erfolgte unmittelbar nach dem Abschuß. Sie hatte auch den deutschen Panzern zugesetzt, da die ZIS-3-Granate auf Entfernungen bis 500 Meter eine Panzerung von 90 mm durchschlug.

„Was ist daran auszusetzen?“ wollte der Ortsgruppenleiter wissen.

„Das Kaliber ist für unsere Begriffe zu klein und gefährdet moderne russische Panzer kaum. Und mit Panzerangriffen müssen wir ja rechnen. Außerdem habe ich Zweifel, daß Königsberg genügend Munition nachliefert.“

„Und Ihre Bitte?“

Westermann hatte nicht voraussehen können, daß der Ortsgruppenleiter solchen Wünschen nur ungern nachkam. Offenbar waren die Beziehungen des Ortsgruppenleiters zu dem Reichsverteidigungskommissar nicht so großartig, wie er sie wiederholt dargestellt hatte. Da die Geschützfrage für den Batteriechef Westermann eine wirkliche Chefsache war, ließ er nicht locker und packte den Ortsgruppenleiter beim Portepee. Er bat ihn, am Montag früh mit nach Königsberg zu reisen, um im Waffenarsenal der Festung nach Alternativen für die Geschützfrage zu forschen. Westermann konnte sich mit einer Ratsch-Bumm-Ausstattung nicht anfreunden. „Das Vergnügen der Reise wird Sie belohnen“, versprach er.

„O nein, Hauptmann. Die Qual der Reise wird mich bestrafen.“

„Das müssen Sie mir erklären“, forderte Westermann.

„Das Zentrum von Königsberg ist zerbombt. Der Dom. Die Langgasse. Die Lindenstraße. Der Weidendamm. Das Arsenal liegt verstreut am Reichswehrübungsplatz, beim Ponarther Bullen und der Eisenbahnhauptwerkstätte. Vielleicht auch Verschiebebahnhof Nasser Garten. Außerdem . . .“

„Was wäre außerdem?“

„Ich müßte mich bei Erich Koch melden, bei seinem Stab, ich müßte mich bei meinen Freunden sehen lassen, das ist an einem Tag nicht zu schaffen.“

„Dann planen wir eine Reise von zwei oder drei Tagen, vorausgesetzt, wir finden eine Unterkunft, eine Pension oder einen Luftschutzbunker.“

Der Ortsgruppenleiter begann sich nur langsam für den Gedanken an die Reise zu erwärmen. „Ich rufe erst einmal das Hauptquartier von Erich Koch an. Wir müßten Verpflegung mitnehmen. Ein paar Flaschen Schnaps. Und das Hotel, von dem Sie sprachen, das besorgen Sie! Versuchen Sie’s mal in der Kaserne am Flugplatz. Kalthof wäre am besten. An der Rennbahn gibt es eine Menge Pferdeställe, da bekommen Sie für Ihre Kanonen gleich auch die Zugpferde.“

Der Ortsgruppenleiter meinte, an Pferden mangele es vorerst nicht. Das Heer verwalte seit Beginn des Krieges etwa zweieinhalb Millionen Pferde, und die Verluste in Rußland habe man noch immer ausgleichen können. Später fügte er hinzu, am Flugplatz könne er vielleicht auch ein bißchen Benzin schnorren. Flugbenzin müsse man allerdings mischen, es sei für den VW Motor zu scharf. Dann schwieg er eine Weile. Das mit den Geschützen ging ihm durch den

Kopf. Und schließlich machte er sich auf den Weg, um die Vorbereitungen für die Trauung zu treffen. „Kommen Sie doch noch zur Molkerei. Wir haben einen großen Vorrat an Gummistiefeln. Der Eichwalder Forst kann manchmal sehr feucht sein."

Was den Menschen so alles einfiel. Bevor dieser Hauptmann mit seiner Batterie in Elchenaue einzog, hatte er das Dorf leerräumen lassen bis auf ein paar Hilfskräfte und die Mägde und die Frauen mit den Kleinkindern, und plötzlich herrschte wieder ein Betrieb, na ja, fast wie in Friedenszeiten. Allein aus dem Gutshaus des jungen Herrn war ein Bienenkorb geworden. Männer, Frauen, Kinder. Und nun sollte er den Hauptmann auch noch nach Königsberg begleiten. Er wollte nicht einfach drauf losfahren. Er mußte vieles vorbereiten. Er kam nicht umhin, ein halbes Dutzend Telefongespräche zu führen. Auf der Dorfstraße fiel ihm auf, daß es eine Menge Soldaten, Pferde und Fahrzeuge gab, aber keine Hunde. Wo waren die vielen Dorfköter geblieben? Er meinte, es sei besser, einige Hunde im Dorf zu haben. Und auch darum würde er sich kümmern. Vielleicht auch Gänse. Auf der Sonthofener Napola hatten sie über die wachsamen Gänse von Rom gesprochen. Die Mägde konnten Gänse beschaffen. Und Hauptmann Westermann mußte er auffordern, an den beiden Dorfausgängen Richtung Gumbinnen und Insterburg Maschinengewehrnester einzurichten und diese mit Wachposten rund um die Uhr zu besetzen. Sollte der Gauleiter nach Elchenaue kommen und dem Ortsgruppenleiter auf die Finger schauen, wollte er sich nicht dem Vorwurf aussetzen, er habe geduldig mitangesehen, wie sich das schöne Elchenaue in ein Frauenelysium verwandelte. Andererseits genoß er es, wenn er zu jeder Tageszeit, auch morgens um fünf vor dem Aufbruch zur Hasenjagd, eine Tasse heißen Tee vorgesetzt bekam.

Nach dem Mittagessen aus der Feldküche ging Westermann mit seinem Konzerttrompeter, dem Richtkanonier des zweiten Geschützes, die Dorfstraße hinunter und klopfte an die Tür des Pfarrhauses. Als niemand öffnete, betraten sie die alte Dorfkirche und fanden den Pastor an der Orgel hinter dem Altar. Er saß auf der Orgelbank und hantierte an den Orgelregistern. Als Bälgetreter hatte er die beiden französischen Zwangsarbeiter eingestellt, denen der gehobene Arbeitsdienst zu gefallen schien. Der Pastor unterbrach seine Übungen und führte Westermann und seinen Richtkanonier in das geräumige Kellergewölbe unter dem Kirchenboden, wo er die Kirchenbibliothek und die Instrumentensammlung der Gemeinde untergebracht hatte, um sie vor der Zerstörung durch Fliegerbomben zu bewahren. Stolz zeigte der Pastor seine Schätze. Holz- und Metallinstrumente. Geigen, Bratschen, eine Baßgeige. Klarinetten. Eine Theorbe, eine merkwürdig ausschauende Baßlaute. Ein Sitar, eine mit Plektron gezupfte Langhalslaute aus einem Kürbis, die der alte Herr von einer Indienreise mitgebracht und der Kirche zugeeignet hatte. Zwei Bachtrompeten aus Klingenthal im Vogtland und schließlich eine römische Chitarrone, werkstattneu, aus der Adjutantenzeit des jungen Herrn im Stabe des Duce. Trommeln mit Ziegenleder bespannt. „Die gehören dem Jugendorchester", sagte der Pastor. Er bat Westermanns Richtkanonier, die Bachtrompeten zu probieren und ein Instrument nach seinem Geschmack auszuwählen. „Wir beide werden am Sonntag von Johann Sebastian Bach den Choral aus der Kantate Nummer einhundertsiebenundvierzig spielen. Werde munter mein Gemüte."

„Sie wissen schon alles?" fragte Westermann erstaunt.

„In unserem Dorf spricht sich jede Neuigkeit schnell herum. Ein Gottesdienst, eine Hochzeit, eine Taufe, ein Fest."

„Na, das ist ja großartig. Der kleine Jonathan Broschda wird es genießen." Westermann ging die gewundene Kellertreppe hinauf und wartete auf den Pastor und seinen Bachtrompeter.

„Und Sie werden Jonathans Patenonkel sein?“ fragte der Pastor, obwohl er auch das schon wußte.

„Ja, das ist richtig.“

„Für das Amt der Patentante gibt es mehrere Bewerbungen“, fuhr der Pastor fort. „Wenn Sie meine Empfehlung hören wollen, so nehmen Sie die Magd Maria Polakowska. Sie hilft ja schon, das Baby satt zu machen. Diese Marie ist ein ansehnliches Mischblut, deutsch-polnische Abstammung, fleißig und sauber. Sie hat sich um unsere Gemeinde verdient gemacht und wird es dankbar genießen.“

„Mir wäre es recht“, meinte Westermann, „aber Johann Broschda und Ilse Schwittek sollten dazu gehört werden.“

Der Pastor lächelte. „Johann Broschda war vor kurzem bei mir und sagte, sein Hauptmann würde das alles bestimmen. Er sei der Vater der Batterie. Eine Chance zu widersprechen gebe es nicht.“

„Na, wenn das so ist, dann nehmen wir die Marie.“

7

An diesem Sonnabend fuhren sie zur Hasenjagd. Der Eichwalder Forst war wie geschaffen für Jagden. Aber es würde kein Spaziergang werden, hatte der Ortsgruppenleiter angekündigt. Ein kühler, trockener Oktobermorgen. Gleichwohl zogen die Männer vorzugsweise Gummistiefel an. Der Ortsgruppenleiter sagte, er kenne sich im Eichwalder Forst aus, und wenn er Gummistiefel aus der Molkerei anbot, würde er wohl wissen, warum er es tat. „Vertrauen Sie sich mir an.“

Schnürsenkelchens Baby mochte nächtliche Ruhestörungen nicht. Ein Glück, daß Marie Polakowska, die Magd mit der guten Milch, samt Baby von der Oma Lydia Schwittek ins Haus geholt worden war. So konnte die Oma den kleinen Jonathan zur warmen Quelle tragen und der Junge beruhigte sich rasch wieder. Auf der anderen Seite, in guter Gesellschaft, Maries Säugling, etwas älter als Jonathan, ein strammes kleines Marjellchen. Da behauptete der Ortsgruppenleiter, dem es nicht gegeben war, dieses Bild in seiner ganzen wunderbaren Wirklichkeit zu bewundern, wohl zu Recht, daß die lebenspendende Kraft der Natur unter günstigen Umständen in der Lage sei, sich zu verselbständigen und neues Leben zu schaffen. In Elchenaue seien alle Umstände günstig, fügte der Ortsgruppenleiter hinzu, Westermann werde wohl nicht vergessen haben, daß der Führer nach dem Ende von Stalingrad prophezeit hatte, die Menschheit erhole sich schnell. Stand nicht alles im Begriff, sich zu regenerieren?

Als sie aufbrachen, zeigte sich der Ortsgruppenleiter verwundert über den Troß der Treiber, den Westermann mitnehmen wollte. Während der Ortsgruppenleiter in einer einspännigen viersitzigen Kutsche vorfuhr, hatte Westermann außer Oberwachtmeister Unruh zwei Unteroffiziere und sechs berittene Soldaten ausgewählt, dazu die Gig des jungen Herrn für Unruh und sich, vorgebend, die Pferde müßten bewegt werden. Der Ortsgruppenleiter bezweifelte das. Um die Pferde zu bewegen, mußte man nicht am stockdunklen Morgen zur Hasenjagd in den Eichwalder Forst reiten, zudem mit Karabinern schwer bewaffnet, überdies auch ein Proviantwagen, zweispännig, gummibereift. Vielleicht auch noch ein Mannschaftszelt. Das sah schon eher nach einer Karawane aus. Na gut, er hatte eine Hasenjagd vorgeschlagen, das Bewegen der Pferde war Westermanns Sache. Gleichwohl war es ihm recht, je mehr Treiber, desto größer die Strecke. Er schlug vor, Westermann in seiner Kutsche mitzunehmen. Sie würden für die Hinfahrt anderthalb Stunden brauchen, da war es gut, wenn man jemanden im Wagen hatte, mit dem man sich über seine Sorgen unterhalten konnte.

Im Kutschkasten lagen zwei Schrotflinten und zwei Büchsen, dazu Patronen mit Hasenschrot und Vogeldunst.

Der Eichwalder Forst war ein Paradies der Rebhühner, Fasane, Moorhühner, Enten, Wildgänse, Störche, Rehe, Rotwild und Wildschweine. Der Krieg erlaubte, zu jagen, was vor die Läufe kam, sie brauchten sich an Jagdzeiten nicht zu halten.

Als Westermann bei dem Kutschpferd des Ortsgruppenleiters stand und den Rappen mit der lilienförmigen Blesse auf dem Nasenrücken streichelte, sagte der Ortsgruppenleiter: „Er ist ganz harmlos, Hauptmann. Ein friedlicher Wallach. Ziehen Sie Ihre Handschuhe aus, wenn Sie ihn streicheln. Gut so. Man sieht sofort, Sie sind ein Pferdenarr. So zärtlich streichelt selten ein Reiter. Das wird Domingo nicht vergessen."

„Ach, was Sie da sagen. Er schaut schon wieder an mir vorbei."

Der Ortsgruppenleiter setzte den linken Fuß auf das Trittbrett der Kutsche, bereit, sich auf die Bank zu schwingen. „Er spitzt die Ohren. Er will Sie hören. Er will Sie riechen."

„Aber er sieht mich nicht an", sagte Westermann enttäuscht.

„Das hat nichts zu bedeuten", erklärte der Ortsgruppenleiter. „Er ist so gut wie blind."

„Blind?"

„Na ja, eigentlich ist er ganz blind", sagte der Ortsgruppenleiter.

„Wie ist das passiert?"

„Irgendein Idiot hat ihm versehentlich Gift ins Futter gestreut."

„Dann dürfen Sie Ihren Domingo nicht reiten", warnte Westermann, „ein blindes Pferd ist ein tollkühnes Wesen."

„Ich reite ihn auch nicht, obwohl ich da nicht so zimperlich bin. Aber der Wallach ist ein sehr gutes Fahrpferd. Wie eine Eins vorm Wagen. Und er kennt den Weg auswendig. Wie seine Futterkiste. Ich meine, den Weg zur Hasenjagd. Wir fahren ja nur bis zum Tintenfaß."

„Und was ist das Tintenfaß?"

Das Zentrum des Eichwalder Forstes, ein Flecken westlich von Mittenwalde, lag auf einer geothermischen Aufwölbung. Das dortige Moorfeld fror auch in kalten Wintern nicht zu, man konnte zu Fuß ziemlich dicht herankommen und eine lange Stange in den dunklen Boden stoßen. Das tiefe schwarze Loch antwortete mit dem Blubbern aufbrechender Moorblasen. Die Gemeinde hatte einen Holzzaun um das schwarze Loch ziehen lassen, aber der Zaun stellte kein Hindernis dar. Vor einigen Jahren hatte sich eine schwangere Magd in das schwarze Loch gestürzt und war sofort unaufhaltsam bis zur Mitte der Erdkugel versunken. Ein Lehrer war mit der Klasse dorthin gewandert, um die Schüler über das Feuer und die Lava im Erdinnern zu unterrichten. Er hatte die Geschichte vom Tintenfaß aus dem Struwwelpeter zitiert und die Kinder gewarnt, sich dem Tintenfaß zu nähern. Dies schien um so notwendiger, als man in der Umgebung des schwarzen Loches besonders große Blaubeeren, Heidelbeeren und scharlachrote Preiselbeeren ernten konnte, bis in den späten Herbst hinein. Die kniehohen Halbsträucher wiesen den ganzen Winter hindurch glänzend-grüne Blätter mit schwärzlichen Drüsenzotten auf, und die großen Beeren dienten noch in der Weihnachtszeit als herbsäuerliche Beigabe zum Hirsch- und Wildschweinbraten. Der Eichwalder Hirschbraten fehlte auf keiner Speisekarte der Restaurants im Dreieck Gumbinnen, Insterburg und Breitenstein.

„Ich zeig's Ihnen", antwortete der Ortsgruppenleiter und setzte auch den zweiten Fuß auf das Trittbrett, so daß sich der Wagen zur linken Seite neigte. Dann ließ er sich auf den Rücksitz fallen und bedeckte die Knie mit einem dunkelgrünen Plaid aus Wolle und Pferdehaar. „Kommen Sie schon."

„Nehmen wir die Tete?"

„Aber ja", antwortete der Ortsgruppenleiter, „ich sagte doch, Domingo findet den Weg im Schlaf."

Sie bogen nach Norden ab. Kurz vor Eichenberg trabten sie über ein Stück der mit Makadam belegten Straße von Heubude nach Eichenberg. Die Pferdehufe lärmten kurz auf dem zerkleinerten Naturstein, dann tauchte der Trupp mit den drei Wagen und den Pferden in den Wald ein und die Stille des Morgens umfing sie. Nur dann und wann schnaubte ein Pferd und scheuchte das Waldgetier auf, das verwundert das Weite suchte.

„Haben Sie mal wieder mit Osterode gesprochen?“ fragte der Ortsgruppenleiter.

„Das macht nach wie vor keine Schwierigkeiten“, antwortete Westermann.

„Und wie geht es Ihren Eltern?“

Sie fuhren jetzt auf einem Schneisenwaldweg. Die hohen Fichten bildeten einen wohlgestalteten Korridor. Westermann bog den Kopf hoch und blickte in den bläulich schimmernden blanken Himmel. Der weiche Boden schluckte den Lärm der polternden Hufe. Sie hörten nur das Schlagen der Steigbügel und das Scheuern des Sattelleders.

„Mein Vater ist Hauptmann der Reserve und hat im Westen ein Kommando im Arbeitsdienst. Es sieht nicht gut aus an der Grenze zu Frankreich, ich habe von meinem Vater schon lange nichts mehr gehört.“ Er erzählte dem Ortsgruppenleiter, daß sein Vater im Ersten Weltkrieg in einen Gasangriff geraten sei, was ihn für den Fronteinsatz untauglich machte. Aber im Arbeitsdienst konnte er als Kommandeur noch eine Menge leisten. Er wollte dann hinzufügen, daß sich seine Mutter im Lazarett ein Lungenleiden geholt hatte, das sie in Davos auskurierte, ließ es aber. „Die Oma hält die Familie zusammen.“

Res venit ad avias. Der Krieg war jetzt bei den Großmüttern angekommen. Und die Großmütter schlugen sich tapfer. Die Großmütter und die Mütter und die Babuschkas. Sie wechselten die Kleider und trugen nur noch Trauer.

„Und was erzählt die Oma?“ fragte der Ortsgruppenleiter.

„Es gibt in Polen eine Armee“, berichtete Westermann, „die Armia Krajowa unter einem General Bór-Komorowski. Die Armia Krajowa eroberte in den ersten Augusttagen einen großen Teil von Warschau. Eine Woche später setzte unser Gegenangriff ein.“

„Das ist bekannt. Unser Mann ist Bach-Zelewski“, ergänzte der Ortsgruppenleiter. „Ich telefonierte gestern mit meinen Freunden im Stabe von Erich Koch. Gute Nachrichten. Der Warschauer Aufstand ist niedergeschlagen, die Armia Krajowa hat kapituliert. Die Sache ist so gut wie erledigt.“ Die schlechten Nachrichten behielt er für sich. Vorerst.

Domingo fiel in Schritt. Er wollte ein wenig verschnaufen. Auch die Reiter gingen vom Trab in Schritt über. Sie hatten noch den ganzen Tag vor sich. Es war nicht notwendig, die Pferde durch den Forst zu hetzen, um ein paar Hasen aufzuscheuchen.

„Wir haben in Rußland den Kontakt mit der Wirklichkeit im Reich verloren.“ Es schien, als müsse sich Westermann dafür entschuldigen. „Wir wissen nicht mehr so recht, was vor sich geht, noch weniger wissen wir, was in naher Zukunft vor sich gehen wird. Wird eigentlich noch Politik gemacht oder nur noch Krieg geführt?“

Der Ortsgruppenleiter wußte nicht so recht, was er darauf antworten sollte. Der Führer hatte vorübergehend die Politik durch den Krieg ersetzt, er würde im richtigen Augenblick an die Stelle des Krieges wieder die Politik setzen. Berlin war flexibel und das hielt er für gut. Das Oberkommando hatte ebenso recht. Zu den Funktionen des Heeres gehörte es nicht, sich den Kopf über die Politik zu zerbrechen, wo kämen denn die Generäle hin, hätten sie den Soldaten vor der Schlacht erst einmal die Früchte vom Baum der Erkenntnis zu schälen.

Er schnalzte mit der Zunge und brachte Domingo wieder auf Trab. „Zweitausend Jahre hindurch haben die Christen an Gott geglaubt, den es nicht gibt, und jeden, auch den geringsten Zweifel als Lästerung empfunden. Jetzt sollen die Menschen nur tausend Jahre an den Führer glauben, den es gibt, den sie sehen und anfassen können, aber das Mißtrauen und die Ungewißheit nagen an ihrer Seele. – Heh“, rief er, „heh, Domingo, was is’n los?“ Er ließ die Lederleine auf Domingos Rücken klatschen.

„Und wie steht’s mit Ihrer Seele?“ fragte Westermann.

„Ich bin nicht befugt, Ihnen alles zu sagen, was ich weiß“, erklärte der Ortsgruppenleiter. „Wir haben noch unerschöpfliche Reserven. Wunderwaffen. Und ich glaube, was ich weiß. Und ich weiß, was ich glaube. Sie müssen auch glauben.“

„Ich verstehe Sie.“

„Sie müssen.“

„Nun ja“, meinte Westermann mit verdeckter Ironie, „wir haben uns über fünf Kriegsjahre hinweg den hellen Wahnsinn unseres Glaubens bewahrt, das ist, denke ich, wenn man so will, ja auch ein Stück historischer Leistung.“ Er wollte dem Ortsgruppenleiter nicht die Freude an der Hasenjagd verderben. Er hatte nicht Parteigenosse werden wollen und niemand hatte ihn gezwungen, Parteimitglied zu werden, vielleicht, weil er Soldat werden wollte. Und an die Front zu kommen wünschte. Er war gut ausgebildet worden und hatte einen Auftrag erhalten, erfüllbar oder nicht. Und nun, da sich das Ende des Krieges absehen ließ, war er sicher, daß die Leistung des Soldaten wie auch die anderer Patrioten in die Geschichte eingehen würde. Das konnte jeder sehen, wie er wollte, er sah es so und nicht anders, und niemand würde ihm vorschreiben können, was er zu glauben hatte und was nicht. Hier irrte der Ortsgruppenleiter. Es lag an jedem selbst zu glauben, was er für glaubenswert hielt. Aber sie fuhren nicht durch Platons Basilika des Staates, sondern zur Hasenjagd. Also bemühte sich Westermann, das Thema zu wechseln.

„Bewahren Sie sich Ihren Glauben über den Rest der Strecke", sagte der Ortsgruppenleiter. „Über den Rest der Strecke des Krieges."

Dann schwiegen sie eine Weile. Jeder hing seinen Gedanken nach. Der Ortsgruppenleiter war kein ruppiger Mann. Westermann hatte ihn noch nie schreien hören. Wenn er über die Partei und den Führer sprach, redete er eindringlich, aber nicht laut. Doch ein wirkliches Bild über den Parteimann konnte sich Westermann nicht machen, ausgenommen, wenn der Ortsgruppenleiter über Erich Koch sprach. Und er sprach häufig über ihn. Wiederholte sich. Beschwor mehr und mehr die Vergangenheit. Koch hatte ihn schon dreiunddreißig aufgefangen und auf die Beine gestellt. In der Partei war Koch sein Vater, doch nun schien die Vaterfigur blasser und blutleerer zu werden. Die Amerikaner hatten bei Trier die deutsche Grenze überschritten, der Versuch, sie zurückzuwerfen, mißlang. In diesen Monaten begann für ihn eine Traumwelt einzustürzen. Das waren dann die schlechten Nachrichten.

Westermann war in den zwanziger Jahren noch zu jung, um sich selbst ein Bild von der Weimarer Republik machen zu können. Er hörte viel im Elternhaus und da er dem Vater häufig neben der Asthmamaschine Gesellschaft leistete, machte er sich in groben Umrissen das Bild des Vaters über die Regierung zu eigen. Sein Vater hielt nicht viel von Weimar. Eine ungeliebte Republik. Schwach. Den Siegermächten gegenüber zu nachgiebig. Die Parasiten in Weimar, sagte er, seien der Auffassung, daß sich in erster Linie das Volk abzurackern habe, um die Reparationen zu bezahlen. Das sei immer so gewesen. Wer zahlt? Das Volk. Der Kaiser zog sich schlicht nach Holland zurück. Auch unter Hitler, fragte Westermann später. Na ja, meinte der Vater, wahrscheinlich hätten die Deutschen Hitler die Diktatur zu leicht gemacht. War's ein Fehler, würde das Volk die Rechnung begleichen müssen. Wer denn sonst? Westermann ging das alles nicht aus dem Kopf. Denn nun war es so weit.

„Sie sagten, Sie hätten gute Beziehungen zum Stabe von Erich Koch."

„Das ist richtig", bestätigte der Ortsgruppenleiter leise. Er war mit seinen Gedanken offenbar an ganz anderem Platze. Als Westermann dann wieder still war, sagte er: „Reden Sie ruhig weiter, ich höre Sie, auch wenn ich die Augen schließe. Man muß sich nicht immer anstarren."

„Es ist nicht so wichtig", meinte Westermann. „Wenn Sie mich zur Hasenjagd einladen, werde ich mich nach dem Kriege mit einem Ausflug aufs Haff revanchieren."

„Angenommen", sagte der Ortsgruppenleiter, „das Haff interessiert mich." Er schloß wieder ein Weilchen die Augen und ließ dem Wallach eine lange Leine.

Die Westermanns mit dem Hauptsitz in Osterode waren eine große Familie, wenn man die Skowronskis und den ganzen Clan der Zacharias hinzurechnete. Familienausleger zogen sich bis Berlin, Potsdam, Hamburg und bis ins Ruhrgebiet hin. In Ostpreußen waren sie an der Landwirtschaft und am Binnenfischfang beteiligt, auch eine Getreidemühle gehörte ihnen, aber für die Jagd hatten sie sich nie interessiert. In ihren Kreisen galt das edle Weidwerk nicht immer als fein. Diese Meinung verstärkte sich noch, als Hermann Göring mit geschniegelten Auslandsdiplomaten auftauchte, denen die Sechzehnender vor die Büchse getrieben wurden. Sie hatten nicht mehr zu tun als abzudrücken, und so manches Mal mußte einer von Görings Gehilfen einem weidwundgeschossenen Tier den Fangschuß geben. Anders der Fischfang. Im Hafen von Rosenberg lag eine Lomme der Skowronskis, die für die ganze Familie zur Verfügung stand. Sie hatten die gebrauchte Lomme, ein Frachtfahrzeug mit einem stabilen Holzboden, in Tolkemit erworben und nach dem Odysseusprinzip auf der Modersitzki-Werft umbauen lassen.

Sie hatten die Lomme aus einer ganzen Reihe von Angel- und Keitelkähnen und Scheiken ausgewählt. Sie war knapp zehn Meter lang und über drei Meter breit. Sie war plump und träge, aber verläßlich und für die Jugend der Familien ein vortreffliches Spielzeug. Die Skowronskis legten Wert darauf, daß die Lomme vom Steven bis zum Mittelschiff abgedeckt wurde und eine abschließbare Kabine mit Schlafplätzen und eine Kombüse erhielt, Westermanns Vater bestand zudem auf einem auch von Landratten zu bedienenden einfachen Lateinersegel und brachte ein Beiboot mit Rudern und Notsegel in die Bootsgemeinschaft ein. Vater gab gern ein bißchen an. Er sagte, er würde die Familien der Lommegemeinschaft den ganzen Sommer über mit Zander, Brasse, Aal und Kaulbarsch versorgen. Vater besorgte auch vom Fischmeister den Fischereibrief. Im Familienkreis versprach er, sich auf das Fischen des Zander zu spezialisieren. Der Zander sei ein gieriger Raubfisch und fresse mehr Fische als der Führer Parteigenossen habe. Daraus wurde aber nichts. Er kaufte regelmäßig Aal, den er besonders mochte, geräuchert in Rosenberg, bevor sie wieder nach Hause fuhren. Bevor die frischgeteerte Lomme zu Wasser gelassen wurde, befestigten die Vettern an der Mastspitze einen hellblauen Verklickerer, auf den die Cousinen einen schwarzen Seeräuberkopf aufgesteppt hatten. Die Vettern und Cousinen hofften im stillen, es würde auf der Lomme einige kleine Abenteuer geben, wichtig war, daß man die Eltern und Onkel und Tanten dazu brachte, sich fern zu halten.

Es war das Jahr nach der Olympiade in Berlin. Der Sommer war heiß und üppig und in jeder Hinsicht verschwenderisch. Vom finnischen Golf her wehte eine schwache Brise, sie duftete nach Birke und Harz und reifendem Strandhafer. Und auch ein wenig nach frischer Farbe. Bootslack. Westermann hatte die Hälfte seiner Schulferien für die vormilitärische Ausbildung in Preußisch-Holland opfern müssen, als ihn sein Vetter Jürgen anrief. Er habe für ein verlängertes Wochenende auf dem Haff zwei hübsche Cousinen an Hand, ob er mitfahren wolle, die Mädchen hätten sich verpflichtet, für Proviant und Getränke zu sorgen. Westermann fragte, ob er, Westermann, die Cousinen kenne. „Weiß ich nicht. Ich mag die Sophie. Du solltest dir mal die Katja anschauen. Sie hat gerade in Berlin ihr Pflichtjahr absolviert. War wohl sehr hart. Will ein bißchen ausspannen, na ja, du weißt ja, wie das ist, und wenn nicht, auch nicht schlimm. Sie kann eine Menge über Berlin berichten."

Westermann kannte die Katja nur dem Namen nach. Er schwankte.

„Sie ist witzig und natürlich, ganz unkompliziert", fügte Jürgen hinzu, als sei das Wochenende in Gefahr. Als müsse er seinem Vetter etwas verkaufen. Westermann wollte nichts kaufen, er freute sich nach dem vormilitärischen Training auf ein Faulenzerwochenende auf dem Wasser. Hoffentlich kam nicht die ganze Familie auf die gleiche Idee, dann mußten sie im Hafen ein Zeltlager einrichten. Mit dem Fahrrad konnte er die Strecke bis Rosenberg an einem Tag schaffen. Um Geld zu sparen, würde er gleich aufs Boot gehen und in der Kajüte schlafen. Wo er den Schlüssel finde? Wie immer bei Rominskis.

An diesem Wochenende wurde Westermanns russische Fata Morgana geboren. Noch am Abend brachte er die Sachen aus dem Bootshaus in die Kajüte. Sie verfügten über vier Wasserkanister je zwanzig Liter, das würde bis Montag reichen, falls sie zur Nehrung rüber fuhren, und dort störte sie in der Regel niemand. Der Bereich Rosenberg – Großbruch gehörte zur Mischwasserzone, der Salzgehalt war niedrig. Man brauchte nicht viel Wasser zum Waschen. Eigentlich keins. Man konnte Tag und Nacht baden und seinen

Geschäften ging man nach wie Robinson Crusoe. Außerdem hatte die Mischwasserzone den Vorteil, daß es kaum Stechmücken gab. Oft hatten sie die Nacht an Deck verbracht und herrlich geschlafen. Die dümpelnde Lomme schaukelte die Seele.

Er stand früh auf und machte sich an die Arbeit. Für die Privatboote gab es nur ein paar Holzstege und die Bootsbesitzer kabbelten sich ständig um die besten Plätze. Irgend ein Idiot hatte ihre Lomme zu weit gegen das Land gezogen und den vorderen Kiel auf Grund gesetzt. Er versuchte, den Kahn vom Sand runterzuschubsen, schaffte es aber nicht, den Kiel frei zu bekommen. Er vergewisserte sich, daß die beiden Seitenschwerter in der obersten Position festgezurrt waren. Er zog sich in der Kajüte aus und sprang nackt ins Wasser. Mit ein paar Schwimmschlägen war er am Ruder. Er löste die Verschraubung und hob das Ruderblatt aus der Halterung. Dann zog er den Spiegel der Lomme vom Bootssteg fort, denn der Steven des folgenden Bootes lag nahe am Heck.

Während er am Boot und an den Leinen herumpadderte, zerbrach er sich den Kopf darüber, ob und woher er diese Katja kannte. Tante Heta hatte ihm für den Besuch der Olympiade eine Dritter-Klasse-Bahnfahrt spendiert und ihre Schwester in Berlin gebeten, ihm ein paar Eintrittskarten für den Wettkampf im Dressurreiten zu besorgen. Vielleicht waren er und die Cousine Katja sich irgendwo in Berlin begegnet. Beim Tantchen oder im Reichsnährstand, wo Tantchen für die Zusammenarbeit mit dem Propagandaministerium zuständig war. Die Olympiade schaffte eine ganze Reihe von Ausnahmen und Großzügigkeiten.

Normalerweise verfrachteten ihn die Eltern, ohne ihn je zu fragen, in den Oster-, Sommer- und Herbstferien auf den Bauernhof zu Onkel Albert und Tante Lotte. Onkel Albert hatte beim Kommiß als Reitlehrer gedient und brachte ihm das Reiten bei. Schritt. Trab. Galopp. Springen. Es begann auf blankem Pferderücken, hierbei das Pferd, wie Onkel Albert sagte, nackt auf Trense. Als er sich den Hintern durchscheuerte, genehmigte Onkel Albert einen Woilach als Sattelersatz. Den Woilach schnürte der Knecht mit einem Dekkengurt fest. Tagelang rieb das Hausmädchen Titine sein Gesäß mit Hundefett ein, das der Stallknecht von der Wolfsbrühe abgeschöpft hatte. Titine war ein dralles Mädchen, hatte mollige Brüste und war in gewisser Weise ein lustiges Landhuhn, und es gefiel dem jungen Herrn aus Osterode, daß das Hausmädchen nur dünne Baumwollkleider und niemals einen BH trug, undenkbar in Osterode, und daß sie ihrerseits den jungen Herrn zu reiten vermochte, obwohl er, wie er behauptete, doch sehr behindert sei. Jedenfalls hatte er zu dieser Zeit eine bessere Liegeverfassung als Sitzfleisch. Doch dafür war, wie er festzustellen das Vergnügen hatte, Titine in keiner Weise behindert, und es gefiel ihr, dem jungen Herrn jeden Morgen ihre Aufmerksamkeit zu schenken.

Wenn er an jene Sommerferien auf dem Lande dachte, meinte er, immer noch das Geheimnis ihres sinnlichen Stillhaltens zu spüren, das der Natur der Dinge eine unglaubliche Dichte der Gefühle verlieh. Gut. So gut. Alles gut. Aber er liebte sie nicht. Er mochte sie sehr. Ihre pralle Lebendigkeit. Diese lüsterne Hingabe, aber Liebe mußte doch wohl etwas anderes, größeres sein. Und Vergleiche durften dem jungen Herrn wohl gestattet sein. Und wenn er später in Rußland an seine Zeit als *junger Herr* dachte, rückte Titine doch ein wenig in den Hintergrund. Gleichwohl träumte er daheim im puritanischen Osterode oft von seiner dickbusigen Reiterin Titine und von dem vor Erotik überquellenden Gästekabäuschen hoch oben unter dem Dach in Onkel Alberts Bauernhaus, an die ländliche Ferienidylle, an das duftende Heu unter seinem zerschundenen Hintern, wenn sie sich während der Nachmittagshitze im Schober trafen.

Kehrte er im Personenzug in die Stadt zurück, stieg am Bahnhof aus und ging entlang der Schienen zur Wilhelmstraße, war alles Wirkliche vorbei. Der Unterricht im Gymnasium war vollgepackt mit spartanischen Prinzipien. *Mens sana in corpore sano.*

An die Stelle von Titine rückten ein umfängliches Studienprogramm und der kräftezehrende Sport. Geländelauf. Schwimmen. Rettungsschwimmen. Fünfkampf. Zehnkampf. Vorbereitung auf das Reichssportabzeichen. An den Wochenenden immer häufiger Zeltlager und Kriegsspiele im Wald zwischen dem Roten Krug und Pillauken. Märsche zum Kriegerdenkmal. Fackeln. Drill zum Patriotismus. Die Jugend sollte auf Draht gezogen werden. Meine Ehre heißt Treue. Auf den Schülern des Gymnasiums ruhten fortwährend die Augen des Lehrkörpers. Am Schwarzen Brett hing eine Liste empfohlener, unerwünschter und verbotener Lokale. Zu den verbotenen Lokalen gehörte das Café Central, von den Gymnasiasten CC genannt, und die Wolfsschlucht. Das CC war nicht akzeptabel, weil eine Damenkapelle Unterhaltungsmusik darbot.

Westermanns Klassenkameraden hatten ihn einmal zu einer Mutprobe verdonnert. Das CC betreten, Platz nehmen, eine Tasse Kaffee bestellen, langsam austrinken, geruhsam zahlen, gemessenen Schrittes abrücken. Zwei alte Hasen würden seine Probe beobachten und akzeptieren oder verwerfen. Westermann konnte nicht verstehen, warum der Besuch des Cafés eines Gymnasiasten unwürdig sein sollte. Die Damenkapelle bestand aus einer ältlichen Klavierspielerin und einer winzigen, mädchenhaften Stehgeigerin. Nirgendwo bot sich ein Vergleich mit Titine.

Wurde ein Gymnasiast beim Besuch der Wolfsschlucht erwischt, konnte der Schulrat das *consilium abeundi*, den Rausschmiß, beschließen. Das genügte, um die Schüler bis hin zu den Abiturienten vom Besuch der Wolfsschlucht abzuhalten. Weil sich also niemand von ihnen in der Wolfsschlucht auskannte, wucherten die Gerüchte wie Sumpfpflanzen. Niemand vermochte daran zu zweifeln, daß die Serviererinnen die Bedienung im Restaurant nur als zweiten Beruf ausübten, ihr Hauptberuf mußte in der Begleitung zahlungskräftiger männlicher Gäste in die Zimmer der oberen Etagen bestehen, wo Dantes Göttliche Komödie, die Verdammnis und das Inferno aufgeführt wurden. Seine Großmutter hatte von Großvater, der in Osterode Justizrat war, alles erfahren, weil die Vorkommnisse in der Wolfsschlucht immer wieder zu Prozessen und Strafverteidigungen führten. Das fahrende Volk und auch Bürger von zweifelhaftem Ruf brachen manchen Streit vom Zaune, und den Kutschern von auswärts saß das Messer locker. Großmutter versicherte, die Weiber in der Wolfsschlucht seien meist liederlich. Was das genau bedeute, wollte er wissen.

Eine von Omas Geschichten über das Liederliche in der Bürgerstadt Osterode. Seine Großmutter besuchte in ihrer Jugendzeit ein Königsberger Mädchenpensionat für Höhere Töchter bis zum Haushaltsabitur. Als Wahlfach wählte sie Literatur. Die Abiturprüfung schloß ein von ihr gewähltes Thema aus den Werken Dantes ein. Sie kannte sich in der „Göttlichen Komödie“ aus. Als ein Jahr vor dem Zweiten Weltkrieg Leni Riefenstahls „Fest der Schönheit“ aufgeführt wurde, ein Film, den sie sich im Kino bei der Potsdamer Verwandtschaft ansehen konnte, zitierte sie aus dem dreiundzwanzigsten Gesang der Göttlichen Komödie:

Wo von der Kanzel man muß untersagen
Den frechen Florentinerinnen noch,
Die Warzen offen an der Brust zu tragen.

Mithin an der Höhe der Miederborte maß sie das Liederliche und Verruchte, und wenn die Dirnen in der Wolfsschlucht gar die Mieder fallen ließen und mit entblößtem Oberkörper auf den Tischen tanzten, dann wisperten die

Damen beim Klassentreffen der Höheren Töchter über die Libertinage in dem sich räkelnden und streckenden Berlin der Erneuerung und über die Wogen des Liederlichen, die gegen die Osteroder Stadtmauern brandeten.

In der Wolfsschlucht wurden schon sehr bald nach der Machtergreifung der radikalen Sozialisten das Inferno und die Verdammnis Dantes aufgeführt, sagte Oma. Es war der Anfang einer modernen dantesken Divina Commedia. Sollte es eine Hoffnung auf Wiederauferstehung, eine Erwartung auf ein neues Leben nach dem Leben der Menschen in Osterode, etwa in der Art des unsterblichen Phönix geben, so würde der Weg dorthin sicherlich durch die Asche der Wolfsschlucht führen, denn jede Reinheit erblühte aus der Erkenntnis der Sünde. Gegen Ende solcher Gespräche schüttelte seine Großmutter die Angst, sie könnte durch eine göttliche Verwechslung dort in der Wolfsschlucht auferstehen, ohne Oberkleid auf einem der schweren Eichentische tanzend, während ihre Seele auf eine der jungen Dirnen übersprang, dazu verdammt, sich inmitten des fahrenden Volkes ihr Brot zu verdienen.

Da Westermann die Wolfsschlucht nie betrat und auch nicht zu betreten wünschte, war es ihm versagt, sich Bilder von den Sünden in der Stadt zu machen. Nie würde es ihm möglich sein, die Erzählungen seiner Oma mit den wahren Tatsachen zu vergleichen. *Jamais*. Und so blieb Titine zu jener Zeit eine ganze Weile auf Platz eins der fleischlichen Versuchungen, denen er erlag. Und nun nach Titine diese *tour d'amour fou*. Er konnte nur ahnen, diese Hälfte der Sommerferien würde ganz wunderbar gelingen. Sonne, das Wasser, das Haff, die Nehrung. Was würde es da für eine Rolle spielen, ob das Cousinchen patent oder zickig oder eine scheue Klosterschülerin war. Widrige Winde? Nein, nichts sah danach aus.

Als er dem Strand zuschwamm und sich aus dem Wasser erhob, sah er auf dem Bootsdeck ihre schöne Gestalt. „Bist du der Westermann-Vetter?"

Das Bild verschlug ihm die Sprache. „Meine Freunde nennen mich Westie."

„Ich bin die Katja."

„Fein, Katja."

Sie hielt sich am Mast fest und blickte abschätzend auf ihn hinunter. „Ganz hübscher Schlickrutscher."

Westermann tat verwundert. Das fing ja gut an. „Sie ist ein tapferes Mädchen", sagte er. Er würde es von niemandem, auch nicht von dieser jungen Cousine hinnehmen, daß man die behagliche Lomme mies machte.

„Wirklich?"

„Im vergangenen Jahr haben wir mit dieser Lomme Kap Hoorn umsegelt", meinte er ernsthaft.

Sie konnte gut mithalten. Lachte fröhlich. „Ich weiß. Ich habe euch von Feuerland aus beobachtet. Ehrlich. Ich war in ziemlicher Sorge."

„Die Runde geht an dich", sagte er.

„Kann ich dir helfen, Westie?"

„Aber ja, nur nicht da oben", antwortete Westermann.

„Da mußt du warten", sagte das schlanke Geschöpf, „ich hab' mein Gepäck noch im Bootshaus."

„Komm doch einfach wie du bist", meinte Westermann ungeduldig. Er wollte die Lomme endlich frei im Wasser schwimmen sehen. Das Boot konnte quer zum Steg treiben, bis die anderen kamen.

„Wie ich bin?"

„Ja."

„Im Ernst?"

„Aber ja."

Sie zog den gebleichten, ausgefransten Baumwollsweater vom Oberkörper und schüttelte die kurze Hose von den Oberschenkeln. Wie eine Wildkatze setzte sie ihre Fußspitzen auf die warmen Eichenbretter des Decks und sprang auf der Backbordseite des Vorderdecks ins Wasser.

Versteckte sich einen Augenblick. Tauchte, bis das Wasser ihre Schultern bedeckte.

Als sie die Lomme frei hatten, sagte Westermann: „Gute Arbeit. Meine Handtücher liegen in der Kajüte. Nimm dir eins.“

Sie ließ sich Zeit. Trocknete endlos lange das blonde Haar ihres Rundponyschnitts. Rubbelte Kopf und Hals und Arme. Die Achselhöhlen bedeckte ein zarter goldener Flaum. Sie blickte Westie an. Neugierig. Abschätzend. Sie hatte während des Pflichtjahrs in Berlin ihren Babyspeck verloren und war nun schlank wie ein Backfisch, fast schmächtig und geschmeidig in ihren Bewegungen. Himmel, ja, sie war in allem vollkommen und reif und jugendfrisch und hatte in Berlin eine Menge gesehen. Dinge, die es in Osterode nicht zu sehen gab, von denen man nicht einmal etwas wußte. Sie legte ihre Arme um seinen muskulösen Oberkörper und sagte leise und ungeniert: „Leg dich auf den Boden, Westie, hier, ja, und laß mich alles tun.“

Er war auf diese Versuchung überhaupt nicht vorbereitet.

„Ich mach das schon“, flüsterte sie. Jeden Moment konnten die anderen kommen. Was dann? Sie drückte ihn auf den Boden und legte sich neben ihn auf die Holzverkleidung der Bilge. „Niemand kommt, Westie“, flüsterte sie. „Es wäre eine Sünde, diesen schönen Morgen nicht zu nutzen.“

Er erinnerte sich jeder ihrer Bewegungen, erinnerte sich des Rasens seines Herzens, der kleinen Gesten ihrer Leidenschaft, spürte immer wieder ihren Mund und ihre Zunge, die über seine geschlossenen Augen fuhr, spürte dieses unglaubliche Gefühl von Nähe. Und später erinnerte er sich, daß sie dort im Hafen von Rosenberg und in dem kleinen Zeltlager auf der Nehrung bei Großbruch, ja, eigentlich während dieses ganzen wunderbaren Wochenendes ein Zusammenliegen bevorzugte, bei dem sie ihre Brust und ihren Leib und ihre Schenkel an seinen Rücken schmiegte und sich mit beiden

Händen an seinen Brustkorb klammerte oder seinen Bauch und seine Lenden streichelte. Sie nannte das ihr Muschelparadies.

Nach dem Schwimmen im wenig salzigen Wasser des Haffs hatte sie ihn verführt, ihren Schoß zu küssen. All die Kriegsjahre in Rußland hindurch, die Jahre südlich des Ladogasees, am Wolchow, im Brückenkopf von Kirischi, im Pogostjekessel, auf den Ssinjawinohöhen, all die Kriegsjahre hindurch, in den brütend heißen Sommernächten, in den überheizten Holzhäusern der weit auseinanderliegenden Dörfer, überall dort, wo ihn die Ferne von der Heimat so wahnsinnig schmerzte, wo er sich wieder und wieder fragte, was sie alle dort eigentlich machten, was sie dort umtrieb, all diese mörderischen Jahre hindurch konnte er den Duft ihres jungen Körpers riechen, die Frische der Haut, die vom Brackwasser gewaschene flaumige Knospe ihres Schoßes. Er konnte, wenn der Nahkampf zwischen den Schützengräben oder vor den Bunkern so plötzlich erlosch, wie er begonnen hatte, wenn die russischen und die deutschen Batterien ihr Feuer einstellten und er gewahr wurde, daß er inmitten der aufgebrochenen Erde überlebte, unverwundet war, dann konnte er ihr nasses Haar, ihre saubere junge Haut riechen, wie damals am Haff, als sie sich auf dem warmen Boden der Lomme an seinen Rücken preßte.

Katja und ihr Muschelparadies waren seine erste wirkliche Liebe, bis er herausfand, daß sie sich auch von anderen Männern anzünden ließ. Da trennten sie sich, aber was für die russische Fata Morgana, für die langen eisigen und heißen Monate oben am Ladogasee und auf dem nackten Boden vor Petersburg blieb, war dieser Gedanke an ihren Körper, an dieses warme Drängen, ihre Küsse auf die Augen, den Mund, die Schultern, waren Gedanken an diesen Sommer am Haff.

Und wenn dort oben in Rußland die Werfergranaten neben ihm einschlugen, betete auch er, der nicht mehr an Gott glauben wollte. Ja, das waren diese merkwürdigen Augenblicke, da er hoffte, es würde ihn geben, diesen Gott, der allein die Dinge zurechtrücken konnte. Und er sprach: Herr, wenn ich schon sterben muß, laß mich nicht hier in der Fremde sterben. Laß mich noch ein wenig leben. Gib mir Zeit, zurückzugehen bis zum Haff, bis auf die Nehrung und laß mich dort am Strand sterben, auf dem feinen warmen Sand mitten im Strandhafer, und dann laß mich hinaustreiben auf das Wasser und dort soll es dann genug sein.

Der Ortsgruppenleiter meinte, er habe nur ein wenig die Augen geschlossen, aber Westermann war sicher, er habe ein Nickerchen gemacht. „Sie sagten, Sie wollten mich zum Fischfang mitnehmen, klar? Auf dem Haff kenne ich mich nicht so gut aus. Ich nehme Sie beim Wort. Das interessiert mich wirklich sehr.“ Er sagte es so, als interessiere ihn das Haff nicht im geringsten.

„Und was machen Sie bis dahin mit Ihrem Dorf?“

„Bin in Sorge um mein Dorf.“ Irgend etwas bekümmerte ihn. Die Lage im Westen war nicht rosig, aber das wußte er schon seit Wochen. Doch jetzt wirkte er wirklich sehr bedripst.

Es bedurfte keiner besonderen Leinenführung, um Domingo auf den im rechten Winkel abbiegenden Waldweg zu lenken. „In einer halben Stunde haben wir's geschafft.“ Er nahm die Schirmmütze vom Kopf und wischte sich mit einem sehr großen bunten Taschentuch über die Stirn. Die Morgendämmerung hatte sich in einem durch den Wald ziehenden Dunst aufgelöst, die Sonne tauchte die Baumkronen in das rötliche Licht des anbrechenden Tages. Er wies mit der freien Hand auf die grünen Zweige der Kiefern und das frische Weiß der Birkenstämme. „Hier glaubt man, der Himmel habe sich auf Erden ein Haus gebaut.“ Domingo schnaubte laut und schüttelte den Trensenschaum von den Lippen. Eine Schaumflocke landete auf der Jacke des Ortsgruppenleiters. Domingo scheuchte einen großen prachtvoll gefärbten Vogel hoch, der mit kraftvollen Flügelschlägen Höhe gewann. „Ein Auerhahn“, erklärte der Ortsgruppenleiter, „den lassen wir schön in Ruhe.“ Er ließ den Wallach Schritt gehen. „Wenn zwei Ihrer Männer bei den Pferden bleiben, können die anderen treiben.“

„Auch ich trage Sorge um das Dorf“, sagte Westermann, „und da wir uns einig sind, werden Sie mir darin zustimmen, daß wir die Frauen fortschicken sollten.“

„Die Frauen und die Kinder.“

„Ja, das meinte ich“, sagte Westermann.

„Und woran denken Sie?“

„Ein Teil unserer Familie ist in Potsdam ansässig. Ziemlich im Zentrum. Gegenüber der Heiliggeistkirche. Ein Luftschutzbunker liege ganz in der Nähe, schrieb mir meine Tante. Die Stadtmitte wurde schon bombardiert, aber bisher gab es noch keine großen Verluste.“

„Die Reiseerlaubnis könnte ich erteilen, die Fahrkarten müssen Sie in Insterburg besorgen“, meinte der Ortsgruppenleiter.

„Dann machen wir es so.“

Westermann hatte eine Litanei über die Schwierigkeiten einer solchen Maßnahme erwartet, die Verschickung der Frauen barg auch für den Ortsgruppenleiter ein Risiko, es konnte passieren, daß er sich rechtfertigen mußte. Vielleicht gab ihm der Stab von Erich Koch so viel Rückendeckung, daß er Entscheidungen für einige wenige Frauen und Kinder aus dem Dorf selbst treffen konnte. Andererseits war es zu dieser Zeit schon usus geworden, widerborstige Untertanen an den Kastanienbäumen der Landstraßen aufzuhängen. *Très vite*, wie der junge Herr aus dem Westen geschrieben hatte, und die da im Herbstwind baumelten, wären in der Regel nicht einmal mehr in der Lage gewesen, zu erklären, warum, verdammt und zugenäht, man sie da hingehängt hatte. Weil sie aufmuckten? Weil sie nach dem Sinn fragten? Weil sie dem Rattenpack in Berlin nicht mehr trauten? Egal warum, sie hingen.

Während der Rast am Tintenfaß zeigte ihnen der Ortsgruppenleiter das schwarze Loch im Moor. Er zog aus dem Gesträuch eine Stange von etwa drei Meter Länge und stieß sie in den Moorboden. Sie sahen große Blasen aufsteigen, die an der Oberfläche platzten. Winzige Dampfwölkchen wuchsen in die kühle Morgenluft empor. Er schritt die Umrandung der Fläche ab und empfahl, die Grenzen nicht zu übertreten. Er sagte ihnen, daß es unmöglich sei, jemanden herauszuziehen, wenn man ihm nicht sofort ein Seil zuwerfe und er das Seil auch zu packen bekomme. Vorsichtshalber holte er aus dem Gewehrkasten der Kutsche ein dickes Seil und eine Kordel und legte beides auf den Graswulst des schwarzen Lochs. Dann gab er Westermann eine Flinte mit Patronen für Hasen und Hühnervögel, nahm selbst eine Flinte und überreichte den Unteroffizieren zwei geladene und gesicherte Büchsen. Er erklärte die Art und Weise des Treibens und teilte die Treiber ein. Er sagte, niemand solle einen Schuß abgeben, bevor er selbst die Jagd nicht mit dem ersten Schuß eröffnet habe.

„Hat noch jemand eine Frage?“

Nein. Niemand.

Als sie über die Lichtung gingen, stießen sie auf muldenförmige Hasenlager. „Wir nennen sie Sassen“, erklärte der Ortsgruppenleiter. „Wo Sassen sind, sind auch Hasen. Warten Sie ab. Wir haben sie gleich.“

Seine Müdigkeit, seine Bedripstheit waren verflogen. Sie überquerten auf einem Holzsteg den Strius. Der Ortsgruppenleiter meinte, der Strius münde in die Inster, war sich dessen aber nicht ganz sicher. Er wußte nur, daß es im Strius Flußkrebse gab oder jedenfalls geben mußte. Die Bauern, die ihm ein wenig gefällig sein wollten, hatten ihn mit Krebsen versorgt. Vielleicht, dachte er in diesem Augenblick, vielleicht hatten sie die Krebse auch vom Gumbinnener Wochenmarkt mitgebracht.

Als sie jenseits der Lichtung wieder durch Wald streiften, hörten sie über sich ein russisches Flugzeug vom Typ Nähmaschine. Vor ihnen lag eine Brandschneise. Ein Fasanenpaar flog auf. Der Ortsgruppenleiter hob die Büchse und zielte. Als er den Zeigefinger am Abzug schon krümmte, sah er hinter den Fasanen über Kimme und Korn eine Versorgungskapsel vom Himmel niederschweben. Sie hing an einem Fallschirm. Kam langsam näher. Man konnte schon die Fallschirmschnüre zählen. Er setzte die Flinte ab, sicherte das Schloß, gab die Flinte einem der Unteroffiziere und nahm dessen Karabiner. Er drehte sich zu den Leuten um und machte ein Zeichen: sie sollten stehen bleiben und still sein. Eine weitere Handbewegung. Entsichern. Den Halbkreis der Treiber spreizen. Langsam vorrücken. Aufpassen.

Der Fallschirm hatte sich in der Krone einer Kiefer verfangen. Die Kapsel pendelte hüfthoch über dem Moorboden. Vier Partisanen bemühten sich, an die Schnüre heranzukommen, die die Kapsel hielten. Der Ortsgruppenleiter winkte die Unteroffiziere und die Soldaten herbei. Er ging mit dem Karabiner im Anschlag auf die Partisanen zu und rief: „Halt! Keine Bewegung! Hände hoch! Ergebt euch!"

Es fielen dann mehrere Schüsse. Einer der Partisanen wälzte sich auf dem Boden. Der Ortsgruppenleiter war sehr aufgeregt und wiederholte seine Befehle mehrmals und übermäßig laut. Westermann mahnte vergeblich, ruhig und leise zu sein. Niemand wußte, wieviele Russen das Kommando zählte. Vielleicht hatten sie schon ein Vorauskommando der Dritten weißrussischen Front vor sich.

Die Soldaten umringten die Partisanen und nahmen ihnen die Waffen ab. Westermann ließ einen Unteroffizier und zwei Mann in Richtung Mittenwalde vorgehen, um herauszufinden, ob es weitere Partisanennester gab. Partisanen-sassen und keine Hasen. Der Ortsgruppenleiter schlug vor, mit den Gefangenen zu den Wagen und Pferden zurückzugehen und das Material, das Zelt, die Waffen, den Sprengstoff und das Funkgerät nach Elchenaue zu schaffen.

Die Soldaten stellten aus Birkenruten und einer Zeltbahn eine Trage her und legten den Verwundeten darauf. Sie öffneten Mantel, Jacke und Hose des Verwundeten und fanden Ein- und Ausschuß in Hüfthöhe. Er blutete stark. Sie verbanden ihn notdürftig. Der Verwundete war ein kräftiger junger Mann. Es war seine erste Berührung mit deutschen Soldaten und er vermochte seine Angst nicht zu verbergen. Starrte sie an mit dieser Höllenangst in den Augen, die Angst junger Menschen, die spürten, das Leben konnte hier zu Ende sein, und die nicht sterben wollten, denn noch hatte sich nichts in ihrem Leben erfüllt, und die höllische Hitze all ihrer verlorenen Träume trieb den Schweiß auf ihre Stirn.

Das Partisanenkommando hatte aus vier Männern und einer Frau bestanden. Einer der Männer war beim Fallschirmabsprung in einen Dachsbau gestürzt und hatte sich einen Unterschenkel gebrochen. Es war ein offener Bruch, der sich an einer schweren Wundinfektion entzündete. Dieser Partisan war vor kurzem an Gasbrand gestorben.

Die Verzögerung der Mission erforderte den Abwurf eines weiteren Versorgungscontainers, der zu ihrer Entdekkung führte. Sie hatten den Auftrag, Artilleriestellungen zu erkunden und die Bahnlinie Insterburg – Wehlau – Tapiau – Königsberg zu sprengen. Die verbliebenen drei Männer sprachen kein deutsch. Die Partisanin erklärte, sie heiße Ilona Popescou, sei rumänische Staatsangehörige und habe in der deutschen Kommandantur in Bukarest als Dolmetscherin gearbeitet. Ihre Selbstverpflichtung als Partisanin habe sie vor einem Straflager in Sibirien bewahrt. Westermann machte ihr klar, daß sie mit den drei Russen der deutschen

Abteilung IC „Abwehr und Feindaufklärung“ übergeben würde, die keine sehr gute Meinung von den Partisanen hätte. Sie war mutig. Sie bemerkte hierzu, daß Hitler dafür verantwortlich sei, daß in Europa niemand von niemandem eine gute Meinung habe und daß es eines Jahrhunderts bedürfe, um Frieden unter den Menschen zu schaffen. Westermann schätzte sie auf dreißig, eine schlanke Frau mit einem hageren, farblosen Gesicht und ungepflegten Haaren. Der Ortsgruppenleiter und seine braune Uniform beeindruckten sie überhaupt nicht. Sie sagte, Hitler sei ein Verbrecher. Der Ortsgruppenleiter gab ihr eine Ohrfeige. „Er ist ein Bandit.“ Nein, sie war nicht kleinzukriegen. Worauf ihr der Ortsgruppenleiter zwei weitere Schläge ins Gesicht gab. Westermann ging dazwischen, bis sich der Ortsgruppenleiter ein wenig beruhigte. „Wir werden diese Hexe heute abend auf einem Scheiterhaufen verbrennen“, kündigte er lauthals an. „Und vorher werde ich sie zum Singen bringen.“ Die plötzliche Eingebung, eine Hexe zu verbrennen, schien ihm zu gefallen. Er wiederholte die Drohung.

Westermann fragte sie, ob sie vor ihrer Auslieferung an die Abteilung IC bereit sei, ihm eine ganze Reihe von Fragen zu beantworten, was sie bejahte. Sie könne sich vorstellen, sehr kooperativ zu sein, wenn man ihr erlaube, ein heißes Bad zu nehmen und sich auszuschlafen. Westermann ging an die Spitze der Karawane und fragte den Ortsgruppenleiter, ob er damit einverstanden sei, daß die Partisanen Gefangene der Armee seien, oder ob die Partei, die bei der Verteidigung ja auch eine Rolle spiele, sie für sich beanspruche. Der Ortsgruppenleiter sagte, er könne mit den Partisanen nichts anfangen, Westermann solle sie bewachen lassen und zur Armee transportieren. „Ab mit ihnen.“ Nach einer kurzen Pause fügte er hinzu: „Seien Sie auf der Hut vor diesen Flintenweibern. Sie schneiden einem ehrlichen Mann des Nachts die Kehle durch.“

Als sie wieder bei den Wagen und den Pferden waren, erwies sich der Zustand des verwundeten Partisans als erheblich verschlechtert. Der Ortsgruppenleiter gab dem Verwundeten keine Chance. Er sagte den beiden Soldaten, sie sollten ihm mit dem Birkentraggestell folgen. Er ging voran zum Rande des Tintenfasses, setzte dem Verwundeten seine Pistole an die Schläfe und drückte ab. Er wies die Soldaten an, den Toten ins schwarze Loch zu werfen. Sie sahen den Toten langsam im Sumpf versinken. In ganz kurzer Zeit war nichts mehr von ihm zu sehen. Die Luft- und Gasblasen stiegen wie zuvor aus dem schwarzen Loch auf. Dann sagte der Ortsgruppenleiter: „Dawai!“

Zurück auf dem Gutshof führte Westermann etliche längere Telefongespräche. Da die Division an diesem Wochenende nach Königsfelde umzog, um sich auf die Verteidigung der Romintestellung vorzubereiten, wollte sie die Übernahme der drei Partisanen bis zum Anfang der Woche hinausschieben. Die Abteilung IC schickte einen VW-Geländewagen, um das Funkgerät, die Waffen und den Sprengstoff abzuholen. Die wichtigste Beute schien der Abteilung IC das Funkgerät. Es würde ihr erlauben, den russischen Sprechfunkverkehr abzuhören oder sogar fingierte Nachrichten an die Russen abzusetzen.

Westermann befahl Oberwachtmeister Unruh, die Gefangenen in getrennten Räumen des Insthauses unterzubringen und das Insthaus ohne Unterlaß zu bewachen. Er solle den Wachen klarmachen, daß die Männer gefährlich seien, bei einem Fluchtversuch sei sofort von der Waffe Gebrauch zu machen. Die Partisanin Ilona Popescou werde er später im Gutshaus vernehmen. Er wies Broschda und die Frauen an, sich um die Partisanin zu kümmern. Sie sollten sie filzen, und nicht zu knapp. Papiere abnehmen für die IC der Division, überflüssiges Geraffel verbrennen. Haare entlausen. Überall. Die Frauen grinsten. Er vereinbarte mit der Partisanin gewisse Spielregeln. Sie könne im Gutshaus wohnen, schlafen, essen, sie werde stets von einer der Frauen begleitet werden. Falls sie fliehen wolle, werde man nicht zögern, sie zu erschießen. Frau Schwittek, Tochter Ilse, das Schnürsenkelchen, und die Magd Marie Polakowska meinten, das werde nicht nötig sein, die Partisanin sei auch nur ein Mensch. Der Ortsgruppenleiter teilte diese Meinung nicht, sie gehörte zu der Klasse der Untermenschen, er hatte aber auch nichts dagegen, daß sie wie ein Mensch behandelt wurde, solange sie keine frechen Reden über den Führer hielt.

Am Abend, als der Ortsgruppenleiter gegangen war, sahen die Dinge etwas anders aus. Eine ganz neue Partisanin erschien. Der knappe Garçonschnitt des graumelierten Haares betonte die Strenge ihres Gesichtes. Dunkelblauer Pullover. Die langen Ärmel bis zu den Ellenbogen hochgezogen. Nur die grüne Partisanenhose hatte Frau Schwittek nicht ersetzen können. Ein ansehnlicher bunter Vogel.

„Merci", sagte Ilona Popescou, „ich danke Ihnen, daß Sie mir erlaubten, Toilette zu machen." Sie setzte sich auf das Sofa am Kamin und schlug die Beine übereinander. Broschda hatte ihre Soldatenstiefel gewaschen, aber nicht geputzt. Die groben Stiefel paßten nicht zu ihrem Aufzug und auch nicht in die Bibliothek des jungen Herrn. Aber sie selbst paßte gut in das Bild. Sie schien gebildet und hatte Manieren.

„Zigarette?"

„Gern."

Broschda kam ins Zimmer und fragte, ob er etwas zu trinken bringen solle. Die Partisanin bat um Wodka. Broschda versprach zu erkunden, ob Wodka noch vorhanden sei. Westermann sagte ihm, er solle Frau Schwittek ausrichten, sie würde noch gebraucht. Auch die Tochter Ilse und die Marie. Die Partisanin durfte unter keinen Umständen allein gelassen werden. Ilona Popescou hatte an der Bukarester Universität Sprachen und Literatur studiert. Der Hinweis auf das Literaturstudium führte Westermanns Gedanken für einen kurzen Augenblick zu seiner Großmutter in Osterode. Seine Oma hatte mit dem Krieg nicht das geringste zu tun. Welches Schicksal führte die Partisanin zur Roten Armee? Wie leicht wurde ein Mensch den Schuldigen zugeordnet. Als die rumänische Armee im dritten Barbarossajahr von den Rotarmisten geschlagen wurde, brach sie ihr Studium ab und meldete sich als Dolmetscherin. Die Familie verdammte sie zu dieser Freiwilligenmeldung. Die Deutschen wußten solche *mesures des hommages* zu schätzen. Und Ergebenheitsbezeugungen schienen damals angebracht.

„Und die Russen?“ fragte Westermann.

Sie lächelte mit bitterem Spott und einer Spur Überheblichkeit. „Die auch. Aber ihr Ton ist rauher. Sie sagen, Dienst in Roter Armee oder Sibirien. Sibirien ist ihr beliebtestes Stichwort.“

„Erzählen Sie weiter.“

Broschda brachte eine Flasche Wodka und zwei kleine Gläser und stellte sie auf den fleckigen Palisandertisch.

„Trinken Sie“, sagte Westermann, „ich lasse mir Zeit.“

„Sie waren mal in Bukarest?“

„Nein“, antwortete Westermann, „niemals, ich kämpfte immer im Nordabschnitt. Unsere Etappe lag im Baltikum. Aber mein Vater war mal bei Ihnen zu der Zeit, als Ihr Land dem Dreimächtepakt beitrat. Mein Vater war von Bukarest begeistert, Hauptstadt einer alten Monarchie, Tradition auf Schritt und Tritt, er meinte aber, die Stadt sei eine große Karawanserei.“

Plötzlich lösten sich Spott und Strenge in ihrem Gesicht, und sie weinte. „Die Karawanserei ist zerstört, die Stadt ein Trümmerhaufen. Meine Landsleute tragen Trauer. Und was wird noch kommen?“

Westermann interessierte nicht, was noch kommen würde. Im Augenblick hatte er andere Sorgen. Er tröstete die Rumänin mit einem Versprechen Hitlers. Wir werden aus Rumänien einen Garten Eden machen. Sie würde dabei sein. „Können wir jetzt über den russischen Aufmarsch gegen Ostpreußen reden?“

„Darüber weiß ich so gut wie nichts“, meinte die Partisanin.

Westermann kannte sich mit Verhören ausreichend aus, um solchen Aussagen keinen Wert beizumessen. Im zweiten Barbarossajahr, südlich des Ladogasees, tat er als Ordonnanzoffizier im Divisionsstab Dienst. Für die Vernehmung von Überläufern und Gefangenen war ein bessarabiendeutscher Offizier zuständig, den sie Towarischtsch nannten. Er zog Westermann als Assistent und Protokollführer hinzu und so lernte Westermann Leerlauffragen, nutzlose Fragen, faule Fragen, konkrete und Spontanfragen zu stellen. Wichtig war, daß sich in dem Befragten das Gefühl entwickelte, endlich zu Hause angekommen zu sein. Ein Mensch unter Menschen. Sie waren alle Soldaten. Gleicher Beruf. Gleiches Handwerk. Gleiches Leiden. Gleiches Leben. Gleiches Sterben. Nur der Name der Armee hatte sich geändert. „Wir sollten uns Zeit lassen“, sagte Westermann, „bitte fühlen Sie sich hier zu Hause. Einverstanden?“

„Merci.“ Sie war eine starke Raucherin, und der Wodka bekam ihr gut.

„Wir reden über die Ostfront“, wiederholte Westermann.

„Das habe ich verstanden“, meinte die Partisanin.

„Da kennen wir im Baltikum die Baltische Front, hat uns schwer zu schaffen gemacht, uns gegenüber geht die Dritte weißrussische Front in Stellung, nach Süden schließen sich an die Zweite und vor Warschau die Erste weißrussische Front. Wir haben eine Menge von Flugblättern gefunden. Marschall Wassilewski. Marschall Rokossowski. Sagen Ihnen diese Namen etwas?“

„Das sind die Kommandeure der Fronten.“

„Diese Männer beschwören uns, uns zu ergeben, wir werden anständig behandelt, unser Leben wird garantiert.“ Westermann wartete einen Augenblick. „Trinken Sie ruhig, ich mache mir nicht so viel aus Wodka.“

Eine neue Zigarette. „Sie sollten diesen Männern keinen Glauben schenken. Gehen Sie davon aus, daß jede dieser Fronten über eine knappe Million Soldaten verfügt. Halten Sie es wirklich für möglich, daß die Kommandeure diesen Männerhaufen Zügel anlegen können?“

„Das halte ich nicht für möglich“, meinte Westermann. „Jede Front eine knappe Million, woher haben Sie die Zahlen?“

Sie wollte die anderen Partisanen nicht in Gefahr bringen und machte ein neues Ablenkungsmanöver. „Ihre Leute haben sich freundlich, aber hartnäckig geweigert, mir Ihren Namen zu nennen. Sind Sie ein Namenloser?“

Na, das war ja wirklich gut gelaufen. Westermann hatte die Soldaten und die Frauen gebeten, niemandem seinen Namen preiszugeben. „Nennen Sie mich einfach Hauptmann“, sagte er. Dann wiederholte er seine Frage.

„Die Zahlen wurden von den russischen Kommandeuren angegeben.“ Sie machte eine Pause. „Es werden natürlich auch andere Zahlen genannt, bei den Russen sind Zahlen Glückssache, aber sie liegen alle in dieser Größenordnung.“

„Kennen Sie Ilja Ehrenburg?“ wollte Westermann wissen.

„Aber natürlich, Hauptmann. Es ist gerade ein neuer Roman von ihm erschienen. Ich meine, in meiner Sprache. ‘Der Fall von Paris’. Ehrenburg war in Paris, als die Deutschen Frankreich überfielen.“

„Irrtum, Madame. Wir haben nicht Frankreich überfallen, im Gegenteil, Frankreich ist ein überaus kultiviertes Land, wir lieben Frankreich. Und noch etwas. Seit Verdun sind wir Brüder. Aber Frankreich hat uns den Krieg erklärt.“

„Ist das Ihr Ernst?“

„Und England ebenso. Das brauche ich Ihnen doch nicht zu erklären.“ Westermann stand wütend auf und ging im Zimmer umher. Er gab sich große Mühe, so gelassen wie bisher zu sprechen, aber Ilona Popescou merkte ihm an, daß dieser gewisse Furor teutonicus ihn umtrieb. Diese Deutschen engagierten sich immer so schön. Jede nationale Frage war auch zugleich ihr persönlicher Fall. „Sie sagten, Sie hätten auch Literatur studiert. Dann kennen Sie den Reichtum der russischen Romane. Leo Tolstoi. ‘Krieg und Frieden’. Nenne ich an erster Stelle. Dostojewskij. ‘Arme Leute’ und der Roman über seine Zuchthausjahre in Sibirien.“

„Ich weiß. ‘Aufzeichnungen aus einem Totenhaus’.“ Sie zündete sich eine weitere Zigarette an. „Maxim Gorki. Und vergessen Sie ja nicht Iwan Turgenjew. Mein Studienthema. Turgenjew war der bedeutendste Vertreter des russischen Realismus im neunzehnten Jahrhundert. Otzy i deti. Väter und Söhne.“ Sie hatte eine Menge gelernt und war stolz darauf.

Ruckartig blieb Westermann stehen und blickte die Partisanin an. „Jetzt haben wir’s. Wie kann ein Schriftsteller dieses wunderbaren Landes ein Flugblatt verfassen, das die russischen Soldaten aufhetzt, unsere Frauen zu vergewaltigen und zu erschlagen und den Kindern die Kehle durchzuschneiden? Divisionen gegen Divisionen, das haben wir provoziert. Aber Soldaten gegen Frauen und Kinder . . . was ist das für ein Schriftsteller?“

Sie trank das Glas leer und setzte es mit sicherer Hand wieder auf den Tisch. Schenkte Wodka nach. „Er heißt Ilja Ehrenburg. Sie müssen sich an ihn wenden, nicht an mich.“

„Ich hoffe, die Geschichte wird dieses Flugblatt niemals vergessen“, sagte Westermann und ließ sich wieder in seinen Sessel fallen.

„Da müssen Sie noch ein Weilchen warten“, meinte die Partisanin leichthin.

„Warten worauf?“

„Auf den, der die Geschichte schreibt, Hauptmann.“

„Ich verstehe Sie nicht. Wer wird die Geschichte schreiben?“

Sie blickte Westermann an, als wüßte sie schon sehr genau, wer die Geschichte schreiben würde. Und wie sie geschrieben werden würde. Sie schien bereits alles zu wissen. Aber sie schwieg, bis Westermann insistierte. „Wer wird die Geschichte schreiben, Ilona Popescou?“

„Die Geschichte werden die Sieger schreiben“, sagte die Partisanin. „Wen kümmert da noch ein Flugblatt des russischen Schriftstellers Ilja Ehrenburg.“

Bedrückendes Schweigen erfüllte den Raum. Eine, zwei Minuten. Als stünde der Sieger mitten unter ihnen.

„Wir sprachen vorhin über die vier russischen Fronten, die uns gegenüberstehen.“ Westermann sprach sehr langsam, wie abwesend. Er war noch bei Tolstoi, Dostojewskij. Maxim Gorki. Iwan Turgenjew. Ilja Ehrenburg. „Eine davon, die Dritte, wird uns hier angreifen. Es wird mit einem Artillerieduell beginnen. Die Russen sind Meister darin. Sie haben es in der Schlacht von Borodino von Napoleon gelernt. Wenn Sie nach dem Kriege nochmal Tolstoi lesen, finden Sie's. Er hat das Schlachtfeld in der Zeit besucht, als er 'Krieg und Frieden' schrieb.“

Die Partisanin belächelte Westermanns Bezug auf den Artilleristen Bonaparte. „Sie wollen sagen, die Dritte weißrussische Front wird das Artillerieduell beginnen.“

„Ja, das denke ich.“

„Wahrscheinlich.“

Westermann ging etwas anderes durch den Kopf. Am Montag würde er mit dem Ortsgruppenleiter nach Königsberg fahren, um neue Kanonen in Empfang zu nehmen. Russische Beutegeschütze. Davon schien es eine Menge zu geben. „Sind Sie an russischen Batterien vorbeigekommen?“ fragte er die Partisanin.

„Natürlich. Fast stolpert man über sie."

„Wieviele? Ich meine nicht, daß Sie die Geschütze gezählt hätten, die Sie sahen. Ich würde gern wissen, was man sich in den Kommandanturen über die russische Artillerie erzählt hat."

„Drüben stehen fünfzigtausend Kanonen", sagte die Partisanin.

„Fünfzehntausend?"

„Nein, fünfzigtausend. Fünfzig mal tausend." Sie dachte an Gott, als er die Zeit schuf. Zuvor baute er ein Fließband. Zeit in Hülle und Fülle. Sie war ganz sicher, daß sich Gott auf die Seite der Alliierten geschlagen hatte, dort lief nun sein Fließband. Kanonen. Munition. Flugzeuge.

„Könnte es nicht sein, daß unser Rüstungsminister so ein Fließband gebaut hat?"

„Kann nicht sein." Ja, da war sie ganz sicher.

Westermann schwieg erneut, als sei ihm die Sprache abhanden gekommen. Er erinnerte sich an den Unterricht im Osteroder Gymnasium. Napoleon verlor in Rußland La Grande Armée. Ihr Geschichtslehrer hatte ihnen erzählt, er habe auf dem Weg zurück nach Frankreich auch in Osterode Station gemacht. Eine Nacht. Dann weiter nach Graudenz und Frankfurt an der Oder. Er kehrte nächtens ohne seine Soldaten nach Paris zurück. In einem plumpen zweirädrigen Pferdewagen. Einer Postkutsche des Posthalters von Meaux. In den Resten seiner Divisionen kommandierte niemand mehr. *Sauve qui peut*. Rette sich, wer kann. Hitler hatte diese unwürdige Flucht schon hinter sich. Eilte nächtens nach Berlin. Wollte die Trümmer nicht sehen, die er hinterlassen würde. Er dirigierte jetzt von Berlin aus Gespensterbataillone. Als Westermann immer noch nichts sagte, fragte die Partisanin, angetrunken und müde, ob sie sich etwas hinlegen dürfe. Westermann erhob sich und rief Broschda. Broschda ging die Frauen holen.

„Was wird mit mir geschehen?“ wollte die Partisanin wissen.

„Sie sind jetzt auf einem neuen, aber dem schlechteren Ufer“, erklärte ihr Westermann. „Die Division wird Sie nicht zu den Russen entlassen und hier bei uns wird es eng.“

„Ich könnte versuchen, mich nach Dänemark durchzuschlagen“, sagte sie mit trunkener Stimme.

„Kein General wird Ihnen einen Passierschein ausstellen. Übrigens auch mir nicht.“ Fast amüsierte ihn dieser Gedanke. Was die Leute sich so alles vorstellten. Passierscheine. Persilscheine. Freibriefe. Wortlos ging er um den Palisandertisch und schenkte Ilona Popescou einen letzten Wodka ein. „Stremennoi. Ein Steigbügeltrunk. Unter anderen Umständen hätten wir eine gute Konversation führen können.“

Sie ließ sich Zeit. Trank nur einen Schluck Wodka. Dazu eine Zigarette. „Hätten wir“, meinte sie, „so schlecht sind die Menschen ja nicht.“ Sie legte die brennende Zigarette auf den Rand des Aschenbechers und strich mit beiden Händen über das glatte Haar des Garçonschnitts. „Sollte ich diesen verdammten Krieg überleben, werde ich Literatur zu Ende studieren und dann mein erstes Buch schreiben. Wie Leo Tolstoi. So etwa. Krieg und Frieden. Genau in der Art. Historischer Ablauf mit Ilonas Leiden. Ich werde dann über den heutigen Abend berichten. Eine Partisanin. Ein toter Partisan. Fallschirme. Ein namenloser Hauptmann. Eine Flasche Wodka. Ein Päckchen Zigaretten. Und eine Frage, die mich brennend interessiert.“

„Welche Frage interessiert Sie brennend“, wollte Westermann wissen. Broschda kam herein. Hinter sich Frau Schwittek und Marie Polakowska, die Magd mit der guten Milch.

„Haben wir noch Zeit?“

„Aber ja.“

Sie erhob sich. Sie nahm die Zigarette zwischen die Lippen, machte mehrere gierige Züge und drückte sie im

Aschenbecher aus. „Es betrifft das Attentat." Sie blickte Broschda und die beiden Frauen an der Tür an und fügte hinzu: „Auf Ihren Führer." Sie wollte den Namen Hitler vermeiden. Nur niemanden provozieren. Wenn die närrischen Deutschen mit ihrer Sehnsucht nach starken Männern partout diesen Führer haben wollten, sollten sie ihn haben.

„Ich verstehe."

„Zwanzigster Juli. Stauffenberg. Und so weiter und so fort. Das war für die anwesenden Generäle doch der Augenblick, Millionen Menschen den Rest des Dramas zu ersparen."

„Sehr theoretisch."

„Nein", widersprach Ilona Popescou, „sehr praktisch." Sie machte eine Pause, als habe der Wodka ihr Gedächtnis durcheinander gebracht. Aber ihr Kopf funktionierte noch sehr gut. „Ich erinnere mich genau. Es war der Augenblick, da Europa durchatmete. Aber nein. Die Generäle formulierten eine Loyalitätserklärung an Ihren Führer. Sie wollten bis zum Ende mitmarschieren. Wollen es noch. Das hat draußen kein Mensch verstanden."

„Sie wollten mich etwas fragen", sagte Westermann.

„Das war die Frage", meinte die Partisanin.

„Gut. Sehr gut. Ich verstehe. Sollte ich einem der Feldmarschälle vorgestellt werden, gebe ich Ihre Frage an ihn weiter", sagte Westermann.

„Wie soll ich das in meinem Roman verwerten, Hauptmann?"

„Schreiben Sie einfach, ich hätte darauf keine Antwort gewußt."

Sie bedankte sich für den Wodka. Es sei guter Wodka gewesen. An der Tür drehte sie sich noch einmal um und sagte: „Wenn ich morgen nicht gebraucht werde, lassen Sie mich bitte lange schlafen."

„Wir feiern morgen eine Kriegshochzeit. Sie sind eingeladen."

Sie stand unentschlossen vor der Tür. Blickte von Westermann zu den beiden Frauen und wieder zu Westermann hin. „Mir ist nicht nach Hochzeit zumute. Ich gedenke einen langen Schlaf zu tun."

„Das haben Sie hübsch gesagt. Man hört die Literaturstudentin."

„Wirklich?"

„Ja. Mein Kompliment."

„Wenn ich mich nicht irre, hat Schiller das seinen Wallenstein sagen lassen. Der Feldherr hatte ein rauhes Feldlager und war sehr müde. Und ich bin es nun auch", sagte die Partisanin im Rückblick auf die Wochen im Eichwalder Forst.

„Gleichwohl müssen wir Sie während Ihrer Nachtruhe bewachen. Sie sind eine wertvolle Gefangene."

„Gefangene auch noch im Schlaf?"

„Ja", sagte Westermann, „wir werden eine Wache vor Ihre Tür stellen, damit Sie nicht auf dumme Gedanken kommen."

„Dummheiten?" Sie schien zu schrumpfen. Sich zu krümmen. Die Trauer machte sie kleiner und einsamer unter den Fremden. „Wir befinden uns hier doch im inneren Kreis", sagte sie schließlich, „hier gibt es kein Entfliehen, kein vor und kein zurück, oder etwa nicht?"

„Ich würde sagen, für Sie gibt es kein zurück mehr."

„Und für Sie, Hauptmann?"

„Das überlasse ich der Vorsehung."

„Himmel, nein." Über ihr trauriges, faltiges, verbissenes Gesicht huschte ein heller Strich von Spott. „Am Ende der evidenten Erfahrung beginnt das weite Feld der Vorsehung."

8

Mutter Schwittek erklärte sich bereit, die erste Nachtwache vor dem Zimmer der Partisanin zu übernehmen. Da es in den Nächten schon gelegentlich zu Stromabschaltungen kam, stellte sie ein Hindenburglicht auf den Nähtisch und beschäftigte sich mit ihrer Stoppelliese. Westermann hatte ihr gesagt, daß sie nach seiner Rückkehr aus Königsberg Elchenaue verlassen müßten. Sie, ihre Tochter Ilse mit Jonathan und Marie Polakowska. Er würde ihr mit den Passierscheinen des Ortsgruppenleiters Fahrkarten von Insterburg nach Potsdam besorgen. Irgendwie würden sie sich nach Berlin und Potsdam durchschlagen müssen, was sie in Potsdam erwartete, konnte er nicht beschreiben. Berlin wurde bombardiert, das nahegelegene Potsdam bekam immer einen Teil davon ab. In Potsdam würde sich die Familie Westermanns ihrer annehmen, was aber auch heißen konnte, daß sich die Schwittekfrauen und die stramme Marie um Westermanns Familie kümmern mußten, dies vielleicht noch eher als umgekehrt, wenn es zu gezielten Bombenangriffen auf Potsdam kam. Alte Ordnungen lösten sich auf. Klassenunterschiede schwanden. Frauen, die zupacken konnten, begannen um diese Zeit mit ihrer Ausbildung zur Trümmerfrau.

Mutter Schwittek war sehr glücklich, daß Hauptmann Westermann sich die Zeit nahm, alle diese Dinge rechtzeitig zu organisieren, denn seine Unterstützung würde ein rasches Ende nehmen, sobald seine Batterie wieder Kanonen hatte. Sie hoffte, es würde noch ein Weilchen dauern, bis die Kanonen eintrafen. Trafen sie aber ein, wollte sie schleunigst mit dem Pferdewagen nach Insterburg fahren und sich in einen Zug nach dem Westen setzen. Eine Flucht hatte sie zusammen mit ihrer schwangeren Tochter schon hinter sich, auf einer Deula, mit einem Traktor davor, eine Reise, an die sie sich nur ungern erinnerte.

Die zweite Nachtwache übernahm ihre Tochter Ilse. Sie wurden abgelöst von Marie Polakowska. Diese Wacheinteilung erlaubte ihnen, noch ein paar Stunden zu schlafen und sich für die Kirche fertigzumachen.

Das kirchliche Leben in Elchenaue, mehr den weltlichen Aufgaben als der Verbreitung der theologischen Lehre zugewandt, hatte eine lange Tradition. Die Kirche war arm, weil eine Gemeinde am Südrande des unergiebigen Eichwalder Forstes gelegen und eingebettet in ertragsarme Böden, die gerade eben für den üblichen Winterroggen dienten, nicht reich sein konnte. Die Kirche war stark, weil der Kirchenrat in Königsberg immer wieder Landpastoren fand, die mit den Menschen umzugehen wußten, die ihre Mundart sprachen, und die das Wort Gottes in einer Weise verkündeten, die von der schlichten Landbevölkerung verstanden wurde. Die Kirche war evangelisch, weil für diese Glaubensrichtung gegründet und mit ihr gewachsen, doch die Kirchendiener widmeten sich vor allem während der Erntezeit allen Christen, denn zahlreiche polnische Landarbeiter kamen im Sommer mit ihren Familien nach Elchenaue, sie waren im katholischen Glauben erzogen und sollten gleichwohl von der christlichen Kirche betreut werden. Das evangelische Gotteshaus von Elchenaue, wer immer des Wortes Gottes bedurfte, war für alle Menschen in Elchenaue da. Es gab auch Landpfarrer, die des Polnischen mächtig waren, denn die Dozenten der evangelischen Akademie redeten den Studenten zu, die Sprache der Grenznachbarn zu lernen, um die Nachbarschaft besser pflegen zu können. Da sich die Kirche in den Grenzbezirken wenig um die wechselnden politischen Strömungen im *fernen Reich* kümmerten, räumten auch der Staat und die augenblickliche Diktatur der Kirche ein gewisses Maß an Freiheiten ein, und der Ortsgruppenleiter als Vertreter der Partei hütete sich, an dieser Tradition zu rütteln. Folgte man den Reden des Ortsgruppenleiters, glaubte man, sicher sein zu können, er wisse, wer mächtiger war, der himmlische Vater oder der Führer, hier unten auf Erden allemal der Führer, doch wer Augen hatte, zu sehen und Ohren zu hören, wurde gewahr, daß sich der Ortsgruppenleiter neuerdings die Tür zum Dorffriedhof offen hielt und an christlichen Beerdigungen teilnahm, denn er wollte nicht eines Tages wie ein Aussätziger oder Strauchdieb an der Außenseite der Friedhofsmauer verscharrt werden. Gleichwohl gefiel es dem Ortsgruppenleiter, kräftig mit der Peitsche zu knallen, wenn der Landpastor in vollem Ornat über die Dorfstraße schritt, um in Not geratenen zu helfen, den Sterbenden Beistand zu leisten und die Witwen und Waisen zu trösten.

Der Oktobersonntag stieg kühl herauf, vom Eichwalder Forst zog leicht, aber beständig eine Nebelwand über die Dächer und verwehrte der Sonne, den Feiertag mit ihrem Schein zu schmücken. Der Pastor trug einem der französischen Zwangsarbeiter auf, den Kanonenofen im Kellergewölbe der Kirche mit Holz zu feuern, um die Luft in der Kirche ein wenig aufzuwärmen.

Obwohl die Stromversorgung des Dorfes an diesem Tage ohne Störungen funktionierte, hatte der Pastor auf dem Altar zwei große weiße Kerzen anzünden lassen. Ihre Flammen stiegen leuchtend hell aus den kräftigen Dochten auf, gleich schwebenden rotumkränzten Erzengeln, die sich schützend über die Gemeinde erheben wollten. Nur dann und wann ließ der thermische Aufwind aus der Unterflurheizung, der aus sechs vergitterten Luftschächten ins Kirchenschiff drang, die Flammenkelche flirren und sich wieder in Engel verwandeln, wenn der Aufwind sich glättete. Lediglich über dem Notenständer des Bach-Trompeters und der zweietagigen Tastatur der Orgel brannte elektrisches Licht. Der lange, weitgeschnittene schwarze Talar machte den Pastor größer und schlanker. Es hätte ein Friedensgottesdienst sein können, stünde da vorn nicht einer von Westermanns Soldaten mit blankgeputzten Reiterstiefeln, der sich für das Amt des Küsters angeboten hatte. Die abgewetzten Holzbänke im Kirchenschiff und auf der Empore boten Platz für zweihundert Teilnehmer des Gottesdienstes, Westermanns Leute füllten sie zu einem guten Dreiviertel, die weiblichen Dorfbewohner hatten sich vollzählig eingefunden. Oberwachtmeister Unruh und der Hauptwachtmeister nahmen die Gesangbücher aus den Regalen und verteilten sie an die Frauen und Soldaten. Der Hauptwachtmeister konnte es sich nicht versagen, die Soldaten zu ermahnen, laut und mit klarer Stimme mitzusingen. „Ich will hier was hören“, sagte er, „eine Kriegshochzeit gibt es nicht alle Tage.“

Familien, die sich um das Kirchenleben verdient gemacht hatten, war es gestattet, an der rechten Wand des Kirchenschiffes Gedenktafeln für Verstorbene anzubringen, in der Regel aus schwarz beschriftetem italienischen Marmor aus der Grabsteinwerkstatt. Mehrere Tafeln erinnerten an Angehörige der Familie Elchenaue-Balga, die sich schon vor dreihundert Jahren hier niedergelassen hatte. Der Großvater des jungen Herrn, Tommaso von Elchenaue-Balga, Gegner des Regimes, war vierunddreißig nach Brasilien ausgewandert und in São Paulo gestorben. DILEXI IUSTITIAM, ODIVI INIQUITATEM, ET TANTUM PROPTEREA MORIOR IN EXILIO. Ich habe die Gerechtigkeit geliebt, das Unrecht gehaßt und nur darum sterbe ich im Exil. Diese Klage hatte die Kirche zum Anlaß genommen, unter ein Bild der Abendmahlgemeinschaft die vier Worte zu setzen: DILEXI IUSTITIAM ODIVI INIQUITATEM, und kein Genosse der Partei, der die Kirche betrat, hatte die versteckte Anklage beanstandet.

Mit einem Handzeichen bat der Pastor die Gäste, sich zu erheben. Er ging zur Orgel und spielte das Einzugslied für Johann und Ilse Broschda, die der Ortsgruppenleiter schon standesamtlich getraut hatte. Langsam schritten sie durch den mittleren Korridor. Broschda in Felduniform, das Schnürsenkelchen in Rock und weißer Bluse, darüber eine dunkelgraue Wolljacke, denn es war, obwohl geheizt, nicht sehr warm in der Kirche. Sie hatte ihre dicken Zöpfe am untersten Ende mit einer Wollkordel aus Frau Schwitteks Stopplliese abgebunden und die überstehenden Haare wieder aufgestrubbelt. Sie wirkte neben Broschda zerbrechlich und schutzbedürftig. Der große Broschda würde ihr ein guter Patron sein. Mit so vielen Menschen hatte sie nicht gerechnet. Sie zog die Nickelbrille hoch und drückte den Bügel in den Sattel der Nasenwurzel, als könne sie sich auf diese Weise ein wenig hinter den Gläsern verbergen. Die Mutter, Lydia Schwittek, trug den kleinen Jonathan, der sich zu diesem Zeitpunkt noch artig und still verhielt. Der Pastor sah, daß der Ortsgruppenleiter seinen Unglauben an Gott überwunden hatte und mit Westermann erschienen war, neben dem Hauptmann Platz nahm und die Hände faltete, wie er es als Bub gelernt hatte. Der Pastor bat die Gemeinde, sich wieder zu setzen. „Wir begleiten die heutige Andacht und das Fest der Hochzeit und der Taufe des Jonathan Broschda mit dem Choral aus der Bachkantate Nummer einhundertsiebenundvierzig für Orgel und Trompete ‘Herz und Mund und Tat und Leben’.“ Er blickte den Bach-Trompeter an und gab den Einsatz für sein Orgelspiel.

Herz und Mund und Tat und Leben
muß von Christo Zeugnis geben,
ohne Furcht und Heuchelei,
daß er Gott und Heiland sei.

Orgel und Trompeter verstummten. Und der Pastor sprach über die Miniatur aus dem Vatikanus Graecus des neunten Jahrhunderts, dessen Titel lautete: „Unser Hiob auf dem Misthaufen“. Gott hatte Hiob, dem Menschen zwischen den Mühlsteinen, alles gegeben, ihn zum Unternehmer und Herrn seines Gesindes und wohlhabend gemacht, und ihm alles wieder genommen und ihn in Lumpen auf die Straße geworfen. Und Gott sprach, sei den Menschen, die sich um ihr täglich Brot mühen, nicht im Wege, Hiob, gehe beiseite und setze dich dort auf den Misthaufen, das sei dein Platz! Liebe Gemeinde, Ihr Soldaten einer berittenen Batterie wißt, der Misthaufen vor dem Stall eurer Pferde trieft vor Jauche der Tiere, und weil Hiob, dem Gott befohlen hatte, sich auf den Misthaufen zu setzen, nur noch ein Beinkleid und eine Jacke besaß, nahm Hiob einen Stein auf und legte ihn auf die Kuppe des Misthaufens, oben auf den Pferdedung, und setzte sich darauf, auf daß sein Gesäß trocken bliebe mitten im Pferdedung und die Jauche ihm nicht bis zum Hals hinaufstiege. Reich bin ich, Herr, sprach unser Hiob unverdrossen, denn mein ist der Stein, auf dem ich sitze, mein ist die Sonne, die mich wärmt, und mein sind die Liebe und das Vertrauen, Herr, und niemand wird mir nehmen, was Du mir gelassen hast, den Stein auf diesem Misthaufen, die Sonne, die mich wärmt und die Liebe und das Vertrauen in die Schöpfung, welche das Bewußtsein meiner Freiheit sind. Und Hiob wurde nicht irre in seinem Glauben an den Herrn.

Mein Heiland, erwähle die glaubende Seele
und siehe mit Augen der Gnade mich an.

Doch als es Nacht wurde um Hiob auf dem Misthaufen und Hiob außer dem Stein, auf dem er sich ausruhte und außer der Finsternis des Misthaufens und der Jauche unter dem Stein nur die Liebe und das Vertrauen in die Schöpfung geblieben waren, sprach Gott zu unserem Bruder Hiob: Verzage nicht, Hiob, denn wie Finsternis und Trauer dich in dieser Nacht auf dem Misthaufen umfangen, so wird das Licht wiederkehren, und Licht und Wärme werden dir bleiben bis in alle Ewigkeit, denn ich, dein Herr, verlasse dich nicht. Und ich als Hirte dieser Gemeinde, Landpastor von Elchenaue, sage euch, es wird nach dem Ende unsäglicher Opfer wieder ein Friede kommen und es wird Friede bleiben wie das Licht und die Wärme Gottes und das Licht wird die Finsternis und die Trauer, die Hiob umgibt, ablösen wie der Regen die Dürre löscht.

Wohl mir, daß ich Jesum habe.
O wie feste halt ich ihn,
daß er mir mein Herze labe,
wenn ich krank und traurig bin.

Wo aber Licht und Wasser sind, da ist auch Erlösung, wo Erlösung ist, ist auch Vergebung, wo Vergebung ist, wachsen Frieden und Eintracht, wie die Propheten es weissagen. Und also fragen wir den Herrn, wie können wir, Deine Kinder, mitwirken an Deinem Licht, an der Erlösung und Vergebung durch Dich, mitwirken an Deinem Frieden und Eintracht unter den Menschen, was müssen wir tun, Herr, was, Herr, was? Und es spricht der Herr durch das Buch der Bücher: Bauet hohe Türme der Sehnsucht und nutzet der Sonne Licht, und streitet nicht um Hiobs letzten Stein auf dem Misthaufen, denn der Herr gibt alles und der Herr nimmt alles, gleichwohl sei der Name des Herrn gelobt, denn der Herr verläßt uns nicht. Und der Herr wird segnen die zupackenden Hände, die den Turm der Sehnsucht errichten, denn die Sehnsucht ist stärker als alle Finsternis.

Jesus bleibet meine Freude,
meines Herzens Trost und Saft,
Jesus wehret allem Leide,
er ist meines Lebens Kraft.

Als der Choral verklungen war, nahm der Pastor die Trauung und die Taufe vor.

„Ich taufe dich auf den Namen Jonathan Broschda." Und er hing ein kleines Wortspiel an. „Die ersten werden die letzten sein, dieser letzte wird in einer neuen Welt der erste sein. Gott segne dich, Jonathan, und deine Eltern, und beschütze euch und gebe euch Frieden. Amen."

Auf der Dorfstraße kam ihnen die Partisanen-Wächterin Marie Polakowska entgegen. Sie sagte Hauptmann Westermann, sie habe, als die Glocken der Dorfkirche läuteten, nach der Partisanin geschaut und habe sie tot in ihrem Bett vorgefunden.

„Woran ist sie in Teufels Namen gestorben?"

„Das weiß ich nicht, Herr."

„Ich muß es aber wissen."

„Sie werden es wissen, Herr."

Westermann beriet sich mit dem Hauptwachtmeister und Oberwachtmeister Unruh. Dann ging er zurück in die Kirche und rief nach dem Pastor. Und der Pastor sah, daß Westermann seine Fassung zu verlieren drohte. Die Partisanin war nicht bösartig, ein Mensch wie jeder andere, die Rotarmisten hatten sie zu dieser Aufgabe gezwungen. Er verteidigte sie. Außerdem hatte er der Abteilung IC die Gefangennahme von drei Partisanen gemeldet, nun waren ihm noch zwei geblieben und niemand vermochte zu sagen, was geschehen war. Der Abteilungskommandeur würde eine Rechtfertigung verlangen. Westermann haßte es, Dokumente für das Kriegstagebuch anzufertigen. Schöngefärbte Geschichten. Heldensagen. Iliaden. Begründungen. Rechtfertigungen. Rückfragen der rückwärtigen Stäbe. Er hörte die Etappenhengste wiehern. Drei Partisanen im Eichwalder Forst aufgestöbert und gefangengenommen. Bei welcher Gelegenheit? Was machte der Chef der Ersten Batterie am Sonnabend im Eichwalder Forst? Er befand sich auf der Hasenjagd. Auf was? Na, das war ja großartig. Nannte der Chef der Ersten Batterie solche Eskapaden seinen totalen Krieg? Drei Partisanen. Zwei Männer. Eine Frau. Zwei Männer im Insthaus eingesperrt. Die Frau wohnte im Gutshaus. Sie nahm im Gutshaus Quartier. Generös, dieser Batteriechef. Wer hatte sie dort bewacht? Andere Frauen. Was ging da vor sich? Bitte ausführlicher Bericht.

Westermann erklärte dem Pastor, er müsse am folgenden Tage nach Königsberg fahren, um sich aus russischen Beutekanonen vier neue Geschütze für seine Batterie auszusuchen.

Ob man die Partisanin noch an diesem Nachmittag auf dem Dorffriedhof bestatten könne. Natürlich könne man das.

„Wo bekommen wir für die christliche Beerdigung einen Sarg her?“

Einen Sarg könne niemand beschaffen. Was er sich denke. Ein Sarg für eine Partisanin. Würde der Himmel darauf achten? Der Pastor empfahl, die Tote in ein weißes Bettuch einzuschlagen. Er werde in der Kirche eine kleine Trauerfeier vornehmen. Er brauche den Bach-Trompeter noch einmal. Wenn schon, denn schon. Und natürlich vier Soldaten, um ein Grab zu schaufeln. Außerdem bitte er um ein Holzkreuz mit dem Namen der Toten und dem heutigen Datum.

Er spielte Improvisationen für Orgel und Trompete über das Totenlied „Ach wie nichtig, ach wie flüchtig ist der Menschen Leben“.

Als alles vorbei war, nahm der Pastor den Hauptmann beiseite. „Wenn der Krieg beendet ist, kommen Sie doch bitte nach Elchenaue. Ich werde Sie für den Kirchenvorstand vorschlagen.“

Westermann blieb am Friedhofsausgang stehen und sah den Leuten nach, die auf der Dorfstraße verweilten, um über die Partisanin zu reden. Es war der Anfang von der langen Geschichte über das schwere Leben und den leichten Tod der Ilona Popescou in Elchenaue.

„Wie käme ich zu der Ehre?“ fragte Westermann den Pastor.

„Sie haben meiner Gemeinde an diesem Sonntag drei kirchliche Ereignisse beschert. Eine Hochzeit. Eine Taufe. Eine Beerdigung. Bitte belassen Sie's dabei.“

„Werde mir große Mühe geben“, meinte Westermann.

„Ich möchte mich jetzt ein wenig ausruhen, Hauptmann.“

„Die Feldküche spendiert eine Totensuppe, und einen Totentrunk gibt es auch.“

„War ganz offensichtlich ein Fabelwesen, Ihre Partisanin.“ Die Blicke des Pastors folgten dem Hauptmann. Er sah die kräftige Gestalt des jungen Offiziers, sah die Leute auf der Dorfstraße, das Dorf, den Wald, den Himmel. Leise sprach er vor sich hin: „Der Herr sei mit euch und bewahre euch vor dem Elend bis an das Ende eurer Tage."

9

Der Krieg. Die Frauen. Der Tod.

In dieser Nacht machte Westermann fast kein Auge zu. Der Partisan, den der Ortsgruppenleiter, wie er meinte, erlöst hatte, um ihn vor Schlimmerem zu bewahren, ließ ihn nicht zur Ruhe kommen. Drei Jahre hindurch hatten sie kein Bett gesehen. Blieb ihnen in einem erstarrten Frontabschnitt Zeit, Bunker zu bauen, schnitten sie Zweige zu gleich langen Stangen zurecht und fertigten Feldbetten in zwei Etagen an. Ein Woilach darüber, das war schon Komfort. Jetzt, in den Häusern von Elchenaue, erwartete die Männer Abend für Abend Federbettzeug, doch die Umgewöhnung fiel schwerer als erwartet. Der Schlaf wollte nicht kommen. Auch die guten Träume ließen auf sich warten. Aber die Erinnerungen verschmolzen zu Alpträumen. Manchmal schrie Westermann des Nachts. Vorsicht. Lassen Sie das! Vielleicht schaffen wir es. Wen hat es getroffen? Schweißgebadet wachte er dann auf. Keuchte. Schnappte nach Luft, als sei ihm der Sauerstoff ausgeblieben.

Die Ehre verloren. Die Treue gebrochen. Bis zur Aufgabe von Stalingrad, die das ganze Unternehmen Barbarossa hasardierte, war es für alle Soldaten ein Gebot der Ehre, Verwundete nicht zurückzulassen. Auch rauhe Landsknechte in verlorenen Haufen hielten sich an dieses eherne Gesetz. Es gab Hunderte von Beispielen, wo Kompanien zu einem wütenden Gegenangriff antraten, um Soldaten, die sich nicht selbst retten konnten, vor barbarischer Rache zu bewahren. Die Torheit des Kommissarbefehls hatte den Kampf auf beiden Seiten härter gemacht. Ein russischer Kommissar, dem der Tod drohte, nahm jeden Landser, dessen er habhaft werden konnte, mit ins Grab. Hatte man die Munition verschossen, pflanzte man das Seitengewehr auf oder wehrte sich mit dem Finnenmesser.

Rußland war groß. Da konnte es schon geschehen, daß einer von ihnen verwundet wurde und im Handgemenge verloren ging. Sumpf und Gesträuch und Wald waren nicht zu überblicken. Doch in neuer Position aufgefangen, ging die Fragerei los. Wo ist dieser, wo fiel jener. Wer hatte als letzter den vorgeschobenen Beobachter gesehen? Wer blieb in den Sümpfen liegen? Wenn nächtens alle diese schrecklichen Erinnerungen Westermann von einer Seite auf die andere warfen, erhob sich vor seinen geschwollenen Augen die mahnende Gestalt des Rotbart, der einundvierzig in die eisige Monotonie des russischen Winters südlich des Ladogasees seine Frauenaffairen und das Unternehmen Feuerzauber einschleppte. Daß es dort oben Frauen nicht gab und Blitzkriege und Blitzsiege weit hinter ihnen lagen, machte Rotbarts Geschichten noch phantastischer, und wer in der Kälte und im tiefen Schnee nicht Nachtwache halten mußte, setzte sich gern zu ihm neben den Kanonenofen, um eine seiner Erzählungen im ständig sich wandelnden Geschmeide mitzubekommen.

Der Rotbart, Jahrgang 1913, der seinen Vater nicht mehr kennengelernt hatte, weil der Erste Weltkrieg ihn von Brasilien nach Deutschland zurückholte, fühlte sich Westermann durch einen Zufall verbunden. Als er zur Division gelangte, fragte der Rotbart den jüngeren Westermann, woher er komme.

„Aus Osterode“, erklärte Westermann.

„Habt ihr da einen Drewenzsee?“

„Aber ja.“

„Sind Sie bekannt oder verwandt mit den Bernhardts?“ fragte der Rotbart.

„Wir haben in Osterode eine Menge Bernhardts“, meinte Westermann.

Der Rotbart kämmte mit den Fingern das Barthaar. „Ich kenne nur einen. Heißt Johannes. In Spanien nennen sie ihn Tónio.“

Tónio Bernhardt, Leutnant im Ersten Weltkrieg, hatte es als Mitglied der NSDAP, Landesgruppe Spanisch-Marokko, zum Ausrüster der Kasernen in Tetuán gebracht. In Tetuán, der Hauptstadt Spanisch-Marokkos, bemühte sich General Franco, die spanische Fremdenlegion aufs Festland zu bringen, um die legale Regierung der Republikaner zu vertreiben. Ein hoffnungsloses Unterfangen. Es mangelte ihm an Transportflugzeugen von großer Tragfähigkeit. Er ließ seine Leute auf Gran Canaria eine Lufthansa-Maschine der Südamerikalinie, die Ju 52 „Max von Müller“ kapern und bat „den Tónio Bernhardt aus Ihrem Osterode, Menschenskind, Westermann“, nach Berlin zu fliegen und die deutsche Regierung um Hilfe zu bitten. Pilot Henke traf mit Tónio am Freitag, den 24. Juli 1936, um Mitternacht in Berlin ein. Rudolf Heß reichte ihn gleich an Hitler weiter, der sich am 25. Juli zu den Wagner-Festspielen in Bayreuth aufhielt. Man holte Hitler aus der Walküre-Aufführung, dazu kamen Göring und Kriegsminister Werner von Blomberg. Am Sonntag, den 26. Juli, gegen zwei Uhr morgens, entschied Hitler, Franco auf Pump mit allen Mitteln zu unterstützen. Tónio telegraphierte am gleichen Tage Franco: Tudo va bien. Alles läuft gut.

So begann das Unternehmen Feuerzauber. Das Heer gründete im Geheimen die Legion Condor. Deutsche Flugzeuge brachten die spanische Fremdenlegion zu den Flugplätzen Südspaniens. Am 15. August kreierte der Gründer der Fremdenlegion, General Millán Astray, in seiner Ansprache in Sevilla den Schlachtruf: Viva la muerte! Es lebe der Tod!

„Tudo va bien! Tja, Westermann, Ihr Mann aus Osterode sah das so. Damals.“

Aber die Dinge hatten sich gewandelt. Pero ahora ya no! Jetzt ging es nicht mehr so gut!

Dort oben am Wendekreis von Wolchowstroj konnten sie am Ende der Schneelandschaft den weitesten Punkt des Unternehmen Barbarossa wahrnehmen. Und niemand von ihnen bezweifelte, dorthin würden sie nicht mehr gelangen.

„Westermann, sagen Sie mir, wo sind die galoppierenden Divisionen geblieben?"

Gegen den guten Rat des Generalstabschefs Franz Halder hatte Hitler leichtfertig die Ostfront überdehnt, nun, da der Krieg jeden Tag um ein weiteres Stück verloren ging, entließ Hitler seinen störrischen Mahner und plante selbst und um so phantasievoller neue Kesselschlachten. Mit Divisionen, die nicht mehr existierten.

Den winzigen Bunker heizte mal wieder einer dieser prunkvollen Kanonenöfen. Aus dem Ofenrohr, das die meterhohe Schneedecke nur um eine Handbreit überragte, stieg senkrecht weißer Rauch in die sternenklare Nacht. Der Rotbart hatte den Rock abgelegt und das langärmelige Baumwollhemd ausgezogen. „Stört es Sie, wenn ich ein paar Läuse knacke?"

„Aber ich bitte Sie."

„In der Hitze des Ofens krabbeln sie so schön."

Richtig.

Westermann hatte noch nie eine Tätowierung gesehen. Wo gab es in Osterode Tätowierungen? Nicht einmal in der Wolfsschlucht. Der Rotbart zeigte unbekümmert seinen muskulösen Oberkörper. Auf dem linken Oberarm prangte eine Meerjungfrau. Eine Erinnerung an seine Zeit in Amerika? Nein, es waren der Übermut und die Albernheiten nach dem siegreichen Ende des spanischen Bürgerkrieges. Seine Mutter wollte ihn nicht ziehen lassen. Ihr Mann kehrte aus dem Ersten Weltkrieg nicht zurück. 1932 kam für den Sohn die Einladung von der Botschaft, in Deutschland zu dienen. Rotbart schloß die Lehre als Büchsenmacher ab und ging in Santa Catarina an Bord eines brasilianischen Kaffeefrachters. Das Vaterland zahlte. Nach vier Jahren Kommiß in der Reichswehr und in Hitlers Heer war er stolzer Unteroffizier der Feldartillerie. Da kam der Ruf der Legion Condor gerade zur rechten Zeit. Beförderungen, Orden, Ehrenzeichen. In Primo de Riveras Falange dienten hilfswillige Spanierinnen. Tudo va bien. Wie recht hatte Tónio Bernhardt aus Westermanns Osterode.

Aber dann erlebte barba roja den Untergang Guernicas. Im Juli 1937, vor Brunete, südwestlich von Madrid, leitete er das Feuer der deutschen Artillerie. Die Falangisten lachten über sein portugiesisch gefärbtes Castellano und riefen Olé, barba roja. Nach der Schlacht am 25. Juli 1937, das Datum konnte er nicht vergessen, nicht die Schlacht, in der dreißigtausend Soldaten und Zivilisten umkamen, dort roch er den Gestank eines verwüsteten Dorfes. Erlebte die Pest des Krieges. „Als alles vorbei war", sagte Rotbart, „als wir uns versammelten, um nach Deutschland transportiert zu werden, verabschiedete uns General Franco. Wissen Sie, was er sagte?"

„Woher soll ich's wissen?"

„Na ja, er sagte, im Kampfe sterbend gibt ein Soldat sein Bestes."

Sie schwiegen eine Weile. Hörten nur das Knistern des Holzes, das sie in den dunkelsten Stunden der Nacht aus dem Dachgestühl der zerschossenen Häuser klaubten.

„Und wo sind Sie in Deutschland zu Hause?"

„Nirgendwo", antwortete Rotbart. „Meine Familie lebt in Blumenau. In Brasilien. Im Süden. Genauer gesagt, im Staate Santa Catarina."

„Und da kommen Sie nach Rußland, um Krieg zu spielen?"

„Ja", meinte Rotbart, „man sagte mir, es handele sich um einen Blitzkrieg."

„War’s aber nicht.“

„Weiß Gott nicht.“

„War’s auch nicht in Spanien“, sagte Westermann fast vorwurfsvoll. Er dachte, dieser Rotbart hätte früher aufwachen müssen. Oder nicht? Wann war er selbst denn aufgewacht? Erst am Wendekreis vor Wolchowstroj?

Rotbart kam noch einmal auf Spanien zu sprechen. Nein. Nicht einmal. Oft. Er erzählte oft von Spanien. Brunete. „Nach Brunete brauchte ich verdammt nochmal frische Luft. Ich ließ mir meinen Sold auszahlen und rückte aus. Fuhr auf einem Auswandererkahn nach Kanada. Für wenig Geld. Wirklich. Da war die Luft ganz wunderbar klar. Ich verdiente gut als Bergarbeiter. Und schließlich packte mich das Abenteuer namens Gold. Eine ganz andere Geschichte. Ich schürfte im Norden. Waren Sie mal hinter dem Gold her?“

Er, Westermann, drüben im hohen Norden? Hinter dem Gold her? Konnte man das alles glauben? Vielleicht war es das beste, man hörte zu und träumte dann ein bißchen.

Freunde rieten barba roja, nicht allein zu schürfen. Wer allein schürfte und Gold fand, wurde rasch zum toten Mann. Er solle sich einen verläßlichen Gefährten suchen. Wirklich, einen Gefährten. Für zehn Dollar übernahm er von einem Kanadier ein junges Halbblut. Vater Franzose aus Nova Scotia. Mutter Indianerin. „Zwanzig Jahre alt“, sagte Rotbart. „Drei Jahre war sie mir treu, das können Sie mir glauben. Ihre Familienehre hieß Treue. Ich habe bis heute ihren Namen nicht kapiert. Ich nannte sie Fidelia. Ein Stehaufweibchen. Immer gut gelaunt. Fast so groß wie ich. Schlank. Ausdauernd. Ein tolles Mädchen!“ Diese rätselhaften grünen Augen einer Indianerin, die schon alles zu wissen schienen und doch ständig Ausschau hielten nach Gefahren und nach Sicherheit. Rotbart sagte, sie habe in ihm eine Chance für all diese Dinge gesehen. Ein muskulöser Mann mit einer tätowierten Meerjungfrau auf dem Oberarm. Was konnte ihr da passieren. Also sprachen sie bald über die Treue, die Ursehnsucht des Menschen. Wenn er die Geschichte dieser Fidelia erzählte, wieder und wieder, kam Rotbart in Fahrt. „Sie hatte kleine anspruchslose braungebrannte Brüste. Die sehe ich dauernd vor mir. Eine Nymphe, Westermann. Eine Flußnymphe. Sie duftete unter den Armen nach Zedernholz. Genau wie meine Mutter. Abends im Zelt, bevor mir die Augen zufielen, dachte ich, ich sei endlich zu Hause. Magische Natur, da oben am Fluß." Er schwieg eine Weile. Dann sagte er: „Sie stand halbnackt im Wasser und schüttelte die Pfanne. Können Sie sich das vorstellen?"

Westermann dachte an das Haffufer. An die sanften Wellen. An die Lomme. An die Mädchen. Ja, er konnte es sich vorstellen.

„Ich versicherte ihr, ich würde immer da oben bleiben, denn auch meine Ehre heiße Treue. Ja, das sagte ich ihr."

„Aber Sie sind nicht da oben geblieben", bemerkte Westermann. Nur so. Rhetorisch. Er wußte es ja.

„Sie sprach ein Mischmasch aus englisch, französisch und indianisch. Ich redete mit ihr in spanischer Sprache. Am besten verstanden wir uns in der Innigkeit. Im Zelt. Und am Fluß. Am Wasser war Fidelias Zauber am größten. Glauben Sie mir. Ein Naturkind. Aber das allein reicht nicht bis in alle Ewigkeit."

„Nein", meinte Westermann, „Leidenschaft ist ja nur eine der sieben Säulen."

„Aber ich denke immer an das Mädchen Fidelia."

„Was haben Sie mit ihr gemacht?"

Rotbart war dann einen Augenblick nicht bei der Sache. Vielleicht sah er das Mädchen vor seinen Augen den Goldsand waschen. Mitten im Fluß. Aber dann sagte er etwas sehr Merkwürdiges. Er sagte, er könne doch nicht einfach den Krieg in Europa auslassen. Er mit seinen Erfahrungen von Brunete.

„Sie wollten uns erzählen, was Sie mit dem Mädchen gemacht haben", mahnte Westermann.

„Ich habe sie in gute Hände gegeben“, versicherte Rotbart, Die Frage war ihn unangenehm. Doch ungerührt knackte er die Läuse.

„Sie haben sie verkauft?“

„Ja“, sagte Rotbart, „für zwanzig Dollar.“ Verdammt unangenehm.

„Na, das ist ja phantastisch.“

„Asi és. Ich glaube, ich gehe wieder nach Kanada. Vielleicht lebt sie noch. Gewiß wartet sie auf mich. Ich kaufe sie für fünfzig zurück. Gut und gerne. Was sagen Sie dazu? Wenn der Condor nicht vorüberzieht.“ Davon redete er oft. Diga me quando pasa el Condor. Sage mir, wann der Condor vorüberzieht. War so eine fixe Idee von ihm, vermutete Westermann.

Ja, und dann kam noch die Geschichte vom Jazz. Was war das? Westermann kannte das Wort Jazz nicht. Nie gehört. Schon gar nicht wußte er, wie man George Gershwin schrieb. Rhapsodie in blue? Meine Fächer waren die alten Sprachen. Latein. Griechisch. Entschuldigte er sich vor sich selbst. Die einen kannten sich im Jazz aus. Die anderen paukten ihren Homer.

„Aber Sie müssen doch mal Jazzmusik gehört haben. Summertime.“ Er ließ mit den Essenträgern aus der Protzenstellung den Saxophonkasten nach oben bringen. Und eines Abends, als die russischen Maschinengewehre schwiegen, stellte sich dieser Rotbart auf die hohe Schneedecke des Bunkerdachs, neben die weiße Rauchfahne aus dem Kanonenofen, und blies auf dem Saxophon die Melodie von der Sommerzeit.

Ladogasee.

Fünfzig Grad klirrender Frost.

Und dazu auf einem aufgewärmten Saxophon „Summertime“.

Niemand wollte oder konnte sich den Doppelnamen des Rotbart merken. Auch Westermann nicht. Sie nannten ihn

„barbudo“ oder „barba roja“. Als Wachtmeister der Reserve kam er aus Kanada zurück, fast schon ein spanischer Veteran, hochgeschätzt und dekoriert. Ein Mann mit Farben und Eigenschaften und dem Gehabe eines Stiers. Kräftige Zähne. Unerschrocken im Felde und ein brillanter Artillerist. Ihm konnte niemand etwas vormachen. Krieg war Krieg. Wiederholt hatte er in Spanien bei Gegenangriffen tote Franco-Soldaten gesehen, denen die Kommunisten die „cojónes“ abgeschnitten hatten. Paßt auf, Jungens, daß ihr alles wieder nach Hause bringt, eure Frauen wollen genau das oder nichts. Er war am Wolchow einer der ersten, der aus dem Unteroffizierstand zum Leutnant aufstieg. Er wurde im Regiment eine Legende, als er am Wolchow und vor Leningrad, von Rotarmisten überrannt, das Feuer der Feldhaubitzen seiner Batterie auf den eigenen Standort lenkte und per Funk den Gegenangriff der Infanterie anforderte, als die Russen bald darauf zurückwichen. Westermann wußte, daß er selbst nicht so hart und schneidig war, und wäre er es gewesen, was bedeutete Schneid bei fünfzig Grad Kälte oder kniehohem Schlamm? Um so mehr bewunderte er barba roja, später im Pogostjekessel wegen besonderer Tapferkeit vorzeitig zum Oberleutnant befördert. Finnische Offiziere, die oft herüberkamen, um sich über deutsche Nahkampfpraktiken zu unterrichten, sagten, barba roja sei ein Musher. Was genau ein Musher war, konnte niemand erklären, es mußte wohl so etwas wie ein Antreiber sein.

Westermann wußte so wenig von der Welt. Er hatte nie Tätowierungen gesehen. Er wußte nicht, was ein Musher war. Jazz war ihm unbekannt. Er konnte den Namen George Gershwin nicht schreiben, „Summertime“ hatte er nie gehört. Welchen Wert hatte ein Dollar? Was bedeutete für einen Mann ein Halbblut, das man für zehn Dollar kaufen konnte, für zwanzig wieder verkaufte und für fünfzig Dollar gern erneut erworben hätte, falls man vom Wendekreis von Wolchowstroj lebend nach Kanada zurückkehrte. Zum erstenmal spürte Westermann, daß er hier oben vor Wolchowstroj seine Jugendzeit verlor. Er gab seine ganze herrliche Summertime her, ohne genau sagen zu können, für was.

Mit Mannerheims Finnen und den Spaniern von der Blauen Division sprach Rotbart gern über die Kriege in Finnland und in Spanien. Beide Kriege trugen das Zeichen der Unerbittlichkeit. *Viva la muerte.* Für die Finnen und die Spanier war der Krieg das härteste Geschäft des Lebens, und zu diesem Geschäft gehörte der Tod. „De verdad, asi és", sagte barba roja. „Im Ernst, so ist es. Gott will das so. Ein guter Soldat mit guten *cojónes* hat ein Anrecht auf einen guten Tod. Mit Würde. In dieser Art. Na gut. Warten wir's ab."

Im Frühsommer, in den Grabenkämpfen zwischen Kirischi und Pogostje war es, als Westermann, zehn Meter entfernt, gewahr wurde, daß eine Werfergranate Rotbart übel verletzt hatte. In den Krach explodierender Werfergranaten mischte sich das Hämmern der Maschinenpistolen und das Schreien der Verwundeten, und der Bataillonskommandeur befahl, sich abzusetzen. Die Lage war aussichtslos. Westermann gab ihm recht. Aber da lag noch Rotbart. Schrie nach ihm. „Westermann, hier!" Verlangte Hilfe. Was konnte er noch tun? Im Feuer Rotbart auf die Schulter nehmen? Das Mißgeschick währte nur einige Sekunden, aber er hatte es so deutlich vor Augen, daß er es in allen Variationen der Zeitlupe auf der Leinwand seines Lebens ablaufen lassen konnte. Er stürzte hinüber und sah, daß Rotbart die rechte Hand verloren hatte. Aus Hüfte und Schenkel quoll Blut durch die zerfetzte Uniform. Er hob den Arm und blickte auf die blutüberströmte Handwurzel, als wär's die eines anderen. Jammerte nicht. Die Russen rannten mit lautem Hurräh auf sie zu. Rotbart dachte nicht an sich, er dachte an Westermann. „Verschwinden Sie!" Seine Augen blickten ihn herrisch an. „Sie sehen doch, ich bin nichts mehr wert."

„O doch.“

„Meine Pistole, Westermann, los“, fauchte er.

„Was soll das heißen?“ schrie Westermann.

„Ahora és, que pasa el Condor.“

„Um Gottes willen, nein.“

„Sehen Sie nach, ob sie durchgeladen ist.“

„Woran denken Sie?“ fragte Westermann, obwohl er wußte, woran Rotbart dachte.

„Entsichern Sie das Schloß.“

„Ist entsichert.“

„In meine linke Hand! Ich kann mit links gut schießen.“

„Tun Sie das nicht, barba roja!“

„Hauen Sie ab, verdammt nochmal“, zischte er, „es ist an der Zeit.“

„Haben Sie Geduld“, flehte Westermann. Er mußte jetzt den Hang hinabrutschen, oder es wurde zu spät.

„Verschwinden Sie endlich.“

Da ließ er sich die matschige schiefe Ebene runterrollen und verschwand im Gesträuch. Die Infanterie schon über alle Berge. Er fand das gut. Hier war nichts mehr zu holen. Er hetzte durch die Büsche. Rannte um sein Leben. Suchte den Bataillonskommandeur. „Wir haben einen Offizier liegen lassen müssen“, keuchte er.

„Zu spät“, sagte der Kommandeur, „hierher kommen wir nie wieder.“

Nächtens, wenn er nicht schlafen konnte, dachte er an die Kämpfe bei Pogostje. Und er blickte in die Augen von „barba roja“, und der Vorwurf in ihnen war so hart und kalt und scharf wie die stählernen Spitzen der Finnenmesser. Na, Westermann, alter Junge, wie steht's mit „Meine Ehre heißt Treue“?

Der Krieg war eine ganz verdammte Angelegenheit.

10

Am frühen Morgen brachen sie nach Insterburg auf. Bis Insterburg mußten sie sich auf der hinteren Bank des Volkswagen mit geringem Platz begnügen, zwischen dem Ortsgruppenleiter und Oberwachtmeister Unruh saß nun auch noch Johann Broschda. Er sollte im Insterburger Bahnhof die Fahrkarten für die drei Frauen und die beiden Kinder besorgen. Von da an ging es etwas schneller über Petersdorf und Tapiau nach Königsberg. Die Tapiauer Straße nach Sackheim war gesperrt. Die Feldpolizei leitete sie nach Rosenau um. Stau auf der Schönfließer Allee. Schweigen im Wagen. Rosenau verschlafen. Unterhaberberg verschlafen.

Am Südostausgang der Stadt mußten sie fast eine halbe Stunde warten, weil die Bahnüberführung von russischen Fliegerbomben so beschädigt worden war, daß die Chaussee nur jeweils in einer Richtung befahren werden konnte. Die Feldpolizei wies sie an, erst eine Panzerabteilung und eine Reihe von Feldhaubitzen auf Selbstfahrlafetten durchzulassen. Endlich ging es weiter.

„Herr Hauptmann, wir sind in Königsberg."

Westermann erkannte Königsberg kaum wieder. Einige Monate vor Beginn des Ostfeldzuges hatte er hier noch Dienst getan. Irgendwo im Häusermeer mußte die Kaserne liegen, und irgendwo der Zoologische Garten mit dem Nashorn Nelly und den schmutzig-grauen Eisbären, die beim Betteln so traurige Gesichter machten und für die er damals zwei Tüten Brot gekauft hatte. Irgendwo lag die Universität, und die Universität war für ihn weiter nichts als Immanuel Kant, dessen Lebenswerk ihnen Doktor Borowski auf der Penne vergeblich einzuhämmern versucht hatte. Was übrigblieb von Kant, war die schemenhafte Vorstellung von einem gebeugten, grämlichen Professor. Seine gewaltige Universität in Königsberg, sein stürmischer Kritizismus, sein Pflichtbegriff: . . . meine Herren Oberprimaner, das müssen Sie erst noch lernen . . .! Seine Religionsideen und seine Lehren von der Grundsäule der menschlichen Gemeinschaft, seine Lehren vom Staate. *De re publica.* Warum fiel ihm Platon ein? *De re publica.* Das Prinzip des Guten. Der Gerechte ist ein Freund der Götter. Seien Sie gerecht, meine Herren Oberprimaner, gegen sich selbst und gegen die anderen . . .! Ja, leider ist die Stunde um, Herr Studienrat.

Und nun? *Res publica est in periculo.* Schöne *res publica.* Verdammte *res publica.*

Kaiserstraße.

„Halt, Ihre Papiere, bitte."

Mitten durch das Herz der Stadt zog der Pregel seine ruhige Bahn. Dort, wo der Fluß in das Haff einmündete, breitete sich der Hafen mit seinen riesigen Siloanlagen und Speichern aus. Freihafen. Industriehafen. Holzhafen. Dort lag Werft neben Werft, Dock neben Dock. Fuhr man von dort aus mit dem Boot in westlicher Richtung, so trieb man bald im Kanal an den Leuchtfeuern des Tiefs vorbei, der offenen See zu. Da das Haff selbst für die Überseeschiffe zu flach war, hatte man diese Fahrrinne, diesen Kanal in den Haffboden gebaggert. Während das Haff mit beginnendem Winter zufror, hielt man den Kanal mit Eisbrechern offen, sofern nicht allzu tiefe Temperaturen auch das unmöglich machten. Aber nur selten blieb der Hafen dieser Stadt der Hochseeschifffahrt verschlossen. Die Stadt mit ihrem Schloß, der Universität, den vielen spitzen Kirchtürmen, den Werften und Hafenspeichern war bisher nur von englischen Bombenflugzeugen getroffen worden, im Zentrum stieß man schon auf abgebrannte Häuser und Trümmerkorridore.

Diese Luftangriffe und die Bekanntmachung, daß wiederum englische Aufklärungsflugzeuge die Stadt erkundeten und daß es daher an der Zeit sei, sich energisch für den Luftschutz zu rüsten, hatte bis in die armseligste Stube hinein

Bestürzung hervorgerufen. Nicht genug also, daß man seine Söhne hinausschicken mußte, um sie eines Tages zu verlieren oder übel zugerichtet zurückzuerhalten, nicht genug also, daß man in den Rüstungsfabriken in Tag- und Nachtschichten schuftete, nun drohte auch noch die persönliche Gefahr für die zurückgebliebenen Männer, die Frauen und die kleinen Kinder. Diese allgemeine Erregung, ja Verzweiflung, sollte von nun an nicht mehr nachlassen, sie würde sich sogar noch steigern, um sich schließlich in dem Untergang der Stadt zu überschlagen. Am Ende dieser mit Entsetzen angefüllten Zeitspanne würde die Stadt sich mit einem letzten infernalischen Aufschrei aufbäumen, um dann vernichtet und bar jeder Bausubstanz und auch Moral in sich zusammenzufallen. *Laguna morta.*

Zu dieser Stunde lag die Stadt wie unberührt da . . . noch ging ein jeder seinem Tagewerk nach, aber die Siedler, die an dem Stadtrand wohnten, wollten schon die ersten Ratten gesehen haben, die an diesen Abenden die Häuser und Speicher verließen, um das flache Land aufzusuchen. Konnte man auf dem Lande, wo das einfache Leben war, nicht sicherer sein?

Die anfängliche Begeisterung der Bürger über die Erfolge auf den Kriegsschauplätzen war einer abwartenden Haltung des Zuschauens und des stillen Duldens gewichen. Man gewöhnte sich an den Zustand des Krieges, an das Gleichmaß der durch mannigfaltige Pflichten und Einschränkungen ausgefüllten Tage. So unterschiedlich das Leben an der Front und in der Heimat sein mochte, in einem glichen sie sich völlig: Der Krieg war zum Alltag geworden.

Zu dieser Zeit, als Westermann und der Ortsgruppenleiter nach Königsberg reisten, um Kanonen für das Artillerieregiment zu holen oder vielleicht besser zu organisieren, erfuhr die Stadt eine weitere Wandlung. War Königsberg, die friedliche und aufstrebende, die geschäftige und emsige Provinzhauptstadt durch die heranrückende Front und die englischen Bombenangriffe zur gefährdeten, aber noch funktionstüchtigen Etappenstadt geworden, so ließen sich jetzt am glühenden Brandhimmel erste düstere Wolken von Sodom erkennen. Die Zeichen des nahenden Untergangs mehrten sich. Eine ganz neue wolkige Versuchung zog herauf, die Lust, die letzten Stunden zu genießen, als werde es kein Auferstehen mehr geben. Diese Lust, den Rausch des Daseins mit allen Fasern auszukosten, ergriff auch die wenigen noch besonnenen Menschen. Man nahm Pervitin und Morphium und Opium wie das tägliche Brot. In der Marketenderei der Heeresgruppe lagerten große Bestände an französischem Rotwein und Cognac. Erstklassige Ware. In der Lazarettapotheke der ehemals spanischen Division verkauften Schwestern aus Zaragoza *Hexenritt*, das Flugräusche hervorrief. Es hieß, die Stierkämpfer schluckten Hexenritt, bevor sie in die Arena marschierten, um das Feuer in den Augen der Toros aus der famosen Estremadurazucht zu löschen. Nahm man wiederholt Hexenritt, gewann man Höhe, man konnte sich in die Lüfte erheben und der Hölle entkommen. Man vermochte nach Buenos Aires und Asunción zu fliegen und im Gran Chaco Zitronen und Apfelsinen blühen sehen. Unausweichlich folgte den halluzinatorischen Fluchten aus dem dädalischen Labyrinth das grausame Erwachen, die kalte Rückkehr in die Gegebenheiten des Krieges. Die englischen Bomber über dem Häusermeer, die Gerüchte über erste tollkühne Rotarmisten vor den Mauern der Stadt. Die Realitäten galoppierten wie junge Lanzenreiter über die Gefilde beiderseits des Pregel, gefolgt von den Schindmähren abgeklapperter Hoffnungen des Hauptquartiers.

Der Taumel des Auskostenwollens kannte bald keine Grenzen mehr. Dann kam das Ende der Stadt, rasch, wie ein blutiger chirurgischer Eingriff. Aber noch im Todeskampf feierte sie eine unvergleichbare, überwältigende Orgie. Trunken von der Aufpeitschung der Sinne, von dem raschen

Wechsel von anfeuernden Sondermeldungen und deprimierenden Nachrichten aus dem Munde verwundeter Frontsoldaten, warf sich diese Stadt in die Glut der Vernichtung. In diesen Tagen verlor sie vor sich und den anderen ihr Gesicht. Hatte sie Jahrhunderte als ehrwürdige, jeder Untugend abholde Patrizierstadt dahingelebt, so wollte sie wenigstens im Freudentaumel sterben. Möglicherweise fühlte sie gar nicht mehr, daß sie es wollte. Die Welt eines Todgeweihten ist angefüllt mit vielerlei Geheimnissen. Es wäre müßig, sie ergründen zu wollen.

Der Ortsgruppenleiter ließ nahe dem Pillauer Bahnhof halten. „Ich mache mich selbständig."

„Sehen Sie Erich Koch?"

„Das hoffe ich", antwortete der Ortsgruppenleiter. „Hier ist Kochs Telefonnummer. Die seines Stabes. Fragen Sie nach mir. Wenn Sie mich nicht erreichen, treffen wir uns hier am Pillauer Bahnhof. Hier. Und täglich. Zur gleichen Zeit."

„Ich werde pünktlich hier sein."

„Auch wenn Ihnen die russische Ratsch-Bumm nicht gefällt, nehmen Sie alles, was Sie bekommen können."

„Das werde ich tun."

Der Ortsgruppenleiter lachte. „Was man hat, hat man. Wer weiß, wann wir beide wieder nach Königsberg kommen." Und dann war er auch schon verschwunden.

Im Tragheimer Rüstungswerk „Dora" zwischen Maraunenhof und Vorderhufen gelegen, gab es kaum noch einen Unterschied zwischen Tag und Nacht. Morgens und abends glich der Haupteingang am Pförtnerhaus dem Flugloch eines Bienenkorbs. Die eine Schicht strömte in dunklen Bündeln heraus, die andere mit eiligen Schritten hinein. Die Ausweise wurden streng kontrolliert. Hier und da rief der Sicherheitsdienst einen der Männer oder Frauen an, befahl sie mit scharfer Stimme in den Untersuchungsraum, wo man die Taschen und Eßgeschirre durchwühlte oder die Personalpapiere eingehend prüfte. Die Arbeiter murrten oder lachten verlegen. Es hatte keinen Zweck, aufzubegehren.

Die Leute vom Sicherheitsdienst trugen scharf geladene Pistolen. Ein Druck auf einen kleinen roten Knopf genügte, um das ganze Gelände hermetisch abzuschließen und die Wache zu alarmieren. Zu jener Zeit wurde nicht viel gefakkelt. Am besten, man hielt den Mund und arbeitete. Hinter der drei Meter hohen Ziegelmauer beiderseits des Haupteinganges lag das riesige fünfstöckige Montagegebäude. Ein rechteckiger Klotz, an dessen rechter Längsseite das Maschinenhaus angebaut war. Hier lief von der Welle der Dampfmaschine über ein Schwungrad der Ledertreibriemen, lief mit rasender Geschwindigkeit durch den Seilergang hinauf zur Transmission, von der aus die Kraft über das ganze Gebäude und die unten liegenden Hauptmontagehallen verteilt wurde. Es war verboten, den Seilergang zu betreten, da der breite Lederstreifen hier in dem schmalen Gang alles zerfetzen mußte, falls er riß. Dieses Stück Leder war die lebendige Verbindung zwischen dem Maschinenhaus und dem Montagegebäude. Der Rhythmus des Rollens übertrug sich auf den ganzen Ziegelklotz, und wenn man oben auf dem Dach zwischen den Flaktürmen herumkletterte, spürte man, wie der ganze Bau hin- und herschwang. „Ich glaube, es ist jetzt alles klar“, sagte der Maschinist Koslowski zu dem Gehilfen mit der blauen Schiebermütze. „Wenn der Lederriemen reißt, steht der Laden hier still. Dann sind die anderen dran. Du verstehst, was ich meine!“

„Ja“, sagte der Gehilfe und zerrte an dem Schirm seiner Mütze herum.

„Dies hier ist das Herz“, fuhr der Maschinist fort, „wenn das Herz still steht, steht die Fabrik still - und dann kommen die anderen. Es ist jetzt endlich alles klar.“

Er ging an dem langen Zylinder entlang und füllte das Öl in den Ventilgläsern nach.

Der Maschinenchef war aus dem Kesselhaus zurückgekommen und kontrollierte die Leistungsmesser an der Schalttafel.

Sie mußten jetzt vorsichtig sein.

Koslowski wußte, wieviele Maschinengewehre täglich das Werk verließen und wieviele Feldhaubitzen, die man aus Einzelfabrikaten anderer Unterwerke hier zusammenbaute, täglich von Zugmaschinen abgeholt wurden. Der Maschinist Koslowski wußte fast alles. Nicht umsonst hatte man ihm beim Kreis beigebracht, die Augen aufzumachen. In Halle vier bauten sie die Drehstromaggregate für die neuen Schnorchelboote, und gleich nebenan, im Maschinenlabor, bastelte der Professor an der Elektronensteuerung für die mannlosen Panzer herum. Diese Roboter sollten ihre Kraft nicht direkt vom Diesel auf die Ketten, sondern erst auf einen Generator übertragen.

Sobald der Maschinenchef die Hallentür hinter sich schloß, verließ der Gehilfe die Reparaturdrehbank und schlenderte mit gespieltem Gleichmut zu Koslowski hin.

„Es ist alles klar", sagte der. „Du hast zweierlei zu tun, erstens gehst du zum Chef und sagst ihm, im Seilergang seien die Führungen lose. Sobald der Riemen springt, schreist du und suchst den Schutzstollen auf. Das ist das erste."

„Ja", wiederholte der Gehilfe, „das ist das erste. Aber dann?"

„Dann springst du die kleine Treppe zum Waschkeller runter, läufst durch den Gang zum Pförtnerhaus, von da in die Kammer eins. Dort brüllst du den Posten an, er soll sofort den Alarmknopf drücken. Wenn er zögert, machst du es selbst. Verstehst du, das ist das Wichtigste, daß der Alarmknopf gedrückt wird, alle Ausgänge müssen verschlossen werden! Ich gewinne dann Zeit, vielleicht nur Sekunden, aber gerade diese Sekunden brauche ich, um aus dem Staubturm über die Mauer zu kommen. Das ist alles. Genau so mußt du es machen. Dir selbst kann nichts passieren, denn sie können dir nichts nachweisen. Wir sehen uns dann vorerst nicht, bis ich dir ein Zeichen gebe. Du wirst bald wieder von mir hören. Ist jetzt alles klar?"

„Ja", sagte der Gehilfe, „es ist alles klar. Wann soll ich denn dem Chef Bescheid sagen?"

„Jetzt, wenn die Nachtschicht beginnt, das heißt, wenn die Sirenen ertönen. Der Chef wird dann wieder ins Maschinenhaus kommen, um den kleinen Generator einzuschalten. Bevor er umschaltet, gehst du zu ihm. Du sagst, er müsse sich das Führungsgestänge sofort mal ansehen. Sobald ihr im Seilergang seid, fange ich an."

„Gut", antwortete der Gehilfe und zog seine blaue Schiebermütze fest. „Ich weiß jetzt Bescheid." Er dachte: Hoffentlich merkt mir niemand meine Nervosität an.

Westermann brauchte ein bißchen Zeit, um sich zurechtzufinden.

„Zunächst auf dem kürzesten Weg zum Hauptkommando", sagte er zu dem Fahrer, als müsse er sich selbst daran erinnern, daß er dienstlich hierher gekommen war.

Die Dächer warfen lange Schatten auf die Straße. Auf der Fahrbahn und den gepflasterten Bürgersteigen spielte der schwache Oktoberwind mit nassem Laub, das sich von den Zweigen löste. Sie rochen die Nähe tanggeschwängerten Hafenwassers und der See.

„Es ist richtig aufregend, in diese Stadt zurückzukehren, wir könnten eigentlich ein wenig mit dem Wagen herumbummeln", schlug Unruh vor und zeigte mit der Hand auf eine Reihe unzerstörter Schaufenster.

„Ich glaube, das wird Sie enttäuschen", sagte Westermann.

„Warum?"

„Da, sehen Sie nur, über die Schaufensterpuppen haben sie billige Zellstofffähnchen gehängt, das ist der letzte Schrei. Vielleicht sollte man die Augen besser zumachen, um sich nicht das Bild der Erinnerung nehmen zu lassen."

„Wenn der Krieg gewonnen ist", erwiderte Unruh, „wird sich dieses Bild wieder zurückverwandeln. Wenn der Krieg gewonnen ist, machen wir Deutschland schöner denn je."

„Vergessen Sie nicht, daß Wenn-Sätze hinterhältig sind", sagte Westermann und warf den noch glühenden Zigarettenstummel im hohen Bogen aus dem Wagen.

Sie hielten vor dem Hauptkommando.

Als er sich auf dem Regimentsgefechtsstand abgemeldet hatte, war er von seinem Kommandeur an einen Oberst verwiesen worden, der die Auslieferung der Geschütze über das Heereszeugamt zu veranlassen hatte. Dieser Oberst war gestern abend abgereist, um eine Artillerieersatzabteilung im Warthegau zu besichtigen. Man verwies Westermann an einen gewissen Oberstleutnant Mossung. Man bat, Platz zu nehmen, der Herr Oberstleutnant werde bald aus der Stadt zurückkehren.

Das Hauptkommando war gut geheizt. Einige Fenster hatte man mit Sperrholzplatten abgedeckt, Glas war schwer zu beschaffen. Unruh watschelte durch die Korridore in der Hoffnung, drei Becher Kaffee-Ersatz zu bekommen. Vergebens. Eine junge Büroarbeiterin bot ihnen aufgewärmten Kamillentee an. Es könne ein Weilchen dauern. Ob sie etwas zu lesen haben wollten. Sie gab ihnen den Stadtanzeiger. Großadmiral Dönitz gab bekannt, das Schlachtschiff „Tirpitz" werde im Tromsö-Sund als schwimmende Festung eingesetzt werden. Die Kriegsmarine habe im September sieben Handelsschiffe versenkt und auf allen Weltmeeren achtundzwanzig U-Boote verloren. Der Einsatz der V 1-Geschosse sei verstärkt worden. Neue Wunderwaffen in Vorbereitung. Am 8. September habe die Artillerieabteilung des Oberst Hohmann die erste V 2-Fernrakete abgeschossen. Dies werde die passende Antwort auf die englischen Fliegerangriffe sein.

Die Gesundheit des Führers sei nie besser gewesen.

Westermann gab Oberwachtmeister Unruh die Zeitung, erhob sich und spazierte im Korridor auf und ab.

Oberstleutnant Mossung pflegte zweimal in der Woche zum Masseur zu gehen. Gegen das fette Essen. Man hatte so seine Beziehungen und leider auch seinen Bauch. Der Oberstleutnant klingelte einmal lang und einmal kurz, worauf der Masseur, Herr Hüning, sich zur Tür tastete. Obwohl Herr Hüning bei einem Angriff südlich des Ladoga-Sees durch eine Leuchtspurpatrone sein Augenlicht verloren hatte, bedurfte es für ihn keiner Worte, um zu wissen, daß der Mossung da war. Der Herr Oberstleutnant . . . er kam auf die Minute genau . . . tat regelmäßig zweierlei, woran der Blinde ihn sofort erkennen konnte. Zunächst schnallte er sein Koppel ab und legte es samt der wattegefüllten Pistolentasche auf die Vitrine neben der Tür. Schon dieses leise Geräusch meldete dem feinen Ohr Hünings seine Ankunft. Dann nahm der Herr Oberstleutnant sein Gebiß heraus und bettete es ebenso behutsam auf ein eigens dafür vorgesehenes Zellstoffpolster in der oberen linken Schublade. Seine Stimme verlor damit jeglichen preußischen Ton. Sie wandelte sich ins Sanftmütige und ließ nun hier und da an Deutlichkeit zu wünschen übrig. Dann entkleidete sich der Oberstleutnant vollends. Während er seine nackten Fleischmassen auf die weißbezogene Couch wälzte, war auch für den neutralen Beobachter zu erkennen, daß von dem Herrn Oberstleutnant Mossung nichts weiter übriggeblieben war als der ganz einfache Mensch, ein homo primigenius, namens Mossung. Der blinde Masseur löste an seinen Ärmeln die Manschettenknöpfe und krempelte die Stulpen über die Ellenbogen hoch. Dann griff er blitzschnell mit der rechten Hand an die Brust des Liegenden und schlug mit der linken Pranke kurz auf dessen Bauch, daß es klatschte.

„Ausgezeichnet“, lachte Mossung und hustete, als habe er sich verschluckt.

Diesen kurzen Schlag auf den Bauch nannte Hüning „Maßnehmen". Er wußte nun, wo der Mossung lag, ohne ihn zu sehen. Er puderte den Oberstleutnant ein und begann, an seinem Oberkörper herumzuklopfen.

„Mir scheint, Sie haben wieder zugenommen", sagte der Masseur, während er im Fleisch herumknetete. „Gespickter Rehrücken ist für Sie gefährlich."

„Irrtum, mein Lieber. Übrigens, wenn möglich, eine Strohhalmbreite zarter. Ja, ist gestern abend wieder sehr spät geworden . . . übrigens . . . ja, da können Sie fest zupakken . . . Also mit dem Rehrücken ist es aus, seit unsere Leute vorn unser bestes Revier an den Feind abgegeben haben. Den Rehrücken essen jetzt die drüben. Wäre noch nicht mal nötig gewesen, das ganze Gelände aufzugeben, wie mir der Kommandierende persönlich sagte . . . Ja feste, das tut gut, oh, là, là!" Er spitzte die Lippen und stieß voller Wohlbehagen langsam die Luft aus. „Na, Sie wissen ja, unsere Leute sind eben nicht mehr die Alten; alles zweite Garnitur, versteht sich, schlappe Hasen, stellenweise. Wäre glücklich, wenn ich nochmal dazwischenhauen könnte . . ."

„Mit *der* Leber nicht mehr", unterbrach der Masseur, der wußte, was die Kundschaft gern hörte.

„Das weniger", meinte Mossung mit etwas leidender Stimme, „aber man läßt mich ja hier aus dem Laden nicht heraus und dann . . ." Er wollte noch etwas sagen, aber der Masseur bewegte nun den Berg von einem Bauch, so daß ihm die Luft zu jedem weiteren Wort fehlte.

„Manchmal denkt man ja als einfacher Mann, die Sache geht schief. Ich meine, nichts gegen die Führung", fuhr der Masseur fort, „aber wo soll das Material herkommen? Das Ruhrgebiet scheint ja arg kaputt zu sein . . . Und dann die Flieger, na ja . . .!"

„Macht nichts, mein Lieber!" Mossung bekam allmählich wieder Luft. „Materialmäßig werden wir hier in Kürze selbständig sein, man hat leider viel zu spät angefangen, den Osten zu industrialisieren. Viel zu spät, sage ich, aber wir sind im Kommen, warten Sie nur ab . . .“

„Im Tragheimer ‘Dora’ soll ja allerhand los sein“, spann der Masseur den Faden weiter, „man spricht sogar schon von Geschützen. Wäre fein, wenn das klappte.“

„Klappt, mein Lieber, klappt“, sagte der nackte Oberstleutnant, „aber Schnauze, mein Lieber, ist doch klar. Wir müssen hier völlig selbständig werden, in jeder Beziehung, allerhöchster Befehl . . . ja, da können Sie ruhig fester zupacken . . . ausgezeichnet . . au . . . verflucht . . . weiter, Mann . . . Es könnte ja sein, daß die Bande vom Süden her einen Keil zwischen uns und das Reich treibt . . die Oberschenkel bitte mit den Fingerspitzen schlagen, so ist’s richtig . . dann sitzen wir hier natürlich in der Klemme. Soll heißen, dann sind wir auf uns allein angewiesen, verstehen Sie, mein Lieber, der kluge Mann baut vor.“

Der Masseur schob die Hände unter die Kniekehlen Seiner Nacktheit, hob mit kleinem Schwung die Kniegelenke nach oben, so daß die Beine angewinkelt wurden, und klopfte mit seinen Handkanten von unten her gegen die Unterschenkelmuskulatur.

Schließlich stellte er sich an der Längsseite der Couch auf, griff mit beiden Händen in die Fettwülste des Bauches und kommandierte: „Kehrt . . . Marsch!“ Dann wälzte er den Körper wie einen Mehlsack auf die andere Seite.

Daß hier ohne sein Zutun etwas mit ihm geschah, zudem noch etwas erfahrungsgemäß sehr Nützliches, behagte dem Oberstleutnant außerordentlich. Er konnte sich diesen erfahrenen Händen anvertrauen, ja er gab sich ihnen ganz hin, ohne sich zu fragen, ob dies dem Reglement entsprach oder nicht. Und da er nichts weiter zu tun hatte, als sich nackt auf diese weißbezogene Couch zu legen, gestalteten sich diese Massagetage zu einer gedeihlichen Ausspannung. Hier konnte er „abschalten“.

„Masseur ist ein zeitloser Beruf", sagte Mossung etwas unbeholfen, denn er mußte den Kopf ganz zur Seite drehen, um sprechen zu können. „Masseur ist ein ganz fabelhafter Beruf, wahrscheinlich hatten die alten Ägypter schon Masseure, das will ich jetzt nicht beschwören, aber ich wette, daß Lukullus einen Masseur benötigte und das zweimal am Tage. Wenn ich nur zweimal in der Woche zu Ihnen komme, dann sehen Sie daraus, daß ein preußischer Offizier ein ganzes Stück schlechter dran ist als Lukullus. Massieren Sie, mein Lieber, massieren Sie alles, was Ihnen unter die Finger kommt, kneten Sie jede Art von Fleisch und kümmern Sie sich nicht um die Politik. Viel zu kompliziert."

Er stöhnte ein wenig.

„Sie haben mich wunderbar massiert. Menschenskind, ich werde Sie unserem General empfehlen!"

Er begann sich langsam wieder anzuziehen.

Der Masseur hatte das Zimmer verlassen, um sich im Baderaum die Hände zu waschen. Als er zurückkam, stand wieder ein vollendeter Oberstleutnant, umgeschnallt, mit markiger Stimme vor ihm. Er sah sie nicht, aber noch seine toten Augen spürten die Uniform wie etwas Vertrautes und unsagbar Fremdes.

„Was schulde ich Ihnen?" fragte der Oberstleutnant.

„Den Dank des Vaterlandes."

„Ausgezeichnet! . . . Wieso übrigens?" Der Oberstleutnant stand steif da und korrigierte zum zweiten Male seinen Kragen und seine Haltung.

„Es war nur ein Scherz, verstehen Sie. Eine kleine Erinnerung an die Zeit vor dem da." Und er hob die Hand an die Stirn. „Wenn bei uns in der Kompanie einem was passierte, sagten wir das so hin. Aber wir meinten das nicht so, denn es geht ja um Größeres, und da kann man das bißchen Ich nicht einfach aufrechnen. Und wieviel wäre das schon wert."

„Wirklich, das ist ein sehr guter Scherz“, meinte der Oberstleutnant.

Kurze Pause.

„Aber mit Zigaretten ist Ihnen ja sicher auch gedient, mein Lieber“, half er sich über seine eigene Verlegenheit hinweg und schob eine kleine Schachtel in die zum Händedruck bereite Hand des Masseurs.

„Ja, Sie haben recht“, antwortete der Blinde, „mit Zigaretten ist mir auch gedient.“

Und der massierte Oberstleutnant Mossung ließ sich erleichtert in den wartenden Mercedes fallen.

„Zurück zum Hauptkommando“, befahl er barsch.

„Herr Oberstleutnant läßt die Herren bitten“, schnarrte die Ordonnanz.

„Los, Unruh. Kommen Sie!“ rief Westermann.

Oberstleutnant Mossung pflegte nach der Massage immer bester Laune zu sein. Obwohl der Blinde sich mit ihm soeben einen kleinen Spaß erlaubt hatte, begrüßte er die beiden Truppiers herzlich, erkundigte sich nach der Stimmung der Truppe, erzählte flüchtig, daß er immer noch von seinen Frontjahren träume und bedauerte aufrichtig, daß sein Gallenleiden ihn hindere, „aktiv“ zu sein.

„Aus welcher Gegend kommen Sie?“

„Ostfront. Elchenaue, zwischen Gumbinnen und Insterburg.“

Der Oberstleutnant lud sie ein, sich zu setzen. Einen Augenblick zu pausieren. „Südrand Eichwalder Forst, nicht wahr?“

„Ja. Genau. Zwischen Inster und Pissa.“

„Jagdgebiet, oder?“

„Großartig. Rebhühner. Fasanen. Wildschweine. Rehe. Am Sonnabend gingen wir zur Hasenjagd.“

Mossung freute sich, daß die Truppe noch Zeit fand, Hasen zu jagen. „Und wieviele Hasen hat's erwischt?“

„Keinen. Wir stießen im Forst auf Partisanen.“

„Nun sagen Sie bloß!“

Schließlich kam man auf die Kanonen zu sprechen. Westermann empfand es fast als ungehörig, in diesem gepflegten Raume, in dieser wohlausgewogenen Atmosphäre, überhaupt von Kanonen zu sprechen. Ihr Gastgeber reichte ihnen eine geöffnete Kiste Zigarren.

„Etwas ganz Erlesenes, meine Herren."

Unruh griff zu. „Dufte Klasse."

„Danke vielmals", sagte Westermann und ließ das Feuerzeug aufschnappen. „Wie Herr Oberstleutnant wissen, benötigt das Regiment nach dem totalen Materialausfall sechsunddreißig Geschütze, das heißt, sechsunddreißig leichte Feldhaubitzen. Wir sind hierher befohlen, um diese sechsunddreißig Geschütze abzuholen."

„Meine Herren, verzeihen Sie, wenn ich Ihre Illusion zerstören muß. Was Ihnen in Ihrer naturgemäß beschränkten Perspektive nicht klar sein kann, ist, daß wir materialmäßig . . . nun, ich will mal sagen, sehr beengt sind. Ich darf voraussetzen, daß Sie über die Geheimhaltungspflicht genügend belehrt sind. Wir haben innerhalb der letzten Rückzugsmonate mehr als die Hälfte allen Materials verloren. Was das bei unseren Fronten bedeutet, brauche ich Ihnen nicht erst auseinanderzusetzen. Im übrigen, unter uns gesagt, sind wir hier im Augenblick Nebenfront. Wir fahren gewissermaßen zweiter, wenn nicht dritter Klasse. Sie verstehen. Diese Situation erfordert von uns äußerste Selbständigkeit und Improvisation. Ich darf Ihnen verraten, daß die Kanonen hier in der Stadt zur Zeit zusammenmontiert werden. Wir hoffen, in zwei Wochen so weit zu sein, daß wir zumindest die Engpaßteile selbst herstellen können. Sie sehen, die Schwierigkeiten werden bekämpft."

Westermann sah auf seine Armbanduhr.

„Aber", fuhr Mossung fort, „wir haben noch große Bestände an russischen Beutegeschützen. Typ ZIS-3, Ihnen besser bekannt als Ratsch-Bumm. Damit sollen Sie sich zunächst einmal behelfen. Greifen Sie rasch zu. Fünfzehn bis zwanzig von den Dingern könnten Sie gleich verladen. Mit Protzen für die Pferdebespannung. In die Belieferung mit Munition kann ich Sie gleich einplanen. Ist das ein Angebot?"

„Das ist ein gutes Angebot", bestätigte Westermann, obwohl er es für ein schlechtes Angebot hielt. Aber in der Not fraß der Teufel Fliegen.

„Normalerweise wäre Ihr Regiment in etwa vier bis sechs Wochen an der Reihe. Wenn Sie heute noch Zeit haben, lade ich Sie in einer Stunde zu einer Fahrt ins Werk 'Dora' ein. Sie können sich dort an Ort und Stelle anschauen, wie die Dinge liegen. Bis dahin, meine Herren, bitte ich Sie, mich zu entschuldigen."

Westermann und Unruh erhoben sich.

„Adios", sagte der Oberstleutnant und klebte das Deckblatt seiner Zigarre mit Spucke fest.

Im Rüstungswerk „Dora" sollte gleich Schichtwechsel sein. Der Gehilfe mit der blauen Schiebermütze führte den Meister in den Seilergang hinauf. Noch nie, seit er in diesem Werk arbeitete, hatte er die Stufen der schmalen Treppe gezählt, die zur ersten Arbeitsbühne führten. Jetzt, in diesen Sekunden, hämmerte sein Herzschlag bei jedem Schritt gegen die Schläfen. Bis zur Waschkellertür waren es genau sechzehn Stufen, überlegte er blitzschnell, das sind viermal vier Sätze.

„Hier, Chef, es ist noch nicht sehr gefährlich", sagte er möglichst ruhig und zeigte dem Maschinenmeister das vibrierende Führungsgestänge, „aber man müßte es doch . . ." Viermal vier Sätze . . . oder viermal drei und dann einen großen Sprung . . . ich muß mich am Geländer abstoßen . . . ich muß . . .

„Hol' mal eben den zweiundzwanziger Schlüssel", befahl der Meister. „Die Blitzzange bringst du am besten gleich mit, ich werde versuchen . . . Worauf wartest du noch?"

Der Meister sah den Gehilfen erstaunt an.

Wenn es jetzt nicht losgeht, bin ich erledigt, dachte der Gehilfe. Wenn ich an der Tür vorbei bin, haut das Leder mich um, ich habe noch sechzehn Stufen Zeit, sechzehn Stufen lang bin ich noch da, sechzehn ganze Stufen, wenn ich an der Tür vorbei bin, Herrgott, wenn ich erst an der Tür vorbei bin . . . lieber Gott . . . wenn ich . . .

Sein Herzschlag rauschte in den Ohren wie ein tobendes Meer. Er verfluchte den Augenblick, in dem er sich zu einer solchen Schweinerei bereiterklärt hatte. Warum war es ihm denn nicht egal, wer das Rennen machte? Lieber Gott, es ist mir doch ganz egal, und das erst recht, wenn ich jetzt . . . Ich habe mich bequatschen lassen, bequatschen lassen von diesen Schlawinern . . .

„Worauf wartest du noch?“ wiederholte der Meister unwillig. Sie starrten sich einen kurzen Augenblick an und dachten den gleichen Gedanken. Es fiel kein Wort zwischen ihnen, aber sie dachten beide zu gleicher Zeit, daß solche ungeheuren Schweinereien immer wieder nur darum passierten, weil die Menschen sich im Grunde völlig gleichgültig waren, und weil sie bei Gott nicht wußten und auch nicht wissen wollten, was in dem anderen vorging.

Was war denn der andere schon?

Als der Gehilfe sich umdrehte, um die sechzehn Stufen hinunterzugehen, gab es einen hellen beißenden Knall. Er sah noch die ruhigen, ein wenig verächtlichen Augen des Meisters, gleichzeitig durchzuckte ihn wie ein Blitz der Gedanke, die sechzehn Stufen bis zur kleinen Tür hinunterspringen zu müssen, dann war aber auch schon das eine Ende des Treibriemens bei ihnen.

Der Maschinist Koslowski war auf das Eisengeländer gestiegen, das das große Schwungrad und den Radschacht umgrenzte und hatte mit einer übermenschlichen Anstrengung die rechte Hälfte des Treibriemens angeschnitten. Das Leder lief noch einmal um die obere Riemenscheibe herum und riß dann plötzlich kurz vor dem großen Antriebsschwungrad. Was ihn veranlaßte, stocksteif am Geländer stehen zu bleiben, ist schwer zu erraten. Möglicherweise überraschte ihn die Wucht der Katastrophe oder das Wunderbare, daß selbst noch dieser Zerfall die in der Technik konzentrierte menschliche Macht offenbarte.

Der Lederriemen zerschlug das Geländer und riß die Eisenstange und gesprengte Betonsteine in den Radschacht. Krachend und knirschend lief das plötzlich von jeder Last befreite Schwungrad auf die Trümmer auf. Einen Augenblick schien es, als ob dieses gewaltige, in seiner Wucht ungehemmte Rad nur die Hindernisse zermalme, um dann ruhig weiterzulaufen.

Aber dann zerrten die wild rotierenden, übermannstarken Radspeichen den ganzen linken Teil der Geländerbetonierung in den Schacht. Das Rad wurde den Bruchteil einer Sekunde lang unter ohrenbetäubendem Lärm gebremst, hob sich dann . . . Koslowski fuhr sich mit den ölverklebten Händen wie irr über den Kopf . . . in einer naturhaften Auflehnung aus seinen Lagerböcken und rollte, als fühle es sich nun erst recht mit Kraft geladen, in mehreren Sprüngen über die Schachttrümmer hinweg auf den Seilergang zu, zerfetzte die Treppe, durchraste im Amoklauf die den Seilergang abschließende Wand und wälzte sich in dem dahinterliegenden Raum über eine Gruppe arbeitender Frauen.

Lähmendes Entsetzen!

Splitterndes Holz!

Das Rad hakte mit dem einen Wellenstumpf an dem Stahlpfeiler des Laufkranes ein, schlug einen Kreis, riß zwei Deckenträger nieder und stampfte sich schließlich an dem Fundament der Karusselldrehbank fest.

Dann stürzte die Decke ein.

Als die Panik einsetzte, war eigentlich schon alles vorbei. Die Maschinen schwiegen, hysterisch kreischend rannten die Menschen zu den Türen.

Der Maschinist Koslowski hatte schon viel zu viel Zeit versäumt. Er fühlte, daß er diese Zeit nie mehr einholen würde. Aus dem zerstörten Seilergang tauchte plötzlich wie ein Gespenst der alte Meister auf. Der gesprungene Treibriemen hatte seinen linken Unterarm zertrümmert. Aus dem zerrissenen und blutbespritzten blauen Stoffärmel hingen nur noch erbärmliche Fleisch- und Knochenreste, von den hellen Sehnen notdürftig zusammengehalten. Dieses lebende Gespenst kam aus dem Seilergang heraus, stand einen Augenblick wie ein staubverklebter und keuchender Faun am Rande der Halle und wankte dann mit unsicheren Schritten über die Trümmer hinweg auf Koslowski zu. Das Blut aus seinem Ärmel träufelte eine schmale Spur auf den Boden.

Koslowski sah das Gespenst kommen. Wie gehetzt rannte er durch die Maschinenhalle auf den Kellergang zu, durch den er den Staubturm erreichen konnte. Eine Tür wurde aufgerissen. Dann bellte eine Maschinenpistole.

Koslowski überschlug sich wie ein im Sprung getroffener Hase.

Plötzliche Stille. Da ging das Gespenst auf den Mann vom Sicherheitsdienst zu, entriß ihm die Maschinenpistole und schoß wie ein Irrer auf den Toten, der sich bei jedem Treffer schüttelte. Aus dem zertrümmerten linken Arm tropfte immer noch das Blut. Die sonst so säuberlich gekämmten weißen Haare hingen über den Augen, die faltige Haut darunter glich eher einer Fratze als einem menschlichen Gesicht. Doch dieses Gespenst lachte, lachte laut, während es seine Wut in eine entstellte Leiche hineinjagte. Die letzten Patronen waren verschossen. Immer noch lachend fuchtelte der Meister mit der leeren Maschinenpistole über seinem wirren Kopf herum. Dann brach er zusammen.

Als der Oberstleutnant Mossung mit seinem Besuch das Rüstungswerk erreichte, war die erste Panikstimmung schon überwunden. Die Rettungswagen verließen das große Tor.

Sanitäter verbanden die Leichtverletzten. Der technische Direktor führte die Herren in die Maschinenhalle. Die Dampfventile hatte man geschlossen. Es herrschte eine krankhafte Stille. Vor der offenen Tür zum Kellergang lag immer noch der Maschinist Koslowski. Eine schmale Blutspur lief vom Mundwinkel die Backe herunter.

„Gehen wir, meine Herren“, sagte der Oberstleutnant. „Was stehen wir hier herum? Sie sehen doch, es ist nur eine Leiche, wirklich nur eine Leiche, sonst nichts!“

Ich bin mit dem Herzen nicht mehr ganz in Ordnung, dachte der Oberstleutnant, oder die Massage war heute zu anstrengend. Ich muß mich wirklich etwas mehr schonen, dieser Krieg wird immer aufregender.

„Wann?“ fragte er den technischen Direktor, als sie wieder zum Wagen gingen, „das ist die Hauptsache, wann kann das Werk wieder arbeiten? Die Zeit läuft uns ohnehin schon fort ... Verdammt und zugenäht ... die Zeit!“

„Wir werden Tag und Nacht arbeiten, Herr Oberstleutnant, aber einige Wochen wird es dauern.“

„Einige Tage ist auch schon zu lang. Sie müssen es in einigen Tagen schaffen. Rufen Sie mich an, wenn Sie Spezialisten benötigen. Den Mann von der Abwehrabteilung schicke ich gleich rüber. Ich fürchte, der Maschinist war nicht der einzige. Wir müssen so etwas in Zukunft verhindern ... Also bis morgen.“

Der Wagen fuhr an.

Hauptmann Westermann zündete sich nervös eine Zigarette an. Sie bogen auf die Hauptstraße ein, auf der sich kein Licht zeigte außer den abgedunkelten Scheinwerfern der entgegenkommenden Autos. Links und rechts der Chaussee tauchten finstere Häuserblocks auf und verschwanden wieder in der beginnenden Nacht: Kasernen, Verwaltungsgebäude, helle Villen ...

„Wir brauchen sechsunddreißig Feldhaubitzen, Herr Oberstleutnant, nicht in drei Wochen, auch nicht in einer Woche, wir brauchen sie heute.“

„Ich weiß es“, sagte der Oberstleutnant. „Sonst nichts?“

„Der Gegner kann jeden Tag angreifen“, fuhr Westermann fort und stippte die Zigarettenasche zum Fenster hinaus. „Unser Regiment verfügt heute noch über rund zweitausend gut ausgebildete und erfahrene Artilleriespezialisten, und jedes kleine Kind weiß, was ein derartiges Artillerieregiment für eine Division bedeutet. Wenn der Angriff beginnt, ohne daß wir Geschütze bekommen haben, werden wir als Infanteristen eingesetzt.“ Er machte eine kleine Pause. „Das ist für uns Soldaten nicht weiter tragisch, aber als Artillerieregiment sind wir dann nicht mehr zu gebrauchen, und sollten sie uns tausend Kanonen schicken.“

„Ich weiß es“, sagte der Oberstleutnant monoton. „Wenn ich sie hätte, würde ich sie Ihnen geben, aber ich habe sie nicht. Wenn ich zaubern könnte ...“

Westermann dachte: Auch hier fangen die Sätze mit „Wenn“ an.

Pause.

Dann sagte Oberwachtmeister Unruh: „So eine Scheiße!“

Oberstleutnant Mossung rang nach Luft. War ja ganz schön, ab und an mal mit alten Fronthasen zusammenzukommen, aber Manieren? Meine Herren, das ging zu weit!

„Wenn wir nicht mehr können, warum wird dann eigentlich noch weitergekämpft?“ fing Westermann wieder an, als wollte er den Stachel bis auf den Knochen treiben.

Der Oberstleutnant drehte sich ruckartig um und sah ihn böse an. „Vielleicht kann Ihnen diese Frage das Führerhauptquartier beantworten, mein Lieber. Wir tun hier alle nur unsere Pflicht, wir gehorchen, verstehen Sie, alles andere darf nicht unsere Sorge sein.“

Pause.

Er drehte sich wieder nach vorn und starrte durch die Windschutzscheibe.

Westermann schwieg.

„Im übrigen bin ich erstaunt zu hören, daß die Front sich über diese Frage den Kopf zerbricht, sehr erstaunt, mein Lieber.“

„Das Denken läßt sich weder befehlen noch verbieten, Herr Oberstleutnant“, erwiderte Westermann.

Als sie vor dem Hauptkommando aus dem Wagen gestiegen waren und durch das Tor schritten, hielt der Oberstleutnant Mossung den Hauptmann einen Augenblick zurück.

„Wie konnten Sie ein derartiges Thema vor dem Kraftfahrer diskutieren?“

„An der Front haben wir keine Geheimnisse vor den Männern.“

„Sie sind hier nicht an der Front, Hauptmann Westermann.“

Der Hauptmann hob die Hand an die Mütze. „Ich merke es, Herr Oberstleutnant.“

Wie verabredet trafen sie sich täglich zur gleichen Zeit vor dem Pillauer Bahnhof. Vierundzwanzig Stunden hindurch herrschte hier ein lebhaftes Kommen und Gegen. Zahlreiche Vorortzüge trafen ein, die Tausende alter Männer und junger Burschen von den Arbeitsstellen des neuen Festungssystems zurückbrachten. Dieses System hatte man erst vor kurzem neu erkundet. Da man die Arbeitsdienstkompanien im eigentlichen Frontbereich benötigte, hatte man für den Bau der Infanterie- und Panzergräben vor der Stadt eilig Baubataillone zusammengestellt, die man aus den ältesten und jüngsten Einwohnern rekrutierte. Obwohl jeden Tag kranke und erschöpfte alte Leute nach Hause geschickt werden mußten, erhob sich kein Fluch in der Stadt. Die Stadtkommandantur mobilisierte auch die Frauen für die durchgehend geöffnete Bahnhofsmission, die sich um Kranke und Verwundete kümmerten und Tee und Gerstenkaffee ausschenkten. Dreimal am Tag versorgten sie Reisende mit dünner Suppe aus Erbswurst.

Der Ortsgruppenleiter unterstützte Westermann bei der Aufstellung einer Eisenbahner- und Arbeitsdienstkolonne, die die Ratsch-Bumm-Kanonen aus Ponarth und vom Rosenauer Schlacht- und Viehhof heranschafften und auf offene Güterwagen verluden. Waren mehrere Wagen vollgeladen, befahl Westermann den Abtransport nach Insterburg, wo die Pferde des Regiments bereitstanden, um die Kanonen in die neuen Feuerstellungen zu fahren.

Westermann und Unruh hatten sich in einer kleinen Pension nahe dem Wehrkreisverwaltungsamt einquartiert. Vom Wehrkreisamt aus konnte er jeden Tag mit dem Regiment telefonieren und den Adjutanten über die Transporte unterrichten. Das Wehrkreisamt unterhielt von der Wilhelmstraße über die Königstraße, den Roßgärter Markt, das Schloß, den Pillauer Bahnhof, den Steindamm, die Universität und über die Wrangelstraße zurück zum Wehrkreisverwaltungsamt einen Omnibus-Kreisverkehr, der Westermann und Unruh erlaubte, den Volkswagen auf dem Parkplatz des Amtes stehen zu lassen und Benzin zu sparen.

Die Geschäftigkeit, mit der die verdunkelte Stadt sich auf die regnerische Nacht vorbereitete, klang gedämpft durch die Straßen. Es schien, als zögerten selbst die Kraftwagen, sich laut zu Wort zu melden. Sie hupten mit verhaltener Stimme wie gedämpfte Trompeten. Angestellte der rückwärtigen Kriegsmaschinerie und Mädchen aus den großen Munitionsfabriken hasteten nach Hause. Durchreisende Fronturlauber, die nicht wußten, was sie bis zum nächsten Frontzug mit ihrer Zeit anfangen sollten, saßen gelangweilt in den Cafés, zerteilten klebrigen Kuchen aus Roggenmehl und tranken den erbärmlichen Kriegskaffee, der nach gefärbtem Wasser schmeckte. Soldaten in viel zu weiten Wintermänteln trieben sich auf den Bürgersteigen herum und fragten nach einem Bordell. Obwohl sie erst wenige Tage in der Stadt waren, sehnten sie sich zurück nach der Unruhe der Front. Sie wußten sehr wohl, wie frivol, wie unsinnig ihre Sehnsucht war. Aber die Gedanken und die Träume dieser Stadt lagen bergschwer auf den Dächern und den Straßen, und viele Menschen gingen gebückt, als wäre die Pest unter ihnen. Andere aber lächelten, als hätten sie sich schon längst an diese schweren Träume gewöhnt, und sie winkten einander zu, wenn sie sich an ihrer Art und Weise erkannten, mit diesen letzten Kriegstagen fertig zu werden. „Wir werden es schaffen, Kumpel."

Endlich hatten sie die richtige Haustür gefunden. Westermann klingelte. Sie mußten einige Minuten warten.

Eine Gruppe junger Burschen zog mit ihren Mädchen vorüber. Jene Typen, die sich in den letzten Monaten ganz schön mit dem Krieg angefreundet hatten, weil er ihnen alle Freiheiten gab und erlaubte, zu organisieren. Organisieren war zum Wort der Wintersaison geworden. Organisieren war eine anregende Beschäftigung, so vieles ließ sich organisieren. Essen. Trinken. Winterkleidung. Brennholz. Briketts. Zigaretten. Zahnpasta. Parfüm. Seife.

Nach kurzem Warten wurde ihnen geöffnet. Sie trampelten die Nässe von den Füßen. Keiner von ihnen wußte im Augenblick etwas Vernünftiges zu sagen. Die junge Dame sah den dicken Oberwachtmeister an und dann Westermann. Sie lächelte verlegen.

„Man muß vorsichtig sein, es treiben sich jetzt so viele Fremdarbeiter herum. In den Hausfluren werden Frauen überfallen." Sie zog die Schultern hoch. „Es ist kalt . . . wollen wir nicht gehen?"

„Verzeihen Sie, ich heiße Westermann. Meine Freunde nennen mich Westie."

„Ich bin Marion . . . machen Sie doch wenigstens die Tür zu . . . ich habe Sie gleich erkannt. Sie sehen Ihrem Bruder sehr ähnlich. Und das ist sicher Ihr Oberwachtmeister Unruh. Guten Abend."

„Guten Abend“, sagte Unruh.

„Bitte kommen Sie, wir wohnen im zweiten Stock.“

Marion ging voran. Sie hatte einen Gazellengang. Ihr braunes Haar bedeckte den Hals und den Ansatz der Schultern. Sie ging aufrecht die Stufen hinauf, und bei jedem Schritt spannte sich der Stoff über ihren Hüften. Die Männer betrachteten sie wie ein kleines Wunder. Tatsächlich, eine junge, wohlgeformte Frau. Marion fühlte sich beobachtet. „Ihr Bruder ist schon da“, sagte sie. „Er hat sich nur noch für einen Augenblick hingelegt. Er freute sich sehr auf diesen Abend. Er genießt jeden Tag, den Sie da sind.“ Sie machte eine kleine Atempause. „Ich glaube, Sie sind sein Lieblingsbruder, nicht wahr?“

Sie blieben einen Augenblick auf dem Korridor stehen. Von der abgeschirmten Flurlampe spiegelte trübes Licht über ihre Gesichter.

„Ich hoffe, Sie verzeihen mir, wenn ich Ihre Ansicht korrigiere“, antwortete Westermann, „wir sind drei Brüder und keiner wird weniger geliebt als der andere. Wenn der Älteste von uns dreien noch hier wäre . . .“

„Ach du meine Güte, ich muß mich jetzt erst mal bei zweien zurechtfinden. Sie sind also bei der Artillerie . . . Ihr jüngerer Bruder . . .“

„. . . wartet oben auf uns und der älteste ist bei der Infanterie. Übrigens liegt sein Regiment ganz in meiner Nähe.“

„Artillerie, Infanterie und Flieger, eine zeitgemäße Familie.“

Sie hatte schon die Tür zum Wohnzimmer geöffnet und stellte Westermann und Unruh den anderen Gästen vor. Der Raum, der sie aufnahm, wirkte durch die matte Beleuchtung noch größer. Man mußte auf die Luftschutzbestimmungen Rücksicht nehmen. Die Luft hatte schon jetzt eine bedrükkende Dichte. Unter den Schirmen der bronzenen Wandlampen spielten Rauchschwaden. An zwei Wänden des Raumes standen tiefe, gepolsterte Bänke mit blauem Plüsch überzogen. Vor den Bänken kleine Tische, deren Platten aus Messing geschmiedet waren, Gebäck und Zigaretten.

„Meine Eltern haben die Tische aus Indonesien mitgebracht", sagte Marion, als sie bemerkte, daß Westermann einen Augenblick lang stehen blieb, um sie zu betrachten. „Wenn es Sie interessiert, werde ich Ihnen später etwas von unserer Teeplantage erzählen."

„Sie könnten uns eigentlich gleich erlösen", sagte Westermann etwas unbeholfen. „Ich hoffe, Sie haben sich darüber den Kopf zerbrochen, wo Sie uns heute abend hinstecken werden."

„Ich wollte Sie gerade in die vorderste Linie stecken."

„Dann werde ich mir ein stilles Deckungsloch suchen . . . Unruh, erkunden Sie mal dort die Ecke."

„Wir werden nachher tanzen."

„Oh, ich dachte, das wäre verboten." Westermann sah sie erstaunt an. Sie schien es nicht zu bemerken. Vielleicht schaute sie auch absichtlich fort. Er sah ihr Profil, und es gefiel ihm: ihre Stirn, die durch die braunen Ponyhaare sehr niedrig wirkte, ihre geschwungene Nase, die ihn an die Nase des Adjutanten erinnerte, und ihr halb energisches, halb unentschlossenes Kinn.

„Nun geben Sie bitte keine Befehle." Sie unterbrach sich einen Augenblick. „Herr Westermann, ich darf Sie mit Monsieur Bardou bekanntmachen . . . Monsieur, Herr Westermann wird Ihnen hinterher sicher gern zur Verfügung stehen . . . Sie suchen meine Schwester . . . leider ist sie noch gar nicht da. Ich nehme aber an, sie wird jeden Augenblick von ihrer Schneiderin zurückkommen. Bitte, nehmen Sie doch Platz, rauchen Sie eine Zigarette?"

„Ja, danke!"

„Overstolz oder Nil?"

Westermann fühlte sich seit langen Monaten wieder einmal wohl. Dieser Raum erinnerte ihn an das Wohnzimmer seiner Eltern, das er nur mit Hausschuhen betreten durfte. Einen Augenblick lang dachte er an sein Zuhause, an die schon so weit zurückliegende Schulzeit, an sein kleines Arbeitszimmer, an den Schrank voller Werkzeuge, Drähte, Schrauben, Meßgeräte und Reagenzgläser. „Wollen wir uns nicht noch ein paar Minuten hinsetzen?“ schlug Marion vor. „Ihr Bruder wird sicher gleich fertig sein.“

Westermann ging zum Regal und nahm wahllos ein Buch heraus. Ostpreußen war für ihn seit der Volksschulzeit das Land der Geschichten, der Erzählungen, der Gedichte, der Romane, der Balladen. Hier in Königsberg wurde Agnes Miegel geboren. Der alte Herr in Elchenaue hatte seine ganze Bibliothek im Gutshaus zurückgelassen. Hatte er sich Zeit genommen zu schmökern? Wie lange hatte er schon kein Buch gelesen? Er schrak aus seinen Träumen auf, als er Marion hörte.

„Ich habe ein bißchen Klatsch erzählt“, sagte Marion.

„Wie war das mit der Gutsfrau?“ wollte Unruh wissen.

„Wer weiß, ob es so war. Heutzutage werden einem die unmöglichsten Dinge aufgetischt. Hören Sie, von sieben Söhnen sind sechs in Frankreich, in Rußland oder auch in Norwegen gefallen. Der siebente und letzte Sohn der Mama sollte daraufhin ‘U. K.’ gestellt werden. Für irgendeinen Posten in der Etappe. Auf Führerbefehl.“

„Sicher, das ist möglich. In Härtefällen . . .“

„Abwarten, die Geschichte geht ganz anders aus. Ich glaube, da kommt schon meine Schwester. Schnell noch den Schluß. Die Frau schreibt persönlich an den Führer, sie habe ihre Söhne nicht für sich, sondern für das Vaterland geboren und sie bäte, ihren siebenten und letzten Sohn da einzusetzen, wo er seine soldatische Pflicht erfüllen könne. Großartig, nicht?“

„Wenn es wahr ist?“ sagte Unruh.

„Aber ich bitte Sie, wie kann so etwas wahr sein!“ Marion ballte ihre Hände zu kleinen Fäusten und sah sich verzweifelt um. „Das sind doch nichts als Rührszenen. Die Wirklichkeit ist doch ganz anders. Da, seht sie euch an, die Männer, sie schwelgen in Illusionen. Was ist denn an diesem Krieg noch populär. Sollen wir Frauen das herrlich finden? Nur ein Trottel kann noch annehmen, daß wir diesen Unsinn gutheißen.“

Pause.

Unruh bekam einen roten Kopf. Sein Gesicht mit den vollen Backen und den kleinen Schweinsäugelchen wurde noch dicker. Man sah ihm die Verlegenheit deutlich an.

Westermann sah sich um. Ihm war unbehaglich. „Sie sind sehr mutig“, sagte er.

„Seien Sie ihr nicht böse“, sprang Monsieur Bardou ein, „sie ist eine ... une rebelle, une rebelle grandiose ... mademoiselle, vous êtes une jeune rebelle, sans doute, vous ne manquerez pas de lui plaire.“

„Sie meinen, jeder Krieg sei Unsinn?“ fragte Westermann.

Sie lächelte ihm zu.

„Wir Frauen lieben die lebendigen Männer, die ganz, ganz lebendigen Männer. Das ist eigentlich schon alles.“ Sie stockte. Der dicke Unruh starrte sie immer noch wie etwas Unwirkliches an.

„Eigentlich?“ sagte Westermann. „Ist das eigentlich schon alles?“

„Vielleicht kommt noch etwas hinzu“, sagte sie leise. „Die einzige Farbe, die ich ungern trage, ist schwarz.“

Unruh zog an seiner dicken Zigarre. „Meine Frau liebt die schwarzen Klamotten auch nicht. Ich durfte zu Hause erst los, nachdem ich geschworen hatte, daß ich heil zurückkomme. Wetten, daß ich meinen Schwur halte?“

„Spaßen Sie doch nicht“, bat Marion.

„Das ist mein heiliger Ernst. So dicke Kugeln, die für mich passen, werden noch nicht gegossen.“

Marion faßte mit beiden Händen ihr volles braunes Haar, hob es nach hinten und ließ es auf die Schultern zurückfallen. „Ich wünsche Ihnen, daß Sie recht haben. Leider sehen die Männer nicht ein, wie dumm sie sind, wenn sie aus der Knallerei eine heilige Angelegenheit machen. Das notwendige Übel akzeptiere ich, wobei sich über die Notwendigkeit noch streiten ließe, aber in dieser Beziehung streiten sich die Männer mit uns Frauen nicht, weil wir Frauen ihnen zu dumm dazu sind."

Auf Westermanns Schultern legten sich zwei schmale, gepflegte Hände. Er sah auf. Hinter ihm stand sein Bruder in der Extrauniform eines Fliegerleutnants. Sein schmaler Kopf paßte zu der sportlichen, lang aufgeschossenen Gestalt. Er war der Typ des jungen Mannes, den der Mythos dieser Zeit kreiert hatte. Das dunkelblonde Haar trug er straff nach hinten gekämmt.

„Ich nehme an", sagte Werner Westermann nach der herzlichen Begrüßung, „daß Marion euch zunächst über den Unsinn des Krieges aufgeklärt hat. Wenn sie dieses Thema erschöpft hat, bleibt eine junge Dame übrig, die ein ganz erhebliches *faible* für wirkliche Soldaten hat."

Marion streckte die Zunge heraus.

„Jedenfalls ein guter Grund, nicht länger trocken herumzusitzen. Wenn es dir unangenehm ist zuzuhören, geh zu Sinx und bitte sie, sich etwas zu beeilen. Sie hat genug gebummelt."

„Liegt eine Beförderung in der Luft?" fragte der Hauptmann.

„Falsch geraten", erwiderte Marion lächelnd. „Leutnant Werner Westermann wurde heute morgen mit dem Ritterkreuz ausgezeichnet. Was sagen Sie nun?"

„Hallo!" Der Hauptmann sprang auf. „Alter Junge, warum trägst du das Ding denn nicht?"

„Der Fliegerhorst bekam die Nachricht erst telegrafisch."

„Habt ihr denn kein EK II im Haus?"

„In diesem blödsinnigen Krieg muß man den Männern noch zum Erfolg gratulieren. Das ist eine Schande“, schrie Marion durch den Lärm. Einer der Gäste brachte ein Eisernes Kreuz an einem schwarz-weiß-roten Band.

Es steht ihm gut, dachte Westermann, er sieht verteufelt gut aus.

„Ich glaube, ich muß mir das überhaupt erst verdienen“, sagte der Jagdflieger.

„Du bist unverbesserlich!“ Marion hob ihr Glas und trank ihm zu.

„Die Fliegerei ist eine wunderbare Sache“, fuhr der Leutnant fort. „Es gibt verteufelt viel zu lernen. Man muß mit den Fingerspitzen fliegen können. Vorerst fliege ich noch mit den ganzen Händen.“

„Du willst also später dabeibleiben?“

„Ja, auf jeden Fall. Die Welt ist oben viel schöner als hier unten.“ Er sah Marion an, die gerade neuen Wein einschenkte. „Wenn man euch Frauen mit hinaufnehmen könnte, käme ich gar nicht mehr herunter.“

Die Freude machte ihn gesprächig. „Sie bauen jetzt ganz tolle Apparate, Kurzwellensender, Radar, mit denen man nachts jedes Haus erkennen kann. Und natürlich auch jeden feindlichen Flieger. Oberst Rudel spricht von Düsentriebwerken, die unsere Maschinen schneller machen werden als jedes feindliche Flugzeug. Wir sind wieder im Kommen. Von der Luftwaffe könnt ihr noch vieles erwarten. Lernen, ich muß noch unendlich viel lernen. Richtig das Ziel anfliegen ist eine Kunst. Von der richtigen Seite kommen, die Nerven behalten, im richtigen Augenblick losschießen, es hängt von tausend Kleinigkeiten ab, das alles muß man lernen. Aber ich fürchte, mein Leben wird nicht ausreichen, um all das zu lernen.“

„Herzlichen Glückwunsch“, sagte der ältere Bruder. Er trank ihm zu.

„Ich trinke mit“, rief Marion, „und zwar auf die längste Rede, die du je gehalten hast.“

„Ich komme nach. Ich habe heute nur ein paar Stunden Urlaub, ich gehöre zur Bereitschaft. Aber morgen abend bin ich frei. Ich schlage vor, morgen abend treffen wir uns wieder, und dann trinke ich mit.“ Er machte eine Pause. „Vor allem natürlich auf das Wohl der Fliegerei.“

„Ich dachte, du hättest ein paar Tage Urlaub“, sagte Hauptmann Westermann.

„Sicher, aber weißt du, mein Chef bekam ein Telegramm. Er ist Vater geworden, und da bin ich natürlich zurückgetreten. Macht ja nichts, ob ich nun heute in Urlaub gehe oder in der nächsten Woche. Also, nicht böse sein, ich darf nicht mittrinken. Wenn unsere Stadt angeflogen wird, muß ich sofort zum Fliegerhorst, als Reserve, weißt du. Ganz harmlos, als Reserve wird man nie gebraucht. Es ist nur so, für alle Fälle, na, du verstehst es ja.“

„Unruh, wir trinken auf das Wohl und die heilen Knochen der Luftwaffe.“

Und dann war plötzlich Sinx im Zimmer.

„Sieht sie nicht bezaubernd aus?“ rief Marion. „Grün steht dir blendend!“

„Bon soir“, sagte Monsieur Bardou galant. Sinx begrüßte unbefangen ihre Gäste.

Sinx war die jüngere Schwester Marions, beide glichen sich nur wenig. Sie waren beide gleich groß, aber Sinx erschien kleiner, da sie schmaler war als Marion. Ihre ungewöhnlich hellen Augen lagen dicht unter den schräg geschnittenen Augenbrauen. Ihre zierliche, ein wenig kurze Nase endete in einem neugierigen Bogen. Sie trug ihr Haar glatt nach oben gekämmt und in einem Büschel zusammen gebunden. Mit einer liebenswürdigen Offenheit gab sie zu erkennen, daß sie in den Leutnant verliebt war.

Die Geschwister stammten aus einer alten Pflanzerfamilie. Ihre Mutter hatte als einzige Tochter einer rein holländischen Familie die ansehnliche Teeplantage in Indonesien geerbt und schon kurze Zeit darauf einen deutschen Kaufmann geheiratet, der, von Königsberg kommend, dort unten Geschäfte abschließen mußte. Sie blieben einige Jahre auf der Plantage, um dann aus klimatischen Gründen endgültig nach Königsberg überzusiedeln. Aber schon diese wenigen Jahre hatten genügt, die Gesundheit des Mannes zu ruinieren. Er starb nach qualvollen Monaten und hinterließ außer einer erstaunlich hilflosen Frau zwei reizende Kinder, die von ihrem Vater noch keine rechte Vorstellung hatten. Ihre Mutter vergrub sich mehr und mehr in ihrer Wohnung. Sie pflegte sich unsinnige Fragen über den Zweck ihrer Existenz zu stellen, und als die Gesellschaft sich von ihr zu distanzieren begann, dachte sie sich in die Freude einer mit verächtlichem Lächeln ertragenen Selbsterlösung hinein.

Kurz vor Ausbruch des Krieges verunglückte sie schwer auf einer Autofahrt nach Elbing. Obwohl sie die Gehirnerschütterung und einen komplizierten Oberschenkelbruch überraschend gut überstand, steigerten sich ihre Wahnträume von Woche zu Woche, bis sie schließlich eine Überdosis von Schlaftabletten zu sich nahm. Die beiden Töchter fanden sie an einem Morgen mit dem gleichen verächtlichen Lächeln auf den Linien ihres immer noch schönen Gesichtes, mit dem sie über den Sinn ihres Lebens und das Leben überhaupt nachgegrübelt hatte.

„Trinken Sie einen Martell?“ fragte Marion, „oder lieber etwas Süßes?“

„Martell, bitte.“

„Das Leben in dieser Stadt ist schon verrückt.“ Sie schob das gefüllte Glas zu Westermann hin. „Es gibt hier so ein paar Gespenster, die uns eine düstere Zukunft prophezeien, sie laufen überall herum, machen ein trauriges Gesicht und heben warnend ihre Zeigefinger.“

„Und die Leute fallen darauf herein und beginnen, ihre letzten Tage zu genießen."

„Ja, sie tauschen ihren Schmuck und ihre Kleider gegen Alkohol", meinte Marion. „Die Stimmung erinnert mich immer an den Tanz auf dem Vulkan."

Westermann nahm eine neue Zigarette und zündete sie an. „Wir wußten nichts davon. Bei uns in Elchenaue ist die Welt mit Brettern vernagelt. Aber nun spüre ich es selbst."

„Ja, und unwillkürlich macht alles mit."

„Es ist gefährlich, sich so treiben zu lassen, aber der Krieg dauert für die Leute schon zu lange. Nun findet man sich mit dem notwendigen Übel ab und macht daraus einen erträglichen Alltag."

„Und was machen Sie daraus?"

„Der Soldat lebt in einer Formation, die ihm das Denken abnimmt, die ihn Tag und Nacht beschäftigt, die ihn ausfüllt. In dem Augenblick, in dem er auf den Gedanken kommen könnte, sich mal mit sich selbst zu beschäftigen, in dem Moment erreicht ihn schon ein neuer Befehl, der ihn wieder nicht zur Besinnung kommen läßt. Die Heimat, zum Beispiel, könnte durchaus eines Tages meckern, die Leute haben einen engeren und vielseitigeren Kontakt, sie könnten sich unauffällig zusammenrotten oder sogar verschwören. Uns Soldaten bleibt kaum die notwendige Zeit, die Befehle auszuführen."

Einer der Gäste hatte das Radio eingeschaltet. Der Soldatensender „Ursula" meldete sich mit einem Schlagerprogramm.

„Ich glaube nicht, daß es jetzt noch in der Heimat eine Verschwörung gibt. Das Attentat im Hauptquartier mißlang zu gründlich."

„Hoffentlich enttäuscht es Sie nicht zu sehr, wenn ich Ihnen sage, es war gut, daß es mißlang . . .", antwortete Westermann, aber er wurde heftig unterbrochen.

„Halt, halt, sagen Sie doch nicht so etwas Dummes, das ist doch grausam, was Sie da sagen. Nein, es wäre ein Segen gewesen, wenn die Männer Erfolg gehabt hätten, ein Segen!" Marion war schrecklich aufgeregt und hämmerte mit den Fäusten auf dem ledernen Sesselbezug herum.

„Sie sind sehr unvorsichtig! Halten Sie die Leute hier alle für zuverlässig genug, um mit solchen Ansichten herauszuplatzen?" fragte Westermann.

„Wir sprechen jeden Tag davon."

„Ich bin mit dem Ortsgruppenleiter von Elchenaue hierhergekommen", fuhr Westermann fort, „es kann sein, daß er mich abholt. Wir sollten uns hüten, in seiner Gegenwart über Stauffenberg zu sprechen."

„Wenn er kommt. Und wenn er . . ."

„Es hat nicht viel Zweck, jetzt darüber zu streiten, zumal ich Wenn-Sätze nicht liebe. Sie sind zu heimtückisch. Was heißt das denn schon, 'wenn die Männer Erfolg gehabt hätten'. Solche Versuche, die . . . wie heißt es doch . . . ach ja, die Vorsehung zu korrigieren, können nur anerkannt werden, wenn sie Erfolg haben. Hat ein Verschwörer Erfolg und werden die Auswirkungen seiner erfolgreichen Verschwörung ebenfalls zu Erfolgen, so ist er ein Held. Hat er den Erfolg nicht, so ist er ein lächerlicher Verräter, den die Geschichte an einem Haken aufhängt. Das ist doch ganz einfach. Was soll denn da noch ein 'Wenn'. Wenn . . . wenn . . . wenn . . . Warum müssen wir diesen Abend mit lauter 'Wenns' vertun?"

„Sie sind Soldat und denken da sehr unkompliziert, doch so einfach ist es nicht."

„Fein, Sie sind kein Soldat", antwortete Westermann, „verraten Sie mir nun auch die Quintessenz Ihrer Überlegungen?"

„Ich finde, wir Deutschen haben zu wenig Zivilcourage, und diesen Mangel muß man immer teuer bezahlen."

„Sie sind ein kluges Ungeheuer. Aber was machen wir dagegen?" fragte Westermann spöttisch.

Marion nahm den Strohhalm aus dem Glas, tippte das eine Ende gegen ihre Zungenspitze und blies dann eine unsichtbare Wolke in die Luft. „So wie ich uns kenne, werden wir einfach bezahlen", sagte sie langsam.

Nach einer kurzen Pause warf sie plötzlich den Strohhalm auf den Tisch und sprang auf. „Das ist ja alles Unsinn, wollen wir nicht lieber tanzen?" Sie streckte ihm ihre Hände entgegen.

„Nehmen Sie die Reitstiefel in Kauf?"

„Natürlich!"

„Ich werde Sie davon nichts merken lassen."

„Wer ist eigentlich dieser Franzose?" fragte Westermann, während sie einen Slowfox tanzten.

„Er genießt den Schutz unseres Hauses, falls Sie auf den Gedanken kommen sollten, in ihm einen gefährlichen Widerstandsmann zu sehen."

Als die letzten Akkorde der Musik verklangen, blieben sie auf der kleinen Tanzfläche stehen und sahen unwillkürlich zu Monsieur Bardou hin.

„Er und mein Vater waren befreundet, seit der Zeit nach dem Ersten Weltkrieg. Herr Bardou liebt Deutschland und kam jedes Jahr her. Als mein Vater noch lebte, war er der technische Direktor einer Lyoner Seidenspinnerei. Heute ist er, glaube ich, ein kleiner Textilkönig. Nebenbei beschäftigt er sich sein Leben lang mit politischen Analysen der europäischen Entwicklung. Ich habe leider keine Ahnung davon. Er kam im Sommer hierher, um seinen Sohn zu beaufsichtigen."

„Im Sommer?"

„Ja, bevor die Invasion begann."

„Was macht der Sohn denn hier?" fragte Westermann. Er neigte seinen langen Schädel mit dem glatten Haar vor, um die Sprecherin besser verstehen zu können. Der Lärm in den beiden Zimmern hatte zugenommen.

„Der junge Bardou wurde eines Tages dienstverpflichtet. Die Beziehungen des Alten hätten vielleicht ausgereicht, um ihm diese Dienstverpflichtungen zu ersparen, doch das wollte er nicht. Der junge Mann sollte sich mit unserer Arbeitsweise vertraut machen. Die französische genügte ihm anscheinend nicht. Seitdem kommt der Papa von Zeit zu Zeit hierher, um nach dem Rechten zu sehen."

„Ich finde, die Franzosen sind eine Landplage geworden."

Die Tanzmusik wurde unterbrochen. Der Sprecher des Rundfunks meldete sich mit dem Nachrichtendienst.

„Sie sind dienstverpflichtet, also gebetene Gäste", sagte sie.

„Ich mache jetzt für fünf Minuten das Licht aus, damit wir mal die Fenster aufmachen können."

Sie schob die Verdunkelungsvorhänge hoch und öffnete beide Fensterflügel. Man sah nichts von der Stadt. Der Himmel war eine einzige dunkle Masse. Alle schwiegen, als warteten sie auf ein Zeichen aus der Nacht. Irgendwo im Zimmer glühte eine Zigarette.

„Eh bien, ich dachte es mir", antwortete eine fröhliche Stimme, „ich bringe Ihnen die Idee später aus Frankreich her, Sie werden sie wiedererkennen." Nach einer kleinen Pause sagte die gleiche Stimme: „Oh!"

Draußen über den Dächern ertönte erst leise, dann durchdringend eine Luftschutzsirene. Man verstand kein Wort von dem, was der Franzose in den Lärm hineinschrie, aber unwillkürlich verspürte man eine Lust, mitzuschreien und sich diesem brüllenden Ungeheuer entgegenzuwerfen. Und dann war es wieder still.

Sinx ging quer durch das Zimmer und schloß das Fenster. Sie zog erregt den Verdunkelungsbogen von einer quietschenden Rolle und streifte den Vorhang darüber. Betreten standen sie herum und warteten auf das Licht. Sinx kam vom Fenster zurück auf die Tische zu, man hörte sie nach etwas tasten, was sie nicht sogleich zu finden schien, dann sagte sie fast böse: „Na!"

Eine Stehlampe brannte plötzlich.

„Gottlob", murmelte Sinx. Sie bemühte sich, ihre Ruhe wiederzufinden. „Steht doch bitte nicht so herum! Werner, komm, biete Zigaretten an, es ist doch noch alles da." Sie lächelte den Leutnant an. „Nicht wahr, ihr bleibt doch noch? Die Sirene klingt hier immer so nah und gefährlich, die Männer haben sie auf dem Dach der Schule nebenan aufgestellt. Es ist eigentlich ganz harmlos, sie kommen ja doch nicht bis hierher, das meinst du doch auch, Werner?"

„Ich verstehe leider gar nichts von solchen Luftangriffen", antwortete der Fliegerleutnant.

Sinx wußte noch nicht, was es war, aber sie spürte etwas Fremdes. Ihre Ungewißheit beunruhigte sie so sehr, daß sie das Maß der freudigen Erregung zu übersteigern suchte, als könne sie damit ihre eigene Sicherheit zurückgewinnen.

Der Leutnant bot ihr eine Zigarette an.

„Danke", sagte Sinx, „ich möchte jetzt nicht rauchen."

„Was möchtest du denn?"

„Ich bin schrecklich froh, daß du da bist . . . und daß du . . . du bist. Weißt du, es ist ganz einfach, ich möchte dir um den Hals fallen", antwortete sie.

„Tue es!"

„Natürlich die Gäste! Ich kenne eine ganze Menge Leutnants, die sind bereit, mir um den Hals zu fallen, vor den Gästen."

Der Leutnant beugte sich vor, so daß er ihr ins Haar flüstern konnte.

„Ich bin ganz zufrieden, daß du dennoch darauf wartest, bis ausgerechnet ich es tue."

Sinx fuhr mit ihrer Hand ganz sanft über seine Ohrmuschel. „Was seid ihr Männer so herrlich eingebildet! Kaum fühlt ihr ein bißchen Sympathie, schon schwillt eure Brust vor Stolz!“

Sie lachte ihm ins Gesicht aus Freude über diese Entdekkung. „Du meine Güte, ich glaube, ich mag auch das an dir.“

Sie zog die Stirn zusammen, bis sich über ihrer Nasenwurzel eine kleine schmale Falte bildete.

„Daß ihr Männer im Kriege nur immer an den Krieg denkt . . . Und wenn du einmal die Uniform ausgezogen hast, wirst du immer nur an deine Arbeit denken. Muß man sich als Frau daran gewöhnen, daß man den Mann zu teilen hat, mit seinem Beruf, mit seinem Dienst oder auch mit seinem Ehrgeiz, etwas im Leben zu erreichen?“

„Ich glaube, das ist so“, sagte der Leutnant sanft.

„Ach . . . und damit gebt ihr euch dann zufrieden, nicht wahr, damit ist das Problem für euch gelöst.“

Er machte ein ganz ernstes Gesicht und steckte sich dann, etwas unsicher lächelnd, eine Zigarette an. Er hielt ihr das brennende Feuerzeug hin, und sie blies gehorsam die Flamme aus.

„Und wir Frauen sind so dumm, uns vierundzwanzig Stunden am Tag mit euch zu beschäftigen.“

„Du schaust mich an wie eine grünäugige Katze. Warum? Es liegt eben in der Natur der Frau. Ziemlich beruhigend für uns, findest du nicht auch?“

Ihr kam in den Sinn, daß er in der hereinbrechenden Nacht wahrscheinlich noch auf den Flugplatz mußte. „Ich möchte tanzen“, sagte sie, „für dich tanzen, daß du selbst dann an mich denkst, wenn du mit deinem Flugzeug oben im Himmel herumturnst!“

„Im Himmel denke ich sicher nur an dich“, scherzte der Leutnant.

Die Ausgelassenheit hatte zugenommen, an den Tischen wurde gelacht und geschrien. Monsieur Bardou stand mitten im Raum und stampfte mit den Füßen vor Vergnügen. Sein

Kopf war knallrot angelaufen, und eine weiße Haarsträhne hüpfte im Takt mit.

„Ich will, daß du mich nie vergißt, hörst du, auch in deinem Flugzeug nicht."

„Keine Angst, Sinx."

„Ich habe aber Angst, Werner."

„Wovor?" fragte der Leutnant.

Sie preßte die Hände zusammen, löste sie wieder und faßte dann sehr sanft die Aufschläge seiner Rocktaschen an. „Nichts", antwortete Sinx, „gar nichts. Ihr Männer könnt das schlecht beurteilen." Sie machte eine Pause. „Darin seid ihr wie die kleinen Kinder! . . . Du entschuldigst mich jetzt bitte fünf Minuten."

Lächelnd drehte sie sich um und ging hinaus.

Im Baderaum war es warm. Der hohe, fast bis an die Decke reichende Kachelofen ließ sich gut mit Holz heizen, und Holz war immer noch zu haben. Es roch nach Seife und Badesalz. Monsieur Bardou hatte beides aus Lyon mitgebracht.

Sie öffnete den Reißverschluß über der linken Hüfte, bückte sich und faßte mit beiden Händen den unteren Rocksaum an. Dann zog sie das Kleid mit gekreuzten Armen über den Kopf. Aus dem Wohnzimmer klang Lachen und Gesang. Vielleicht haben sie jetzt den Krieg vergessen, dachte sie, diesen Krieg, den ich hasse. Ich kenne die Welt noch gar nicht, und vielleicht wird der Krieg auch unsere Zukunft stehlen.

Sie streifte das hellgrüne Unterkleid ab und löste die Strümpfe. Eine vorwitzige Strähne, die über die Augen gefallen war, blies sie mit vorgestülpter Unterlippe wieder auf die Stirn zurück. Sie schob die Träger von den Schultern und ließ das weiße Seidenhemd zu Boden fallen. Dann trat sie näher an den Spiegel heran und betrachtete ihre Brüste. Ob er es schön fände, überlegte sie, mich jetzt in den Arm zu nehmen? Was findet ein Mann eigentlich an einer Frau so schön? Sicher weiß er es ... Immer nur von Flugzeugen zu reden und von der Blindflugschule, von den Männern in der Staffel und von toll spannenden Angriffen. Du dummer Mann! Du könntest mich doch in die Arme nehmen ... sag doch ja ... Oder willst du dir das für später aufheben? Später, wie ich das hasse! Dreimal, zehnmal, hundertmal am Tage sagst du später ... Wann ist das, später?

Sie tastete mit den Fingerspitzen über ihre Oberschenkel. Ihre Haut zitterte. Bis zu den Knien hinab spürte sie eine ungewohnte Spannung. Später ... das ist feige, sagte sie leise, später ist ganz feige. Ich habe keine Ahnung vom Krieg, ich ahne nicht, was ihr da alles macht und worum es euch geht. Ich ahne nur, daß Später-Sagen ... hm ... später ist doch gar nichts. Später können wir alle erledigt sein, sagen die Menschen da draußen. Himmel ... vielleicht sind wir später gar nicht mehr da! Was dann? Sie legte ihre Hände auf beide Brüste, und plötzlich war in ihr der Wunsch, die Türe möchte sich öffnen, der Wunsch, ihm zu sagen, daß sie nur an ihn dachte, und daß sie auf ihn wartete. Aber sie hörte nur den Lärm, der über den Flur bis ins Bad drang.

Nichts.

Keine Schritte näherten sich der Tür.

Habe ich denn überhaupt abgeschlossen? Sie wandte sich aufgeregt vom Spiegel ab. Die Türklinke gab nach. Die Tür ließ sich öffnen.

Ich habe Werner gesagt, daß ich mich umziehen werde. Schon vor einer ganzen Weile habe ich ihm das gesagt. Vielleicht kommt er auf den Gedanken, mich zu suchen.

Sie hielt den Schlüssel schon in der Hand. Dann ging sie, ohne ihn umgedreht zu haben, wieder zum Spiegel. Ich benehme mich wie ein Kind, sagte sie zu sich ... Sie stellte sich in die Badewanne und richtete die Dusche auf lauwarm. Sie liebte es, sich reichlich einzuseifen und ihren Körper mit einer schäumenden Hülle einzukleiden, bevor sie sich unter das Strahlenbündel stellte, blitzschnell den Kopf nach allen Seiten drehend, um das Haar trocken zu behalten. Schließlich sprang sie aus der Wanne, griff nach dem Badetuch, begann sich zu frottieren und stellte sich wieder vor den Spiegel.

Eigentlich brauchte ich . . . gar nichts anzuziehen, dachte sie. Ich tanze den Tanz der Undine. Schluß! Ich bin ja völlig verrückt . . . aber schließlich würde ich ihm doch gefallen. Vielleicht. Sie hatte gerade die Schnalle des Rockes geschlossen, als es klopfte.

„Ja“, sagte sie, während ihr Herz zu hämmern begann.

„Wo bleibst du eigentlich?“ fragte Werner. „Wir warten auf dich.“

Draußen entfernten sich Schritte, eine Tür wurde geöffnet, der Lärm vervielfachte sich, bis die Tür wieder geschlossen war.

„Na, ja“, sagte sie, „später.“

Mitten im Tanz klingelte das Telefon. Am anderen Ende des Drahtes meldete sich der wachhabende Offizier vom Fliegerhorst.

„Ist dort Leutnant Westermann?“

„Ja, am Apparat.“

„Sie werden gebraucht, mein Lieber, tut mir leid für Sie“, schnarrte es in der Hörmuschel. „Dringend . . . Kommentar später.“

„Ich bin gleich draußen“, antwortete der Fliegerleutnant. Nachdenklich hielt er den Hörer ein Stück über der Gabel. Die schnarrende Stimme meldete sich nochmals. Er ließ den Hörer fallen.

Sinx stand erstarrt neben ihm.

„Ich hatte mich so darauf gefreut, daß du mich wenigstens einmal . . .“

„Was ist denn los, Werner?“ fragte Marion.

„Ich nehme an, daß sich über Ostpreußen ein paar englische Aufklärer befinden."

„Was hat das mit dir zu tun?"

„Ein Alarm. Machen wir immer in solchen Fällen."

„Und unser Abend?"

„Später, Sinx."

Westermann half seinem jüngeren Bruder in den Pelzmantel. „Ich gebe dir meine Karo Zehn mit, ich brauche sie nicht."

„Danke, alter Junge. Auf morgen nachmittag. Selbst wenn du die Geschütze bekommst, wirst du ja so schnell nicht abhauen."

„Gemacht . . . Und nun Glück ab!"

Schon in der Tür stehend küßte der Leutnant der barfüßigen Tänzerin die Hand.

11

Hauptkampflinie Rominte.

In der Nähe des rückwärtigen Ufers lag das gemeinsame Deckungsloch der Artilleristen. Die Holzumrahmung war hier höher, so daß man einigermaßen bequem unter der Zeltbahn sitzen konnte. Den Untergrund hatten die Funker mit Schilfhalmen ausgepolstert.

„Von Schlaf keine Rede", schimpfte Unteroffizier Lohmann und fuhr sich mit den Händen durch das wirre Haar. „Habt ihr Verbindung zur Batterie?"

„Um neun Uhr Verbindung gehabt, Herr Unteroffizier, werde gleich um halb zehn Uhr wieder rufen."

„Bin mal gespannt, ob die Lorbasse heute Post mitbringen . . . neugierig, ob meine Frau endlich geschrieben hat. Es stellt sich ja kein Mensch vor, wie es hier wirklich ist."

In der gleichen Nacht, in der Königsberg einen neuen großen Bombenangriff erleben sollte, begann auf der Insel um zweiundzwanzig Uhr das Unternehmen „Einwecken“. Der Bombenangriff auf die Stadt dauerte etwa zwei Stunden, das Unternehmen „Einwecken“ war erst am frühen Morgen abgeschlossen. Beide endeten mit einer Katastrophe.

Die Insel lag seit den frühen Abendstunden schweigend im Dunkel. Sanfte Nebel zogen über dem Wasser hin, das sich nun bald mit einer Eisschicht überziehen würde. Es hatte aufgehört zu schneien.

Die Infanteristen wagten sich aus ihren Löchern, um die steifen Knochen zu bewegen und sich warmzutreten. Seit sie auf diesen erbärmlichen Flecken Erde gekommen waren, hatten sie geschuftet wie die Pferde. Tief konnte man sich nicht eingraben. So sahen sie sich gezwungen, die flachen Deckungslöcher mit Holzbalken zu umrahmen, die sie von außen mit Erde bewarfen und mit Grasplacken abdeckten. Darüber spannten sie Zeltbahnen, um sich den Schnee und die Kälte vom Leibe zu halten. Ein barbarisches Winterquartier, das sie alle fünf Minuten verfluchten. Vom Gegner war nichts zu sehen.

Er gähnte und schüttelte sich vor Kälte.

„Wenn ich nicht wüßte, daß das heute zu Ende ist, würde ich losschreien . . . Bin mit den Nieren fertig“, sagte der eine Funker.

„Ohne Ablösung hält das hier kein Schwein aus“, brummte sein Kumpel.

„Deine Nieren sind völlig unwichtig“, sagte Lohmann. „Außerdem haben bei so jungen Bürschchen, wie du eins bist, die Nieren zu funktionieren.“

„Tun sie leider nicht. Alle fünf Minuten muß ich jetzt raus, das macht einen kaputt.“

„Das ist die Blase und hat mit den Nieren gar nichts zu tun.“

„Gut, dann ist eben meine Blase kaputt . . . Und?“

„Wenn der Krieg vorbei ist, schenkt dir das Vaterland ein Heizkissen und damit hopp.“

„Dafür kann ich mir keine neue Blase kaufen."

Der Unteroffizier steckte sich eine Zigarette an und hielt dann das brennende Streichholz an den schwarzen, kalten Kerzendocht.

„Man muß für den Krieg etwas übrig haben. Sei froh, daß sie dir die Blase noch nicht aus dem Bauch geschossen haben."

„Ich hatte für den Krieg nie viel übrig", sagte der Funker bissig.

„Hoffentlich hast du das bei deiner Einberufung nicht laut gesagt."

„Ziemlich laut."

„Na und?"

„Sie sagten nur, so was hätte ihnen gerade noch gefehlt."

„Na und?" fragte Lohmann abermals herausfordernd. Er war seit Tagen unausgeschlafen und unrasiert. Er wollte sich an jemandem reiben.

„Sie schrieben mich kv."

„Na und!" meinte Lohmann spöttisch.

„Jetzt sitze ich hier in diesem verdammten Dreckloch und spüre meine Nieren."

„Machen wir ein Spiel, dann vergißt du deine Blase und deine Nieren."

„Der Fähnrich liebt es nicht, wenn wir spielen."

„Der Fähnrich ist jung", antwortete Lohmann. „Er will noch was erreichen in seinem Leben. Leute, die was werden wollen, spielen nicht Karten."

„Das ist doch Mist", sagte der Funker.

„Nein, das ist kein Mist. Man spielt und trinkt, anfangs wenig, und dann immer mehr. Dabei vergeht die Zeit. Wer was werden will, läßt die Zeit nicht so ohne weiteres vergehen."

Er rieb seine Hände und zog sie dann mehrere Male schnell durch die armselige Flamme. Das Licht flackerte.

Der Funker hielt ein Stück feuchtes Brot neben die Kerze. Geröstet schmeckte das Brot besser, aber es war nicht möglich, eine Scheibe über der Kerzenflamme zu rösten.

Draußen unterhielten sich zwei Männer. Einer davon war der Fähnrich. Er diskutierte wieder eine Verbesserung der Stellung. Ständig wollte er etwas verbessern. Die unter der Zeltplane schwiegen.

„Man sieht die Kerzenflamme durch die Zeltbahn“, sagte der Fähnrich.

„Schon gut“, antwortete Lohmann, ohne sich zu rühren.

„Ihr müßt etwas drüberdecken!“

„Macht euch nicht in die Hosen.“

Lohmann war gereizt, weil es nichts zu tun und nichts zu trinken gab. Ohne Schnaps fror er noch mehr. Die Stimmen draußen entfernten sich wieder.

„Sie denken wie ein Pferd“, sagte der Funker und wunderte sich über seinen Mut.

Lohmann machte ein wütendes Gesicht. „Schnauze!“ Er richtete sich auf, ließ sich aber gleich auf die zurückgeklappten Ellenbogen nieder. „Schnauze, sage ich, das ist keine Diskussion, das mit dem Pferd, und wenn du nicht diskutieren kannst, spielen wir lieber siebzehn und vier.“

„Der Fähnrich wird jeden Augenblick kommen. Außerdem müssen die Boote bald landen.“

Der zweite Funker schaltete den Apparat wieder ein und rief die Kennzeichen der Feuerstellung ins Mikrophon.

Es war genau halb zehn.

Um zehn Uhr begann das Unternehmen „Einwecken“.

Der Unteroffizier steckte sich eine neue Zigarette zwischen die Lippen und entzündete sie mit einem tiefen Zug an der Kerzenflamme. „Gekämpft wird überall“, sagte er, ohne die Zigarette aus dem Mund zu nehmen. „Kämpfen mußt du hier wie da. Oder glaubst du vielleicht, du kannst nach dem Krieg Heilerde auf deine Blase legen und träumen?“

„Wenn wir den Krieg gewinnen, könnte ich das mal auskurieren. Ich habe es meiner Mutter schon geschrieben."

„So, so", spottete Lohmann, drehte den Kopf auf die rechte Seite und blies die Asche von der Zigarette, „deine Mutter hat wohl schon die Wärmeflasche bereitgestellt?"

„Lassen Sie meine Mutter aus dem Spiel, weil Sie das doch nicht verstehen."

„Verstehen schon", beruhigte ihn Lohmann, „wo bist du zu Haus?"

„In Elbing, gleich neben dem Bahnhof."

„In Elbing habe ich gedient, in der neuen Artilleriekaserne. Sag, das Rathauskaffee kennst du auch."

„Ja. Und wenn man aus dem Bahnhof rauskommt, dann die Straße zur Stadt, gleich auf der rechten Seite, da wohnen wir, neben der Bäckerei von Granitzi."

„Muß schön sein, so einfach wieder nach Hause gehen. Aber abhärten tut das nicht, und wenn man dann plötzlich allein ist, dann ist es aus . . .", sagte Lohmann.

Der zweite Funker blieb jetzt ständig auf Empfang für die Feuerstellung. Nach jeder Minute sprach er einen Buchstaben oder eine Zahl ins Mikrophon, um die Funkverbindung aufrechtzuerhalten.

„Und hier beim Kommiß bist du nie allein", fuhr Lohmann fort. „ Wenn dir was passiert, bist du nicht allein, und selbst wenn du stirbst, bist du nicht allein. Das macht viel aus."

„Das sind so Sprüche", antwortete der Funker.

„Das sind keine Sprüche. Selbst wenn wir hopsgehen oder wenn wir den Krieg verlieren, das bleibt, daß der Mensch hier vorn dem anderen am nächsten war. Und nur hier. Nirgendwo ist das so. Auch wenn sie hinterher kommen und sagen, es war alles Mist. Das eine bleibt."

„Ich muß mal raus", sagte der Funker und stützte sich auf die Hände, „meine Blase ist schon ganz kaputt."

„Die Essenträger bringen sicher Schnaps mit“, tröstete ihn Lohmann, „das wird dir gut tun.“ Er stülpte seinen Stahlhelm über die Kerzenflamme, um sie abzudunkeln.

Der Funker hob die Zeltbahn hoch und kroch hinaus.

Über dem Loch tauchte die graue Gestalt des Fähnrichs auf.

„Die Boote sind da.“

Die Boote sind da, wiederholte Lohmann in Gedanken. Die Boote sind da: das bedeutete Essen, vielleicht auch Schnaps, vielleicht auch Post. Post aus einem Mietshaus, Post von seiner Frau. Und andernfalls würde es Schnaps geben. Schnaps war ebenso gut wie Post. Nein, Schnaps war noch besser.

Draußen trampelten Leute herum. Obwohl sie alle nur mit gedämpfter Stimme sprachen, gab es Lärm.

„Lohmann, kommen Sie mal raus“, befahl der Fähnrich.

„Verdammte Kriecherei“, schimpfte der Unteroffizier und kletterte aus dem Loch.

Die Insel wimmelte von Pionieren, die soeben mit den Booten gelandet waren. Der Befehl „Einwecken“ bedeutete: die Insel schnell und gründlich verminen. Noch vor Anbruch der Morgendämmerung sollte diese Arbeit beendet und die Insel geräumt werden. Die Soldaten schleppten die Tellerminen und hölzernen Sprengkörper von der Landestelle zu den einzelnen Schützenlöchern, legten sie dort nieder und gingen zur Landestelle zurück, um neue Minen zu holen. Wie eine Gruppe gut organisierter Ameisen krochen sie durch das niedrige Gestrüpp, kletterten über Bauhölzer und wateten durch das flache Wasser bis an die Boote, um dort ihre Last zu empfangen. Außer ihren dumpfen Schritten hörte man nur manchmal einen keuchen oder fluchen.

„Die Boote fahren noch zweimal zurück“, sagte der Fähnrich. „Das gibt eine tolle Schweinerei! Möchte nicht dabei sein, wenn der erste Russe die Insel betritt.“

Der Funker mit der Blase tauchte plötzlich vor ihnen auf. „Man kann sich nirgendwo mehr in Ruhe hinlegen. Was wollen die mit den vielen Minen?"

„Der Pionierfeldwebel behauptet, daß die Insel noch vor morgen früh geräumt werden soll", meinte der Fähnrich.

„Wo stecken unsere Leute?"

„Von uns ist niemand mitgekommen."

„Die sind unterwegs eingeschlafen, diese Arschlöcher", schimpfte Lohmann.

„Verpflegung brauchen wir nicht mehr", sagte der Fähnrich leise, „wenn das mit der Räumung stimmt. Aber die Telefonleitung muß abgebaut werden. Wir können doch den ganzen Kram nicht allein rüberschleppen."

„Kommt nicht in Frage, ich rufe mal die Zwischenstelle im Luisenhof an."

„Wir dürfen deswegen nicht telefonieren, Lohmann."

„Was denn, was denn, die da drüben werden doch nicht gerade dieses Gespräch abhören."

„Sie haben doch gehört, was ich gesagt habe. Es wird nicht telefoniert und damit basta", befahl der Fähnrich.

Lohmann nahm die Hände aus den Hosentaschen und verschränkte sie auf dem Rücken. „Dann geben wir einen verschlüsselten Funkspruch ab, das ist das Harmloseste."

„Fahren Sie mit dem nächsten Boot hinüber. Sprechen Sie mit der Feuerstellung!"

„Ich halte das nicht für notwendig", sagte Lohmann.

„Ich halte das für das sicherste. Wenn die Insel geräumt werden soll, bringen Sie zwei Fernsprecher mit, wir bauen dann morgen früh von hier aus ab."

„Das kann auch einer der Funker machen. Warum soll denn einer in der Nacht herumkrauchen. Wenn die Pioniere abhauen, hauen wir mit ab", widersprach Lohmann. Es ärgerte ihn, daß ausgerechnet er jetzt in der Dunkelheit herumflitzen sollte.

„Müssen wir uns streiten, Unteroffizier Lohmann?“

„Nein, Herr Wachtmeister.“

„Bitte machen Sie sich fertig und fahren Sie gleich mit dem nächsten Boot rüber. Ich erwarte Sie in spätestens zwei Stunden zurück.“

„Jawohl, Herr Wachtmeister“, sagte Unteroffizier Lohmann mechanisch. Verstimmt kroch er in das Deckungsloch, um sich Koppel und Stahlhelm zu holen. Eine ganz blöde Masche, dachte er bei sich, irgend jemand hat geschlafen, und ich altes Frontschwein muß das ausbügeln.

Er meldete sich ab, ging zur Landestelle und sprang in eines der entladenen Boote.

„Was ist los?“ fragte ein Schatten vom Heck her.

„Ich muß nochmal rüber.“

„Geht nicht, wir bleiben bis morgen früh hier liegen, versuch's mal bei dem ersten oder zweiten Boot.“

„Meinetwegen, wenn's nur rasch geht.“

„Bist wohl einer von den ganz schnellen Truppen“, sagte der Schatten bissig.

Lohmann antwortete nicht. Er hoffte im stillen, daß keins der Boote mehr zurückfahren würde. Dann blieb nur ein Funkspruch oder eine Verbindung durch den Feldfernsprecher, und er konnte auf der Insel bleiben. Aber das zweite Boot nahm ihn mit zum Deich. Die Fahrt dauerte nur wenige Minuten. Fluchend stieg er aus und machte sich auf den Weg. Auf der Zwischenstelle im Luisenhof traf er nur einen Fernsprecher. „Wo sind die anderen?“ fragte er und stellte seinen Stahlhelm auf den Tisch neben die Kochgeschirre und ein angeschnittenes Kommißbrot.

Der Fernsprecher schaltete den Funkapparat ab. Langsam stand er auf. „Wir stehen für die Insel auf Empfang, aber es meldet sich niemand. Was ist denn los?“

„Gar nichts ist los. Sonst wäre ich doch nicht hier. Die Fernsprechverbindung ist doch in Ordnung?“

„Ich glaube nicht. Die Insel antwortet nicht."

„Sie werden den Feldfernsprecher abgeschlossen haben", meinte der Unteroffizier. „Der Fähnrich ist ein ganz vorsichtiger Mann."

„Aber der Telefonapparat war doch bis vor kurzem nicht abgeklemmt."

„Die Insel soll heute nacht geräumt werden. Der Fähnrich will nicht, daß über die Leitung darüber gesprochen wird."

Lohmann setzte sich auf einen Stuhl, der neben dem Tisch stand, und hing den rechten Arm über die Lehne. Mit der linken Hand schob er das Kommißbrot beiseite und stützte sich auf den Ellenbogen. „Verdammt warm hier bei euch."

„Es geht", antwortete der Fernsprecher. „Wollen Sie etwas trinken?"

„Wo sind die anderen?"

„Unterwegs zur Feuerstellung. Leutnant Müller hat angerufen, ein Befehl wäre abzuholen."

„Kann wohl nicht selbst auf die Insel kommen, was? Na ja, gießen Sie mal ein Glas voll. Was ist das für'n Zeugs?"

„Marketenderschnaps, Herr Unteroffizier. Die ganze Verpflegung liegt hier für die Insel. Sollten die anderen mit dem Boot rüberbringen. Wir mußten aber noch den Befehl abwarten."

Der Fernsprecher hatte Lohmann ein gefülltes Glas auf den Tisch gestellt und sich selbst einen Schluck in eine Steinguttasse gegossen.

„Prost!"

„Hm, ein übles Zeug, aber gut gegen die Kälte."

„Sie können noch ein Glas haben, für die Insel ist ein ganzes Kochgeschirr voll da. Mit Frontzulage. Auch Zigaretten."

Lohmann schnallte das Koppel ab und legte es auf die mit kitschigen Porzellanfiguren geschmückte Vitrine. Dann knöpfte er den Rock auf und rollte den Kragen des grüngrauen Pullovers ganz herunter.

„Schiet! Besser als im naßkalten Schützenloch herumzuliegen. Sie sollen sich ihre Insel sonstwo hinstecken."

„Ja, diese Zwischenstelle, das ist ein erträglicher Posten. Von mir aus können wir hier den Endsieg abwarten." Der Fernsprecher goß das Glas voll.

„Hätte gern den Leutnant gesprochen, zur Klärung der Lage, verstehen Sie? . . . Können wir mal durchläuten?" Der Marketenderfusel machte sich bemerkbar. Lohmann spürte, wie er leichter wurde.

„Was sagten Sie?"

„Verbinden Sie mich mit dem Leutnant, Menschenskind, Sie sehen doch, daß ich wieder weg muß." Er schenkte sich jetzt selbst von dem Schnaps ein. Der Fernsprecher reichte ihm den Hörer. „Unteroffizier Lohmann . . . Wer ist da? Herr Leutnant, jawohl, auf der Zwischenstelle . . . Ich verstehe sehr schlecht . . . Ja, da ist irgendwas geplant, aber wir wissen mal wieder von nichts . . . Hallo? . . . Ja, der Doktor ist mit den Meldern unterwegs, schon längere Zeit . . . Jawohl . . . ich warte sie ab und lese den Befehl . . . Nur mündlich an den Fahnenjunker-Wachtmeister weitergeben . . . Im übrigen . . . Menschenskinder, ich verstehe kein Wort . . . im übrigen nach der Infanterie richten. Zu Befehl, Herr Leutnant. Ende."

Er überlegte eine Weile. Dann trank er das Glas aus. „Ich sollte in zwei Stunden zurück sein."

„Das werden Sie nicht schaffen."

„Nein, ich werde es nicht schaffen. Aber der Fähnrich ist nervös, und es wäre besser, wenn ich pünktlich zurück sein könnte."

„Im Anfang war ich auch nervös", sagte der Fernsprecher, „aber allmählich wird man abgebrüht. Einundvierzig, als wir loszogen, da rannten wir noch, um nicht zu spät nach

Moskau zu kommen, aber mit der Zeit sieht man ein, daß es in so einem Krieg nicht auf Stunden und auch nicht auf Tage ankommt."

Lohmann fühlte, daß er immer mehr an Schwere verlor und daß er sich zusammennehmen mußte, um sich nicht hier in dieser wunderbar geheizten Bauernstube völlig zu besaufen. Aber er war unruhig. Ob er den Befehl las oder nicht, er wußte, daß die Insel geräumt werden sollte, und dazu brauchte er keine Befehle zu lesen.

Er stand auf, zog seinen Rock aus und hing ihn über die Stuhllehne. Auf seiner Stirn glänzten flache Schweißperlen. „Ich werde mir noch ein Glas vollgießen", sagte er leise mit einem entschuldigenden Unterton. „Der Fähnrich wird ohnehin nicht alles trinken wollen."

„Man kann es nicht so genau abmessen", sagte der Fernsprecher.

Er ging zum Kachelofen, öffnete die eiserne Tür und legte zwei große Holzscheite nach. Sorgfältig drehte er den Riegel wieder zu. „Allmählich nimmt man alles nicht mehr so genau. Zu komisch, wenn man bedenkt, wie das im Anfang war. Zum Beispiel auf dem Vormarsch durch Lettland. Da hatte ich eine Vereiterung am Fuß, als wir Tag und Nacht auf der Rollbahn von Riga nach Pleskau marschierten. Mußte geschnitten werden. Im Operationssaal vom Feldlazarett, so mit allen Schikanen. Narkose und nette Schwestern. Da hätte sich allerhand machen lassen, aber am dritten Tag humpelte ich zum Stabsarzt, sagte ihm, ich könnte doch schon wieder marschieren. Dabei tat jeder Schritt ekelhaft weh. Aber um nichts auf der Welt wollte ich den Einmarsch in Petersburg versäumen. Und dann sind wir nur bis Schlüsselburg gekommen."

„Ja, plötzlich haben wir schlapp gemacht."

„Heute würde ich meinen Fuß in aller Ruhe auskurieren, und wenn das Regiment in Moskau einmarschierte."

Lohmann sah den Fernsprecher groß an. „Was denn, was denn, nach Moskau würde ich heute noch mithumpeln, stellen Sie sich vor, Menschenskind, nach Moskau!“

„Was ist denn schon Moskau?“

Der Unteroffizier stand langsam auf. So ganz sicher war er nicht mehr auf den Beinen. „Da kommen sie, was?“

Jemand riß die Tür auf. Der Doktor und die Leute, die von der Zwischenstelle losmarschiert waren, um den Befehl abzuholen, betraten die Stube.

„’n Abend, Doktor, altes Riesenroß“, sagte Lohmann. Er liebte den Doktor nicht, aber er vergaß es jetzt.

Der Obergefreite Klaus, den sie in der Batterie Doktor nannten, weil er mal irgend so einen Kram studiert hatte, war mittelgroß. Auf seinem dürren Körper saß ein wuchtiger, fast viereckiger Kopf. Seine Stirn wirkte durch das helle, dünne Haar, das erst weit oben begann, noch höher. Sicher war er noch sehr jung. Seine blaugrauen Augen flatterten hinter der dunklen Hornbrille seltsam hin und her. Die ständige Unruhe und Nervosität, die von dem Spiel hinter den Brillengläsern ausging, erinnerte an gehetzte Eidechsen.

Sie gaben sich die Hände, und die Leute, die mitgekommen waren, gingen um den Tisch herum zum Ofen und lehnten sich an die heißen Kacheln.

„Man hört euch schon zwei Kilometer vorm Dorf“, sagte der Doktor vorwurfsvoll. Mehr wagte er nicht zu sagen, denn er war nur Obergefreiter, obwohl er den Rechentrupp führte, der bei der Feuerleitung eine nicht geringe Rolle spielte.

„Trinken Sie“, brummte Lohmann, „trinken Sie doch. Auf der Insel dürfen wir Tag und Nacht nur flüstern, so ganz leise, verstehen Sie.“ Er zog den Kopf zwischen die Schultern, sah sich ängstlich um und wisperte unverständliche Laute. „Dankt Gott auf den Knien, daß ihr mit der Insel nichts zu tun habt.“

„Drehen Sie nicht so großartig auf“, sagte der Doktor, und seine Augen hinter den Brillengläsern flatterten. „Außerdem habe ich Ihnen auszurichten, daß die Insel bis zum Hellwerden geräumt sein soll.“

„Gut“, antwortete Lohmann und schenkte sich nochmals ein Glas ein, „habt ihr noch mehr Gläser da, es können auch Tassen sein.“ Dann sah er den Doktor wieder an. „Wie heißt also der Befehl?“

„Ich soll Ihnen ausrichten, daß die Insel heute nacht vermint und spätestens bis zum Hellwerden geräumt werden muß.“

„Ist das der ganze Befehl?“ Er reckte den Kopf hoch, um etwas größer zu wirken, aber es half ihm nichts, der Doktor überragte ihn um ein ganzes Stück.

„Jawohl“, sagte der Doktor.

„Werden Sie dem Fähnrich gleich Bescheid geben?“

„Ja, ich gehe jetzt. Wieviel Uhr ist es? Halb zwölf?“

„Etwas nach halb eins.“

„Eine Stunde zu spät. Verdammt. Ich nehme keine Verpflegung für den Fähnrich und die Funker mit. Wir sind ja alle morgen früh wieder hier . . . Also, ich haue ab.“ Er zog den Rock an, nahm den Stahlhelm vom Tisch und stülpte sich die Handschuhe über.

„Alles klar, Herr Unteroffizier?“

„Nun, ihr könnt in diesem Haus ein bißchen Stroh zurechtlegen zum Schlafen. Dem Fähnrich werden die Augen zufallen, und an die anderen denkt ihr auch, klar!“

Lohmann schritt die Dorfstraße entlang und pfiff ein Lied. Er merkte erst jetzt richtig, was er da zusammengetrunken hatte und ging absichtlich nicht zu schnell, um sich der Kälte der Nacht länger auszusetzen, um wieder klar zu werden. Rechts vom Weg erhob sich der Deich, zu dem jetzt in Abständen von zwanzig bis dreißig Metern Laufgräben hinführten, die oben auf der Krone, auf der ursprünglich eine schmale Fahrbahn entlang lief, in primitive Schützenlöcher einmündeten. Lohmann interessierte das alles nicht. Er kannte die Stellung hier, er kannte die Schützenlöcher, er kannte die armen Würstchen, die da Tag für Tag und Nacht für Nacht kauerten, und er kannte die Insel, die verdammte Insel. Er passierte einen Posten, der verfroren vor einem ansteigenden Grabenstück stand und ihn anstarrte. „Durchhalten“, sagte Lohmann und schaukelte weiter, „wir werden noch gebraucht.“

Jetzt mußte bald die Schleuse kommen, aber in der Dunkelheit und bei dem Kopf konnte man sich leicht irren.

So ist das mit mir, grübelte er, ich bin nicht sehr korrekt, nicht sehr auf Zack, on wire, wie der Doktor immer sagte. Man kann nicht alle Menschen auf Zack bringen, nein. Aber ich rieche dafür, wenn irgendwo eine Flasche steht, und ich rieche, wenn es irgendwo eine Chance gibt.

Obwohl er die scharfe Luft tief einatmete, an dem dumpfen Durcheinander in seinem Kopfe änderte sich nichts. Muß schlechtes Zeug gewesen sein, dachte er, sonst wäre ich nicht so betrunken. Betrunken ist übrigens zuviel gesagt.

Wenige Meter vor sich sah er die Schleuse liegen. Ihr Portal mit den Querbalken und der Spindel in der Mitte stand da wie ein mittelalterlicher Galgen, an dem eine dürre, ausgetrocknete Leiche hing. Kurz vor der Schleuse begann ein brusttiefer Stichgraben, der zur Kappe des Deiches lief und sich dort zu einem frisch ausgehobenen Grabensystem ausweitete.

Der Unteroffizier blieb oben im Graben stehen, legte die Arme auf die Brüstung und sah zur Insel hinüber. Obwohl der nächtliche Himmel von tief treibenden Wolken bedeckt war, konnte man ab und an den Flußarm zwischen der Insel und dem Deich übersehen und auch den schwarzen Schatten der Insel erkennen. Unter ihm am Ufer standen Pioniere und unterhielten sich unbekümmert. Im Wasser schlingerten mehrere Ruderboote und zwei Sturmboote mit den rassigen Motoren am Heck. Die Schrauben ragten wie drohende, gestreckte Zeigefinger zum Himmel. Zwischen der Landestelle und der Deichkappe liefen Leute hin und her und schleppten Dinge, die Lohmann nicht erkennen konnte. Er hörte eine Kommandostimme. Nach einer kurzen Pause schimpfte jemand.

Der Unteroffizier ging den Graben entlang, bis er eine unfertige, nur knietiefe Stelle fand, an der er nach vorn aus dem Graben kletterte. Er versuchte, auf die Beine zu kommen, torkelte und fiel hin. Instinktiv breitete er sofort seine Arme aus, um nicht die Böschung hinabzurollen. Vorsichtig, mit nach vorn gedrückten Knien, stieg er die schiefe Ebene hinunter und ging am Ufer zu der schwatzenden Gruppe der Pioniere.

„Kann mir einer von euch sagen, wann das nächste Boot rüberfährt?“

„Vielleicht in einer halben Stunde“, antwortete eine Stimme hinter einer glühenden Zigarette.

„Vorher bestimmt nicht?“ fragte Lohmann bestürzt.

„Nee, wir haben Befehl, nur alle Stunden einmal hin und her zu pendeln. In dreißig Minuten kannst du mitkommen. Oder ein paar Minuten früher.“

„Ich bin oben im Graben“, rief Lohmann zurück und kletterte den Deich wieder hinauf. Er ging auf den alten Platz zurück, legte die Arme wieder auf die Brüstung und starrte auf das Wasser und den Schatten der Insel.

Nach wenigen Minuten hörte er hinter sich Schritte. Er wandte sich um und erkannte den Doktor. „Sie sind’s?“

„Genau“, sagte der Doktor und stellte sich neben den Unteroffizier.

Lohmann drehte seinen Kopf wieder nach vorn. „Es ist nicht nötig, daß Sie mich kontrollieren“, sagte Lohmann nach einer Weile.

„Wenn ich gewußt hätte, daß Sie so viel vertragen, wäre ich gleich zur Feuerstellung zurückgegangen, statt hier zu stehen und zu frieren.“

„Nun wissen Sie’s ja.“

„Doch, es war auch nur wegen der Insel. Sonst können mir Ihre Saufereien gleichgültig sein.“

„Wieso wegen der Insel?“ fragte Lohmann.

„Es wird bald hell werden, und es wäre gut, wenn der Fähnrich bis dahin Bescheid hätte.“

„Hell wird es noch lange nicht, aber ich komme trotzdem zu spät. Ich habe mit dem Saufen zu viel Zeit verloren. Ich hätte gar nicht auf Sie warten sollen.“

„Hm, war ein bißchen leichtsinnig, aber der Chef wird es wohl nicht erfahren.“

„Der Chef?“

„Ja.“

„Hauptmann Westermann?“

„Natürlich, wer denn sonst“, antwortete der Obergefreite Klaus, den sie Doktor nannten.

„Der Hauptmann ist doch noch nicht aus Königsberg zurück.“ Lohmann war sich da ganz sicher. Jedermann in der Batterie wußte, ob der Chef da war oder nicht. Wenn er in der Batterie nach dem Rechten sah, ging jeder Soldat ein bißchen schneller und ein bißchen aufrechter.

„Drum meinte ich doch, der Chef wird es nicht erfahren.“

„Lassen Sie doch diese Quatscherei“, sagte Lohmann wütend, „was heißt das schon wieder: der Chef wird es nicht erfahren. Gehen Sie doch hin, sagen Sie ihm, ich hätte mich wieder mal betrunken. Und was ist dann? He, was ist dann?“

„Schreien Sie hier nicht herum. Passen Sie lieber auf die Pioniere auf. Das Boot wird bald abfahren.“

Sie sahen zum Ufer hinunter.

„Was wollen Sie hier eigentlich? Wollen Sie Bürschchen mich beaufsichtigen?“ fuhr Lohmann ihn plötzlich an und stolperte einen halben Schritt zurück. Um sicherer zu stehen, stemmte er die Fäuste gegen die Grabenwände.

„Seien Sie nicht kindisch, ich ging hinter Ihnen her, weil ich fürchtete, Sie könnten in den Fluß fallen."

Lohmann lachte trunken. Er taumelte einen halben Schritt vor und baute sich drohend vor dem anderen auf. „Gehen Sie hier weg", zischte er im Befehlston.

„Warum?"

„Gehen Sie los, ich passe auf mich selbst auf; auch wenn ich nicht nüchtern bin, passe ich auf mich selbst auf . . . Gehen Sie weg, zum letzten Male . . ."

Der Doktor kannte den Unteroffizier so gut wie gar nicht. Er blieb stocksteif im Graben stehen.

„Gehen Sie weg hier", wiederholte Lohmann drohend, „ich komme auch allein auf die Insel . . . Sie Dummkopf . . . Gehen Sie hier weg . . ."

Der Doktor blieb wie ein Klotz stehen. Plötzlich fühlte er in sich eine glühende Hitze und Angst. Sie überflutete wie eine riesige Woge sein Hirn. Er stieß, ohne es eigentlich zu wollen, die rechte Faust nach vorn und traf Lohmann unter dem Kinn.

„Dieser Hund", keuchte Lohmann zurücktorkelnd, „dieser Hund faßt mich an." Schäumend vor Wut streckte er seine Arme nach vorn und stürzte wie ein toll gewordener Stier auf den Doktor. Er umklammerte dessen Brustkasten. Obwohl der Doktor sich verzweifelt wehrte und mit seinen Fäusten auf dem Rücken des Unteroffiziers herumtrommelte, wurde er über den Grabenrand gestemmt und auf die schiefe Ebene des Deiches gestoßen.

„Dieser Hund", brüllte Lohmann, und hämmerte mit den Fäusten auf die Grabenbrüstung, „dieser Hund bildet sich ein, ich sei betrunken . . . Weg hier! . . . Weg hier, sage ich, verstehen Sie mich nicht!"

Der Doktor ließ sich ein paar Meter hinunterrutschen, kroch dann auf allen Vieren ein Stück flußabwärts und kletterte in den Graben zurück. Das Wasser und das andere Ufer gaben keine Antwort. Nur einer der Pioniere rief gedämpft: „Schnauze, da oben."

Lohmann beugte sich erschöpft über den Grabenrand. „Diese Lapse", keuchte er. „Diese Lapse! Einen Schlag ins Genick und damit hopp."

Es mochten zwei oder drei Minuten vergangen sein, da heulten von der anderen Seite Granaten heran. Ein paar klatschten ins Wasser. Sie schleuderten mächtige Fontänen hoch. Die anderen bohrten sich mit dumpfem Schlag in den Deich oder flatterten mit einem tiefen Brummen über die Deichkrone hinweg und zerplatzten hinter ihnen.

„Doktor", brüllte der Unteroffizier mit weit aufgerissenen Augen, „Doktor, hierher, volle Deckung . . . Hierher! Wo stecken Sie denn?"

„Bin schon im Graben", antwortete eine erschrockene Stimme links von ihm.

„Diese Lapse", stöhnte Lohmann.

„Sie haben die Schweine erst geweckt!" schrie der Doktor. Plötzlich, mitten im Satz, spürten sie beide die gewaltige Detonation.

„Die Insel", brüllte der Unteroffizier wie von Sinnen, „sehen Sie doch, die Insel!"

Sie beugten sich über den Rand des Grabens und starrten zur Insel, die sich in ein einziges Feuerwerk verwandelt hatte. Kleine dunkle Flammen tanzten über den Erdboden, gleich reihenweise angezündeten Büschellichtern. Dreckfontänen spritzten hoch und fielen geisterhaft wieder in sich zusammen. Der Spuk währte kaum eine Minute. In unglaublich raschem Wechsel wurde er von einer beängstigenden Stille abgelöst.

„Los, los", schrie Lohmann, „wir müssen auf die Insel, kommen Sie mit, nein, laufen Sie zum Luisenhof, holen Sie Leute, verflucht, wir müssen doch was tun . . ."

Eine Granate hatte zwei nebeneinander liegende Boote getroffen und große Teile der Seitenwände zerfetzt! In dem Wasser, das in den Bootsbäuchen stand, trieben Holzsplitter und Ausrüstungsgegenstände.

Das hysterische Geschrei des Unteroffiziers trommelte drei oder vier der Pioniere aus dem Deckungsgraben.

„Die Insel ist hochgegangen, los, wir müssen auf die Insel“, schrie er. „Nun macht doch schon, verflucht, wo sind denn eure Scheißboote? Soll ich euch vielleicht rüberfahren? Ich werde euch zeigen, wie man mit einem Boot umgeht! . . . Los, los, los, ihr schlappen Hunde, verflucht, verflucht!“

Er rannte am Ufer hin und her, faßte die Boote an, versuchte, sie ins Wasser zu schieben, drehte sich wieder um, schnauzte die Pioniere an und brachte sie schließlich so weit, daß sie ein heilgebliebenes Sturmboot bestiegen.

Endlich sprang die Maschine an. Der Bootsführer senkte die Schraube ins Wasser. Das Boot machte einen Satz nach vorn.

Dann waren sie auf der Insel.

Lohmann stampfte mit unsicheren Schritten durch den Sand an den Sträuchern vorbei, zwängte sich durch das niedrige Gehölz und fand schließlich die kleine Erhöhung, auf der sie seit Betreten der Insel gelebt hatten. In ihrem gemeinsamen Deckungsloch lag einer der beiden Funker und gab noch Lebenszeichen von sich.

Lohmann ließ sich auf die Knie fallen und bog den Oberkörper hinunter. Der Funker bemühte sich, etwas zu sagen. „Schnauze“, sagte Lohmann kalt. „Weiß schon, was los ist. In einen Minenhaufen soll man nicht hineinschießen. Na also, die Oberschenkel angekratzt.“

Er suchte Verbandszeug, fand keines, schnitt schließlich mit dem Taschenmesser den Stoff von den zerfetzten Muskeln, trennte die Hosenbeine auf und wickelte sie als Lappen um die Oberschenkel. Verfluchter Blutverlust, dachte er.

„So, mein Liebling“, sagte er, „ganz kleine Sache. Klarer Fall für vier Wochen Lazarett. Komme dich gleich holen.“

Weiter rechts hörte er die Pioniere herumkriechen. Er richtete sich auf und sah jetzt erst, wie sehr sich die Insel verändert hatte. Weiter nach vorn zu, wo man die Masse der Minen eingegraben oder gelagert hatte, war das Unterholz zerrissen. Der Boden glich einer Kraterlandschaft, und an den Stellen, an denen die Granaten eingeschlagen und tiefer in den Boden eingedrungen waren, bildeten sich bereits schmutzige Wasserpfützen.

Irgendwo wimmerte ein Verwundeter. Nach wenigen Minuten platzte etwa zwanzig Meter rechts vorwärts von ihm eine übriggebliebene Mine.

Schreie, Getrampel.

„Wo ist der Unteroffizier von der Artillerie?“ rief eine tiefe Stimme, „wo ist der Unteroffizier von der Artillerie?“

„Hier“, antwortete Lohmann mit trockener Kehle. „Was wollt ihr?“

Es war eine Weile still. Die Stimme schrie nicht mehr. Angst? Schon tot? Lohmann sah den Funker an. „Halt deine Schnauze. Bleib liegen, bis ich dich hole. Wir fahren dich mit dem Boot rüber. Am Ufer ist schon alles alarmiert. Nicht weich werden. Ganz ruhig liegen bleiben.“

Was für einen Unsinn er zusammenredete. Der Schnaps lag immer noch wie ein Klotz hinter seiner Stirn und drückte auf die Augäpfel. Langsam drehte er den Kopf und sah sich wie ein Tier um, das Gefahr witterte, aber nicht wußte, aus welcher Richtung sie drohte. Dann kletterte er auf allen Vieren zu dem verwundeten Funker ins Deckungsloch. Die erste Morgendämmerung war jetzt schon so sehr bis zur Insel vorgedrungen, daß der untenliegende Funker im Gesicht des Unteroffiziers die zu großen Poren der Haut und die Bartstoppeln erkennen konnte. Die fahle Helligkeit nahm von Minute zu Minute zu.

„Wo ist der Fähnrich?“ fragte Lohmann, nur um etwas zu sagen. „Und wo ist Ritkowski?“

„Ich weiß es nicht“, flüsterte der Funker und sah ihn ängstlich an. Lohmann bemerkte, daß der Mann blaue Lippen hatte. Man konnte die flatternden Bewegungen der Brust erkennen. Armer Teufel, dachte er.

Plötzlich fühlte Lohmann, wie der Klotz hinter seiner Stirn ganz einfach runterfiel. Und eben in derselben Sekunde spürte er, wie diese merkwürdige Feder in ihm sich zum Zerreißen spannte. Blitzschnell richtete er sich auf, brüllte „volle Deckung“ und beugte sich wieder ins Loch, bis er fast auf dem Verwundeten lag. „Schnauze jetzt“, sagte er noch, dann war es totenstill.

Der erneute Feuerüberfall prasselte in Sekundenschnelle auf die Insel. Erdklumpen und Wurzelballen wirbelten durch die Luft, schlugen hart auf oder klatschten ins Wasser. Lohmann drückte seinen Körper dicht an den Verwundeten. „Kleiner Fisch“, brüllte er, „es geht vorüber.“

Der Funker antwortete nicht, er hatte ihn nicht verstanden.

Es ist immer wieder dasselbe, dachte Lohmann, bei jedem Einschlag, der dicht bei einem liegt, rollt einem eine glühende Kugel über den Rücken. Der Verstand wird kalt und klar, überwach. Doch was geschieht mit dem Körper? Er wird hin und her geschüttelt, man kann nichts dagegen tun, man muß sich dieses Wechselbad gefallen lassen, bis dieses Gehämmere vorbei ist. Und dann steht einem der Schweiß auf der Stirn, obwohl man nur ganz einfach daliegt und nichts tun kann.

Er wußte, daß der Feuerüberfall zu Ende war, aber er blieb noch eine halbe Minute im Deckungsloch, für den Fall, daß irgend so ein Rotzjunge drüben nachkleckerte. Schließlich stieß er sich mit den Händen vom Boden ab und richtete sich auf. Rauch- und Pulverschwaden verpesteten die Luft, nur langsam trieb sie der Wind auf das Ufer zu. „Los", sagte Lohmann hustend. „Weiß der Teufel, wieviel Zeit wir haben. Beeilen wir uns, damit wir zu den Booten kommen."

Der Funker starrte ihn angstvoll an. „Ich, ich kann nicht gehen", stotterte er, als wolle er sich entschuldigen.

Der Unteroffizier stellte sich an das Kopfende des Dekkungsloches und reichte ihm seine Hände hinunter. „Wir können nicht warten, bis das nächste fahrplanmäßige Lazarettschiff herauffährt", meinte er bissig. „Los, faß mich an, ich werde dich jetzt aus dem verdammten Loch herausziehen. Du mußt mithelfen, zum Ufer tragen kann ich dich alleine. Los, komm schon, träumen kannst du hinterher."

Langsam hob ihm der Funker seine Hände entgegen.

„Komm ja nicht auf die verrückte Idee, loszuschreien! Wird ein bißchen weh tun, aber wenn du schreist, mach ich dich fertig, ohne mit der Wimper zu zucken, verstehst du?"

„Ja, Herr Unteroffizier."

Es war eine Biesterei. Die Oberschenkel bluteten heftiger. Wahrscheinlich müssen die Gefäße abgebunden werden, dachte Lohmann, oder die ganzen Klamotten amputiert. So ein Mist, daß man davon nichts versteht. Keuchend gelang es ihm, den Körper des Verwundeten aus dem Loch zu zerren. Er kniete nieder, legte seine Arme unter den Rücken und die Kniekehlen des Funkers und hob ihn, unter Aufbietung seiner ganzen Kraft, hoch. „Halt dich an meinem Genick fest", stieß er hervor. Langsam ließ er den Körper gegen seine Brust fallen, um die Unterarme zu entlasten. Schritt für Schritt taumelte er über den aufgerissenen Erdboden dem Ufer zu.

„Sie müssen den Fähnrich suchen, Herr Unteroffizier", wimmerte der Funker, „und den Ritkowski. Oh, mein Gott, meine Beine, oh, meine . . . meine Beine. Das Blut, sehen Sie nur das Blut, mein Blut . . ."

„Von so einem bißchen Blutverlust stirbt man nicht . . . Halt . . . dich . . . fest . . . mit den Händen!"

Lohmann stolperte über herausgerissene Wurzeln, die sich in bizarren Formen aus der Erde aufreckten. Er spürte, wie die gekreuzten Finger hinter seinem Hals sich zu lösen begannen, und auch er war am Ende seiner Kräfte angelangt. „Wir haben es schon geschafft“, tröstete er sich selbst, obwohl er wußte, daß es mindestens noch zwanzig, dreißig Meter waren. Er überlegte, ob er den Funker absetzen und eine Pause einlegen sollte. Doch er wußte, daß er ihn nicht wieder würde aufheben können. Der Schweiß rann von seiner Stirn über die Backen, bis die Tropfen in den Barthaaren hängenblieben. Der Funker ließ plötzlich los. Sein Körper fiel mit seinem vollen Gewicht in Lohmanns Arme. Nach wenigen Schritten sank der Unteroffizier erschöpft auf die Knie. „Wir sind gleich da“, flüsterte er atemlos und versuchte, seinen Oberkörper noch einmal hochzureißen. Doch der Funker glitt Zentimeter um Zentimeter aus seinen Händen. „Oje“, stöhnte Lohmann, „im Arsch is' duster.“ Er stützte sich einen Augenblick auf seine Arme auf, atmete tief aus und ein und erhob sich dann, um am Ufer nach den Booten zu sehen. Wenige Meter flußaufwärts fand er die Landestelle. Der Kahn war durch Splitter leckgeschlagen. Lohmann sah es sofort.

Von der Südostspitze der Insel schleppten die Pioniere Verwundete heran. Viele waren nicht übriggeblieben. Einer mit einem Lungensteckschuß. Ein Infanterist mit einem abgerissenen Fuß. Überall lagen Tote. Es war sinnlos, sie aus dem übriggebliebenen oder schon verlegten Minenfeld, von dem kein Mensch mehr wußte, wo die Minen lagen, zu zerren.

„Ein Funker von uns lebt noch“, sagte Lohmann. „Wir müssen uns beeilen, bevor die Schießerei wieder losgeht.“

„Unser Feldwebel ist hops.“ Der Pionier spuckte auf die Erde. „War ein anständiger Kerl.“

Jetzt steuerten mehrere Boote die Insel an. Es waren Ruderboote, und sie bildeten in der ersten Morgenhelligkeit wundervolle Ziele. Doch es fiel kein Schuß. Man hörte nur das Rauschen des Windes und das leise, geheimnisvolle Rascheln, wenn eine kleine Welle sich überschlug. Die Männer standen wie übernächtigte Gespenster am Rande einer anderen Welt und sahen den Booten entgegen, die ihnen von der guten Erde her zustrebten.

Lohmann ging noch einmal los, um den Fähnrich zu suchen und den Funker Ritkowski, den Mann mit der kaputten Blase. Er fand bald ihr Deckungsloch, das kalt und fremd zwischen Granattrichtern und zerrissenen Hölzern dalag. Es stank nach frischen Einschlägen und verbrannter Erde. Ein erregender Gestank. Diese Luft ging auf die Nerven, ob man abgebrüht und abgestumpft war oder nicht. Sie fraß sich in den Schleimhäuten fest und stemmte sich wie eine Faust gegen die Magenwände. Lohmann kroch durch die vor dem Deckungsloch liegende, jetzt völlig zerhauene Gebüschreihe, um vielleicht noch etwas von den beiden Männern zu finden. Vorsichtig setzte er Fuß vor Fuß, den Boden vor sich genau prüfend, denn er hatte keine Ahnung, wie weit die Minen schon verlegt worden waren. Obwohl in den nicht sehr tiefen Granattrichtern bereits das Grundwasser stand, war es ihm lieber, durch diese Trichter zu waten, als mit den Minen in Berührung zu kommen. Er wußte aus Erfahrung, daß die Granattrichter ziemlich minensicher waren.

Hinter sich, vom rückseitigen Ufer her, hörte er Stimmen und schlürfende Geräusche. Die Boote landeten schon. Nein, es hatte keinen Zweck, hier noch länger herumzutrampeln und nach den beiden Männern zu suchen. Er drehte sich nach rechts und tastete sich mit den Füßen den gleichen Weg zurück. Plötzlich hielt er am Rande eines größeren Granattrichters, den er vorher übersehen hatte. Er überlegte, ob er ihn durchwaten oder rechts umgehen sollte.

Nach kurzem Zögern entschloß er sich, auf dem oberen Teil der Wandung entlangzuklettern. Nach wenigen Schritten stand er vor dem Fähnrich. Splitter der Granaten oder Minen hatten seinen Körper in zwei Teile zerrissen. Der Oberkörper mit dem völlig unversehrten Kopf, den Armen mit den Händen in Wildlederhandschuhen, ruhte friedlich auf dem Trichterrand, das Mittelstück fehlte. Die Beine mit den schweren Reitstiefeln waren die Wand heruntergerutscht. Die Füße staken in dem eingesickerten schmutzigen Wasser . . .

Er war so etwas wie ein Genie, dachte Lohmann. Wenn man ihn nach der klassischen Schlachtordnung fragte, dann rekonstruierte er aus dem Kopf die ganze Schlacht bei Tannenberg oder erläuterte die Schlieffensche Theorie an dem Beispiel Cannae. So ein Mann platzte hier ganz einfach auseinander und er, Lohmann, lebte und hatte von Cannae überhaupt keine Ahnung.

Der Unteroffizier beugte sich über den Toten, öffnete den dreckigen Rest des Mantels und die Feldbluse und zog langsam an der Leinenkordel die Erkennungsmarke heraus. Er zerbrach sie in zwei Teile, legte das eine Stück auf die Brust des Fähnrichs zurück, den anderen Teil steckte er in seine Tasche. Er brachte es nicht über sich, die Brusttasche des Toten zu durchsuchen, obwohl die Leute daheim ja auch die kleinsten Erinnerungsstücke, einen Brief, einen Zettel mit ein paar Worten, eine Schachtel Streichhölzer oder ein Taschenmesser, zurückhaben wollten. Schließlich knöpfte er doch die Armbanduhr ab und nahm sie mit. Wenige Minuten später fuhren die Überlebenden der Insel mit den Pionieren zum Flußufer zurück. Von dem zweiten Funker, einem Gefreiten Ritkowski, wurde keine Spur mehr gefunden. Man trug ihn in die Vermißtenliste ein, das war alles.

Horoscopium antiquum:

Wenn ihr aber sehen werdet
Jerusalem belagert mit einem
Heer, so merket, daß herbei-

gekommen ist seine Verwüstung.
Alsdann, wer in Judäa ist, der
fliehe auf das Gebirge, und
wer drinnen ist, der weiche heraus,
und wer auf dem Lande ist, der
komme nicht hinein.
Denn das sind die Tage der
Rache, daß erfüllet werde alles,
was geschrieben ist.
Weh aber den Schwangeren und
Säugerinnen in jenen Tagen;
denn es wird große Not auf
Erden sein und ein Zorn über
dies Volk. Und sie werden fallen
durch des Schwertes Schärfe und
gefangen geführt werden unter
alle Völker; und Jerusalem
wird zertreten werden von den
Heiden, bis daß der Heiden
Zeit erfüllt wird.

Unteroffizier Lohmann konnte nicht wissen, daß der Feuerüberfall auf die Insel und die Großkampfstellung an der Rominter Heide zu den Vorbereitungen der Dritten weißrussischen Front gehörte, einen Zangenangriff gegen Königsberg und Elbing zu führen, um Ostpreußen vom Reich abzutrennen.

Am 16. Oktober traten fünf russische Armeen zwischen der Memel und Sudauen (Suwalki) zu einer Großoffensive an. Die Vierte Armee unter General Hoßbach konnte den Angriff in der zweiten Oktoberhälfte in der Nordsüdlinie Schloßberg – Ebenrode – Goldap – Filipowo – Augustow zum Stehen bringen. Die gegnerischen Divisionen waren ein weiteres Stück an Gumbinnen und den Eichwalder Forst herangerückt. Vierzig Kilometer ostpreußischen Bodens waren verlorengegangen. Mit ihnen die Rominter Heide. Doch konnte Goldap am 5. November noch einmal für kurze Zeit zurückgewonnen werden.

Die Kirche in Königsberg wies den Landpastor von Elchenaue an, seinen Posten im Dorf zu verlassen. In der vierten Oktoberwoche gab Erich Koch seine starre Haltung in der Räumungsfrage auf. Erste Vorbereitungen für eine Flucht der Zivilbevölkerung aus den Frontgebieten durften getroffen werden.

12

Hier unten stank es nach Mäusedreck und nach frischem Holz. An der Längswand des Luftschutzkellers stand eine Bank, aus rohen Brettern gezimmert, die schon bis auf den letzten Platz besetzt war. Einige der Leute hatten sich Klappstühle mitgebracht. In diesem Haus schien es keine Säuglinge zu geben. An der Tür hielt ein älterer Mann in Luftschutzuniform Wache, mit einem viel zu großen Blechhelm auf dem Kopf.

„Er sieht aus wie eine Lücke des Systems“, sagte Marion.

Westermann gegenüber saß ein Greis mit ein paar dünnen gekräuselten Härchen auf dem Kopf und einer schäbigen Nickelbrille. Aus seinem Bademantel lugten besenstieldürre Beine in angeschmutzten Unterhosen. Seine Pantoffeln stießen fast mit Westermanns Stiefelspitzen zusammen.

„Ich finde, wir sollten wieder nach oben gehen“, meinte Sinx, „bei uns ist ja noch nie was passiert.“

„Ich gehe mit“, sagte Marion langsam, „mir fällt gerade ein, daß ich den kleinen Koffer obengelassen habe, zu dumm, so was.“

Rechts neben Marion saß der dicke Unruh. Er hielt ein gläsernes Tönnchen Machandel in der Hand und fischte mit der anderen einen Silberbecher aus der Tasche.

Der Mann mit der Nickelbrille sah neugierig zu. „Sie machen's richtig“, sagte er, während Unruh das volle Glas an Marion weitergab. „Im Luftschutzkeller müßte immer Schnaps ausgeschenkt werden, man erträgt dann leichter, was man später draußen zu sehen bekommt.“

„Was meinen Sie damit?“ fragte Sinx.

„Wenn Sie einen in der Krone haben, bekommt Ihnen der morgige Tag besser.“

„Ich habe keine Angst vor morgen“, sagte sie.

Das Licht ging aus, und fast gleichzeitig mit einem dumpfen Dröhnen spürten sie, daß der Keller schwankte. Niemand von ihnen schrie auf oder sagte auch nur ein Wort. Das Dröhnen klang schnell wieder ab und erhob sich dann erneut - aber das war schon weit fort.

„Wir können zwei Kerzen anmachen“, sagte eine Stimme an der Tür. Das ist der Wachmann mit dem blechernen Helm, dachte Westermann, na also, keine Spur von Aufregung. Allmählich fehlt einem die Luft. Man merkte, daß ein ganzes Haus über einem stand.

Sekunden später schlugen mehrere Bomben ganz in der Nähe ein. Ihnen war, als lägen sie in einem Sarg. Jemand warf von außen Erdklumpen gegen den Deckel. Der Luftschutzwart steckte eine Kerze an und tropfte sie auf einer Kiste fest. Die Flamme zitterte im Takt der Detonationswellen.

Sinx wickelte sich fester in ihren Teddymantel ein. Sie fand diese Warterei abscheulich. Der Alte mit der Nickelbrille kicherte. Vor Freude schob er seine dürren Beine hin und her wie eine Spinne, die voller hinterlistiger Gedanken nicht ruhig bleiben kann. „Wozu dieser tierische Ernst hier? Die einen sitzen in einem Keller, tief unter der Erde, die anderen fliegen oben herum und suchen mit ihren reifen Früchten genau diesen Keller zu treffen. Das ist doch ... Jetzt ... hören Sie doch ... da, die Einschläge ...“

Der Kellerboden unter ihren Füßen vibrierte einige Sekunden lang, dann war es wieder still. Der Alte nahm die Nickelbrille ab und putzte mit einem Taschentuch die Gläser. Seine fahrigen Hände bebten. Auf seiner Stirn zeigten sich im Kerzenlicht kaum erkennbare Schweißtropfen.

„Ich glaube daran", sagte die Frau, „ganz fest glaube ich daran, wie es geschrieben steht in der Heiligen Schrift: Sollte aber Gott nicht auch retten seine Auserwählten, die zu ihm Tag und Nacht rufen? Ich sage euch: Er wird sie retten ... Darum glaube ich, daß die Decke nicht herunterkommen wird."

„Wieviele haben schon gerufen, Tag und Nacht, und Gott hat sie doch vergessen."

Die Frau lächelte weise und sah auf ihre gefalteten Hände. „Man muß glauben, um überhaupt rufen zu können, darüber denken viele gar nicht nach. Und dann ist es ja auch so, daß Gott viele seiner Auserwählten abberuft, um ihnen zu ersparen, auf dieser Erde qualvoll weiterzuleben. Er ruft sie ab, um ihnen die Erlösung seines Reiches zu schenken. Er wird auch mich abberufen, wenn er den Zeitpunkt für gekommen hält. Fasset eure Seelen mit Geduld, spricht der Herr."

„Ich glaube nicht, daß es so einfach ist", sagte Unruh und schüttelte den Kopf. Er war froh, von dem Lärm der Einschläge abgelenkt zu werden.

„Das glaube ich", antwortete die Frau. „Ich habe einen Sohn in Südostfrankreich, der kämpft gegen die Amerikaner. Mein Sohn hat sonst niemanden auf der Welt. Er braucht mich. Solange mein Sohn lebt, erfülle ich hier auf Erden einen guten Zweck, darum wird mir auch nichts passieren. Erst, wenn meinem Sohn etwas zustößt, wird der Herr auch mich zu sich nehmen, um mich wieder mit meinem Jungen zu vereinen."

„Daran glauben Sie?"

„Ja, daran glaube ich ganz fest, und ich danke dem Himmel täglich dafür, daß er es so fügt."

Westermann lehnte den Kopf gegen die Wand und horchte nach draußen. Er fühlte sich unendlich müde, und zugleich spürte er, daß er weit fort war und gräßlich allein. Warum konnte er nicht so glauben. Vielleicht war es Unsinn. Aber es tröstete und strahlte Wärme aus in Augenblicken, in denen man von innen her fror. Contenance, das war so ein Stückchen Ersatz. Warum nicht. Das Leben ging vorüber, ob man glaubte oder nicht, und das Gesicht verzerrten alle, wenn es erst einmal so weit war. „Es muß sehr schön sein, so etwas zu glauben“, sagte er und sah die Frau an.

Sie schrak zusammen.

Sie kamen nicht vorwärts. Es war einfach unmöglich, jetzt mitten in der Nacht durch die brennende Stadt ins Hotel zurückzugelangen.

Westermann lag hier nicht im Kampf und wurde nicht gebraucht. Er saß hier, ohne Überblick über die Lage, ohne über Leben und Tod entscheiden zu müssen. Er saß hier völlig nutzlos mit blanken Stiefeln herum. Man hatte nichts weiter zu tun, als sich mit sich selbst zu beschäftigen. Er sah zu Unruh hin. Der dicke Wachtmeister rutschte verstört auf seinem Platz hin und her.

Draußen rumorten immer noch die Einschläge. Die dicke Frau, die ihnen gegenübersaß, faltete die fleischigen Hände und betete. „Die Decke wird nicht herunterkommen“, sagte sie bestimmt. Diese Worte wirkten beruhigend auf die anderen. Sinx sah sie mißtrauisch an. „Woraus schließen Sie das?“

Wer weiß, ob das Hotel noch stand. Die Straße bot im rötlichen Schein der immer noch brennenden Häuser einen gespenstischen Anblick. Merkwürdig, daß nur so wenig brannte. Aber die Fahrbahn und erst recht die Bürgersteige waren mit Steinen, Dachziegeln und größeren Trümmerstükken übersät. Bis zur Brücke trafen sie keine Menschenseele. Innerhalb einer Stunde schien die Stadt gestorben zu sein.

Sie sahen die Straße hinunter in Richtung der Universität und gaben auf. Es hatte keinen Zweck, jetzt über Masten, wirre Fahrleitungen, aus den Schienen geworfene Straßenbahnwagen und Häusertrümmer zu klettern. Man mußte schon den Morgen abwarten, man mußte schon warten, bis die Löschtrupps und Räumkommandos Luft schafften und die Hauptwege durch die Stadt freilegten. Süßlicher Brandgeruch erinnerte sie an den Vormarsch in Rußland. Was kümmerte sie damals ein brennendes Haus oder ein brennendes Dorf. Weiter, vorwärts, vorwärts. Nicht nachdenken, nicht überlegen, nicht umdrehen, nicht zögern . . .

Sie gaben es auf, sich zum Wehrkreisverwaltungsamt in der Wilhelmstraße durchzuschlagen. Sie kehrten um. Kletterten erneut über Trümmer. Umgingen Feuerherde.

„Wo sind bloß die Menschen dieser Stadt geblieben?" fragte Westermann den Oberwachtmeister.

„Sie haben noch nicht den Mut, die Augen aufzumachen."

„Aber es hilft ihnen nichts, sie müssen es sehen, sie müssen aufräumen und sie müssen alles selbst wieder aufbauen."

„Wer ist das, sie?"

„Wir sind das, Unruh."

„Man will gar nicht daran denken, daß man nach einem Kriege alles wieder aufbauen muß, was die anderen zerschießen und was man selbst kaputt macht."

Wenige Meter vor ihnen fiel ein brennender Balken auf die verschüttete Fahrbahn. Vorsichtig gingen sie weiter.

„Meist brennt nur das Dachgestühl." Unruh gähnte übernächtigt.

Heiße Luft schlug gegen ihre Gesichter.

„Meine Stiefel für ein Bett."

„Und meine dazu."

„Ich fürchte, wir werden noch mehr als das hier riechen", meinte Westermann und drückte auf den Klingelknopf. Niemand meldete sich.

„Sie haben immer noch keinen Strom.“ Unruh schlief fast im Stehen ein. Sachte ließ er sich gegen die Tür fallen, und da merkten sie, daß sie gar nicht verschlossen war.

Im Wohnzimmer schlief der Franzose. „Monsieur Bardou ruht schon“, sagte Marion entschuldigend.

„Weitermachen“, knurrte Unruh. „Bin dafür, daß Sie einen Hauptmann und seinen alten Wachtmeister hier auf dem Flur einquartieren. Ich für meine Person bin verheiratet und . . .“

„Schnauze, Unruh“, fuhr ihn der Hauptmann an. Er legte die Mütze auf den kleinen Garderobentisch und schnallte das Koppel vom Mantel. „Können Sie uns ein paar Decken geben? Wir schlafen hier auf dem Teppich, und damit hat sich's.“

„Kommen Sie mit, ich gebe Ihnen meinen Pelzmantel, und eine Steppdecke können Sie auch noch haben. Wenn Sie Hunger haben, in der Küche steht noch allerhand herum.“

„Danke. Wir wollen jetzt mit unseren Stiefeln nicht mehr herumtreten.“

„Dann wünsche ich Ihnen für die wenigen Stunden eine gute Nacht.“

„Gute Nacht“, antwortete Westermann. Er zog sich die Stiefel und den Rock aus und faltete den Rock als Kopfkissen zusammen.

„Hat das Telefon eigentlich Strom?“ fragte Unruh schon im Halbschlaf.

„Kann man hier in der Stadt nie wissen. Das sind eben keine Feldtelefone. Hallo, wissen Sie was, ich rufe mal eben das Hotel an, ob unsere Bude noch steht.“

Der Römerhof meldete sich. „Nein, hier in der Gegend ist nicht viel passiert. Die Universität brennt. Am frühen Morgen sollen Räumkompanien eingesetzt werden. Ja, noch ein paar Stunden Schlaf.“

„Und der Wagen?“

„Keine Sorge, Herr Hauptmann, der steht unangetastet in der Garage."
„Danke, gute Nacht."
„Gute Nacht."
Westermann legte sich hin. „Scheint nur am Bahnhof so wüst auszusehen", sagte er.
Und Unruh antwortete nicht mehr.
„Wir werden noch Glück haben, heute", meinte der Hauptmann, der nicht sicher war, ob der andere schon schlief, „der Telefonapparat hatte noch Strom, das Hotel steht noch, sogar der Nachtportier war zur Stelle. Wenn das nicht Glück bedeutet, freß ich 'nen Besen."
Irgendwo tickte eine Uhr. Was tat Marion jetzt? Quatsch, natürlich schlief sie längst und dachte an gar nichts.
„Sicher werden wir Glück haben", sagte Unruh, „vielleicht bekommen wir heute unsere Kanonen."
Er ist ein besserer Soldat als ich, ging es Westermann durch den Kopf, er denkt Tag und Nacht nichts anderes als Kanonen, Kanonen. Kann das denn alles sein?
War wohl alles.
Und dann wurde ihm warm unterm Pelzmantel, und er dachte an jenen Sommer am Haff, an die Fahrten mit der Lomme und an das Mädchen Katja, das sich an seinen Rükken schmiegte, und schließlich vergaß er, daß er sich in Rußland die Pest der Schlaflosigkeit geholt hatte.
Unruh wurde als erster wach.
„Herr Hauptmann, hören Sie doch, das Telefon."
„Was denn, was ist los?"
Unruh stützte sich auf den rechten Ellenbogen. Er streckte die freie Hand aus und schüttelte den Hauptmann an der Schulter.
„Das Telefon."
„Na also, es hat Strom", antwortete Westermann. Er hob den Hörer ab. „Hier Westermann . . . Bitte, ich verstehe Sie

nicht, was sollen Sie? . . . Sie sollen hier anrufen, für den Fall, daß was passiert . . . Ja, ich bin der Bruder . . .“

Pause.

Die Stimme in der Membrane quäkte weiter.

Pause.

Dann wieder Westermann: „Ja, ich danke Ihnen . . . Sie werden von mir hören . . . Heute morgen . . . Ja, sofort.“ Er hing ein.

Leise öffnete sich eine Tür.

„Das Telefon . . .“, meinte Sinx mit verschlafener Stimme. „War was?“

„Nein“, sagte Westermann, „nichts.“

„Was wollte der denn?“

„Falsch verbunden, sonst nichts.“

„Mein Himmel, und ich dachte schon Werner! . . . Na, dann gute Nacht.“

„Gute Nacht.“

Sie schloß die Tür. Ihre Schritte entfernten sich. Dann hörte man, wie sie sich hinlegte. Nun tickte wieder von irgendwoher die Uhr. Und dieses Ticken war jetzt unerträglich.

„Der Fliegerhorst?“ fragte Unruh.

„Ja“, flüsterte Westermann. „Mein Bruder ist abgeschossen worden.“

In diesem Augenblick schüttelte sie ihn wieder, die alte Pest der Schlaflosigkeit. O Gott, sein Bruder. Gefallen für Führer und Vaterland. Er mußte die Oma in Osterode anrufen. Die seinen Bruder sehr liebte. Ihr Lieblingsenkel. Er mußte es Sinx sagen, dem Mädchen, das seinen Bruder so sehr liebte. Alle Welt mochte seinen Bruder. Er hatte Schneid. Er war ein Draufgänger. Ein junger Fliegerleutnant mit dem Ritterkreuz. Es war ihm nicht einmal die Zeit geblieben, die bewundernden Blicke der Frauen aufzufangen. Krieg ist Krieg, hatte Rotbart gesagt. Da müßt ihr alle durch. Ein ganz verdammter Krieg. Aber recht hatte er.

Als sie zum Hauptkommando kamen, hörten sie, daß Oberstleutnant Mossung verhaftet worden war. Im Zusammenhang mit der Sabotageaffäre im Werk „Dora". Die Geheime Staatspolizei hatte auch Hüning, seinen blinden Masseur, festgesetzt. Er gab zu Protokoll, daß er seine Informationen von dem Oberstleutnant bezogen habe. So ganz nebenbei natürlich. Hauptsache Massage. Im übrigen sei dies streng geheim zu behandeln, da noch andere mit drinhingen. Ein ganzer Sabotagering.

„Ich weiß", sagte der Oberst dann, „Sie brauchen Geschütze. Das ist im Augenblick das Wichtigste. Fahren Sie zu Ihrem Regiment zurück. Das Material kommt aus dem Ruhrgebiet. Bis das Werk 'Dora' wieder soweit ist, werden wir von dort versorgt. Man nimmt im Hauptquartier an, daß der russische Großangriff gleich nach Weihnachten beginnen wird. Zu diesem Zeitpunkt also müssen wir voll und ganz versorgt sein. Ihre Geschütze werden in etwa acht Tagen hinter Ihrem Abschnitt ausgeladen werden. Ich hoffe, das genügt."

Westermann erhob sich. „Herr Oberst werden verstehen, daß ich nicht mit einer mündlichen Auskunft zur Division zurückkehren möchte."

„Sie haben mein Wort, Hauptmann Westermann."

„Dann darf ich mich abmelden."

„Sie dürfen. Viel Glück."

„Danke."

„Wir verlassen uns auf den Kampfgeist der Front."

„Das können Sie, Herr Oberst." Offenbar waren diese Etappenhengste unfähig, etwas dazuzulernen. Erst wenn sie selbst dahinsiechten, würden auch ihre Sprüche verschimmeln.

In der Pension erwartete sie der Ortsgruppenleiter. Er war in allerbester Verfassung. Er hatte die Nacht im komfortablen Befehlsbunker des Reichsverteidigungskommissars

Koch verbracht. Fast hörte er die Bomben nicht. Er machte sie mit seiner Begleiterin bekannt, einer sehr gut gewachsenen schlanken Frau mit ernstem Gesicht, schwarzem Haar und Bubikopfschnitt. Ein nervöses Geschöpf. Rauchte eine Zigarette nach der anderen. Sie sei Pianistin, von der sich Erich Koch gern Beethoven und Johannes Brahms vorspielen ließ. Der Ortsgruppenleiter ergänzte diese Information mit dem Hinweis, wenn bei Koch gezecht würde, müßte sie auch schon mal den Badenweiler Marsch auf die Tasten hämmern. Sie hatte am Konservatorium Musik der Romantik studiert und war jetzt arbeitslos. Sie lebte aber weiter im Stabe Koch. Was hätte sie sonst tun können. Die Truppenbetreuung mit Sängerinnen aus dem Metropoltheater und Tingeltangelpuppen war längst eingestellt worden. Und wenn nicht, wäre die Pianistin der Typ gewesen, der Soldaten aufheizte? Westermann hatte sich nie so recht vorstellen können, daß Goebbels die hübschen Ballettratten aus der „Hochzeitsnacht im Paradies" an den Wolchow verpflanzte. Zur Truppenbetreuung. Zur Stärkung der Kampfkraft. Hatte Goebbels eine Vorstellung von den russischen Wintern am Wolchow? Es gab tiefe Gräben. Einen zum Gegner hin. Ein anderer, tieferer, verlief zwischen Wolchow und Berlin.

Bei einer der ersten Explosionen englischer Bomben hatte die schöne Pianistin ihr Gehör fast ganz verloren. Sie übte täglich mehrere Stunden in der Hoffnung, auch mit dem kleinen Rest von Gehör Klavierspielen zu können. Der Ortsgruppenleiter kannte sie aus der Zeit ihres Studiums. Er redete wie ein Wasserfall. Er genierte sich nicht, ihnen seine Verliebtheit zu zeigen. Legte ständig seinen Arm um ihre Schultern und drückte sie an sich. Sie hieß Hannah Bialla. Sie trug einen schwarzen Rollkragenpullover, darüber einen weißen Lammfellmantel. Um den Rollkragen des Pullovers eine einreihige Perlenkette. Sie zog den Mantel aus und warf ihn auf einen leeren Tisch.

„Nennen Sie sie bitte Hannah. Sie wird mich für ein paar Wochen nach Elchenaue begleiten. Sie will hier mal raus."

„Wie schön für Sie."

„Ja", sagte der Ortsgruppenleiter, „ich bin sehr zufrieden."

Westermann fragte sich später, warum sie kein Wort über die Bombennacht verloren. Das Schicksal der Menschen schien den Gauleiter nicht zu rühren.

Westermann sagte dem Ortsgruppenleiter, er habe in der Nacht seinen Bruder verloren. Die deutschen Nachtjäger hätten vergeblich versucht, den englischen Bombenangriff abzuwehren. Bei diesen Anstrengungen habe es große Verluste gegeben. Er wußte nicht, was die schwerhörige Pianistin davon mitbekam, sie schien aber ganz wach und aufmerksam. Plötzlich sagte sie: „Wissen Sie, der Krieg droht uns alle zu verschlingen. Und ich bin ein Kind des Krieges. Man wird geboren mit großen Vorstellungen vom Leben, was wird daraus? Haben wir noch Zeit, jetzt, da die Engländer Königsberg bombardieren? He, was meinen Sie?"

„Wir werden noch mehr opfern müssen", meinte Westermann.

„Was hat er gesagt?" Hannah blickte den Ortsgruppenleiter an.

„Der Führer weiß das. Und er würdigt es. Aber er sagt, Opfer sind dazu da, gebracht zu werden. Große Ziele, große Opfer." Dann sagte der Ortsgruppenleiter, er habe noch eine andere Nachricht. Er müsse aber zunächst noch ein paar Telefongespräche führen. Und verschwand.

„Seien Sie ihm nicht böse", meinte die schöne Pianistin. „Ich mag dieses Parteideutsch auch nicht."

„Sind Sie mit Elchenaue vertraut?" fragte Westermann. „Wenn wir Elchenaue verlassen, wird es dort sehr einsam sein."

Sie versuchte von seinen Lippen abzulesen, was er sagen wollte. „Einsam? Sagten Sie einsam?"

Westermann nickte.

„Ich liebe Pferde“, fuhr sie fort. „Ich würde gern die Herden in Trakehnen sehen, aber es heißt, sie würden schon ins Reich geschafft. Ich komme zu spät. Vorgestern nahm mich der Ortsgruppenleiter mit zum Ponarther Bullen.“ Sie lächelte. „Kennen Sie sich in Ponarth aus?“

„Nein“, antwortete Westermann. Zugleich schüttelte er den Kopf. Das einfachste war, sie sprach und er nickte oder winkte ab. Ständig kamen Ausgebombte in die Pension, die wissen wollten, ob noch Zimmer frei seien. Westermann bat Oberwachtmeister Unruh, zur Küche zu gehen und zu fragen, ob sie Kaffeeplörre bekommen konnten. Es würde ein paar Tage dauern, bis alle Ausgebombten neue Quartiere gefunden hatten. Einige von ihnen würden mit der Bahn in den Westen fahren. Mit der Pest der Schlaflosigkeit nahm auch das Verlangen zu, sich in den Westen abzusetzen.

„Wir wollten fragen, ob wir für Ihre Batterie Pferde bekommen könnten. Der Ortsgruppenleiter meinte, Sie hätten in Tauroggen oder Raseinen Pferde verloren und die Trakehner Warmblüter seien für die Geschütze nicht geeignet.“

„Und was hat man Ihnen gesagt?“ Sie verstand ihn nicht. Brüllend wiederholte er die Frage.

„Schreien Sie nicht so und lassen Sie mich ausreden“, protestierte Hannah Bialla. „Das Geschrei geht mir auf die Nerven. Der Arzt stellte fest, daß meine Trommelfelle und das Gehör in Ordnung sind, es ist eine Nervensache. Das Gehör kommt wieder. Bitte schreien Sie nicht. Schreiben Sie Ihre Antwort lieber auf.“

Also holte er einen Meldeblock und schrieb mit Bleistift: Was hat Ponarth gesagt? Er drehte den Block um und ließ Hannah lesen.

„Der Stallmeister der Brauerei könnte sechzehn Zugpferde entbehren. Wenn man sie heute an der Eisenbahnwerkstätte verlädt, sind die Pferde morgen früh in Insterburg. Der

Ortsgruppenleiter wird Sie gleich fragen, ob Sie Ihre Leute in Elchenaue benachrichtigen können, paßt das zusammen?" Sie war nicht sicher, ob sie alles richtig wiedergegeben hatte. Neue Zigarette.

Westermann nickte. Ja, das paßte zusammen.

Der Hauptmann gefiel ihr. Er war aus anderem Holz als der Ortsgruppenleiter, der sich bei Erich Koch gern wichtig tat und ständig nach ihr grapschte. „Bei dieser Gelegenheit sprachen wir über einen kleinen Urlaub in Elchenaue. Er sagt, ich wollte hier raus. Das ist nicht wahr. Ich würde mir in Elchenaue eine schöne Zeit machen. Das trifft nicht zu. In Elchenaue bin ich nicht sicherer als hier. Wie lange bleiben Sie noch in Elchenaue?"

Es war zu kompliziert. Er schrieb auf den Block: Ein paar Tage. Höchstens. Das Wort „höchstens" unterstrichen.

„Na bitte. Gut, daß Sie mir das sagen." Sie träumte einen Augenblick. „Gibt es im Gutshaus dieses jungen Herrn ein Klavier?"

Westermann nickte.

„Dann komme ich vielleicht für zwei oder drei Tage mit." Sie beugte sich zu Westermann hinüber und kam seinem Gesicht mit ihren Lippen so nahe, daß ihn der häßliche Blust des Nikotins abstieß. „Sie dürfen nicht alles glauben, was mein Freund sagt. Er plappert nach, was Erich Koch an Phantasien produziert. Ich bin auf ihn angewiesen, wenn Sie wissen, was ich meine, aber er ist nicht mein Mann." Sie machte eine kurze Pause. Es reizte sie, bei Westermann ein Geheimnis loszuwerden. Ein Geheimnis aus dem Büro des Reichsverteidigungskommissars. Um den Königsberger Seekanal im Winter eisfrei zu halten, verfügte die Hafenverwaltung über zwei Eisbrecher, von denen vor allem die „Ostpreußen" hochseefähig war. Koch gab unter dem Vorwand, der Seekanal sei für die Festung lebenswichtig, Befehl, die „Ostpreußen" und die „Pregel" auf der Königsberger Werft einer Generalüberholung zu unterziehen und mit dem neuesten Kartenmaterial der Ostsee auszustatten. Bereits während der Werftliegezeit ließ er beide Schiffe von Soldaten unter der Leitung bewährter Parteigenossen bewachen. „Er ist ein Angsthase“, flüsterte sie, „er möchte um jeden Preis überleben.“

Oberwachtmeister Unruh kam aus der bescheidenen Pensionsküche zurück. Auf einem Tablett standen eine Blechkanne mit Gerstenkaffee und vier bemalte Porzellankrüge. Unruh schenkte ein.

Hannah Bialla zog eine neue Zigarette aus ihrem Silberetui. Das Etui war sehr flach, der Druck des Deckels hatte die Zigaretten ihrer Rundung beraubt. „Ich komme nicht mit nach Elchenaue“, sagte sie plötzlich, „es ist mir zu gefährlich. Es gab im Eichwalder Forst Partisanen. Darunter eine Partisanin. Sie haben sie vernommen. Was hat sie gesagt?“

Sollte er ihr das in die Ohren schreien? Hier im Aufenthaltsraum der Pension? Er nahm den Meldeblock und schrieb: Auftrag Eisenbahnlinie Insterburg – Wehlau sprengen.

Sie zündete ein Streichholz und steckte die Zigarette an. „Mein Freund erzählte mir, sie sei in der Nacht nach dem Verhör plötzlich verstorben. Einfach so. Das findet man im Sicherheitsdienst nicht gut. Wurde sie geschlagen? Haben die Leute in Elchenaue sie vergewaltigt? Ich meine, war sie ein Typ dafür?“ Warum stellte sie all diese Fragen? Was ging es sie an, auf welche Weise die Partisanin gestorben war?

Sie nahm in der Nacht nach dem Verhör Zyankali, schrieb Westermann geduldig auf den Block. Er blickte auf Hannah Bialla, als wisse er schon, eine Antwort würde weitere Fragen gebären.

„Wie aufregend“, platzte sie heraus. „Haben Sie ihr das Gift gegeben?“

Westermann mußte lachen. Was ging nicht alles in den Köpfen der Leute vor sich. Als ob ein schlichter Batteriechef in seiner Eisernen Ration ein paar Zyankalitabletten über die Schlachtfelder trug. Hannah machte aus einer einfachen Geschichte eine Tragikomödie. Sie trug es bei sich, schrieb er auf den Block.

„Hatten Sie das Mädchen denn nicht untersucht?"

Auch das noch. Ich? Nein. Die Frauen im Gutshaus haben sie untersucht. Fanden aber nichts.

„Und wo hielt sie es versteckt?"

In ihrer Scheidentasche, schrieb er. Der Dialog genierte ihn. Es war jetzt genug.

„In was? Ach so. Jetzt verstehe ich. Na, das hätte der Sicherheitsdienst doch herausgefunden, oder meinen Sie nicht?"

Er schrieb auf den Meldezettel: Wir sind nicht der Sicherheitsdienst.

„Nein, natürlich nicht." Sie ließ ihre Phantasie weiter galoppieren. „In einem Behälter?"

Kunststoffhülse mit drei Kapseln, schrieb er. Eine davon nahm sie. Das genügte.

„O mein Gott", sagte Hannah Bialla. Aufgeregt sog sie an der Zigarette. Ihr Oberkörper blähte sich auf. „Kann man die Hülse sehen?"

Er öffnete seine Kartentasche und entnahm ihr ein Papierknäuel. Er wickelte das Knäuel auf, eine kleine Kapsel mit zwei weißen Kügelchen kam zum Vorschein. Sie griff die Kapsel hastig und steckte sie in ihre Tasche. Sie beugte sich vor und küßte Westermann auf die Wange. „Danke. Können Sie schweigen?"

Westermann schrieb auf den Block: Wie ein Grab. Dann riß er das Blatt vom Block und knüllte es zusammen.

„Sie haben Hannah sehr beeindruckt. Sie hält viel von Ihnen", sagte der Ortsgruppenleiter. Also war er gut davongekommen.

Sie setzten sich in den Volkswagen und fuhren nach Norden. In der ganzen Stadt waren Männer, Frauen und Kinder mit Aufräumarbeiten beschäftigt. Die Feuerwehr mühte sich, letzte Feuer zu löschen und Familien aus den zugeschütteten Kellern zu befreien. Auf der Fahrt über die Cranzer Allee zu den Kasernen am Kanonenweg hatten sie Gelegenheit, sich über den Stand der Dinge zu unterhalten. Oberwachtmeister Unruh hatte sich neben den Fahrer setzen müssen, der Ortsgruppenleiter und Westermann hockten im wenig komfortablen Fond. Der Fahrwind schluckte so viele Worte, daß Unruh es aufgab, zu verstehen, was gesprochen wurde. Die Geschichte mit den Partisanen im Eichwalder Forst interessierte den Gauleiter nicht die Spur. Da war es ein viel größeres Problem, daß das Nationalkomitee Freies Deutschland mit vorschriftsmäßig gekleideten Offizieren im Königsberger Untergrund arbeitete. Erich Koch mußte den Sicherheitsdienst verstärken, um der Verräter habhaft zu werden. Wahrscheinlich gingen auch die Zerstörungen im Rüstungswerk „Dora“ auf das Konto der übergelaufenen Gefangenen von Stalingrad. Den Gegner vor sich mußten sie nun auch noch mit den Partisanen und den gut ausgebildeten Soldaten des Nationalkomitees rechnen. Eine noch größere Sorge aber bereitete General Hoßbach und dem Gauleiter in seiner Funktion als Reichsverteidigungskommissar der unerwartete Angriff der Dritten weißrussischen Front auf den Raum südlich Gumbinnen, der am 16. Oktober begann und die Einnahme von Königsberg zum Ziel hatte. Das zweistündige Trommelfeuer schreckte ganz Ostpreußen auf. Die russische Luftwaffe deckte den Raum von der Pissa bis zur Angerapp mit Bombenteppichen zu. In Elchenaue konnte man das Grollen der Artillerie hören, konnte sich aber kein Bild von der Lage der Armee machen. Sobald sie wieder in der Pension waren, würde Westermann versuchen, seine Leute in Elchenaue über das Telefon zu erreichen. Der Ortsgruppenleiter meinte, der Eichwalder Forst sei nicht betroffen, wahrscheinlich aber die vorgeschobene Beobachtungsstelle von Unteroffizier Lohmann. Westermann war sich darüber im klaren, daß seine Bemühungen um neue Geschütze ein Ende haben mußten. So schmerzlich das auch war, er sah ein, daß sich die Batterien, die ihre Geschütze im Baltikum verloren hatten, nun mit den Ratsch-Bumm begnügen mußten.

Sie passierten zur rechten Hand den Pferdeausstellungsplatz der Rennbahn, den Tattersall und die Schrebergärten zwischen dem Oberteich und der Siedlung Borkenhof. In den Schrebergärten arbeiteten alte Männer und Frauen an Splitterlöchern und Gräben. Vielleicht vergruben sie dort auch ihre wertvollste Habe. Da der Gauleiter ihnen untersagte, die Heimat zu verlassen und sich auf dem flachen Lande des Reichs in Sicherheit zu bringen, suchten sie ihr Heil unter der Erde Königsbergs. Sie überholten Bollerwagen, auf denen die Leute Koffer und Kisten festgebunden hatten. Auch Särge ratterten auf flachen Wagen über das Kopfsteinpflaster. Die Neuhofer Ziegelei schien schon wieder zu arbeiten. Über die Königsallee, ganz in der Ferne, sahen sie 8,8-Flakgeschütze rollen.

„Da die Stadt nicht mehr zu retten ist, müssen wir versuchen, unsere Abwehrjäger zu schützen“, bemerkte der Ortsgruppenleiter. „Wir können auf der Rückfahrt dort Halt machen, vielleicht hat man von Ihrem Bruder etwas gefunden.“

Sie bogen in den Kanonenweg ein und meldeten sich bei der Wache. Sie fuhren durch das Tor auf die Hallen im Hintergrund zu. Es wimmelte von Soldaten. Alle Unterkunftsblöcke gut bewacht. Man fürchtete Terroraktionen der Partisanen. Sie hielten vor einer anderthalbgeschossigen Halle aus Wellblech. Soldaten öffneten das Schiebetor. Das Innere der Halle war hell erleuchtet. Noch nie in seinem Leben hatte Westermann ein so großes Waffenarsenal gesehen. Maschinengewehre. Granatwerfer. Kanonen mit Protzen für die

Pferdebespannung und Kettenfahrzeuge. Gepanzerte Mannschaftsfahrzeuge. Sie gingen durch lange Korridore geputzter und frisch gestrichener Beutegeschütze. Ratsch-Bumm. Panzerabwehrkanonen. Russische Panzer. VW-Schwimmkübel. Es roch nach deutschem und russischem Leder, Lack und Waffenöl. Westermann zog die Feldmütze vom Kopf.

„Täuschen Sie sich nicht“, sagte der Ortsgruppenleiter, „Es ist die Heeresreserve für die Heeresgruppe Nord. Memel. Libau. Riga. Reval. Na, das wissen Sie ja. Der Transport dorthin führt über die Ostsee. Und das ist das Problem.“

Im hinteren Feld standen nagelneue deutsche Geschütze, 8,8-Flak, Panzerabwehrgeschütze und einige Leichte Feldhaubitzen. Westermann verschlug es die Sprache. Genau, was er suchte. Acht vollständige Einheiten der leichten Feldhaubitze 18, seines Geschützes. Die verbrauchte feuchte Luft in der Halle trieb Schweiß auf seine Stirn. „Unruh, nun sagen Sie bloß.“

Vier der Geschütze waren mit Protzen für Pferdebespannung hergestellt worden, die anderen Geschütze für große geländegängige Zugmaschinen.

„Nehmen Sie, was Sie wollen, vier gehören Ihnen“, sagte der Ortsgruppenleiter.

„Heilige Barbara, wirklich?“ Westermann ging zu den Geschützen für Pferdebespannung. Er strich mit den blanken Händen über die Rohre, die Mündungsbremsen, die Holme. „Dieses Geschütz erreicht mit Mündungsbremse eine Schußweite von knapp elftausend Metern, was sagen Sie dazu?“

„Toll“, bemerkte der Ortsgruppenleiter. Was sollte er sonst sagen. Er kannte sich im Waffengeschäft nicht aus.

„Wenn die Rohre neu sind, kann man mit dieser Feldhaubitze über die ganze Distanz ein Schützennest des Gegners in die Luft jagen.“

„Wollen Sie die Geschütze mit den Mündungsbremsen haben?“

„Aber ja."

„Dann beeilen Sie sich", sagte der Ortsgruppenleiter. „Ich kann Ihnen für diesen Abend einen Zug zusammenstellen. Oder an einen Zug nach Insterburg ein paar Wagen für die Geschütze und die Pferde anhängen. Ich muß es nur gleich dem Transportoffizier sagen."

„Sagen Sie es ihm." Er wandte sich dann an den Oberwachtmeister Unruh. „Wir brauchen Traktoren und Männer vom Nachschubkommando. Unsere Leute würden zu spät kommen."

„Ich telefoniere sofort mit Elchenaue", erwiderte Unruh. „Wo ist hier ein Telefon?"

„Beim Pförtner."

Als sie allein waren, packte Westermann den Ortsgruppenleiter beim Oberarm. „Hören Sie, ich bin Ihnen sehr dankbar. Wirklich sehr. Wenn Sie mal meine Hilfe benötigen, können Sie mit mir rechnen."

„Ich werde Ihre Hilfe nicht brauchen", bemerkte der Ortsgruppenleiter ein wenig gerührt, „und ich tue es nicht ausschließlich für Sie. Ich habe dem Gauleiter gesagt, die Front braucht die Geschütze, hier im Arsenal haben sie keinen Wert. Das ist doch logisch."

„Egal wie, Ortsgruppenleiter, für mich ist heute Weihnachten." Er freute sich fast wie ein reich beschenktes Kind. Hämmerte dort, wo sie standen, mit der flachen Hand auf den Oberschild des Geschützes. Was für ein Tag. Keine Ratsch-Bumm. Neueste leichte Feldhaubitzen, mit denen seine Leute umzugehen wußten. „Ich schulde Ihnen etwas", sagte er, „was Sie wollen! Etwas in dieser Größenordnung."

„Da fällt mir sofort etwas ein, Hauptmann."

„Bitte."

„Könnte ja sein, daß die Russen wie Hannibal Elefanten einsetzen. Heben Sie einen für mich auf."

„Mach ich, Ortsgruppenleiter."

„Ich liebe Elefanten."
„Nun sagen Sie bloß."
„Ja", sagte der Ortsgruppenleiter, „man kann auf ihnen so schön durchs Brandenburger Tor reiten."

13

Zu dieser Zeit hatte die Dritte weißrussische Front die Vierte Armee zwischen Gumbinnen und der Rominte aufgeschlitzt. Die Russen suchten auf dem Wege nach Königsberg eine weiche Stelle. Die Einundzwanzigste Infanteriedivision befand sich auf dem Wege von Tauroggen in den Raum Angerburg – Goldap. In Königsfelde richtete die Division ihren neuen Gefechtsstand ein. Der Stab des Artillerieregiments nahm in Hartental Quartier. Hier entstand die Ausgangsposition für die letzte Phase der Verteidigung Ostpreußens.

Die russischen Verbände, die bis Großwaltersdorf, Husarenberg, Reckeln, Nemmersdorf und Eggenhof vorgedrungen waren, konnten durch rasch in den Kampf geworfene Abteilungen der Division „Hermann Göring", der Fünften Panzerdivision, der Flak-Abteilung 802 und des Flak-Regiments Sechzehn sowie des Goldaper Bataillons des Volkssturms und der Führer-Grenadierbrigade aufgefangen und schließlich zurückgedrängt werden. Alle Einheiten erlitten beträchtliche Einbußen. Und wieder mußten Verwundete zurückgelassen werden, deren Leichen man nach Rückeroberung der Dörfer fand.

Als Westermann die ganze Batterie mit den neuen Geschützen auf der Dorfstraße von Elchenaue versammelt hatte, fuhr der Ortsgruppenleiter mit der Gig, gezogen von Domingo, vom Gutshof herunter auf den Hauptmann zu. Kurz vor der Batterie blieb der blinde Wallach stehen.

„Hallo, Domingo."

Das Pferd spitzte die Ohren.

„Wie sieht's aus, Ortsgruppenleiter?"

„Königsberg hat mir Erlaubnis gegeben, Sie ein Stück zu begleiten. Die Speisekammer ist leer. Den Wein haben wir getrunken. Der Herd ist kalt. Ich denke, Ihre Feldküche wird auch mich noch satt machen können. Was meinen Sie?"

„Herzlich willkommen. Kommen Sie mit, soweit Domingo Sie bringt."

„Also los."

„Es geht in mehreren Etappen Richtung Goldaper See. Unsere Feuerstellung liegt ostwärts Pellau, wenn Ihnen der Namen etwas sagt."

„Sagt mir nichts."

Westermann saß auf und gab das Zeichen zum Abmarsch. Er ordnete eine aufgelockerte Formation an, da sie mit Fliegerangriffen rechnen mußten. Der Maschinengewehrwagen marschierte feuerbereit. Die Maschinengewehre konnten gegen die russischen Flugzeuge wenig ausrichten, aber sie beunruhigten die Piloten ein wenig.

„Haben Sie neueste Nachrichten über den Einbruch südlich Gumbinnen?"

„Ich schätze, Sie werden zu spät kommen, um Ihre Kanonen auszuprobieren", antwortete der Ortsgruppenleiter, „das Gröbste haben wir überstanden, unsere Divisionen beginnen das Loch zu schließen."

Das XXVII. Armeekorps, das die Hauptlast des Angriffs tragen mußte, verlor ihren kommandierenden General. Die Verluste an Offizieren, Unteroffizieren und Soldaten waren hoch. Der Volkssturm, kaum ausgebildet und schlecht bewaffnet, schlug sich vorbildlich. Auch sie hatten enorme Ausfälle. „Alles oder nichts", meinte der Ortsgruppenleiter leichthin. „Wir haben gute Leute. Sie müssen jetzt kämpfen. Wer fällt, der fällt. Der Krieg frißt immer seine Soldaten."

„Das sagten Sie schon", schrie Westermann in den Lärm der rollenden Geschütze.

„Ich weiß das, Hauptmann, wissen Sie etwas Besseres?"

Westermann gab seinem Pferd die Sporen und galoppierte auf dem Seitenstreifen der Landstraße an die Spitze seiner Batterie. Er hatte sich vorgenommen, die Strecke bis Pellau in drei Tagen zu schaffen, falls er südlich der Straße Gumbinnen – Insterburg nicht gezwungen sein würde, nur nachts zu marschieren. Es hing vom Wetter ab. War der Himmel verhangen oder fiel Schnee, blieben die russischen Flugzeuge in den Feldhangars. Sie überquerten die Angerapp bei Kanthausen und nahmen die Landstraße nach Langenweiler, Jungort, Nemmersdorf, Angerhöh, Brendenwalde. In der Nacht überraschte ein Hagelschlag die Batterie. Die weißen Körner verfingen sich in Hausecken und Windschatten. Die niedrige Temperatur verzögerte das Schmelzen der Hagelhaufen. Stellenweise wurde das Kopfsteinpflaster glatt.

Der Panzerblitz hatte die Dörfer schwer mitgenommen. Auf den Höfen lagen tote Pferde und Rinder, umkränzt von weißen Hagelkörnern. Getäuscht von der Partei und der kurzen Rundfunkrede Erich Kochs, die Gardebataillone des Volkssturms seien auf dem Wege zur Einbruchstelle, versäumten die Bewohner, alles stehen und liegen zu lassen und zu fliehen. Ein Stalinpanzer hatte eine Schulklasse überrollt. Die Panzerkette halbierte die Lehrerin. Ihre erstarrte Hand hielt noch das Buch der Deutschen Balladen. Aufgeschlagen „Die Vergeltung" von Annette von Droste-Hülshoff. Der Fremde spricht: Was braut da drinnen? Der Teufel, brummt der Kapitän. Eine breite Blutspur aus dem plattgewalzten Mädchenkopf löschte die nächste Seite.

An der aufgerissenen Flanke einer Futterrübenmiete lehnte ein junges Mädchen, in seinen Armen ein totes Kind. Das Mädchen wiegte zärtlich das Kind. Es sang monoton immer das gleiche Lied, die gleiche Melodie, den gleichen Text.

Flieg, Maikäfer, flieg
der Vater ist im Krieg
die Mutter flieht ins Pommerland
doch Pommerland ist abgebrannt
flieg, Maikäfer, flieg.

Und hörte nicht auf, als Westermann absaß, die Trensenzügel dem Pferdeburschen zuwarf und auf die Rübenmiete zuging. Er wollte das tote Kind aus den Armen des Mädchens lösen, vergebens. Das Mädchen gab das Kind nicht her. Das Mädchen hatte den Verstand verloren. Nun wünschte es, das tote Baby bliebe ihm erhalten.

Westermanns Soldaten boten sich entsetzliche Bilder. Auf einem Misthaufen hockte der Hiob des Ortes Nemmersdorf. Er hatte einen Stein mitnehmen und sich dort oben auf den Stein setzen müssen. Ein alter grauhaariger Hiob im Bauerngewand, einen zerschlissenen Soldatenmantel über den Schultern. Dort auf der Kuppe hatten sie ihn in eine Zielscheibe verwandelt und solange auf ihn geschossen, bis das Blut aus allen Wunden sprudelte. So wie das Blut ihn verließ, war er kleiner geworden, mehr und mehr geschrumpft und schließlich in sich zusammengefallen. Doch war der alte Hiob standhaft geblieben, er war nicht vom Misthaufen gerutscht, er saß noch immer dort oben und saß und saß, ein Häufchen Elend, und er schien Westermann sagen zu wollen: Siehe, der Herr hat's schließlich genommen, gelobt sei der Herr. Er ist mein Hirte, es wird mir an nichts fehlen.

Mitten im Dorf, diesseits der Schule, stand ein bescheidenes Kriegerdenkmal mit den Namen der Gefallenen des Ersten Weltkrieges. Die Wurzeln einer mächtigen Eiche hatten den mannshohen Stein ein wenig angehoben und nach vorn gedrückt. Obwohl noch fest im Fundament schien er dem Betrachter die Last der Geschichte übertragen zu wollen. Auf der Dorfstraße in Höhe des Denkmals lagen zwei tote Pferde vor einem zertrümmerten Feldwagen. Die russischen Soldaten hatten einen General aufgegriffen, der Ordnung schaffen wollte, ihn seiner Stiefel beraubt, um die Fußgelenke eine Kuhkette geschlungen und ihn hinter den Wagen gebunden. Dann hatten sie den General um den Platz herum zu Tode geschleift. Das hatte sein Gesicht unkenntlich gemacht, nur die roten Streifen an der Reithose und die hochroten Mantelaufschläge gaben noch Zeugnis von seinem Dienstrang.

Sie hatten Frauen gezwungen, sich auszuziehen, hatten sie mit den Händen an den oberen Querbalken eines Leiterwagens gebunden und vergewaltigt und ihren Leib aufgeschnitten und das Gedärm herausgezogen und sich aus alledem einen Spaß gemacht. Angenagelt an eine Scheunentür hingen nackte Bäuerinnen. In ihrer Todesangst war ihnen heißer Harn abgegangen und ihr Darm entleerte sich über den Hagelkörnern. Der Kot färbte den Boden gelb und grün und braun. Ihre Haare zerzaust. Ihre Augen weit aufgerissen. Das Augenlicht gebrochen. Das Gesicht zerkratzt und blutverschmiert. Das menschliche Antlitz seiner Schönheit beraubt. Die Köpfe hingen herab wie abgeknickte Tulpenblüten.

„Nun sehen Sie bloß", sagte Westermann zu dem Ortsgruppenleiter in der Gig.

„Das hebt die Tapferkeit unserer Soldaten", meinte er.

„Es gefällt mir nicht, daß Sie ständig um die Tapferkeit unserer Soldaten besorgt sind." Westermann legte seine behandschuhten Hände auf den Holzrahmen der Gig.

„Es ist meine größte Sorge", erklärte der Ortsgruppenleiter. „Meine kleinste ist, daß ich noch lebe, wenn alle diese Tapferen auf den Elefanten durch das Brandenburger Tor reiten. Vorbei an dem Palais, aus dessen Fenster der Kronprinz auf die Paraden blickte. So erzählte es gern der junge Herr von Elchenaue-Balga."

Er warf noch einen Blick auf die geschundenen und gequälten Frauen. Westermann folgte seinem Blick. Er wußte sehr wohl, daß der Ortsgruppenleiter log. Und wie er log. Seine größte Sorge war nicht die Tapferkeit der Soldaten. Niemand zweifelte daran, daß die Soldaten sehr tapfer waren. Seine größte Sorge oder gar Angst war die, es könnte ihn selbst treffen, bevor die Elefanten aufmarschierten. Die genagelten Frauen flößten ihm Angst ein. Man hatte sie vergewaltigt und angenagelt und gequält und erschlagen, und er wußte, was es hieß, zu erschlagen oder erschlagen zu werden. Er hatte viel gesehen in diesen Jahren. Die Parteiuniform beengte ihn plötzlich. „Vielleicht sehen wir uns gelegentlich wieder, Hauptmann, wir hatten eine gute Zeit miteinander. In Elchenaue. Dort erreichen Sie mich, solange das Telefon Strom hat.“ Er drehte die Gig und gab Domingo einen kleinen Hieb aufs Fell.

Ein Soldatenpfarrer war zur Stelle. Er suchte nach Sterbenden, um ihnen den letzten Segen zu geben, aber da waren nur Tote. „Oh, Allmächtiger“, murmelte er, „oh, Allmächtiger.“

Einige Feuer schwelten noch. Volkssturmmänner stellten ihre Gewehre zu Pyramiden zusammen und löschten Brände. Sie räumten Wege frei und sammelten Leichen ein. Auf den Friedhöfen von Jungort und Nemmersdorf hoben alte Männer Gräber aus. Niemand schämte sich seiner Tränen. In einem der nächsten heilen Dörfer, in Bahnfelde oder Ramfelde oder Brunshöfen ließ Westermann halten, ausspannen und Quartier nehmen. Obwohl der Himmel immer noch von Wolken bedeckt war, wollte er das Risiko des Tageslichts meiden und lieber des Nachts marschieren lassen. Am Tage darauf übergab er das Kommando dem Hauptwachtmeister und ritt mit Oberwachtmeister Unruh voraus nach Pellau. So gewann er Zeit, sich eine günstige Feuerstellung auszusuchen.

Die 21. Division in der Romintenstellung am 13. Januar 1945

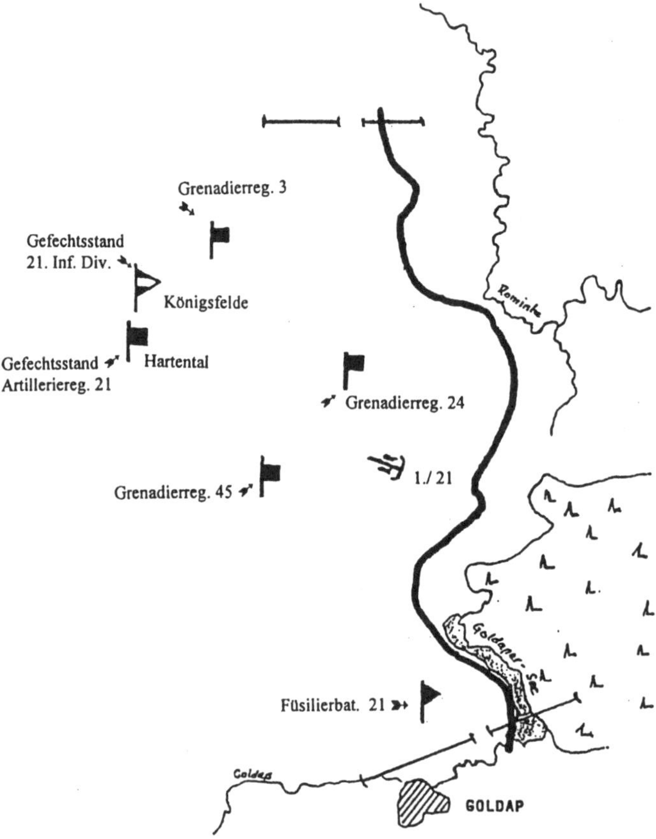

14

Für Hauptmann Westermann ein guter und ein schlechter Tag. Er ritt auf dem Wege nach Pellau, das inmitten der Ostpreußenstellung Goldap – Daken – Gumbinnen lag, zu Major Hut, dem Kommandeur der Ersten Abteilung Artillerieregiment 21, der er mit seiner Batterie angehörte. Jede der drei Batterien der Abteilung war mit vier Geschützen bewaffnet. Durch Westermanns „Einkaufsreise" nach Königsberg konnten zwei Batterien mit 7,5-cm-Ratsch-Bumm-Feldkanonen ausgestattet werden, während Westermanns Batterie jetzt über vier nagelneue 10,5-cm-Feldhaubitzen verfügte. Außerdem hatte sich Westermann mit Hilfe des Ortsgruppenleiters drei moderne Tornisterfunkgeräte besorgt, mit einem Sack voll neuer Batterien, an denen es während des ganzen Rußlandfeldzuges mangelte. Vor allem die Winterkälte fraß Batterien in den dem Frost ausgesetzten Batterietornistern wie die Steppengiraffe die Blätter von den Bäumen. Wie oft hatten die Funker bei minus fünfzig Grad die Batterien aus den Geräten genommen und sie unter den Windjacken aufgewärmt, um die letzte Stromreserve zu retten. Auch wenn ein deutscher Soldat, wie man sagte, prinzipiell nicht fror, die Batterien bibberten rasch und versagten den Dienst. Da schätzte sich Westermann glücklich, für den kommenden Kriegswinter gut gerüstet zu sein.

Major Hut empfing ihn sehr freundlich. Er, Westermann, habe sich um das Regiment verdient gemacht, den Neid der anderen Batteriechefs müsse er ertragen können. Der Major übersah nicht, daß Westermann ihn mit dem Deutschen Gruß begrüßte, nicht sehr begeistert, nicht so schneidig, aber immerhin mit der Ehrenbezeigung, die Reichsmarschall Göring nach dem Attentat auf Hitler in der ganzen Wehrmacht durchgesetzt hatte.

Major Hut kam dann weisungsgemäß noch einmal auf das Fliegende Standgericht Flinder zu sprechen. Der Kampf um Ostpreußen würde *erbarmungslos* werden, die Ereignisse in Nemmersdorf gaben ein erstes Zeugnis von der zu erwartenden Härte. Die Dritte weißrussische Front unter General Tschernjakowski würde ihren Aufmarsch gegen die Vierte Armee Hoßbachs bis Ende Dezember abschließen, Anfang Januar, sobald der Boden gefroren war, mußte man mit einem Großangriff rechnen. Es gebe in der Truppe keine Anzeichen von Schwäche oder Defätismus, *doch wenn das Sterben befohlen wurde, sei punktuelle Mutlosigkeit nicht auszuschließen.*

„Glauben Herr Major, man wird den Soldaten das Sterben befehlen?"

Der Major zögerte die Antwort hinaus. „Denken Sie doch nur an Verdun. Neunzehnhundertsechzehn. Hatte man Hitlers Generation damals an der Westfront nicht das Sterben befohlen? Ich denke schon. Der Führer ist kein Pappkamerad. Jetzt sind wir an der Reihe." Der Major packte Westermann am Arm und sprach sehr viel leiser weiter. „Wir unterhielten uns doch kürzlich über die dritte Revolution, erinnern Sie sich?"

„Natürlich."

„Was immer mit uns geschieht, sollten wir siegen, steht uns noch der Kampf gegen die Partei bevor. Das ist das Dreieck des Teufels. Der Feind. Die Wehrmacht. Die Partei. Wird die Wehrmacht aufgerieben, dürfte die Partei leichtes Spiel haben." Er machte eine Pause. „Ich kann mich doch auf Sie verlassen?"

„Absolut."

„Ich sage Ihnen das auch nur, weil ich keinen unserer Männer vor einem Standgericht verlieren möchte. Es ist ehrenvoller, an der Front zu fallen, als an die Wand gestellt zu werden. Und die Generäle von der Bendlerstraße hat man gehängt. General Karl-Heinrich von Stülpnagel. Militärbefehlshaber von Frankreich. Gehängt. Ganz einfach so. Wer wollte das in Kauf nehmen?“ Er warf mit lockerer Hand eine Heeresmitteilung auf den kleinen Kartentisch. „Ich nicht, Westermann.“

Die letzten Monate schienen den Major dünnhäutig gemacht zu haben. Er, Westermann, würde dafür sorgen, daß keiner seiner Männer mit dem Standgericht Flinder in Berührung kam. Er konnte nicht verhindern, daß die ihm anvertrauten Soldaten im feindlichen Feuer fielen, aber keiner von ihnen verdiente es, von einem Standgericht verurteilt zu werden, selbst wenn ein Soldat, müde und zermürbt, die Nerven verlor. Er kannte jeden seiner Männer bei seinem Namen, er würde sie bei ihren Namen rufen, sie zu beruhigen suchen und sie wieder eingliedern in die Organisation seiner Batterie. Darüber dachte er während des Ritts nach Pellau nach.

Er hatte, wie es in seiner Familie in Osterode hieß, einen Soupçon gegen die Staatsanwälte und Richter des Dritten Reichs. 1931 trennten sich seine Eltern. Keine Liebestragödie. Ein finanzielles Drama. Was immer sein Vater anfaßte, mißlang. Die Arbeitslosigkeit betrug damals, in Zahlen ausgedrückt, knapp acht Millionen oder mehr, je nachdem, ob man die Frauen hinzurechnete oder nicht. Sein Vater hatte die Idee eines freiwilligen Arbeitsdienstes zumindest hilfreich gefunden, er stellte sich für ein geringes Salär dem Planungsstab ehemaliger Offiziere zur Verfügung, den Hitler ins Leben rief, um den Brüningschen Freiwilligen Arbeitsdienst in den Reichsarbeitsdienst für zivile und militärische Zwecke umzuwandeln. So bekam er wieder Kontakt mit Weltkriegskameraden, unter anderem auch mit Leuten des Freikorps von Epp, in dem Ernst Röhm eine größere Rolle gespielt hatte. Röhm geriet Ende 1933 in Widerspruch zu Hitler, weil er nach der ersten Revolution eine zweite anstrebte, mit dem Ziel, die Reichswehr zu schlucken. Wenn Major Hut jetzt von einer dritten Revolution sprach, so meinte er die Konversion der Röhmschen zweiten in eine ganz bestimmte dritte. Die siegreiche Wehrmacht würde die SA und die SS schlucken und den SS-Staat domestizieren.

Am 28. Juni 1934 reiste Hitler von Berlin nach Essen, um am 29. Juni in einer Rundfahrt die westfälischen Arbeitsdienstlager zu besichtigen. Die Rundfahrt endete mit einer RAD-Konferenz, an der Westermanns Vater teilnahm. Er schien sich sehr aufgeregt zu haben, am Telefon konnte Westermann die Bronchien seines Vaters pfeifen hören. Am Freitag, dem letzten Osteroder Schultag vor den Sommerferien, packte Westermann seine kleine Reisetasche, um mit dem Zug nach Düsseldorf zu fahren, von wo aus sein Vater eine gemächliche Wanderung durch die Eifel nach Maria Laach plante. Westermann, groß und kräftig, scherzte. Er wußte, sein Vater war nicht geländegängig. Er war soeben daran erinnert worden. Seine Bronchien funktionierten zwar, mehr schlecht als recht, aber die Ärzte untersagten Strapazen. Doch er freute sich auf die Gespräche unter Männern.

Als er am Sonntag, den 1. Juli, in Düsseldorf seinen Vater traf, erfuhr er von der Ermordung Röhms und seiner ganzen SA-Clique. Sein Vater war außer sich. Wortkarg bestiegen sie den Personenzug in die Eifel. Worauf wartete sein Vater? Zu Beginn der Woche rückte sein Vater mit der Sprache heraus. Er sagte, die Ermordung sei ein Verbrechen, ein Verstoß gegen die Verfassung, und eines deutschen Kanzlers unwürdig. Die Tat würde im deutschen Rechtswesen einen Aufstand provozieren. Ganze Regimenter von Staatsanwälten und Richtern würden sich nach München in Marsch setzen, um die Verbrechen zu untersuchen und Urteile zu fällen. Aber der Aufstand blieb aus.

Am Ende der Wanderung sagte sein Vater: „Vergiß alles, was ich gesagt habe. Machst du den Mund auf, wird man mich hängen. Ich glaubte, auf die Richter sei Verlaß. Aber diese Ratten sitzen in ihren Löchern und ertragen das Unrecht."

„Mach dir keine Sorgen, Vater, ich werde nicht vergessen, daß du mein Vater bist."

Später schimpfte sein Vater noch ein paarmal über die Richter, dann legte sich sein Zorn. Ganz andere Affären kamen auf sie zu.

In Pellau, einem kleinen hübschen Dorf zwischen dem Quellgebiet der Rominte und Herzogsrode, suchte Westermann für sich, seinen Pferdehalter und die Pferde ein Quartier mit Stallung und begann dann das Gelände zu erkunden. Die Feuerstellung für seine Geschütze mußte erlauben, die Angreifer mit weitreichendem indirektem Feuer zu belegen, aber ebenso gut die Panzer, falls sie auf die Stellung zufuhren, im direkten Schuß zu bekämpfen. Als die Batterie eintraf, hatte er gefunden, was er suchte, die „Pellauer Feuerstellung". Eine Delle hinter einer Pfeilpalisade, die Delle bewachsen mit Kusseln, Büschen niedriger Kiefern. Gut für den Bunkerbau. Trockene Erde. Der nahe Wald würde das Holz für die Bunker und die Geschützstände liefern. Und sie hatten noch etwas Zeit. All das erinnerte ihn an die *flêches* vor Borodino.

Es blieben ihnen bis zu dem russischen Großangriff am 13. Januar 1945 noch etwa 45 Tage. Er würde jeden Tag, jede Stunde von dieser Zeit nutzen. Zum Bauen, zum Munitionieren, zum Übungsdienst an den neuen Geschützen, zum Ermitteln von Entfernungen, dem Anlegen von Schießplänen. Der Rechentrupp würde zeigen, was er konnte. Die Strippenzieher würden einen Teil der Telefonleitungen unter die Erde legen. Niemand sollte ihnen vorwerfen können, es hätte an irgend etwas gefehlt. Und noch etwas tat er. Er richtete ein schwarzes Konto von Geschossen und Kartuschen ein. Nur wer organisieren konnte, hatte eine Chance zu überleben. Vorräte anlegen wurde zum Soldatenspiel.

15

Pferde. Wagen. Schaukeln. Reiterspiele. Bärenfang. Kognak. Machandel. Goldwasser. Ponarther Bier. Chianti. Ein Faß Pinot Noir. Ein letztes Mal drehte sich das Karussell. Immer schneller. Beide Seiten aufmarschiert. Die Waffen geladen. Die Rösser gesattelt. Die Lanzen eingelegt. Da durfte der Segen der Heiligen Barbara nicht fehlen. Die Division in Königsfelde zögerte. Das Artillerieregiment in Hartental wollte feiern. Die Soldaten hatten hart gearbeitet, Stellungen gebaut, Gräben gezogen, die Munitionsstapel mit Schutzwällen umgeben. Zuversicht kam auf. Die Division gab nach. Niemand wollte und wagte der Truppe zu erklären, daß sie alle längst von allen guten Geistern verlassen waren. In solchen Zeiten entsinnen sich die Gottlosen der Heiligen.

Santa Barbara, hilf!

4. Dezember 1944. Das Datum verweht. Die Nacht vergessen.

Das Artillerieregiment lud, wie schon vor einem Jahr am Wolchow, zur Barbarafeier ein, diesmal nach Hartental. Die Mannschaften erhielten in ihren Stellungen Extraportionen. Verpflegung, Getränke, Zigaretten. Feldpost traf ein. Es wurden Urlaubspläne angefertigt. Verheiratete würden zum Weihnachtsfest nach Hause fahren dürfen, Ledige kamen im Januar an die Reihe. Vielleicht. Der Januar war noch weit. In den Westen zu reisen verbot sich ohnehin. Die Amerikaner waren auf dem Vormarsch. Vielleicht kam es im Westen bald zu einem Separatfrieden. Vielleicht entschlossen sich die Amerikaner, sich mit den Deutschen zusammenzutun und sich dem Sturm im Osten entgegenzustemmen. Oder sollte alles sinnlos gewesen sein? Würde das alte Europa, Napoleons Maulwurfhaufen, auch das Neue Europa sein? Vielleicht, wie schon so oft, die Grenzen verschoben.

Wirklichkeitsverluste.

Hören Sie in Gottes Namen auf, solche Gedanken zu hegen. Ein Wort davon über Ihre Lippen und der Standrichter Flinder wird Sie an einer Kastanie hochziehen lassen. Hing man in Berlin nicht immer noch die Stauffenberger? Noch schlimmer. Sippenhaftung. Haftbarmachung der Angehörigen. Terrorgesetze gegen Familienmitglieder. Seien Sie still, Mann, sonst packt auch Sie das Gespenst des Mittelalters. Da mußten die Fahnenflüchtigen Jauche saufen.

Ein junger schlanker Leutnant vom Regimentsstab zog sich ein rotes Kleid an, den Busen mit Woilachwatte ausgestopft. Eine blonde Perücke auf dem Kopf. Ein ansehnliches Mädchen wurde draus. Hoch zu Roß, zur Linken ein Knappe, zur Rechten ein Reiterfähnrich, ein Kornett, ritten sie hinein in das Haus des Gefechtsstandes. Marschmusik. Mit bewegter Stimme huldigte der Regimentskommandeur der Heiligen. Trank auf das Wohl der Santa Barbara und der Artillerie und warf das Glas hinter sich wie in alten Kasinozeiten. Aber natürlich: Es lebe der Führer, das Volk und das Vaterland. So war die Beschwörung vollbracht und sie zechten und sie sangen. So laut, so unheimlich, so dunkel und so stürmisch war die Barbara-Nacht.

16

Als Westermann in die Nacht der Santa Barbara von Hartental über Herzogsrode nach Pellau ritt, vielleicht waren es zwölf Kilometer oder etwas mehr, und er brauchte im Schritt und Trab anderthalb Stunden, dachte er an die Oma in Osterode und an seine Familie. Da Erich Koch auf Hitlers Befehl immer noch den Abzug der Zivilbevölkerung untersagte, die Behörden in den Dienststellen festhielt, funktionierten auch die Telefonverbindungen noch. Doch mußte er davon ausgehen, daß in den Leitungen Lauscher saßen, Spione des Sicherheitsdienstes, die sich für die Ehre und die Treue interessierten. Er hätte seine Oma gern gewarnt, die Züge ins Reich fuhren noch, unpünktlich, aber man konnte sich Genehmigungen besorgen, um Fahrkarten kaufen zu können, und gelangte ins Reich. Potsdam wäre ein passender Ort. Die Familie dort würde sich der Flüchtlinge aus Ostpreußen annehmen. Warum scheute er das Risiko eines Anrufs in Osterode? Er kannte die Nummer auswendig. Vier – fünf – eins. Aber dafür benötigte er die Vermittlung. Die Telefonzentrale in Goldap. Und dort saßen die Leute vom Sicherheitsdienst. Saßen sie dort? Machte er nicht wiedermal aus Vermutungen Tatsachen? Und wenn es ein Risiko war, war seine Ehre, wenn noch ein Stück davon übrig geblieben war, nicht auch die Treue zu seiner Familie?

Er dachte auf diesem nächtlichen Ritt an so vieles. An das Mädchen Katja in der Lomme am Haff. An das Muschelparadies. Was war aus dem Mädchen, was aus der Lomme geworden? Wer würde das Mädchen warnen? Bald würde das Haff zufrieren. Hoffentlich schlug jemand Löcher in das Eis, um den Fischen das Atmen zu ermöglichen. Wer würde sich um das Boot und das Bootshaus kümmern? Er dachte an

„barba roja", den Rotbart, den er im Pogostjekessel zurückließ. Die Ehre verloren, die Treue gebrochen.

Der Hufschlag seines Pferdes dröhnte in den Ohren. Hatte das Oberkommando sie alle schon derart korrumpiert, daß er nicht einmal wagte, die alte, hilfsbereite Oma zu warnen? Sie hatte in seiner Schulzeit so viel Liebe und Geduld aufgebracht. Sie war so wunderbar treu im Dienste der großen Familie, so fleißig, aber auch so unbedarft. So naiv. Der Führer war für sie ein fremder Mensch, die Partei eine ferne Organisation. Sie würde durch Osterode streifen und der ganzen Verwandtschaft verkünden, er, das Jungchen, der Enkel Westermann, Offizier in der Ostpreußenstellung, habe angerufen und sie angefleht, sich in den Zug zu setzen und zu fliehen. Wohin? Nach Potsdam? In die Hölle der englischen Bomben? Ein mutloser Mann der Front hatte solchen Rat am Telefon erteilt. Was für ein Offizier war das?

Er rief nicht an.

Er warnte seine Familie nicht.

Die Ehre verloren. Die Treue gebrochen.

Hatte das System sie nicht alle benutzt? Benutzte sie noch? Auf Gedeih und Verderb?

17

Von der Post in Pellau aus wählte Westermann die Telefonnummer des Gutshauses in Elchenaue. Nur einmal meldete sich eine der zurückgebliebenen Frauen. Nein, der Ortsgruppenleiter sei nach Königsberg gefahren. Wann er zurückkomme, wisse man nicht. Doch werde er wohl zurückkommen, denn sein Pferd Domingo stehe im Stall des Gutshauses, ein Mann würde den Wallach jeden Vormittag bewegen. Ja, manchmal auch mit der Gig, wenn in Insterburg was abzuholen sei. Der Landpastor? Der sei weggezogen. Ja, das mit dem Friedhof, das sei wirklich eine merkwürdige Sache. Nein, das könne sie nicht erklären.

Westermann wäre gern einmal nach Elchenaue geritten. Aber wenn er nicht sicher sein konnte, den Ortsgruppenleiter anzutreffen, war es nicht sinnvoll, seine Batterie dem Oberwachtmeister Unruh zu überlassen, auch wenn Unruh ihn sehr wohl vertreten konnte.

Phantasie stillt den Hunger der Reichen, Liebe ist das Brot der Armen. Also nährten sich die Armen in Elchenaue von der Liebe zu den Menschen und zur Mutter Erde und gedachten stets der Toten, die sie zu Lebzeiten ins Herz geschlossen hatten. Das ganze lebende Elchenaue formierte sich sonntags zu einer Grabwächterarmee. Auf dem Friedhof von Elchenaue ruhte in Frieden und religiöser Harmonie ein buntes Völkchen. Die Evangelen, die Katholen, die Schriftbesitzer, die römischen Christen, die Juden, die Muslime. Gläubige und von den Insthäuslern, den polnischen Saisonarbeitern eingeschleppte Ungläubige hatten in früheren Zeiten für die Saison der Erntemonate Juli, August und September, für die Zeit des Kornschnitts, das Einbringen der Kartoffeln und die harten Wochen der Zuckerrübenernte eine multireligiöse Gemeinschaft gebildet. Die Insthäusler kamen und gingen, sah man von einem türkischen Muselmanen ab, der sich totgetrunken hatte und seit den zwanziger Jahren unter einem Grashügel zu Füßen der Feldsteinmauer des Friedhofs ruhte. Nun, so ganz genau wußte es niemand. Doch es hielt sich das Gerücht, es sei ein echter Muselman gewesen. „Man erzählt sich, Liebeskummer. Er vertrug den Wodka nicht."

„Nun sag' bloß."

So war also jeder Sonntag ein Totensonntag, denn der Weg zur Kirchentür führte vorbei an ihren Ruhestätten, und dort warteten sie an allen Wochentagen. Es gab auch Ausnahmen. Die Vermögenden fuhren zu den Ruinen der Ordensburg Balga und von dort hinaus durch die Haffenge von Pillau aufs Meer. Sie streuten die Asche in alle Winde, die sie vor Hunderten von Jahren hergetragen hatten, um hier zu siedeln und das Land fruchtbar zu machen. Nur die von Elchenaue-Balga hatten nahe der Kirche eine Gruft anlegen lassen, gleich einer Katakombe, die acht Verstorbene aufnehmen konnte. In diesen Monaten vermischten sich die Linien des Lebens und des Habens zwischen Arm und Reich. Das Schicksal des sich abzeichnenden Verlustes der Heimat schaffte eine *nouvelle égalité*, wie sie sich nicht einmal die Väter der französischen Revolution vorgestellt hatten. Eine *nouvelle égalité* und eine neue Brüderlichkeit. Die Armen und die Reichen gaben alte Bräuche auf und schufen sich neue Normen oder diese Normen kamen über sie wie das jüngste Gericht. Wo sich die Obrigkeit den Fakten verschloß, folgten die Untertanen elementaren Gesetzen.

Niemand vermochte später zu sagen, woher die Männer kamen und wer sie bestellt hatte. Eine Woche nach dem Fortgang des Landpastors rückten sie mit pferdebespannten Wagen an und richteten sich in den leerstehenden Häusern nahe der Kirche ein. Sie gaben vor, hier eine Weile wohnen zu wollen, aber sie wollten in Elchenaue nicht heimisch werden, denn das Dorf war gespenstisch leer bis auf ein paar

Mägde ohne Habe, die gehen konnten, wann sie wollten, und deren Gepäck leicht sein würde, denn Besitz war ihnen fremd.

Die Männer trugen Holz herbei und zündeten Feuer in den Kachelöfen und den Küchenherden, und sie sagten den Mägden, sie sollten die letzten Hühner und Enten einfangen und gegen Bezahlung ihr Essen bereiten. Wer die Männer auf dem Friedhof arbeiten sah, wußte, daß sie alle Kriegsverletzte waren, ausgespuckt von Hitlers Blitzkriegen und Fronten an allen Enden und Ecken, ausgenommen nur die Matrosen der U-Boote, die mit ihren lädierten Kähnen absoffen in eine Tiefe von zweitausend oder dreitausend Metern, wo sie vielleicht noch ein Weilchen lebten, bis ihnen der Sauerstoff ausging, ja, die ausgenommen, aber die hier waren wirklich alte Frontkämpfer, aus den Lazaretten mehr oder weniger geheilt entlassen und gerade eben noch geeignet für Pusselkram in den Fabriken und Handwerksbetrieben. Hier auf dem Lande nannte man solche Leute Alleskönner, wie der Johann Broschda es war, Alleskönner, Pusseleure, Installateure, Kesselflicker und Scherenschleifer und Aufseher bei den Zwangsarbeitern.

Nur einer von ihnen war ein ausgebildeter Handwerker, ein Schweißer. Er war vor Wolchowstroj auf eine Mine gelaufen und hatte ein Bein verloren. Er konnte schlecht laufen, die Beinprothese klapperte besser als sie den Mann trug. Der Schweißer kam auf einem Einspänner ins Dorf und ließ von den Männern eine Gasflasche, eine Sauerstoffflasche und ein Schweißgerät mit zwei Schläuchen, einer schwarz, einer rot, abladen und auf den Friedhof tragen. Vorsicht, Leute. Dreht nicht an den Hähnen.

Ein paar Tage später trafen die Särge ein, die er in Insterburg aus Eisenblech zusammengeschnitten hatte. Die Männer, die die Gräber und die Katakombe geöffnet hatten, legten die sterblichen Überreste und Erde von Elchenaue in die

Blechkästen. Der Schweißer schloß die Särge mit rechteckigen Schweißnähten und hämmerte in eine Ecke der Deckel die Namen der Toten. Dann luden die Männer die Särge auf große Wagen.

An einem Sonntag zogen sie ab. Die Mägde warteten ein paar Tage, dann wagten sie sich auf den Friedhof und sie sahen, daß sich von einem bißchen frischer Erde abgesehen nichts geändert hatte. Die Männer hatten die Gräber wieder geschlossen, die Grabhügel ordentlich aufgeschichtet und die Pflanzen auf die alten Plätze gesetzt. Die Grabsteine standen da, wo sie schon immer gestanden hatten, und die eingravierten Namen gaben an, wer dort lag. Aber die sich dort von den Mühen und der Arbeit bis in alle Ewigkeit ausruhen wollten, waren erneut auf die Wanderschaft gegangen wie Ahasver, der ewige Jude, der bis zur Wiederkehr Christi umherirren mußte.

Eine ältere Magd sagte, während sie durch die Reihen der Gräber gingen: „Die Leute von Elchenaue nehmen ihre Toten mit."

„Ja, du hast recht. Aber wohin?"

„Wer weiß, wohin. Was weiß der Wanderer, wohin ihn die Füße tragen."

„Aber diese hier haben keine Füße mehr, nur noch Gebein."

Darauf wußte die alte Magd keine Antwort. Sie schwieg eine Weile. Am Friedhofstor sagte sie schließlich: „Jetzt ist es an der Zeit, daß auch wir gehen."

„Ja, laßt uns alle gehen", meinte die jüngere.

Vom Himmel fiel ein leichter feinflockiger Schnee. Er reichte gerade eben aus, um den verlassenen Friedhof mit einem weißen Organzaschleier zuzudecken.

18

Am 13. Januar 1945, bei anhaltend leichtem Schneefall und Frost, begann der lang erwartete Großangriff. Die Dritte weißrussische Front hatte den Dauerfrost abgewartet, um für die Panzer festen Untergrund zu haben. Der Angriff begann um sieben Uhr morgens mit einem infernalischen Feuer aller schweren Waffen auf die während des Herbstes und des Winters ausgehobenen Stellungen.

Zehn Wochen lang gingen die Menschen in diesem Land in jeder Minute, in jeder Stunde, an jedem Tag und in jeder Nacht, tausendmal, den Weg nach Golgatha. Von Tag zu Tag wurde ihr Kreuz schwerer und drückender. Und es war nicht ein einziger Mensch unter ihnen, dem der Krieg nicht eine Krone von Dornen geflochten hätte.

Zwei russische Heeresgruppen hatten die Aufgabe erhalten, die deutsche Front aufzureißen und die einzelnen Kampfeinheiten gegen das Haff und gegen die offene See zu drücken. War dies erst einmal gelungen, so rechnete man damit, größere Gruppen, Menschen und Material, vernichten oder gefangennehmen zu können. Beide Parteien wußten, daß es unmöglich sein würde, ganze Regimenter oder Divisionen einzuschiffen, wenn das Angriffsziel der russischen Heeresgruppen, die offene See, erst einmal erreicht war. Darüber wurde in den deutschen Lagern und Bunkern nicht oder kaum gesprochen, den Kommandeuren war es untersagt worden, die Truppe über die wahren Begebenheiten zu unterrichten. Den Offizieren und Soldaten wurden tagtäglich Strafen angedroht, falls sie Zweifel am Endsieg äußerten. Unter den älteren Kommandeuren, Generälen und Obristen waren auch Offiziere, die den Ersten Weltkrieg mitgemacht hatten und die die Meuterei der Marine auch jetzt noch als Schmach des Kaiserreichs empfanden. Eine Meuterei sollte es nicht noch einmal geben, da mußte man die Augen offen halten und den Anfängen wehren. Da niemand wußte, wer Freund und Informant der NS-Führungsoffiziere war, blieb jedermann mit seinen Zweifeln allein. Doch schon das zweistündige Trommelfeuer auf alle Stellungen der Vierten Armee bestätigte die Erfahrung des Jahres 1944, das Oberkommando des deutschen Heeres hatte die Kräfte der Armeen verbraucht, Menschen und Material schwanden dahin, während der Gegner über unerschöpfliche Reserven zu verfügen schien. Da sollte die Partisanin vom Eichwalder Forst recht behalten. Fünfzigtausend feindliche Kanonen.

Infanterie und Artillerie wechselten täglich die Positionen. Die Soldaten leisteten tagsüber hinhaltenden Widerstand, des Nachts, wenn auch die Batterien der Dritten weißrussischen Front ihre Geschütze nach vorn schafften, marschierten die übermüdeten Landser in neue Auffangstellungen, die sich mehr und mehr dem Haff näherten. Nun endlich erklärte sich Erich Koch mit der Räumung der Dörfer und der Flucht der Zivilbevölkerung einverstanden. Zu spät und nicht mehr organisierbar. Auf den Rückzugsstraßen vermischten sich die Flüchtlingsströme mit den militärischen Kolonnen. Das zugefrorene Haff verwandelte sich für die Alten, die Veteranen, die Frauen, die Kinder, Roß und Wagen in eine Straße der Hoffnung. Die Kriegsmarine begann, die Flüchtlinge aufzunehmen und nach Schleswig-Holstein zu schaffen. Die Iliade von den Seetransporten wird noch in ferner Zukunft das hohe Lied von den Matrosen singen.

Der Versuch der Vierten Armee unter General Hoßbach, nach Westen durchzubrechen und einen Teil der Flüchtlingstrecks hinter sich herzuziehen, endete mit der Ablösung Hoßbachs durch General F. W. Müller am 30. Januar. Diese Entscheidung Hitlers wirkte sich verheerend auf den Kampfeseifer der Truppe aus. Offenbar hatte man im Führerhauptquartier den Bezug zu den Realitäten des Krieges völlig verloren. An die Stelle eines Generals, der den Soldaten bekannt war und einen hervorragenden Namen hatte, trat doch wahrhaftig ein unbekannter Erfüllungsgehilfe des Führers, von dem nun jedermann erwartete, daß das Verheizen der Divisionen begann, wie Hitler es sich für seine Götterdämmerung vorstellte. Das Gespenst von Stalingrad meldete sich aus dem Januar 1943 zurück. Die Tatsache, daß Hitler General Hoßbach mitten im Fluß vom Pferd stieß und an seine Stelle einen braven Gefolgsmann setzte, bewirkte aber auch, daß sich die Zügel des bedingungslosen Gehorsams lockerten. Kampfdetails entschied von nun an die Truppe selbst, ging's ums Überleben, ums Sterben, ums Geopfertwerden, so wollte man nicht bedingungslos gehorchen, man wollte auch seinen Verstand gebrauchen und seine Erfahrung zur Geltung bringen.

„Wer hat das befohlen? Das Rattenpack in Berlin? Mann, hören Sie nicht hin."

19

Kriegstagebuch des Oberkommandos der Wehrmacht.

Lagebuch 31. Januar 1945.

Ostpreußen: Bei Mühlhausen (an der Chaussee Königsberg – Pr. Eylau) Abschuß von 46 Panzern. Bei Wormditt kam der Gegner voran. Die 4. Armee zieht sich jetzt (nach Ablösung Hoßbachs) in die Heilsberg-Stellung zurück. Starke feindliche Angriffe südlich Königsberg, die jedoch meist abgewiesen werden. Die Panzergrenadier-Division „Groß-Deutschland" ist jetzt bei Königsberg eingetroffen. Bei Angriffen südlich der Stadt wurden 26 Panzer abgeschossen. Nördlich Königsberg stieß der Gegner vor. Neuer Einsatz des Kreuzers „Prinz Eugen" vor Cranz wurde durch Schneefall behindert. Für Königsberg hat die Kriegsmarine stark be

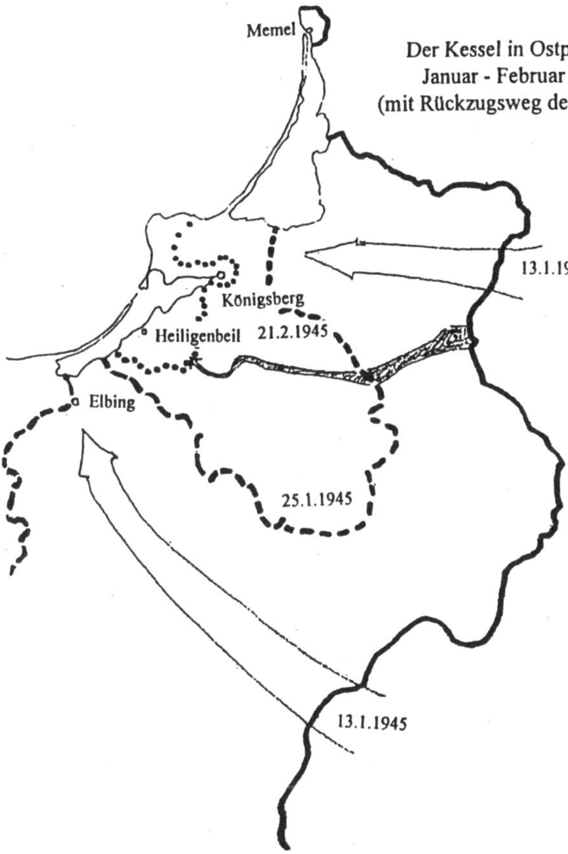

Der Kessel in Ostpreußen
Januar - Februar 1945
(mit Rückzugsweg der 21. Div.)

stückte Artillerie-Träger bereitgestellt. Wegen des schlechten Wetters Stau bei Pillau und Königsberg. Über See werden zur Zeit 20.000 Flüchtlinge abtransportiert. Es ist nicht möglich, alle Schiffe ausreichend zu sichern. Infolgedessen gelang es einem feindlichen U-Boot, das Kraft-durch-Freude-Schiff „Wilhelm Gustloff“ mit 5.500 Menschen an Bord, darunter 3.300 Flüchtlinge, zu versenken. 200 Menschen konnten gerettet werden.

20

Von Landsberg lief eine Landstraße über Blumstein – Lichtenfeld – Groß-Hasselberg – Groß-Lütkenfürst – Eisenberg unmittelbar nach Heiligenbeil. Westermann kannte diese Straße. In Lichtenfeld hielten die Personenzüge von Wormditt und Mehlsack nach Zinten und Königsberg. Die Personenzüge führten hinter einer Schlepptenderlokomotive einen überdachten Güterwagen für Säcke, Körbe und Fahrräder. Dem Güterwagen folgte ein Personenwagen der ersten und zweiten Klasse, die sich anschließenden Personenwagen gehörten ausschließlich zur ungepolsterten dritten Klasse. Den Schluß bildete der Postwagen. In Lichtenfelde lud er häufig sein Fahrrad aus, um zum Rosenberger Hafen zu gelangen. In der ersten Zeit, als sie für das Bootshaus und die Ausrüstung der Lomme viel Material brauchten, das von Mohrungen oder aus Königsberg kam, hatten sie aber auch Pferdewagen gemietet, mit einem Kutscher und einem Gehilfen für das Auf- und Abladen der Bretter, Balken und Holzmöbel.

Als Hauptmann Westermann den Befehl erhielt, im Raum Groß-Lütkenfürst eine neue Stellung zu beziehen, befahl er seinem Vorauskommando, am Nordrand des Dorfes ein Gehöft zu suchen, wo die Leute ein paar Stunden Schlaf fanden und die Pferde versorgt werden konnten. Er gab sein Pferd Johann Broschda und sagte ihm, er solle sich zusammen mit seinem Pferdeburschen dem Vorauskommando anschließen und die Pferde schon in ein trockenes Nachtasyl stellen. Die Nachtruhe werde nicht lange währen. Er trug dem Kommando auf, ihn und die Batterie am Dorfausgang nach Hanswalde zu erwarten. Die ganze Gegend erwies sich als von Flüchtlingen verstopft, und jede russische Granate, jedes Störfeuer bewirkte Tote und Verwundete. Die Lage wirkte chaotisch. Sie war chaotisch.

Vor dem zweiten Geschütz stürzte ein erschöpftes Zugpferd auf dem vereisten Kopfsteinpflaster.

„Oberwachtmeister Unruh zum zweiten Geschütz."

Westermann stieg ab und befahl den anderen Fahrzeugführern schon vorzuziehen. „Abstände vergrößern."

Unruh kam. Sie erlösten das Pferd von seinem Geschirr und halfen ihm auf die Beine. Sie spannten ein Ersatzpferd ein. Als das zweite Geschütz wieder fahrbereit war, trat ein Mann an sie heran und hob eine brennende Stalllaterne in Kopfhöhe. „Hauptmann Westermann?"

„Ja. Hier."

„Na endlich. Ich suche Sie seit Tagen."

„Freut mich wirklich, Sie wiederzusehen", sagte Westermann. „Sie haben doch hoffentlich nicht Ihre schöne Pianistin mitgebracht?"

„Nein. Hannah Bialla zieht es vor, zunächst in Königsberg zu bleiben", erwiderte der Ortsgruppenleiter.

Einer vom Vorkommando bezweifelte, daß es so leicht sein würde, die ganze Mannschaft in Häusern unterzubringen. Vielleicht in Ställen, Scheunen, Remisen. Die Nacht würde bitter kalt werden. Die meisten Häuser waren schon belegt.

„Dürfen wir in den Kachelöfen Feuer machen?"

„Wer viel fragt, kriegt viel Antwort."

„Wie geht es Ihnen, Hauptmann?“

„Beschissen“, meinte Westermann. „Sehen Sie die Zivilisten! Sehen Sie die Soldaten! Wir kämpfen hier nur noch ums nackte Überleben.“

Der Ortsgruppenleiter war immer noch Geist vom Geiste Erich Kochs. „Gibt es Befehlsverweigerungen?“

„Nein.“

„Fahnenflucht?“

„Nein“, wiederholte Westermann. „Wozu auch? Flucht in das eisige Wasser des Haffs? Hat der Gauleiter Sie hierhergeschickt, um das herauszufinden?“

„Würden Sie’s tolerieren?“

Westermann konnte sich nicht vorstellen, daß einer seiner Leute abhaute. Und wenn, sollte er doch versuchen, seine Haut zu retten. Hier gab es nichts mehr zu gewinnen. „Es würde mich nicht kratzen.“

„Es klingt nicht gut“, meinte der Ortsgruppenleiter.

„Und was machen Sie hier?“

Der Ortsgruppenleiter suchte in der Dunkelheit irgendein unsichtbares Ziel. „Ich sagte es doch. Ich habe mich zu Ihnen durchgefragt.“

„Warum zu mir?“ Westermann schüttelte mehrmals den Kopf. „Die ganze vierte Armee ist nur noch eine Schimäre.“

Der Ortsgruppenleiter senkte die Stalllaterne, löschte aber nicht den brennenden Docht. „Stellen Sie sich vor, in Königsberg haben sich über dreihundert Ortsgruppenleiter und Parteigenossen eingefunden.“ Westermann konnte nicht erkennen, ob der Ortsgruppenleiter sein Gesicht verzog oder lächelte. Schien mehr ein Gelächter zu werden. „Wollten Erich Koch um einen neuen Arbeitsplatz bitten. Aber der Gauleiter hat nichts mehr zu vergeben. Er hat uns Genossen geraten, uns an der Front einen Platz zu suchen. Da erinnerte ich mich Ihres Versprechens. Ein warmes Plätzchen für vier neue Feldhaubitzen.“

Na, das war's also. „Hier gibt es keine Hängematten."

„Ich bin sehr müde, Hauptmann", sagte der Ortsgruppenleiter.

„Erfolge hätten Sie beflügelt. Die Niederlagen haben Sie müde gemacht."

Die Batterie war an ihnen vorbeigezogen. Es wurde Zeit, daß sie folgten.

„Sie sagten, Sie würden mir helfen, sollte ich jemals Ihre Hilfe brauchen." Seine Arme hingen glatt herab. Die rechte Hand hielt den Drahtbügel der Stalllaterne. „Falle ich, spielt meine Parteiuniform keine Rolle. Gerate ich verwundet in Gefangenschaft, wird man in mir einen Kommissar vermuten. Alles, was ich brauche, ist eine Soldatenuniform."

„Und was können Sie?"

„Ich kann mit einer Maschinenpistole umgehen", antwortete der Ortsgruppenleiter, „nicht sehr gut, aber immerhin. Außerdem habe ich in der Gig ein paar Panzerfäuste. Die Dinger gefallen mir. In Königsberg haben wir sie an Beutepanzern ausprobiert. Klappt perfekt. Der Ausbildungsleiter sagte, nun schwärmt mal schön aus und tut eure Pflicht. Ich denke, ich werde meine Pflicht tun." Er lud Westermann in die Gig ein, um der Batterie zu folgen.

„Und Domingo?" fragte Westermann.

„Ganz der alte. Sieht immer noch nichts. Blinde Pferde sind sehr unerschrocken, sagten Sie doch, oder?"

Westermann trug dem Hauptwachtmeister auf, aus dem Ortsgruppenleiter einen Soldaten zu machen. Der Hauptwachtmeister wählte aus den Soldbüchern verwundeter oder gefallener Soldaten der Batterie einen Unteroffizier Erwin Crantz aus, geboren in Elbing, ausgebildet in Mohrungen, Eisernes Kreuz zweiter Klasse und Verwundetenabzeichen. Crantz bekam keine Erkennungsmarke, zaubern konnte der Hauptwachtmeister nicht. Sollte es den Ortsgruppenleiter erwischen, würde er als unbekannter Soldat verscharrt werden. Doch die Uniform aus der Kleiderkiste saß gut und das Koppel hielt den Mann zusammen.

„Sie übernehmen die Melder des Batterietrupps“, sagte Westermann. „Sie werden an meiner Seite kämpfen. So eine Art Leibwächter. Bis daß der Untergang der Armee uns scheidet. Wenn Sie wissen, was ich meine. Und vereidigen muß ich Sie jetzt auch noch.“

„Ich bin vereidigt“, wehrte der Ortsgruppenleiter ab.

Westermann konnte sich das denken. Aber einen Jux wollte er sich doch machen. „Auf wen, Menschenskind?“

„Auf den Führer, Herr Hauptmann.“ Zum erstenmal stand er vor Westermann stramm.

„Armes Schwein“, sagte Westermann.

„In der Partei würde man Ihnen so was übelnehmen.“

„Sie sind hier nicht in der Partei, Unteroffizier Crantz.“

21

Auf der Generalstabskarte der Armee bildete die Hauptkampflinie jetzt die Form eines faulen Apfels in der Obstwiese vor dem Haff. Der Stengel des Apfels krümmte sich über der Straße der Flüchtlinge, von Deutsch-Thierau über Rehfeld, Thomsdorf, Heiligenbeil nach Rosenberg. Der Name Rosenberg fiel immer häufiger. Hörte Westermann den Namen, dachte er an den Sommer am Haff, an die Lomme, an das Mädchen Katja, das sich an seinen Rücken schmiegte. Was war aus ihr geworden?

Zwischen Lichtenfeld und Groß-Lütkenfürst liegt das Dorf Gottesgnade. Um dieses Dorf entbrannte ein heftiger Kampf. Und weil es der Infanterie und den Pionieren gelang, die siegverwöhnten Rotarmisten ein ganzes Stück zurückzuwerfen, mußte die Erste Batterie einen Stellungswechsel nach vorn machen. Es war eine stockdunkle und kalte Nacht, man sah die Hand vor den Augen nicht. Vor ihnen rumorte ein verirrter russischer Panzer, ein T-34. Hing fest an der Straßenbrücke über die Warne, einem zugefrorenen Bach auf morastigem Untergrund. Wer aber den Kopf hob und gen Himmel blickte, der sah den Erlkönig mit blinkender Krone und Feuerschweif dicht unter den Wolken die galoppierenden Hexen jagen.

Der Hauptwachtmeister hatte sich betrunken, nun wollte er sich vor der Batterie nüchtern laufen. Er hörte den Dieselmotor des T-34 aufheulen, die Panzerketten mahlten auf dem eisglatten Kopfsteinpflaster und den Trümmern der Brücke. Der Hauptwachtmeister schaltete eine Taschenlampe ein und bot an, den vermeintlichen Panzergrenadieren aus der Patsche zu helfen. Sie erkannten den deutschen Wachtmeister und schossen mit Maschinenpistolen auf ihn. Er starb sofort im Kugelhagel. Der Fourier, der an seine Stelle rückte, bestimmte vier Männer, die den Hauptwachtmeister begraben sollten.

Westermann stoppte die Batterie und befahl, sich absolut ruhig zu verhalten. Er ließ sich vom Unteroffizier Crantz eine Panzerfaust reichen und flüsterte ihm zu, sie würden beiderseits der Chaussee den Bäumen entlang auf den Panzer zugehen und auf Zuruf die Panzerfäuste zur gleichen Zeit zünden. Beide Fäuste trafen, eine von vorn, die andere prallte auf die Flanke. Der Panzer brannte. Die Munition explodierte. Die aus dem Stahlgehäuse ausbrechenden Flammen beleuchteten die Straße. Sie mußten eine Weile warten, bis sie in Richtung Lichtenfeld weitermarschieren konnten.

Als sie sich knapp vor dem menschenleeren Dorf befanden, sah Westermann auf der Chaussee ein paar Männer stehen. Davor, im Schein der Flammen kaum zu erkennen, einige Feldgendarmen mit ihren Gewehren im Anschlag. Da sie immer noch zur Front vorrückten, befürchtete Westermann Partisanen mit deutschsprachigen Dolmetschern. Er blieb stehen, ließ seine Männer anschließen und gab Broschda und Unteroffizier Crantz ein Zeichen. Gefahr. Die Soldaten, die jetzt bei ihm waren, verteilten sich über die Chaussee und die Äcker links und rechts, und sie entsicherten ihre Gewehre und Maschinenpistolen.

„Hier Hauptmann Westermann, Chef Erste Batterie Artillerieregiment einundzwanzig. Wer sind Sie?"

„Feldrichter Kaminski vom Standgericht Flinder. Haben Sie Ihre Stellung aufgegeben, Hauptmann?"

„Wir haben Befehl, eine neue Stellung zu beziehen", sagte Westermann.

„Kann ich den Befehl sehen, Hauptmann?"

„Können Sie nicht, Richter", antwortete Westermann, „der Befehl wurde mündlich erteilt. Wenden Sie sich an Major Hut, meinen Abteilungskommandeur."

„Bleiben Sie, wo Sie sind, ich frage über Sprechfunk bei der Armee nach."

„Tun Sie das", meinte Westermann leichthin, „aber lassen Sie uns weitermarschieren. Ich muß bis zur Morgendämmerung in der neuen Stellung sein, sonst wird meine Batterie eine leichte Beute der russischen Kampfflugzeuge."

„Lassen Sie das meine Sorge sein, Hauptmann."

„Ich glaube nicht, daß das Ihre Sorge sein wird, Richter. Sind wir uns in Rußland schon mal begegnet?"

Er bekam keine Antwort.

Sie sahen an einem Chausseebaum zwei barfüßige Soldaten hängen. In dem brennenden Panzer hatte eine explodierende Kartusche das Motorenöl entzündet, die Flammen fauchten und brüllten und leckten an dem Stamm und den Ästen des nahestehenden Baumes. Der Schein der Flammen quoll hoch aus dem Raum hinter ihm und beleuchtete das Standgericht. Und Westermann sah, daß zu Füßen der Gehängten ein Soldatenpfarrer stand und betete. Die jungen Männer gehörten zu seiner Armee und er dachte, er müsse die Leichen von den Stricken befreien.

„Hören Sie, Richter, wir sind in Eile. Uns bleibt keine Zeit zu warten.“

„Keine Sorge, Hauptmann, wir müssen das, was Sie tun werden, und das, was ich zu tun habe, auf einen Nenner bringen. Bleiben Sie, wo Sie sind, in dieser Situation rangiert die Disziplin der Truppe vor Ihrem verständlichen Wunsche, zu marschieren, wohin marschieren zu müssen Sie vorgeben.“

„Mein Regiment gibt vor“, erwiderte Westermann.

„Nicht Sie, ich bin der Richter.“

Da verlor Westermann die Geduld. Eine weitere Verzögerung bedeutete Gefahr für seine Leute. Er trug die Verantwortung. Die russischen Bombenflugzeuge hatten schon eine Menge Schaden angerichtet. Es bereitete dem Richter Schwierigkeiten, mit der Armee in Funkkontakt zu treten. Er hätte sich besser an die Division gewandt, aber er kannte die Frequenz nicht. Zudem war Westermann ganz sicher, daß die Division anderes zu tun hatte, als mitten in der Nacht auf Empfang zu bleiben. Und wer, zum Teufel, kannte im Armeeoberkommando einen Hauptmann Westermann? Kannte ihn aber jemand, wie wollte dieser jemand Auskunft darüber geben, ob Westermann sich wider einen Befehl absetzte, vorschnell zurückmarschierte oder vorrückte, seine Feuerstellung vorverlegte, der angreifenden Infanterie folgte? War es nicht vielmehr so, daß der Richter Willkür übte? Er, Westermann, warf dem Standgericht vor, nicht zu wissen, was es tat. Das Standgericht warf ihm vor, nicht zu wissen, was vorn, was hinten war, und dort, wo er war, nicht zu tun, was er tun konnte oder tun mußte.

Der Tod seines tüchtigen Hauptwachtmeisters schmerzte ihn, um jeden Gefallenen trug er Trauer. Er konnte hier zwischen dem Standgericht und dem brennenden Panzer nicht stehen bleiben, er mußte weitermarschieren.

„Was haben die Jungens da oben verbrochen?“

„Nicht der Rede wert“, sagte der Standrichter Kaminski. „Feiglinge.“

„Ich bestehe darauf, sie herunterzuholen.“ Westermann fackelte nicht lange. Er befahl den Fahrern des B-Wagens vorzufahren und den Wagen unter den Gehängten zum Stehen zu bringen. „Trennt die Seile durch.“

Seine Leute packten die Toten, legten sie auf die Straße und deckten sie mit einem Woilach zu.

Einer der Feldgendarmen hob den Lauf seines Karabiners. Es fielen Schüsse. Mehrere Schüsse kurz hintereinander. Ebenso rasch wieder Stille. Das Schlagen und Pfeifen der Flammen, das Knattern der platzenden MP-Patronen im Panzer wurden wieder lauter. Die russische Artillerie hatte den brennenden Panzer als Ziel vermessen und begann, die Straße und die eingebrochene Brücke über die Warne mit Granatfeuer zu belegen.

Der Richter fiel auf das Kopfsteinpflaster. Sein Funkgerät schnarrte noch eine ganze Weile.

Westermann sagte den Feldgendarmen, wer wolle, könne in seine Batterie eintreten und bei ihm Dienst tun. Wer dies nicht wolle, solle seine Waffe abgeben und zum Armeeoberkommando marschieren. Dann befahl er dem Fourier, die Gehängten und den Richter zusammen mit dem Hauptwachtmeister in ein eilig ausgehobenes Grab zu legen.

Der Soldatenpfarrer schlug den Mantelkragen hoch und zog die Feldmütze tiefer ins Gesicht. „Ich friere“, murmelte er. „Wir beginnen, uns gegenseitig umzubringen. Und Gott sieht uns, und er sieht, daß es gut ist, so steht es in der Bibel geschrieben.“ Er schubberte sich in seinen Kleidern, um die Kälte abzuschütteln. Er blieb noch ein paar Minuten bei Westermann stehen, denn er wußte nicht, wohin er gehen sollte. Ihm war nicht klar, wo er sich befand, und die Himmelsrichtungen konnte er nicht deuten. Gern hätte er sich der Batterie angeschlossen. Dieser Hauptmann schien ein Ziel zu haben. Die Batterie zog an ihnen vorüber, Geschütz um Geschütz, Munitionswagen hinter Munitionswagen. „Der Herr segne Sie, Hauptmann, und er behüte Sie.“ Nach einer Weile fuhr er fort: „Wenn Sie mich fragen, so versichere ich Ihnen, die beiden jungen Soldaten, die der Richter hängen ließ, waren arme Schweine.“

„Ich frage Sie nicht, Herr Pfarrer“, sagte Westermann, „ich habe mir abgewöhnt, Fragen zu stellen.“

„Der Richter warf den Jungens vor, sich von der Truppe entfernt zu haben. Da verlange das Kriegsrecht von ihm als Standrichter, die Leute zu hängen, um den Zusammenhalt der Truppe zu gewährleisten.“

„Ich will davon nichts wissen“, wehrte Westermann ab.

„Warum das denn?“

„Wir haben nichts mehr zu verlieren“, antwortete Westermann, „es ist vorbei.“ Dann ging er neben den Fahrzeugen her, um wieder die Spitze seiner Batterie zu erreichen. Und er dachte an den Hauptwachtmeister, der all die Jahre in Rußland hindurch ein guter Mann und ein tapferer Soldat gewesen war und der sich gewünscht hatte, irgendwann einmal wieder nach Hause zu kommen. Nach Ostpreußen. Und nun war er zu Hause angelangt.

22

Es war an einem der letzten Tage des Februar, als die Division in einiger Entfernung von der Autobahn Königsberg – Elbing eine neue Auffangstellung bezog. Die Autobahn lief etwa fünfzehn Kilometer vom Ufer entfernt, parallel zur Küste. Diese neue Linie stellte die letzte Möglichkeit dar, einen verteidigungsfähigen Brückenkopf diesseits des Haffs aufzubauen.

Noch lag der Schnee fußhoch über dem gefrorenen Boden, wenn auch die Periode des strengen Frostes vorüber war. Lediglich auf den Straßen war nichts mehr vom Winter zu spüren. Die Trosse und dann die Kompanien und pferdebespannten Batterien mit ihren langen Munitionskolonnen hatten den Schnee und die Straße zerstampft. Nur des Nachts fiel die Quecksilbersäule noch unter minus zehn Grad.

Die Batterie war bis auf die Fahrer abgesessen. Vor ihren Geschützen stiefelten die Kanoniere einher. Einige trugen schwere Übermäntel, andere begnügten sich mit langen Wollschals, die sie um den Kragen der Feldbluse geschlungen hatten. Irgend jemand hatte überflüssigerweise Fliegermarschtiefe befohlen, obwohl es schon zu dunkeln begann. Die Batterie zählte jetzt noch knapp einhundertzwanzig Mann, und das bedeutete mehr als dreißig Mann Verlust. Der Geländegewinn bei Gottesgnade hatte nicht lange gehalten werden können. Wo sich hartnäckige Widerstandsnester bildeten, massierte die russische Artillerie ihr Feuer in einem solchen Maße, daß sich die eigenen Infanterieeinheiten rasch aufgerieben sahen. So zog Westermann von Gottesgnade erneut nach Groß-Lütkenfürst, um nördlich der Straße Lichtenfeld – Heiligenbeil eine Feuerstellung zu beziehen.

Im Ablauf der Gefechte hatte sich kaum etwas geändert, sah man davon ab, daß sich das Tempo eines jeden Stellungswechsels von Tag zu Tag erhöhte.

Seit der Rominter Heide glichen sich die Bilder. Tagsüber wurde herumgeschossen, bei Anbruch der Dunkelheit aufgeprotzt und zurückmarschiert, bis die Division befahl: Das Ganze halt, das Ganze kehrt. Dann protzten sie die Geschütze wieder ab, schwenkten die Rohre in die Richtung, aus der sie gerade kamen, und warteten darauf, bis die Rotarmisten sich in den Häusern einnisteten, in denen sie eben noch selbst müde, schmutzig und erschöpft, von einer einzigen, ruhigen Nacht, von einer einzigen ganz und gar durchschlafenen Nacht geträumt hatten. Wenn dann der Qualm, der aus den Schornsteinen aufstieg, anzeigte, daß die Kameraden da drüben die Stuben aufwärmten, dann wurde hier an der Abzugsleine gerissen und ihnen ein Gruß hinübergeschickt. Es hatte keinen Zweck, darüber nachzudenken, daß man die eigenen Häuser verwüstete und die eigenen Scheunen ansteckte.

Dawai, nach dem Kriege werden wir alles besser und schöner wieder aufbauen. Na also!

Von der neuen Feuerstellung nördlich Groß-Lütkenfürst aus gelangte man in einer halben Stunde zur Elektroschneise. Sie war ein breites, in den Wald hineingehauenes Band, aus dessen Boden die Zementklötze mit den eisernen Pfeilern der Überlandleitung aufragten. An dieser Hochspannungsleitung entlang hätte man mit einem gewaltigen Fernglas bis ins Herz von Königsberg sehen können. Aber wahrscheinlich wäre das kein Vergnügen mehr gewesen.

Verließ man die Elektroschneise in Richtung Front, so gelangte man nach etwa anderthalb Kilometern an die parallel zur Front verlaufende Chaussee. Von hier aus öffnete sich das Gelände zu einer großen, sanft ansteigenden freien Fläche, die sich erst hinter der Höhe einhundertfünfunddreißig wieder der Beobachtung entzog. Über die Höhe einhundertfünfunddreißig lief die Hauptkampflinie. Auf der Höhe selbst sollte ein starker Stützpunkt der Infanterie placiert werden. Etwa siebenhundert Meter diesseits der Höhe, also zwischen dem Punkt einhundertfünfunddreißig und der Chaussee, lag das Gut Schönwalde. Hier richtete sich der Bataillonsgefechtsstand ein, dorthin hatte der Kommandeur des Artillerieregimentes den Chef der Ersten Batterie mit seiner Beobachtungsstelle befohlen.

Der Befehl, den der erste Generalstabsoffizier der Division in die Maschine diktiert hatte, wog genau zweiunddreißig Gramm, und doch wog kein Gewicht der Welt ihn auf. Dieser Befehl schickte zehntausend Mann in die vordersten Schützenlöcher, in Feuerstellungen, Gefechtsstände, Riegelstellungen, Verbindungszonen, Kommandostellen, auf Verbandsplätze und Nachschubstationen. Dieser Befehl war preußisch genau gegliedert, in Abschnitte eingeteilt, beziffert und markiert. Dieser Befehl entsprach mit jedem Satz, jedem Wort, mit jeder Anweisung der alten preußischen Schule. – Ausgenommen die Bemerkung, daß jeder einzelne und in ihrer Gesamtheit die Division bis zum letzten Mann kämpfen müsse. An dieser Stelle, auf diesem Felde der Ehre, habe man zu stehen und zu fallen.

Diese wenigen Worte vom letzten Mann und der letzten Patrone, die da schwarz auf weiß im Befehl standen, wogen nicht ein halbes Gramm, und doch waren sie unermeßlich schwer.

Obwohl die Männer erschöpft, müde, mißmutig und bis zur Herzspitze krank waren, horchten sie bei diesen Worten über das Stehen und Fallen auf, als habe sie etwas grauenhaft Sinnloses angehaucht. Stumm hoben sie ihre Köpfe und schauten suchend nach einem Cäsar, einem Feldherrn aus, den die Götter liebten, der sie verstand, der zu siegen und der ihre Hingabe zu deuten wußte. Aber da war niemand, der diese Menschen führen konnte. Sie spürten es, und sie wunderten sich nicht, daß ihnen vor Wut die Tränen in die Augen kamen.

Westermann bestimmte die Feuerstellung der vier Geschütze und teilte die Funktrupps für die Beobachtungsstelle und für den vorgeschobenen Beobachter ein. Dieser Beobachter sollte sich auf der Höhe einhundertfünfunddreißig zusammen mit der Infanterie eingraben und von dort aus das Feuer leiten. Der Einsatz der Batterie, das Ausgraben der Geschützstände, das Einfahren der Munition, all das geschah schnell, ja überhastet und nervös, so wie die Männer seit Wochen die Feuerstellungen einrichteten und für sich selbst die notwendigsten und notdürftigsten Deckungslöcher in den gefrorenen Boden schlugen. Die Funker hasteten zum Gut Schönwalde, als seien die Russen schon dorthin unterwegs und könnten ihnen zuvorkommen. Westermann bestieg nach einer knappen Stunde den Pferdewagen und jagte durch die vollends hereingebrochene Dunkelheit auf der Chaussee zurück zum Gut Schönwalde. Alle Wege waren überschwemmt von Infanteristen, Maschinengewehrschützen der schweren Kompanien, Panzerabwehrkanonieren und einer unendlichen Zahl von Troßfahrzeugen. Auf dem Gut selbst schien ein ganzes Regiment einzuziehen. Vor der Scheune standen Infanteriegeschütze schweren Kalibers, für die noch der Einsatzbefehl fehlte. Daneben rauchende Feldküchen mit Schlangen von Essenträgern.

In dem quer zum Wohnhaus liegenden Stall wurde neben schlafenden Meldern und erschöpft herumdösenden Pferden Munition verteilt: Leuchtspurmunition, Handgranaten, gegurtete Munition für die leichten Maschinengewehre und die neuen Modelle Nummer zweiundvierzig. Ein Panzerjäger zerteilte auf einer Kartuschkiste fein säuberlich einen Klotz Schmelzkäse und warf die einzelnen Scheiben in Kochgeschirre, in denen schon Butter und Marmelade gelandet waren.

Hinter einer Häckselmaschine fand Westermann endlich einen kleinen freien Platz und befahl den Funkern und Fernsprechern, ihre Geräte hier aufzubauen und mit der Feuerstellung sofort Verbindung aufzunehmen.

Das nicht sehr große Wohnhaus, dem man ansah, daß seine Bewohner es fluchtartig geräumt hatten, war vom Bataillonsstab der Infanterie bis unters Dach besetzt. Der Bataillonskommandeur selbst, wurde Westermann vom Adjutanten mitgeteilt, sei unterwegs, um die Stellungen der Kompanien zu bestimmen und zu überprüfen.

„Ja, natürlich, eine Beobachtungsstelle unter allen Umständen auf die Höhe einhundertfünfunddreißig. Die Chaussee und die Höhe einhundertfünfunddreißig sind die Schwerpunkte unseres Regiments. Im übrigen rechnen wir bestimmt mit dem Angriff beim ersten Morgengrauen."

„Was liegt auf der Höhe?" fragte Westermann.

„Die Zweite Kompanie mit vier schweren Maschinengewehren."

„Gut, dann setze ich den vorgeschobenen Beobachter in die Höhe des Kompaniechefs. Diesmal macht das Leutnant Müller. Legen Sie Draht nach vorn?"

„Wir hoffen, es noch zu schaffen."

Westermann grüßte. „Ich bleibe mit meinen Funkern hier, falls ich morgen früh gebraucht werden sollte. Ich niste mich im Stall ein. Empfehlung an Ihren Kommandeur."

Dann verschwanden sie in Richtung Südosten. Ein paar Kanoniere mit Spaten und Spitzhacke begleiteten die kleine Gruppe, um auf der Höhe sofort mit dem Eingraben beginnen zu können.

Dieses Nachvorngehen: Je mehr man sich der eigentlichen Front, dem zuerst nur auf einer Karte eingetragenen vordersten Graben, nähert, desto wacher werden die Sinne. Überscharf wird das Ohr, es horcht in die fast lautlose Nacht, deren Ruhe nur ab und an von einer nahen oder fernen Maschinengewehrgarbe gestört wird. Das Echo bricht sich nach einigen Sekunden vielfach, bis es in der Ferne zerrinnt. Dann

Ruhe. Der Blick wird schärfer, er saugt sich fest an den Konturen der Umgebung, jeden Schatten, jede Silhouette blitzschnell überprüfend. Man wird ganz Gegenwart, ganz Jetzt.

Doch es ist nicht eigentlich die Möglichkeit einer plötzlichen Gefahr, die den Menschen wachmacht und ihn jeden Nerv seiner selbst fühlen läßt, es ist das Geheimnis der Atmosphäre, es ist das unbeschreibliche, unsichtbare Kraftfeld, das ihn umgibt, das ihn nicht anfaßt und ihn doch bis zu den Knochen berührt; es ist das magische Unmaß der Dinge, das die Natürlichkeit der Erde, die Natürlichkeit der Nacht aufhebt, das den Menschen leerpumpt und ihn dann wieder anfüllt mit einer schwerelosen, im Herztakt vibrierenden Angst.

Sie schwiegen alle.

Man schweigt, wenn man nach vorn geht. Selbst die Großschnauzen, die sonst immer so tapfer tun, schweigen während des Marsches nach vorn. Es gibt jetzt keine andere Sprache mehr zwischen den Männern als die Sprache der Seele, die keiner Worte bedarf.

Sie sind alle einander sehr nah. So nah, daß jeder sich von dem anderen berührt fühlt, obwohl sie sich gerade nur eben mit den Augen erkennen können . . .

Schweigend marschierten sie der Höhe entgegen. Manchmal klapperte ein Spaten oder eine Spitzhacke. Ab und an hämmerte irgendwo ein MG. So war es, das Nachvorngehen damals. Es würde immer so sein.

Es war eine klare, in eine sanfte Helligkeit getauchte Nacht. Der verharschte Schnee brach unter ihren schweren Stiefeln. Das Gelände vor ihnen stieg sanft an, sie konnten einige hundert Meter vor sich einen schwarzen Schleier über dem helleren Untergrund erkennen, und sie wußten, das war die Höhe einhundertfünfunddreißig.

Ein unbedeutendes Stückchen Land, das im Sommer mit Roggen bestellt wurde, ein Stückchen Land, auf dem die

Mägde einst die Garben aufstellten, bis die Leiterwagen kamen, um die schwankende Last nach Schönwalde zu fahren. Ein unbedeutendes Stückchen Land, das seit Jahrhunderten nichts als das Brotkorn in sich aufgenommen hatte und den Grassamen, den Klee und die Frucht der himmelblauen Kornblumen, ein unbedeutendes Stückchen Land, auf dem im Sommer die Grillen spielten und die jungen Hasen an den Halmen knabberten, auf dem die Fohlen herumtollten mit ihren ungelenken hohen Beinen und zu dem Mäusebussard hinaufblinzelten, der auf eine günstige Gelegenheit wartete, im steilen Flug auf ein graues piepsendes Etwas loszustürzen. Was war diese Höhe einhundertfünfunddreißig doch für ein unbedeutendes Stückchen Land! Sie hob sich als sanfter Hügel aus dem übrigen Gelände hervor. Kahl, ohne einen Baum oder Strauch, bot sie sich jetzt dar, nur im Sommer wogten auf ihr die Wellen des reifen Korns. Nun, da sie zum Hauptkampffeld ausersehen war, lag sie unerbittlich nackt und rauh und hart da und warnte mit ihrer Strenge alle, die Lust verspüren sollten, sich da oben niederzulassen. Aber die Männer achteten nicht mehr darauf.

Westermann stellte sich auf den höchsten Punkt und beobachtete das Gelände vor ihnen, das Vorfeld mit einzelnen wahllos verstreut liegenden Gehöften längst geflüchteter Bauern, bis sich sein Blick in den dunklen Schwaden der Nacht verlor.

Die Höhe, auf der sie standen, mußte von der Feindseite glänzend einzusehen sein, und möglicherweise konnte der Gegner auch von Süden aus die Dachspitze von Schönwalde erkennen. Erst am Tage, doch das war schlimm genug.

Die Infanteristen gruben sich bereits ein kleines Stück hinter der eigentlichen Kuppe der Höhe ein. Sie wuchteten mit der Spitzhacke den gefrorenen Boden auf und mühten sich dann mit dem Spaten, in die Erde einzudringen. Eine Viecherei! Nachdem sie sich den Tag über irgendwo herumgeschossen und verteidigt hatten und dann schließlich zurückmarschiert waren, mußten sie nun die Dunkelheit der Nacht ausnutzen, um nicht am frühen Morgen vom Russen auf der blanken Erde angetroffen zu werden. Der Selbsterhaltungstrieb saugte den Männern die letzte Kraft aus den Knochen, und fluchend, mörderisch fluchend, gaben sie sie her.

Der Chef war sich darüber klar, daß die Höhe überhaupt nur mit Hilfe ausgedehnter Befestigungen aus stabilen Bunkern, Grabensystemen und Schießscharten gehalten werden konnte. Zu einer sinnvollen Verteidigung gehörten hier wochenlange Vorbereitungen, Spezialgeräte, Stahl- und Holzträger und die vielen kleinen Dinge, die den Festungsbau überhaupt erst ermöglichen. So, wie die nackte Erde jetzt vor ihnen lag, konnte man auf dieser unbedeutenden Bodenerhebung nur anständig sterben - sonst nichts.

Die Leute standen um den Hauptmann herum. Keiner von ihnen sprach ein Wort. In Westermann flammte wieder der Haß auf gegen den Zwang, irgend jemand einsetzen zu müssen, ohne ihm eine Chance zu lassen . . . eine Chance, mit dem Leben davonzukommen. Er sah auf der ganzen Höhe keine Chance, aber er wußte, daß es aussichtslos war, dem Abteilungskommandeur beibringen zu wollen, daß sich hier kein vorgeschobener Beobachter einsetzen ließ, weil einfach nichts anderes da war als nackte, gefrorene Erde auf einem Präsentierteller. Sicher, die Infanterie konnte auch nicht nach Hause gehen, weil sie das hier für ein Himmelfahrtskommando halten mußte . . . Die Infanterie, mein Gott, die Infanterie! Was waren dagegen die Abenteuer des Herakles . . .

In Richtung Königsberg spielten die schmalen, langen Strahlen einiger Scheinwerfer, verstreuten ihr Licht, um sich dann plötzlich in einem Punkt wie scharfe Klingen zu kreuzen. Dazwischen fuhren kleine, grelle Punkte wie blitzartig auftauchende und gleich wieder im Nichts versinkende Kometen immer höher und höher, bis schließlich alle Scheinwerfer und Punkte, wie von einer Zauberhand dirigiert, verloschen. Kein Lärm, keine Detonation. Sie horchten in die Nacht. Ostwärts von ihnen schien ein Nachtstörer herumzubrummen. Aber das war weit fort. Die Infanteristen klapperten mit den Spaten und Spitzhacken.

Westermann wählte eine vier oder fünf Meter breite Bodenwelle auf der hinteren Hälfte der Kuppe aus, legte sich auf die Erde, um den Blickwinkel nach links und rechts zu überprüfen, und befahl dann, hier den Boden aufzuhacken und zunächst drei runde und möglichst tiefe Deckungslöcher auszuheben. Zwei Löcher für die Funker, eins für Leutnant Müller. Die beiden Löcher für die Funker dichter zusammen und auch geräumiger, um die Geräte mit hineinsetzen zu können.

Gegen Morgen warfen die Männer das Schanzzeug neben ihre Deckungslöcher, legten ihre Karabiner und Maschinengewehre auf den vorderen Rand, kontrollierten die Handgranaten, Panzerfäuste und Leuchtspurpistolen und sackten vollkommen übermüdet in ihre unterirdischen, eiskalten Tonnen. Noch eine Stunde schlafen! . . . Als es hell wurde, sah man außer den erdfarbenen Flecken im Schnee nur hier und da die Stahlhelme der Wachtposten.

Die Division erwartete den üblichen Morgenangriff: Trommelfeuer, Panzer, und dahinter drei, vier Linien Infanterie. Wenn es toll wurde, mischten sich die Schlachtflugzeuge von oben ein und schossen mit ihren Bordkanonen die Reihen der Schützenlöcher entlang. Wenn es ganz toll wurde . . .

Aber an diesem Morgen fand kein Angriff statt. Der Russe blieb unsichtbar. Die Gefechtsberührung war abgerissen. Das war selbst für die alten Routiniers eine Sensation . . .

Der Russe griff nicht an.

Na also, die konnten nicht mehr. Das war doch eine ganz klare Sache, auch die Russen konnten nicht mehr. Auch die

Russen hatten sich abhetzen müssen in diesen Wochen, hatten tagsüber angreifen, stürmen, zurückweichen, abermals stürmen und schließlich nachts marschieren müssen. Jeder Landser wußte es, die Verluste des Gegners waren größer als die eigenen. Die Toten und Verwundeten zahlreicher als bei den eigenen Kompanien. Nun war es geschafft, die Russen konnten nicht mehr. Was der Oberbefehlshaber ihnen tagtäglich gepredigt hatte, was sie zu jeder Stunde mit den Wehrmachtsempfängern von den deutschen Sendern hatten aufnehmen können, das war nun Wirklichkeit geworden, der Feind war erschöpft, ausgeblutet, dezimiert, er war am Ende seiner Kraft.

Na also, sie hatten es geschafft. Nun konnten die eigenen großen Reserven, die Panzerdivisionen aus der Mitte des Reiches, die Werferregimenter mit den neuen Wunderwaffen, die frisch ausgebildeten Arbeitsdienstverbände, der Volkssturm und die Hitler-Jugend in aller Ruhe aufrücken, die Verteidigungsstellen beziehen, sich eingraben, Befestigungen ausbauen und die Berge der Munition, die seit Monaten im rückwärtigen Frontgebiet hochwuchsen, nach vorn schaffen.

Der Russe blieb unsichtbar. Einen Tag, zwei Tage, eine Woche. Er griff noch immer nicht an. Vielleicht dachte er schon an einen Waffenstillstand, an einen Frieden, vielleicht wußte das Hauptquartier schon davon, und nur sie hatten noch keine Ahnung, wie die Dinge wirklich lagen? Vielleicht hielt man darum die Reservearmeen an, die neuen Divisionen mit den Wunderwaffen, sonst hätten sie doch längst da sein müssen. Natürlich, das war es, man brauchte sie gar nicht mehr.

Die Tage vergingen. Die Division grub sich tiefer und tiefer ein. Westermann stellte ein Spezialkommando zusammen und ließ es auf der Höhe einhundertfünfunddreißig neben den drei runden Deckungslöchern des vorgeschobenen Beobachters einen kleinen stabilen Bunker bauen, der zur Front hin einen schmalen Ausschnitt für das Scherenfernrohr aufwies und nach rückwärts über einen Winkelgraben Anschluß an die Stichsappe der Infanterie fand.

Die Höhe wurde eines Nachts vom Kommandierenden General persönlich inspiziert, und in der darauffolgenden Nacht ging eine Batterie mit vier Geschützen Vierlingsflak oben in Stellung. Die Bedienungen setzten sich in der Mehrzahl aus fünfzehn- und sechzehnjährigen Jungen des Arbeitsdienstes zusammen. Aber das war nicht allein der Grund für die Zuneigung, die die Infanterie dieser Batterie entgegenbrachte. Vielmehr gaben diese Geschütze, obwohl sie noch nicht einen einzigen Schuß abgefeuert und auch noch nicht gezeigt hatten, ob sie dazu überhaupt fähig waren, den Landsern ein derartiges Vertrauen in die eigene Stärke und in die Möglichkeit, die Höhe gegen alles, was da anrennen sollte, verteidigen zu können, daß man glauben konnte, eine ganze Panzerarmee sei wenige Meter hinter ihnen aufgefahren. Die alten Infanteristen, die Unteroffiziere, die Obergefreiten, die Scharfschützen, die Männer vom Kompaniegefechtsstand, alle diese sturen Brüder krochen zu den Flakkanonen, halfen den Grünschnäbeln beim Eingraben der Geschütze und beim Bunkerbau, trugen Munition und weihten sie in das System des Krieges ein.

So grub sich die Division immer tiefer ein. Weitere Teile der großen Heimatreserven gelangten nicht bis zu ihnen nach vorn. Vielleicht bauten sie irgendwo einen gewaltigen Stoßkeil auf. Wer wußte es? Dasein mußten sie jedenfalls, irgendwo, der Deutschlandsender sagte es ja immer wieder.

An einem Sonntagmorgen schließlich, einem Tage des Herrn, wie sie ihn nannten, begann das russische Trommelfeuer. Mit einer unvorstellbaren Gewalt hämmerte es über dreißig Minuten lang auf die deutschen Stellungen ein. Auch das Gut Schönwalde wurde von schweren Granaten überschüttet. Schon nach den ersten Einschlägen brannte die Scheune, und die Dächer des Wohnhauses und des Stalles wurden von direkten Treffern und Splittern zerfetzt. Die Telefonverbindungen nach vorn und zu den Feuerstellungen rissen ab. Die Hauptkampflinie war auf sich selbst angewiesen. Sogar die Melder des Bataillonsgefechtsstandes saßen im Keller fest. In diesem Feuerhagel wäre wohl keiner von ihnen nach vorn gekommen.

Westermann rauchte eine Zigarette nach der anderen. Manchmal ließ er sie so lange brennen, bis er die Glut dicht an der Haut spürte, andere wieder zerdrückte er schon nach wenigen Zügen im Messingaschenbecher. So konnte der Tag doch nicht beginnen.

Leutnant Müller meldete sich nicht. Die Drahtverbindung zur Höhe einhundertfünfunddreißig war sofort unterbrochen, aber auch auf dem Funkwege meldete er sich nicht. Westermann wußte nicht, was auf der vorgeschobenen Beobachtungsstelle vor sich ging. Volltreffer oder zerschossene Antenne? Bei so einem Trommelfeuer konnten die tollsten Dinge passieren.

„Meldet sich wenigstens die Feuerstellung?“ fragte Westermann die Funker.

Das war nur so dahingefragt, denn sie wußten ja alle, daß die Feuerstellung sich bisher nicht gemeldet hatte.

Der Beobachtungstrupp hatte sich auf Schönwalde hinter dem Stall nur einen einzigen Bunker gebaut, um unnötige Arbeit zu sparen, zumal sie nicht wußten, wie lange der nächste Angriff auf sich warten lassen würde. Nun saßen hier in diesem Sarg: zwei Fernsprecher, zwei Funker, der Doktor, Lohmann und der Chef. Sie warteten. Sie warteten auf die Funkverbindung, auf das Ende dieser wahnsinnigen Trommelei, und im Grunde genommen warteten sie alle nur auf die Möglichkeit, irgend etwas, und sei es etwas ganz Ausgefallenes, tun zu können.

„Diese Warterei macht einen verrückt“, meinte der Doktor nahm seine braune Hornbrille ab und setzte sie wieder auf.

„He, was die Feuerstellung meldet, habe ich gefragt“ schnarrte Westermann.

„Im Augenblick keine Verbindung, Herr Hauptmann.“

„Was heißt denn keine Verbindung? Sind die Geräte in Ordnung, die Batterien? . . . Was ist denn los?“

„Die Feuerstellung meldet sich nicht.“

Westermann erinnerte sich des Gesprächs mit der Partisanin in Elchenaue. Sie hatte die Wahrheit gesagt. Drüben standen fünfzigtausend Geschütze. Er hatte es nicht glauben wollen. Doch schließlich hatte er begonnen, ihr Glauben zu schenken. Schon beim Trommelfeuer am 13. Januar hatten sie das Stahlgewitter aus fünfzigtausend Geschützen zu spüren bekommen. Und dann versagte die Stromversorgung und das Licht der elektrischen Lampen verlöschte. In Elchenaue hatten sie den Luxus des elektrischen Lichts genossen, ohne sich zu fragen, wo die Elektrizität herkam. In Rußland lebten sie jahrelang nur mit dem Hindenburglicht, zu dem sie jetz zurückkehrten. Es machte ihnen nichts aus. Aber er dachte in diesen letzten Nächten oft daran, daß in Ostpreußen am 13 Januar die Lichter ausgingen. Und an die Stelle des ewigen Lichts trat die ewige Trauer.

„Habt ihr die Antenne nachgesehen? Es ist doch unmöglich, daß plötzlich alle Verbindungen abgerissen sind.“ Westermann wußte ganz genau, daß das sehr gut möglich war.

Der eine Funker erhob sich. „Vielleicht ist die Antenne kaputt . . .“

Ein schweres Kaliber schlug dicht hinter dem Stall ein. Für den Bruchteil einer Sekunde fühlten sie sich vom Erdboden hochgehoben und mit Gewalt wieder auf die Erde gestellt. Das ohnehin schon mehrfach gebrochene Drahtglas vor dem kleinen Bunkerfenster wurde aus dem Rahmen gerissen und in den Raum geblasen. „Na, na . . .“, sagte Lohmann.

Der Doktor nahm die Brille von der Nase und putzte mit seinem dreckigen Taschentuch die Gläser.

Was hat der Dokter, dachte Westermann, es hat noch nicht einmal angefangen. Der Dokter putzte schon zum vierten Male seine Brille.

„Haben Herr Hauptmann etwas gegen einen Schnaps einzuwenden?“ fragte Lohmann leise.

„Sie wissen ja, daß Sie heute noch schwer gebraucht werden“, knurrte Westermann.

„Sonst haben Herr Hauptmann keinen Einwand?“

„Nein, sonst nichts.“

„Wäre nämlich schade, wenn hier was einschlagen würde und das Zeug ginge hops. Das würde ich kaum überleben. Los, Funker, gebt mal die Gläser her, jetzt gibt’s erst einmal eine Stärkung.“

Der Doktor hob seinen schweren, viereckigen Kopf und trank das Glas mit einem Zug aus. Er horchte, ob das Trommelfeuer nachließ. Aber der Boden unter ihnen zitterte immer noch genau wie am Anfang, nur die ganz schweren Granaten schienen das Gut zu verschonen und weiter im Hinterland zu detonieren.

„Aus den Reservedivisionen ist hier vorn nicht viel geworden, jedenfalls habe ich vorgestern außer unseren alten Batterien nichts Neues gesehen“, sagte der Doktor und drehte das Schnapsglas mit den Fingerspitzen.

„Ruft doch die Feuerstellung“, fuhr Westermann die beiden Funker an.

„Ihr müßt jetzt laufend rufen, vielleicht meldet sich auch der vorgeschobene Beobachter.“

Es wurde kühl im Bunker. Die kalte Luft strömte durch das offene Fensterloch.

Das Trommelfeuer hielt unvermindert an. Westermann starrte nervös auf die Uhr. Dreißig Minuten schon . . . vierzig.

Lohmann klappte sein Taschenmesser auf, schnitt einige Holzspäne zurecht und warf sie in den Blechofen. Es dauerte eine Weile, bis das feuchte Holz brannte. Unter der Bunkerdecke hing dichter Qualm.

Endlich ließ das Trommelfeuer nach. Die schweren Granaten gurgelten über sie hinweg. Die Salven vor ihnen in Richtung Höhe einhundertfünfunddreißig hatten sich in ein Einzelfeuer aufgelöst. Sekundenlang klang Maschinengewehrfeuer durch. Hauptmann Westermann riß die Karte vom Tisch und sprang aus dem Bunker.

Der Gutshof hatte sich schauderhaft verändert. Überall lagen Erdklumpen, Ziegelsteine und zertrümmerte Dachpfannen. Ein Munitionspferdewagen des Bataillons, der vor dem Wohnhaus stand, war völlig zertrümmert. Die Reste der Scheune, dicke verkohlte Balken, Fundamentträger und die Türen brannten und qualmten noch. Vom Vorwerk her kam ein Melder gerannt. An der Westseite des Hauses reparierten zwei Landser eine Antenne.

Der Hauptmann verschwand im Flur und stolperte die schmale Holztreppe in den Keller hinunter. Aber auch der Infanteriegefechtsstand hatte noch keine Meldung erhalten.

Wenige Minuten, nachdem Westermann den Bunker verlassen hatte, meldete sich auf dem Funkwege die Feuerstellung. Der Funker schrieb den Spruch auf und entschlüsselte ihn. „Oberwachtmeister Unruh meldet: Keine Verbindung zum vorgeschobenen Beobachter. Mehrere Einschläge in der Feuerstellung . . . kein Treffer . . . Feueranforderung erbeten."

„Los", sagte Lohmann, „Störungsfeuer auf Sperrfeuerraum einhundertfünfunddreißig, sagen wir mal dreißig Schuß in der nächsten Viertelstunde, und dann sollen sie die Klappe halten, damit wir Leutnant Müller rufen können."

Der Doktor erhob sich und verschwand nach draußen. Die Luft im Bunker drohte ihn wahnsinnig zu machen. Über das zerschossene Dach des Stalles pfiffen Gewehrkugeln. Er wagte es nicht, auf die andere Seite zu gehen und mit dem Doppelglas nach der Höhe einhundertfünfunddreißig zu spähen. Sicher hatte der Russe Panzer eingesetzt, und wenn sie den höchsten Punkt des Hügels überschritten, konnten sie das Gut unter Feuer nehmen.

Einmal, zu der Zeit, als der Rückmarsch begann, hatte ein russischer Panzer hinter ihm hergeschossen. Er wünschte nicht, so etwas zum zweiten Male zu erleben. Nein, er würde in Zukunft jede Begegnung mit Feindpanzern vermeiden. Bei diesen Gedanken empfand er eine durch nichts zu beschreibende Hochachtung vor den Männern, die sich diesen rasselnden Kästen, mit einer Panzerfaust bewaffnet, in den Weg stellten.

Nach wenigen Minuten spürte er die Kälte des frühen Morgens auf seiner Haut. Die Sonne würde wohl kaum durchkommen, und so lange blieb es auch noch frostig. Da es windstill war, lag über dem Gut und dem Gelände zwischen ihnen und der Höhe bis zur Chaussee immer noch ein nach verbranntem Pulver stinkender, diesiger Schleier. Er konnte die Chaussee nur schwer erkennen. Keine Bewegung, keine Menschen. Unheimliche Leere. Nur der Lärm von der Höhe, vom Osten und Südosten her, Schießereien, helles Geknatter und zwischendurch dumpfe Schläge. Vielleicht Handgranaten oder Granatwerfer. Wie albern! Er hatte keine Ahnung vom Nahkampf. Zitternd und frierend kroch er in den Bunker zurück.

„Sie haben sich gemeldet“, sagte Lohmann und trank einen Schnaps.

„Wunderbar, die Höhe hat sich gemeldet.“ Der Doktor stellte sich vor den Ofen und rieb sich die Hände: Na also, die Höhe hatte sich gemeldet.

Der Funker sprach monoton in das Mikrophon. Zahlen, Kommandos, Winkelgrade.

„Warum haben Sie umgeschnallt, müssen wir etwa schon packen?“ fragte der Doktor vom Ofen her. Aber er bereute sogleich, so etwas gefragt zu haben. Er versuchte krampfhaft, nicht zu zittern, aber was bedeutete schon so ein kleiner Ofen, wenn man sich nicht richtig ausgeschlafen hatte und von einem solchen Trommelfeuer geweckt worden war.

„Machen Sie sich nicht in die Hosen“, sagte Lohmann trocken.

Der Doktor spürte eine irrsinnige Lust, sich auf den Unteroffizier zu stürzen und ihm ins Gesicht zu schlagen.

„Ich weiß, Sie sind ein Held. Dieser ganze Dreck hier macht Ihnen nichts aus, und Sie verachten alles, was nicht ebenso abgebrüht ist wie Sie, aber schließlich werden ja nicht nur Soldaten geboren.“

Lohmann füllte sein Glas. „Trinken Sie noch einen, das wird Ihnen gut tun.“

„Wollen Sie nicht verraten, was auf der Höhe los ist?“

Der Unteroffizier schluckte das scharfe Zeug hinunter, dann wischte er sich mit dem Handrücken zweimal über den Mund. „Leutnant Müller ist gefallen, das ist los.“

„So . . . Aber der vorgeschobene Beobachter schießt doch noch?“

„Ja, die Funker schießen weiter. Die Knaben da oben funktionieren.“

„Und?“

„Nehme an, der Chef wird gleich raufgehen, und dann gehe ich mit. Deshalb habe ich umgeschnallt.“

„Feine Schweinerei!“

„Leutnant Müller war hinaufgegangen, um das Feuer der Batterie zu leiten. Als der Angriff begann, war er schon gefallen.“

Der Doktor richtete seine Augen wartend und gespannt auf den Unteroffizier. „Das ist Pech, nicht wahr?“ fragte er.

„Ja“, meinte Lohmann achselzuckend, „das ist Pech.“

„Sie meinen, wenn er schon fallen muß, dann soll er sich einen möglichst späten Zeitpunkt aussuchen, nicht wahr? Weil er nun gefallen ist, ohne überhaupt einen Schuß abgegeben zu haben, ist er eine ziemliche Flasche in Ihren Augen, oder ist es nicht so?"

„Ich habe nur gesagt, daß er Pech hatte. Nichts von wegen Flasche."

Lohmann erhob sich, steckte die Hände in die Hosentaschen und ging langsam auf den Doktor zu, der immer noch vor dem Ofen stand.

„Warum wollen Sie sich an mir reiben, he?" Lohmann war so dicht an ihn herangetreten, daß der Doktor seinen nach Schnaps stinkenden Atem im Gesicht spürte. Er machte einen halben Schritt zur Seite. Er fürchtete, der Unteroffizier könnte ihn mit einem kurzen Schlag ins Gesicht über den Ofen schleudern. Er dachte an die Prügelei auf dem Deich. „Schon gut", sagte er vorsichtig, „ich will nichts von Ihnen und Sie hoffentlich nichts von mir."

Lohmann sah ihn lange an. Der Doktor hielt dem Blick stand. Da wandte Lohmann sich ab und ging langsam um den Tisch herum.

„Sie haben manchmal eine etwas komische Ausdrucksweise", sagte der Doktor.

„Sie verstehen nichts vom Kommiß", antwortete Lohmann nach einer Weile, „und in diesem Durcheinander kann ich es Ihnen auch nicht mehr beibringen. Abgesehen davon: Sie würden es auch nie begreifen, denn, um mit Ihren Worten zu sprechen, den Bedingungen Ihres Intellekts genügt nur eine exakte Analyse, und der Kommiß läßt sich vom Intellekt her nicht exakt analysieren."

Der Doktor ging an den Tisch heran. Er stellte sein linkes Bein auf den aus Eichenholz gedrechselten Stuhl, dessen Lehne sie verheizt hatten. „Wir sprechen doch gar nicht vom Kommiß", sagte er und stützte seinen schweren Schädel auf den Unterarm. Er erlaubte sich sogar ein spöttisches Lächeln.

Lohmann steckte sich umständlich eine Zigarette an. „Ich weiß, Sie sagten lediglich, daß ich mich manchmal etwas komisch ausdrücke. Das ist so meine Art. Aber Sie haben mich ja verstanden. Jeder hat irgendwo eine kleine Schwäche. Meine Schwäche ist, daß ich mich manchmal etwas komisch ausdrücke. Diese Schwäche ist beim Kommiß nicht gefährlich. Was will das schon heißen, wenn ein Unteroffizier sich komisch ausdrückt. Gar nichts. Aber seien Sie vorsichtig, daß Sie nicht irgendwo eine Schwäche zeigen, die beim Kommiß gefährlich ist, ich habe ein ziemliches Auge dafür."

Der Doktor grinste verächtlich. „Ach so", sagte er, „keine Angst, ich werde schon auf mich selbst aufpassen. Aber weil Sie mich warnen, für den Fall, daß ich mal eine kleine Schwäche zeigen könnte, die Ihrem Kommißkopf nicht gefällt, schlage ich vor, einen Vertrag abzuschließen. Denken Sie mal an die Insel, wie die schön hochging, nachdem Sie so viel Krach gemacht hatten."

„Wer hat denn Krach gemacht, wer von uns beiden?"

„Na, doch wohl Sie."

„Und wer hat mich so weit gebracht?"

„Sie verstehen mich falsch. Ich wollte nur sagen, daß ich Ihnen einen Pluspunkt voraus habe. So was kann jedem mal passieren. Das nächste Mal, wenn mir so ein Ding passieren sollte, sind Sie an der Reihe, die Schnauze zu halten."

Lohmann kochte vor Wut. Nervös riß er die Zigarettenschachtel auf und steckte ein neues Stäbchen an der Kerze an. Er zog den Rauch tief ein und blähte dabei die Brust. Zum Teufel mit dieser Geschichte. Er wußte, daß er so eitel war zu glauben, er stelle den Typ des erfahrenen, nie unsicheren oder gar ängstlichen Frontunteroffiziers dar, auf den man sich tatsächlich verlassen konnte. Trotzdem blieb die

Insel, selbst, wenn er keine Schuld an dem Gemetzel haben sollte, ein schmerzhaftes Geschwür in seinem Gewissen. Zum Teufel mit der Insel. Warum nur mußte ihn dieses Miststück wieder daran erinnern.

„Ich werde daran denken", sagte er nach einer Weile. „Trotzdem ist es nicht anständig von Ihnen."

„Es genügt mir, daß Sie daran denken werden", meinte der Doktor leichthin. Sein spöttisches Lächeln war wie weggeblasen. Der Unteroffizier tat ihm plötzlich leid. Er wunderte sich selbst darüber. Er hatte ihm eine sanfte Ohrfeige gegeben, und Lohmann hatte sie eingesteckt. Das tat ihm leid. „Schenken Sie uns noch einen ein", sagte der Doktor in die Stille.

Plötzlich stand der Chef mitten im Bunker. „Schnell, Lohmann, wir gehen auf die Höhe. Leutnant Müller ist gefallen. Richten Sie sich so ein, daß Sie zwei oder drei Tage obenbleiben können."

„Ich bin fertig, Herr Hauptmann."

„Bon, ab die Post." Westermann schnallte um und setzte sich die Feldmütze auf.

„Herr Hauptmann haben noch nichts gegessen."

„Doch, bei der Infanterie gab es belegte Brote. Nehmen Sie Ihren Stahlhelm mit, aber setzen Sie ihn nicht auf. Wir müssen laufen."

Lohmann hielt unter der Tür. „Was ist denn auf der Höhe los?"

„Der erste Angriff wurde abgeschlagen. Bisher keine Einbrüche. Die Jungens vom Arbeitsdienst müssen mit ihren Flakgeschützen verdammt gut reingehalten haben. Eine Spritze ist allerdings schon durch das Trommelfeuer kaputtgegangen. Aber rechts im Dorf ist irgendeine Viecherei im Gange."

„In Müngen?"

„Ja. Hören Sie zu, Doktor! Sie sorgen dafür, daß die Telefonstrippe zur Feuerstellung und hier zum Bataillonsgefechtsstand in Ordnung gebracht wird. Außerdem sind Sie regelmäßig alle halben Stunden drüben beim Adjutanten. Die Leute wissen, daß wir mit der Munition sparsam umgehen müssen. Also nicht so angeben. Sobald die Telefonverbindung zur Feuerstellung hergestellt ist, rufen Sie über die Zwischenstelle den Abteilungskommandeur an und geben Lagebericht. Ich bin gegen Mittag zurück. Alles klar?“

„Alles klar, Herr Hauptmann.“

Am ersten Angriffstage übernahm also Unteroffizier Lohmann die vorgeschobene Beobachtungsstelle auf der Höhe einhundertfünfunddreißig. Hauptmann Westermann blieb den Tag über oben und ging erst nach Anbruch der Dunkelheit nach Schönwalde zurück. Es war weit gefährlicher, auf der deckungslosen Höhe oder in dem Gelände hinter der Höhe herumzukriechen, als im Graben zu stehen und Feuerkommandos zu geben. Die Ruhe der Nacht wurde von allen, die da oben lagen, flehentlich herbeigesehnt. Selbst die Toten warteten darauf, aus der vordersten Linie getragen zu werden. Die einschlagenden Granaten hatten sie wieder und wieder herumgeworfen. Die Erde nahm ihren Staub oder ihre letzten, formlosen schwarzen Klumpen genau so stillschweigend auf wie die winzigen Leichen der Feldmäuse, die die Detonationen aus dem Boden gerissen hatten. Vom Schnee war im ganzen Abschnitt keine Spur mehr zu finden.

In dieser Nacht wurden die Stellungen oben auf der Höhe notdürftig ausgebessert. Die Kompanien holten ihren Ersatz nach vorn und füllten mit ihm die erheblichen Lücken. Dann warteten sie auf den neuen Morgen.

Zum Erstaunen der Division und des Oberkommandos wurde die Hauptkampflinie auch am zweiten Tage gehalten. Erst am dritten Tag brach der Russe in die Gräben ein und rollte sie mit einem unglaublichen Munitionseinsatz nach beiden Seiten auf.

Die Division verfügte über keine Reserven mehr. Nicht ein einziger Mann stand bereit einzuspringen, und hätte eine ganze Kompanie zur Verfügung gestanden, es wäre bei dieser kilometerlangen Front ein banaler Witz gewesen. Hier fehlten nicht einzelne Männer, nicht Kompanien, hier fehlten ganze Regimenter. Wo waren sie geblieben?

Wer in dieser Nacht vor dem dritten Angriffstag überhaupt schlief, schlief schlecht. Die Division sah die Sturmflut kommen. Sie träumte den Alptraum vom brechenden Damm.

Was war das Leben denn noch wert? Seit zwei Tagen standen die pferdebespannten Wagen auf dem Bahnhof. Der Unteroffizier und die Fahrer, die bei den Pferden wachten, traten sich die Füße warm. Der Munitionszug kam und kam nicht. Der Hafen am Haff lag unter Feuer.

„Kommt noch Munition aus Königsberg?“

„Keine Ahnung, ich denke, da ist der Russe schon durch.“

„Bei uns greift er auch wieder an.“

„Weiter zurück geht es ja nicht mehr.“

„Dann sind wir eben alle kaputt.“

„Halt deine verdammte Schnauze“, sagte der Unteroffizier.

„Sieh mal, die da drüben flitzen ganz schön herum“, meinte ein anderer. Er wollte den Unteroffizier ablenken.

„Wo?“

„Drüben im großen weißen Haus, da sitzt der General drin.“

„Dessen Pöstchen möcht ich haben. Jedenfalls friert der bestimmt nicht.“

„Aber der hat die Verantwortung.“

„Was ist das schon, so’n bißchen Verantwortung.“

Eins der Pferde stampfte mit den Hufen.

„Steh still, altes Roß, sonst zieh’ ich dir eine über!“

Der General preßte den Telefonhörer mit beiden Händen an den Kopf. Seit der Infektion und den mit Wolchowfieber ausgefüllten Wochen von Ssinjawino flatterten seine Hände so, daß es ihm schwer fiel, den Hörer festzuhalten.

„Gehen Sie aus der Leitung raus, ich spreche mit dem Korps ... Wie bitte? ... Natürlich, ich wiederhole, Herr General. Meine Division ist nicht mehr in der Lage, den Abschnitt in der bisherigen Breite zu halten."

„Sie erzählen mir nichts Neues, mein Lieber ..."

„Sie wissen, Herr General, daß die Höhe auch heute, den dritten Tag, pausenlos angegriffen wird. Ich rechne stündlich damit, daß die Kompanie dort oben ihre letzten Leute verliert und daß die Höhe dann von den Russen genommen wird."

„Sie dürfen jetzt nicht die Nerven verlieren, mein Lieber."

Der Divisionär fragte eiskalt: „Was verlangen Herr General also von mir?"

„Daß Sie Ihren Abschnitt mit allen zur Verfügung stehenden Mitteln halten."

„Mir steht nur meine Division zur Verfügung, und die ist ein Wrack."

Am anderen Ende der Leitung schnaufte es unwillig.

„Sie meinen also, ich sollte dem Hauptquartier melden, Sie wären nicht mehr in der Lage, Ihren Posten auszufüllen!"

Der Divisionär preßte den Hörer noch fester an sein Ohr. „Ich frage Herrn General, zu welchem Zweck meine Division sterben soll?"

„Das ist eine politische Frage, mein Lieber, ich bin Soldat, und ich tue das, was mir befohlen wird. Sie kennen doch die Befehle, die ich erhalten habe. Warum sagen Sie nichts? Der Befehl lautet: Der Brückenkopf hier ist bis zum letzten Mann zu halten. Das wäre ja wohl gelacht, wenn wir nicht anständig sterben könnten. Oder meinen Sie etwa, ich ließe mir vom Obersten Befehlshaber der Wehrmacht nachsagen, ich hätte nicht anständig sterben können? Nie, nie, hören Sie, nie! Ich werde anständig sterben, haben Sie das, mein Lieber? Ich werde *anständig sterben*, das wäre ja gelacht." Und nach einer Pause: „So, noch eine Frage?"

„Nein, Herr General.“ Der Divisionskommandeur legte den Hörer auf. Er sah der Reihe nach die um ihn herumstehenden Offiziere an.

Der I-a, der das Gespräch am zweiten Telefon mitgehört hatte, stülpte die Unterlippe nach vorn. „Die Höhe wird heute verlorengehen“, sagte er langsam.

„Ja“, sagte der Kommandeur mit einem alten, runzligen Gesicht. „Überlegen Sie bitte, was wir tun können, um sie zurückzugewinnen.“ Dann stand er auf und verließ den Raum. Er sehnte sich nach frischer Luft. Obwohl im Garten noch Schnee lag, stapfte er ein paarmal bis zur Hecke hin und zurück. So weit waren sie also. Er hatte sein Leben gelebt, die Kinder waren erwachsen, warum sollte er darauf warten, bis er eines Tages im Bett starb. Aber die jungen Leute der Division, mein Gott, die hatten ja noch nichts vom Leben gesehen. Mußten die denn auch schon dran glauben? Die fünfzehn- und sechzehnjährigen Pimpfe, die mit ihrer Flakbatterie oben auf der Höhe eingesetzt waren, mußten sie sich auch schon kaputtmachen lassen? Er fühlte, daß er sich mit einem unbändigen Haß vollsog. Er troff von Haß, auch wenn er nicht recht wußte, wen er haßte. Er versuchte, sich eine Zigarette anzuzünden. Doch die Schachtel entglitt den flatternden Händen. Einen Augenblick betrachtete er die weißen Stäbchen im Schnee, dann stampfte er mit seinen Stiefeln sinnlos darauf herum, bis sie alle zertreten und zermanscht waren.

Als die Dämmerung an diesem dritten Tag diesig und grau von Osten her auf die Höhe zukroch, gelang es den angetrunkenen Stoßtrupps der Russen, in die Feuerstellung der Flak einzubrechen. Die Höhe war verloren.

Die wenigen Jungen, die noch lebend hinter den zerschossenen Geschützen hockten, wurden von den Rotarmisten hervorgeholt und gleich, ob verwundet oder unverwundet, in der Mitte der Stellung zusammengetrieben.

Ein paar Schützen brachten ihre Maschinenpistolen in Anschlag und knallten die Jungen zu einem unentwirrbaren Knäuel zusammen.

Da schrie Lohmann die Funker an und rannte die Höhe hinunter. Er stolperte, fiel hin, raffte sich auf und rannte weiter, rannte mit Tränen in den Augen nach Schönwalde.

Als er vor Erschöpfung und Ekel zitternd hinter dem Stall ankam, sah er, daß die hintere Wand des Stallgebäudes, von einer schweren Granate getroffen, zusammengebrochen und auf das Bunkerdach gefallen war. Der Bunker lag eingestürzt unter dem Schutt. Lohmann befahl den beiden Funkern, auf ihn zu warten und ging zum Bataillonsgefechtsstand. Er meldete sich beim Adjutanten. Ja, die Höhe sei verloren. Und sein Chef? Hauptmann Westermann sei verschüttet gewesen und inzwischen zum Lazarett geschafft worden. Schlimm? Nein, nicht schlimm. Dem Doktor und den Funkern sei gar nichts passiert, außer ein paar Schrammen.

Was das Bataillon zu tun gedenke? Zunächst würde Schönwalde gehalten. Im übrigen sei beabsichtigt, die alte Stellung wiederzugewinnen.

„Ach du meine Güte“, sagte Lohmann und schlief im Sitzen ein.

Am späten Nachmittag wurde Hauptmann Westermann ins Lazarett eingeliefert. Über dem Eingang hing ein Schild: „Aufnahme“. Ein Sanitätsfeldwebel mit mehreren Gehilfen nahm die Verwundeten in Empfang, kontrollierte die Karten und trug die Namen ein. Die schweren Fälle wurden aus den Wagen mit Tragen hereingebracht, behutsam abgesetzt und sogleich auf die einzelnen Räume verteilt. Es war ein laufendes Band, das sie alle aufnahm. Dieses Band lud sich die Schwachen, Müden, Ausgebrannten und Verlöschenden auf, betastete, behorchte sie, befreite von Schmerzen, half, rettete. Am Ende dieses Förderbandes schien wieder ein klein wenig Sonne. Oder es warf die Verlorenen ab, um sie für immer dem Nichts zu überlassen.

Es gab nur wenige Betten im Lazarett, und die waren schon seit Tagen von den nichttransportfähigen Fällen belegt. Die Masse der Verwundeten mußte sich mit Tragen begnügen. Da die Häuser des Dorfes nicht ausreichten, um die vielen Landser aufzunehmen, hatte man noch Ställe und Scheunen in großer Hast freigemacht, Gerümpel und landwirtschaftliche Geräte ausgeräumt und die Boxen notdürftig gereinigt. Hier lagen die Verwundeten nach ihrer ersten Behandlung und warteten auf den Weitertransport. Es stank nach Karbol und durchnäßten, eitrigen Verbänden. Nur wenige Männer stöhnten. Die meisten schliefen vor Erschöpfung und Schwäche.

In einer der ausgeräumten Kammern lag Westermann auf einer Trage. Neben ihm ein Leutnant von den Panzerjägern. Dann ein Hauptmann von der Heeresartillerie, zwei Leutnants von der Infanterie und ein Oberleutnant von der Divisionsnachrichtenabteilung. Niemand im Raum sprach. Einer rauchte eine Zigarette. Draußen auf dem Flur Schritte. Mal langsame, müde Schritte, mal schnelle, geschäftige.

Westermann hob die Hand und sah auf die Armbanduhr. Fünfzehn Minuten nach achtzehn Uhr. Sobald er sich bewegte, klopfte in seinem Kopf ein kleiner Hammer. Er spürte noch die mörderische Angst, die in ihm siedendheiß hochgequollen war, als er erfaßte, daß die Bunkerdecke ihn verschüttet hatte. Was mochte jetzt mit seiner Batterie los sein, mit der Höhe 135, mit dem Gut Schönwalde, mit Unteroffizier Lohmann, mit dem Doktor und den Funkern, die ihn wohl herausgezogen haben mußten? Was war mit dem Bataillon los?

Schließlich nahm er sich vor, bei nächster Gelegenheit den Oberarzt Lolowski herzubitten, der früher bei seiner Abteilung als Assistenzarzt gedient hatte. Doch niemand kümmerte sich hier um sie. Sie waren leichtere Fälle.

Nach einer halben Stunde schlief Westermann ein. Aber der Schlaf brachte ihm keine Erholung. Schweißnaß erwachte er wieder. Jede Bewegung löste Hammerschläge in seinem Schädel aus. Warum ließen sich die Lazarettgehilfen nicht sehen? Lange kämpfte er gegen seine Lethargie an, bis er schließlich die Decke abwarf und sich Zentimeter um Zentimeter aufrichtete. Langsam ging er zur Tür, öffnete sie und trat auf den ebenfalls nur schwach erleuchteten Flur. Ein Mann in einer Drillichjacke hastete vorbei.

„Wo ist hier die Latrine?“ fragte Westermann.

„Dort die drei Stufen runter und dann die letzte Tür links.“

Schon nach wenigen Schritten fühlte Westermann, daß er das Bewußtsein verlor. Als er wieder zu sich kam, stellte er fest, daß er immer noch an der gleichen Stelle lag. Er stützte sich auf den Ellenbogen und sah sich um. Ganz in seiner Nähe mußte jemand eine Zigarette rauchen. Wahrscheinlich war es das Beste, hier noch einige Minuten liegenzubleiben. Ich bin ja verrückt, dachte er.

Schräg über ihm rührte sich was. „Der Chef ist ja närrisch“, sagte ein Baß.

„Wie kommst du darauf?“ antwortete eine andere Stimme aus dem Dunkel.

„Menschenskind, der operiert doch alles, was ihm unters Messer kommt. Ich würde die schwersten Fälle einfach liegen lassen.“

„Wir müßten noch zwei oder drei Operateure haben.“

„Haben wir aber nicht. Jetzt pult er wieder stundenlang an dem Bauchschuß herum. Dafür bleiben ein paar andere Leute liegen.“

„Das schlimmste ist der Gasbrand. So was Tolles hab’ ich noch nie gesehen.“ Er hielt einen Augenblick inne und fuhr dann im vertraulichen, leisen Tonfall fort: „Der Feldwebel, dieser Bulle, den wir gestern ins Haus zwei brachten, ist heute hopsgegangen. Mit der kleinen Schramme am Bein! Die Muskelpakete hättest du sehen müssen, wie gargekochtes Fleisch.“

„Halt deine Schnauze“, sagte die andere Stimme steif und kurz.

Westermann fror. Die Kälte hielt ihn wach und erinnerte ihn daran, daß er hier im Flur auf Wäschebeuteln lag, wo er mit seiner Gehirnerschütterung weiß Gott nicht hingehörte. Aufstehen, natürlich, aufstehen, sich zur Latrine und von da wieder zurück auf die Trage in sein Zimmer schleppen ... Aber er blieb wie gelähmt liegen. Wie durch einen Wattevorhang drang die Unterhaltung zu ihm.

„Das Serum ist ohnehin alle, ich weiß es von Schwester Marion.“

„Ich möchte nicht verwundet werden, ich käme um vor Angst.“

Ganz in der Nähe fiel ein Schuß. Aus einer Pistole. Der Sanitäter sagte, einer der Infanterieleutnants habe sich umgebracht. Die Splitter einer Granate hätten seine beiden Augen zerstört.

Im Flur oberhalb der drei Stufen hörte man mehrere Männer herumlaufen. Aber die Beleuchtung war so schwach, daß Westermann von hier aus nichts zu erkennen vermochte.

„Los, wir müssen aufstehen, sonst werden wir noch erwischt. Wir fangen mit dem Verladen im Haus vier an. Wie denkst du über eine Tasse Kaffee?“

„Schwester Marion ist drin bei der Operation.“ Fluchend standen sie auf und sprangen nacheinander auf den Fußboden. Der eine staubte seine Uniform ab. Schließlich gingen sie an Westermann vorbei zum anderen Ende des Flurs. „Vielleicht hat der Koch was für uns ...“

„Von diesem Käfer wär’s mir lieber.“ Sie lachten.

„Hast du deine Sachen schon gepackt?“

„Steht denn schon fest, wann wir umziehen?“

„Weiß nicht, morgen oder übermorgen, das richtet sich nach der Front. Aber es ist schon raus, daß wir sofort nach Heiligenbeil umziehen, ins Festungslazarett ...“

„Nicht schlecht“, brummte der Baß.

Dann konnte Westermann sie nicht mehr verstehen. Nach einigen Minuten stellte er sich langsam auf seine wackeligen Beine und tastete sich zur Latrinentür. Er hatte sie noch nicht ganz geöffnet, als er abermals das Bewußtsein verlor und zusammensackte.

Der Chefchirurg sah auf die Uhr. Es war fünf Minuten nach neunzehn Uhr. Noch hatte der Hauptstrom der Verwundeten nicht eingesetzt. Das würde erfahrungsgemäß erst in etwa zwei Stunden der Fall sein, denn erst nach Einbruch der Dunkelheit konnte man die Leute zurückschleppen, sie auf den Verwundetensammelstellen betreuen und auf die Sankas und Pferdewagen verteilen. Die letzten konnte er erst am frühen Morgen operieren. Viel zu spät - natürlich.

Auch dieser Mann hier, ein Hauptmann von der Infanterie, kam viel zu spät unters Messer. Bauchsplitter, na ja. Der Stabsarzt wusch sich sorgfältig die Hände, rieb sie ein und ließ sich von der Schwester die Gummihandschuhe überziehen.

„Blutgruppe?“ fragte er.

„Null, Herr Stabsarzt.“

„Transfusion vorbereiten.“

Der Chef arbeitete sicher und rasch. Der Raum füllte sich mit einer gewaltsam verdichteten Ruhe, die nur durch das leise Klirren der Instrumente in den Glasschalen unterbrochen wurde. Das Lampenlicht über ihnen flackerte im gleichen Takt mit der Unruhe des Benzinaggregates, das draußen im Erdgeschoß des Speichers schnurrte. Der Chef hob den Kopf. Aus der geöffneten Bauchhöhle quoll Gestank.

Über eine halbe Stunde war bereits vergangen, und noch ließ sich das Ende der Operation nicht absehen. Da er ein hervorragender Operateur war, erlaubte ihm die handwerkliche Arbeit am Operationstisch, seinen Verstand mit einer Frage zu beschäftigen, die mit der vor ihm offen daliegenden

Bauchhöhle nur in einem mittelbaren Zusammenhang stand. Es war die Frage nach der Verhältnismäßigkeit der Mittel. Bei einer derartigen Verdichtung der Verwundungen war es einem Festungslazarett allein unmöglich, allen Soldaten die gleiche sorgfältige Behandlung zuteil werden zu lassen. War die Reihenfolge ihres Eintreffens von den Hauptverbandsplätzen auch die günstigste Reihenfolge für den Operationssaal? Und die Zeit, die er, der operierende Stabsarzt, für den OP brauchte? Bei vierundzwanzig Stunden am Tage konnte er die Zeit nicht beliebig verlängern. War es für ein verlöschendes System, das ein verwundeter italienischer Offizier kürzlich respektlos *sistema smorzando* genannt hatte, nicht ohnehin ein Wahnsinn, hier stundenlang an einem Mann herumzuflicken, damit er nach vier oder acht Wochen wieder raus konnte, um sich im Bruchteil einer Sekunde erneut zusammenschießen zu lassen? Es gab für diese Arbeit keinen Sinn. Die Zusammenstellung Mord und Totschlag und ein paar Kilometer dahinter eine mühsam errichtete Reparaturwerkstatt schienen ihm eine irrsinnige Ironie. Für die Verwundung brauchte man einen halben Herzschlag Zeit, für die Operation und Wiederinstandsetzung Stunden, Tage, Wochen und Jahre, und manche von ihnen kamen nie wieder auf die Beine.

Es zeigte sich sehr bald, daß er noch nicht genügend Bewegungsfreiheit hatte, und kurz entschlossen erweiterte er den Laparotomieschnitt nach unten. Er zog die oberste Schleife gleich hinter dem Magen heraus und verfolgte sorgfältig den ganzen Dünndarm.

„Müssen wir resezieren, sehen Sie, der Bogen ist völlig zerfetzt." Leise fluchend riß er die Gummihandschuhe herunter und zog die Katgutfäden mit bloßen Fingern durch die beiden Enden. Die Nahtstelle wurde vorsichtig reponiert.

„Können wir auf Spülung verzichten?" fragte der Assistent.

„Wie ist der Puls?"

„Läßt unregelmäßig nach."

„Transfusion ... Sehen Sie, dort sitzt der Splitter. Direkt an der Wand. Zwei sind es sogar ... Da ... Was ist los? Passen Sie auf! Strophantin, einen halben Kubik ... Langsam, wir können das Peritonaeum vernähen. Geben Sie mit dem Haken nach."

Stufenweise verschloß er den Schnitt. Fertig.

„Ziemlich übel, zehn zu eins, haben Sie eine Zigarette?"

Mit halbgeschlossenen Augen verfolgte der Chef die Krankentrage. Er tat einen tiefen Zug. Es war jetzt kurz vor einundzwanzig Uhr, und der Hauptsturm auf das Lazarett würde bald beginnen.

„Wer kommt als nächster?"

„Eine Oberschenkelamputation."

Ein Obergefreiter mit einer Menge Auszeichnungen auf der Feldbluse wurde hereingetragen. Sie zogen ihm den Rock aus und schnitten die Hose vom Unterleib.

„Sehen Sie zu, daß ich mein Bein behalte, Doktor", bat der Obergefreite mit heiserer Stimme.

„Hab' dich nicht so, mein Engel, wenn es keinen Zweck hat, muß ich's abnehmen", sagte der Stabsarzt und sah in das grobknochige Gesicht. Er drückte, ohne den Blick abzuwenden, die Zigarette aus. Dann drehte er sich um, kippte den Kognak, den die Schwester reichte, hinunter und ging zum Waschbecken. Und wieder wusch er gründlich seine schmalen, kräftigen und sehr weißen Hände.

„Ich habe in dem Dreck da draußen getan, was ich tun konnte, und ich denke, daß auch Sie tun, was eben möglich ist, Doktor."

Der Chef sah erstaunt hinüber. „Meintest du, ich würde mir hier mit Operationen die Zeit vertreiben?"

Langsam hob der Obergefreite mit den dreckverklebten blonden Haaren seinen Kopf. „Es geht um mein Bein, verstehen Sie das?"

„Nein. Das heißt, ich verstehe es schon, aber das ändert nichts an meiner Prognose."

„Prognose? ... Sie können ruhig deutsch mit mir reden."

Ungeduldig gab der Chirurg ein Zeichen. „Hör jetzt mal zu ..."

„Ich will wissen, was mit der Prognose los ist", unterbrach ihn der Mann rebellisch.

„Das ist so eine Art Feindbeurteilung. Und daran ändert sich nichts, ob das dein Bein ist oder ein anderes. Für mich ist Bein Bein."

„Es ist aber nun einmal *mein* Bein, und ich bin Schmied, da kommt man mit einem nicht aus."

„Ich denke, man schmiedet mit den Händen! ... Haben wir noch Stickoxydul da?"

Der Assistent nahm ein kleines, dünnwandiges Fläschchen vom Tisch. „Nein", sagte er, „der Vorrat drüben aus der Praxis hat nicht lange gereicht."

„Gut, dann Äther." Der Stabsarzt hatte sich abermals die Gummihandschuhe anziehen lassen und zog nun vorsichtig mit einer Pinzette Stoffreste aus der Fleischwunde.

Der Obergefreite verzog kaum das Gesicht. „Spielen Sie da nicht 'rum, Doktor, fangen Sie lieber richtig an. Hol Sie der Teufel, wenn ich mit *einem* Bein aufwache."

Automatisch legte der Narkotiseur die Maske auf das Gesicht des Verwundeten und öffnete die verchromte Flaschendüse.

„Bis hundert zählen", befahl der Stabsarzt.

„Ziemlich übles Zeug, stinkt wie die Pest ... drei ... vier ..."

„Würde mich interessieren, was du machst, wenn du tatsächlich mit einem Bein aufwachst", sagte der Stabsarzt. Monoton schaltete sich der Narkotiseur ein: „Weiterzählen."

Der Obergefreite zuckte mit dem Kopf. Seine Atmung wurde schon ruhiger. Plötzlich meldete sich die heisere

Stimme wieder. „Dann trete ich Ihnen . . . mit dem gesunden Bein . . . in den Arsch!“

„Ich wette um eine Flasche Steinhäger, daß du dazu keine Lust haben wirst.“

„Angenommen“, lallte der Obergefreite. In seinem Kopf begann sich ein funkensprühendes Rad zu drehen, wie er es ähnlich hundertmal auf dem heimatlichen Jahrmarkt gesehen hatte, schneller, immer schneller, mit unzähligen Lampen und Kontakten, mit schnurrenden Pünktchen und sich überschlagenden, aufflammenden Blitzlichtern. Bevor dieses Rad sich in leuchtende Nebel auflöste, stöhnte er: „Treten . . . treten“, dann war er ganz fort.

„So“, sagte der Stabsarzt. „Amputation.“

Hauptmann Westermann lag wieder auf seiner Trage. Er war sehr stolz darauf, den Rückweg über den Flur ohne jede Unterbrechung überstanden zu haben. Aber nun packte ihn doch eine erneute Müdigkeit, und im Halbdunkel der Kammer schlief er schnell ein. In seinem Schlaf hämmerte ein Traum. Braune und weiße Gestalten sprangen auf, rannten auf ihn zu, torkelten, schlugen hin, legten an und schossen zu ihm hin, auf ihn, nur auf ihn. Vor ihm, hinter ihm, überall spritzte Dreck auf, gelber beißender Qualm formte sich blitzschnell zu bizarren Wolken. Verflucht, plötzlich konnte er sich nicht mehr rühren. Er wollte aufstehen, klettern, sich freimachen, aber da war irgend etwas, was ihn einklemmte, Balken, Dreck, die Decke kam langsam zu ihm herunter. „Laßt mich nicht liegen, zieht mich heraus, laßt mich nicht liegen!“ Er schrie und brüllte unverständliches Zeug.

„He, Westermann; mach' nicht so'n Krach. Du bist hier nicht allein.“

„Wo . . . hier . . . ach so . . . Mensch, Lolo, jetzt hab' ich mich wieder. Du, das da vorn . . .“

Der kleine Oberarzt Lolowski mit randloser Brille und braunem Wuschelkopf beugte sich über die Trage. „Ich möchte dich hier rausnehmen. Die Kammer wird geräumt."

„Was willst du denn mit mir anstellen?"

Der Oberarzt stand an der Tür und dirigierte die Leute von der Sanitätskompanie. Sie trugen den Oberleutnant von der Divisionsnachrichtenabteilung raus, dann den Leutnant und den Hauptmann von der Heeresartillerie. Schließlich kamen zwei Männer zurück und hoben Westermann auf, um ihn nach wenigen Minuten in einer Laube, einer Art Wintergarten mit verglasten Wänden, wieder abzusetzen. Auf der einen Seite stand ein eiserner Ofen, dessen Rohr durch ein verrostetes Blech direkt ins Freie führte. Es war angenehm warm.

Lolo kam vergnügt in den Raum. „So, dies hier ist mein Privatpavillon. Du mußt damit vorliebnehmen. Weißt du, wir sind bis unters Dach voll. Scheint heute allerhand gegeben zu haben. Und es sollen noch sechzig Verwundete kommen. Die Wagen fahren wie toll hin und her."

Der Oberarzt faßte das Handgelenk des Liegenden an und sah kurze Zeit auf seine Armbanduhr. „Ich habe meine Instrumente drüben, ich werde Schwester Marion bitten, dir ein bißchen Blut abzuzapfen. Im übrigen, Jungchen, vierzehn Tage lang liegen und dann Urlaub. Hier hast du ein paar Röllchen Pyramidon, die nimmst du nach Bedarf, möglichst nicht mehr als dreimal täglich null Komma drei. So." Lolo legte ganz sanft seine Hand auf die Stirn des Hauptmanns. Sollte man dem Jungen jetzt beibringen, daß sein Bruder auch hier lag? Ziemlich hoffnungslos, Bauchsplitter, vor einer Stunde aufgewacht.

„Sag mal, Lolo, wer ist Schwester Marion?"

„Die Marion, warum? Die hilft hier aus. Ist ein prima Persönchen, aber da kommst du nicht ran! Da haben sich schon andere einen Korb geholt."

„Ich meinte nur so . . ." Der Hauptmann hob die rechte Hand und ließ sie auf die Kante der Holztrage fallen. „Ich kannte mal eine, die hieß auch so, aber sie war nicht Schwester."

Lolo ließ lächelnd das linke Handgelenk los. „Puls leicht beschleunigt. Du reagierst ganz normal. Fast könnte ich dich gesund schreiben."

„Das war damals ganz anders. Nicht so, wie du denkst."

„Ja", meinte Lolo spöttisch, „ich kannte auch mal eine, die hieß auch so, aber sie war nicht Schwester, und außerdem war es damals ganz anders." Er machte eine kleine Pause und fuhr dann schneller und ganz oberflächlich fort: „Gib dir keine Mühe, der Chef will die Weibsen so schnell wie möglich wegschicken, vielleicht schon morgen."

„Würde gern mal meinen Bruder anrufen, Lolo. Er ist Hauptmann beim Grenadierregiment neunhundertzwölf. In der Nacht müßte ein Anruf doch möglich sein. Was meinst du? Wird sich freuen, wenn er hört, daß ich heil von der Höhe runtergekommen bin."

„Wieviele Brüder seid ihr eigentlich?"

„Wir waren zu dritt. Der jüngste diente als Pilot bei den Abfangjägern. Wurde im Herbst über Königsberg abgeschossen", sagte Westermann.

Der Oberarzt lächelte. Das Lächeln wirkte unglücklich, aber der Hauptmann sah es nicht. „Ein Telefongespräch, jetzt? Ich weiß nicht . . . Die Leitungen werden sehr zerschossen sein. Und warum auch! Der hat seine Nerven jetzt zu etwas anderem nötig. Morgen . . . wir haben ja Zeit."

„Red nicht so viel, sag der Vermittlung Bescheid."

„Hm . . . wir können's ja mal versuchen. So, ich habe noch schwer zu tun heute nacht . . . übrigens . . . du könntest mir auch einen Gefallen tun, da kommt gleich ein Mann aus dem OP, dem mußte ein Bein abgenommen werden. Möglicherweise braucht er eine seelische Prothese."

„Mach ich, Lolo, meine Seele ist intakt."

Im Wintergarten standen jetzt vier Tragen. Ganz links an

der Wand lag Westermann mit seiner Gehirnerschütterung, dann der Obergefreite mit dem einen Bein, dann ein harmloser Lungenschuß und noch ein Mann mit einer Fußverletzung. Der Obergefreite war vor wenigen Minuten aus seiner Narkose erwacht und begann langsam in die Wirklichkeit zurückzufinden. Er stank toll nach Äther. Westermann wunderte sich, mit welcher Energie der Kerl plötzlich aus- und einatmete, um den Gestank loszuwerden. Ein Hustenanfall schüttelte ihn hin und her. Schließlich richtete er sich halb auf und sah zu Westermann rüber.

„Wo kommen Sie her?“ fragte Westermann.

„Vom zwoten Geschütz, Herr Hauptmann.“

Westermann streckte seine linke Hand rüber. „Menschenskind, der Szczaczek. Was machen Sie denn hier?“

Der Obergefreite ließ sich wieder auf die Trage zurückfallen, daß das Segeltuch in den Nähten krachte. „Mir haben sie das Knie zermanscht, heute nachmittag am zwoten Geschütz.“

„Was war denn in der Feuerstellung los, wie geht es dem Oberwachtmeister?“

Szczaczek wühlte mit seinen Händen unter der Decke herum. „Momentchen, Herr Hauptmann, ich hab’ noch kein Gefühl im linken Bein . . . Was denn, was denn . . . hat der Lump mir doch den Knochen abgenommen! Herr Hauptmann, wo ich doch Schmied bin.“

„Nicht den Kopf zerbrechen, jedenfalls jetzt nicht, Szczaczek. Der Sauerbruch setzt Ihnen ein mechanisches Bein da dran, das ist besser als ein echtes.“

„Meine Wette hab’ ich auch verloren. Mit einem Bein kann ich dem Doktor doch nicht in den Hintern treten.“

Westermann war verwirrt und belustigt. „Erzählen Sie lieber was vom zwoten Geschütz“, ermunterte er Szczaczek.

Der Obergefreite wischte sich mit dem breiten Handrücken über den Mund. Er hätte gern eine Zigarette geraucht, aber er wußte nicht, ob hier so etwas erlaubt war.

„Den dicken Oberwachtmeister hätten Herr Hauptmann erleben müssen, der hat immer nur gesagt: Alle Mann auf Zack. Na, und wie das Ding mit meinem Bein geschmissen war, da hat er gesagt: Was mach ich ohne den Szczaczek."

„Ja, Menschenskind, was machen wir am zweiten Geschütz ohne Sie?"

„Könnt ihr nicht endlich die Fresse halten", rief der Mann mit dem verletzten Fuß.

In der Tür tauchte eine Gestalt auf mit einer Taschenlampe in der Hand und leuchtete die vier Tragen ab. Der Lichtkegel blieb auf jedem Gesicht einen Moment haften. Die Gestalt kam langsam auf ihn zu und beugte sich zu ihm herab. „Können Sie aufstehen?" flüsterte sie.

„Ja, Schwester."

„Ziehen Sie Ihre Stiefel an, geht das?"

Westermann richtete sich auf. „Ich will es versuchen."

Es ging besser, als er gedacht hatte. Nur das Hämmern im Kopf nahm zu, sobald er auf den Beinen stand. Er gab sich große Mühe, langsam und weich zu gehen. Unwillkürlich preßte er beide Hände gegen die Schläfen. An der Tür nahm ihn die Schwester an die Hand und leuchtete mit dem Lichtkegel vor ihm her. Es ging den Gang entlang bis zu einer schwarzen Pforte, die zur Dependance führte, in der die schweren, nicht transportfähigen Fälle untergebracht waren. Im Hauptflur hing eine Petroleumlampe.

„Die Überraschung ist Ihnen gelungen", sagte Westermann.

Marion blieb stehen und drehte sich um. „Der Bruder der Brüder."

„Nun sagen Sie bloß. Was machen Sie denn hier im Lazarett der Festung Heiligenbeil?"

„Ich habe mich freiwillig gemeldet", antwortete sie. „In Königsberg glaubt niemand mehr an eine erfolgreiche Verteidigung. Die Stadt zerfällt zu Staub. Freunde rieten mir zur Flucht über Elbing nach Pommern. Zumindest bis Danzig.

Das durfte man aber nicht zu erkennen geben. Na ja, wem sage ich das. Dann suchte Erich Koch plötzlich Sanitätspersonal für Heiligenbeil und Braunsberg. So kam ich zunächst einmal aus Königsberg heraus.“

„Hier sitzen Sie auch fest.“

„Vielleicht wird das Lazarett übers Haff nach Hela verlegt. Von Hela unterhält die Marine einen Pendelverkehr nach Kiel und Lübeck.“ Sie blieb stehen und wischte sich mit dem Unterarm über die Stirn und die Augen. „Die Amerikaner sind unsere letzte Hoffnung.“

„Und Ihre Schwester Sinx?“

„Versucht die Flucht über Pillau.“

„Aber warum weinen Sie denn?“

Sie sagte kein Wort. Schließlich drehte sie sich langsam um, ging auf die nur angelehnte Tür des Krankenzimmers zu und führte Westermann an das Bett seines Bruders. Der Hauptmann begriff nicht sogleich. Dieses ausgemergelte Gespenst sollte sein Bruder sein? Plötzlich wurde es in seinem Kopf klar und hell, so, als hätte er eine Portion Pervitin geschluckt. Er roch den dumpfen Petroleumrauch, der unter der Decke hing und der sich mit den Karbolschwaden zu einem stinkenden lähmenden Dunst vermischt hatte. Das war sein Bruder. Das Hämmern in seinem Kopf hatte ganz aufgehört, aber er fühlte, daß er nur unsicher auf seinen Beinen stand. Hilflos forschte er in Marions Gesicht. „Schlimm?“ fragte er leise.

Sie sah ihn an und sagte kein Wort.

„Es ist sehr schlimm“, flüsterte er und blickte auf die Schwester, als könne sie ihm mit ein paar Worten seine schreckliche Angst nehmen.

Marion sagte noch immer nichts. Sie weinte jetzt nicht mehr.

Ich möchte mich mit Schnaps müde trinken, dachte Westermann, und nichts mehr wissen von diesem ganzen verdammten Dreck. Ich würde gern woanders sein.

Der Bruder schlug die Augen auf. „Gut, daß du kommst, alter Junge. Der Doktor ... mich hat's erwischt ... weißt du ... werde ... na ja, du weißt schon ... Mutter hat ja noch dich ... immer, wenn Vater ..."

Westermann setzte sich auf die Bettkante. „Heinz, was redest du für ein Zeug. Wäre doch gelacht ... eine Kleinigkeit." Mein Gott, wie schwer war das, hier zu sitzen und Unsinn zu reden. „Ganz andere haben durchgehalten, du darfst dich selbst nicht aufgeben. Hörst du?" Der Hauptmann redete hastig, verwirrt. Seine Hände fuhren unruhig auf der grauen Kommißdecke hin und her, als suche er nach einem Halt.

Plötzlich sah ihn sein Bruder mit großen Augen an. „Unsinn", sagte er laut und deutlich. Dann drehte er den Kopf wieder zur Decke, doch sein Wort hing drohend im Raum. Der Atem kam nur wie ein Hauch über die Lippen.

„Er kann nicht sterben", flüsterte Schwester Marion. Die Tränen liefen wieder unaufhörlich zu ihrer Kinnspitze hinunter.

„Ich kann sterben", wiederholte der Bruder wie aus einer anderen Welt. Ein Hauch von Lächeln. „Ich kann euch hören. Wir alle sind sterblich."

Westermann verkrampfte seine Hände ineinander, bis die Knöchel weiß wurden. „Schwester Marion, Sie müssen etwas tun, Sie müssen, hören Sie doch ... Heinz, hörst du, Heinz." Ein Arzt. Sein Bruder brauchte einen Arzt.

„Laß man, alter Junge. Weißt du noch, früher ... Jetzt sind wir Soldaten ... Es schmerzt nicht mehr ... es trägt mich ... so leicht ... man muß es ertragen ... können." Und mit dem letzten Trost eines Sterbenden hob er seinen Oberkörper ein wenig und sank dann zurück.

Als Westermann am nächsten Tage erwachte, saß Unteroffizier Lohmann an seinem Bett. Endlich hatte er die Möglichkeit, sich nach allen zu erkundigen.

„Menschenskind, Lohmann“, rief Westermann. „Halt, Schwester Marion, bitte, können Sie zwei Tassen Kaffee auftreiben und einen Happen zum Essen?“

Lohmann steckte sich, ohne zu fragen, eine Zigarette an. „Ich bin hierher gekommen, um Herrn Hauptmann zur Batterie zu holen“, sagte er knapp und steckte das Feuerzeug wieder in die Hosentasche. Er beobachtete seinen Chef. Wollte wissen, ob er eine Chance hatte. Sie wußten alle, daß das Ende näher rückte, die Zeit, die sie noch hatten, wurde immer kürzer. Für die wenigen Tage, die ihnen jetzt noch blieben, wollten sie ihren Chef bei sich haben. Vielleicht hatte er wie schon so oft eine Eingebung und fand ein Schlupfloch. Um Westermann die Zustimmung zu erleichtern, erklärte er, was draußen vor der Tür vor sich ging. Da standen Domingo und die Gig, der Unteroffizier Erwin Crantz und Johann Broschda, der Getreue. Er hatte einen Wäschebeutel voller neuer Unterwäsche dabei, weil ihm niemand hatte sagen können, was sie mit seinem Chef im Lazarett anstellen würden. Vielleicht trug man da gestreifte Schlafanzüge.

„Ach, und sonst nichts?“ fragte Westermann erstaunt. Er wußte sogleich, daß er mitgehen würde, wenn er überhaupt auf den Beinen stehen konnte. Gestern hatte er es noch gekonnt, gestern abend. „Wie spät ist es, Lohmann?“

„Siebzehn Uhr, Herr Hauptmann, die Höhe ging gestern verloren. Sie haben den ganzen Tag über geschlafen.“

„Also, was ist los?“

„Die Batterie liegt noch in der alten Feuerstellung. Die Hauptkampflinie verläuft direkt vor Schönwalde. Morgen früh um vier Uhr Angriff, um die Höhe zurückzubekommen.“

„Ihre Meinung dazu?“

Lohmann grinste. „Herr Hauptmann wissen doch, daß ich in solchen Dinge keine Meinung habe. Nur ein bißchen Gefühl, aber keine Meinung.“

Schwester Marion kam herein und stellte zwei Tassen mit Kaffee auf den Hocker. „Milch war nicht aufzutreiben, dafür ist Zucker drin“, sagte sie und gab dem Hauptmann ein Stück Zwieback.

„Ich möchte keinen Kaffee“, sagte Lohmann und hielt die Hand der Schwester zurück.

„Sie mögen den Muckefuck nicht . . . oder was?“

„Doch, ich mag ihn.“

„Dann trinken Sie ihn auch“, protestierte Schwester Marion, „ich habe ihn doch extra für Sie gemacht.“

„Es ist jetzt gleich halb sechs. Wenn wir um acht Uhr losfahren, kommen wir gerade recht.“

„Und bis dahin wollen Sie sich aufs Ohr legen“, sagte Westermann, „das ist wirklich vernünftig.“

„Aber Sie werden doch den guten Gerstenkaffee nicht stehen lassen“, rief Marion, „nun wird erst mal getrunken. In der Zwischenzeit sehe ich mich nach einer Schlafgelegenheit für Sie um, ganz so schnell geht das doch nicht.“

Lohmann genierte sich. Schließlich rückte er mit der Sprache heraus. Der Kommißmuckefuck machte ihn nervös. Ob sie vielleicht ein Gläschen Schnaps für ihn habe. Oder zwei. Er könne dann rascher einschlafen.

Natürlich. Sie brachte Wodka. Lohmann bedankte sich artig und trank hastig. Schwester Marion war nicht die Spur verwundert. Die Ärzte und Pfleger des Lazaretts waren mehr oder weniger gleichfalls Trinker. Die Schwestern, die Erich Koch verpflichtet hatte, begannen soeben mit dem Training.

Die anderen waren nicht weniger müde als Lohmann. Und Domingo mußte versorgt werden. Er hatte noch einen Weg vor sich.

„Wovon wird es denn abhängen, ob Sie hierbleiben oder mitgehen?“

Der Stabsarzt hatte recht. Er flickte die Leute zusammen, damit sie wieder zur Front zurückkehren konnten. „Es ist schon entschieden“, sagte er. „Ich war ja nur ein bißchen verschüttet.“ Es ging ihm nicht schlecht genug, um seine Leute sich selbst zu überlassen.

Schwester Marion stellte für Lohmann und Erwin Crantz ihre Dachkammer zur Verfügung. Johann Broschda suchte für sich und das Pferd Platz in einem Stall. Marion kam in den Wintergarten zurück und fragte Westermann, ob sie noch etwas für ihn tun könne. Er bat sie um Kopfschmerztabletten. Ob sie von einem der Männer einen Rasierapparat, Pinsel und Seife ausleihen könne, er wolle sich vor der Abfahrt noch einmal schön machen. Sie brachte ihm das Rasierzeug. Sie verschwieg, wo sie es her hatte. Es stammte von einem Gefallenen. Jeder der Verwundeten, der im Lazarett starb, hinterließ ein paar Kleinigkeiten. Viele baten die Schwestern und die Pfleger, ihre Hinterlassenschaft an die Eltern und Frauen zu schicken. Um diese Wünsche zu erfüllen, hätte es einer Verpackungsstation und eines Lazarettpostamtes bedurft. Die Illusion junger Soldaten. Sie schütteten das, was übrig blieb, in eine Abstellkammer. Wer etwas brauchte, konnte es dort holen. Es waren Postkarten, Briefe und Fotos darunter. Fotos von Frauen und Kindern. Familienaufnahmen. Sie alle würden nicht erfahren, was aus ihren Männern und Söhnen geworden war.

Lohmann und Crantz schliefen so fest, daß Schwester Marion Mühe hatte, sie wach zu bekommen. „Sie müssen jetzt fahren, sonst wird es zu spät. Die Straßen sind verstopft.“

„Mit unserem Einspänner und dem Pferdchen kommen wir überall durch“, sagte Lohmann. Der Schlaf hatte ihn erfrischt.

„Passen Sie gut auf sich auf“, mahnte sie, „die Versorgung der Verwundeten wird sich verschlechtern.“

„Sie wollen sagen, wir sind noch einmal davongekommen“, meinte Lohmann. Er wollte scherzen, aber es wurde

Ernst daraus. „Wir sind seit einundvierzig immer wieder davongekommen, den Rest schaffen wir auch noch.“

„Gott geb’s“, sagte Schwester Marion. Sie glaubte nicht an den eigenen Tod. Andere würden sterben, sie nicht. Sie war für den Krieg bedeutungslos. Ob sie selbst lebte oder starb, war unwichtig, ihr Tod brachte nichts. Ja, sie glaubte an Gott. Nachts, wenn sie alle hier im Lazarett zwei, drei Stunden pausieren konnten, bis die Verwundeten von den Kämpfen in der Morgendämmerung eintrafen, wenn sie das Kerzenlicht ausgeblasen hatte und in die Dunkelheit hineinhorchte, ja, dann glaubte sie ganz fest an Gott. Fast spürte sie ihn in der Dunkelheit der Nacht. Es gab diesen Gott, er war ohne Zweifel auf ihrer Seite und würde sie nicht verkommen lassen. Irgendwie würde alles weitergehen. Man durfte sich nur nicht aufgeben. Man mußte die Augen offen halten.

Sie ließ den Unteroffizier vor der Stalltür stehen und ging wieder in das Bereitschaftszimmer, um sich an den Vorbereitungen für die nächste Operation zu beteiligen. Im Bereitschaftszimmer umfing sie die ganze vergeudete Aufregung eines Frontlazaretts vor dem Fall der Festung. Zwei junge Ärzte stritten sich über Maßnahmen zur Bekämpfung des Gasbrands. Die Verwundeten blieben zu lange draußen liegen. Und es wurde immer schlimmer. Da die Zahl der Verwundeten zunahm, verzögerte sich auch die Behandlung im Lazarett. Jemand sagte, man müsse die Effizienz des Lazarettbetriebes erhöhen.

Schwester Marion zündete sich eine Zigarette an. Sie dachte an Hauptmann Westermann. Wenn Gott es gut mit ihnen meinte, würden sie sich nach dem Kriege irgendwo wiedersehen. Sie war ganz sicher, daß der Tod sie verschonen würde. Vielleicht würde er auch Westermann durch die Maschen flutschen lassen. Niemals durfte man die Hoffnung aufgeben.

Westermann verlief sich in der Nacht. Er mußte sich erst

an die Dunkelheit gewöhnen. Wo standen Broschda und Crantz mit der Gig und den Pferden? Er ging durch eine Pforte und fand sich im Stall der Lazarettpferde wieder. Der Stallwächter hob die Petroleumlampe und bot seine Hilfe an. Westermann bat darum, ihm mit der Lampe zu folgen. Von hier aus wurden die transportfähigen Verwundeten an das Ufer des Haffs gebracht. Als das Eis noch trug, fuhren die Wagen weiter bis zur Strauchbucht oder über Neukrug nach Kahlberg und Steegen. Jetzt, da die Eisdecke schmolz, mußten sie die Verwundeten im Übergangslager am Passargefluß abliefern, wo ein Eisbrecher eine Fahrrinne bis Hinterstutthof freihielt.

Westermann öffnete eine weitere Tür, die zu einer unbeleuchteten Remise führte. Er nahm dem Wächter die Lampe ab und hielt sie hoch über seinen Kopf. In der Remise lag ein Berg toter Soldaten. Einige trugen noch ihre zerrissenen Uniformen, andere hatte man für die Behandlung entkleidet. Glieder fehlten. Gliedmaßen häuften sich in einem Futtertrog. Ihre Kleider und Verbände verbreiteten den Gestank von verwesendem Fleisch, Gasbrandödemen, Karbol, Äther, Jodoform, Chloroform, Eiter und Exkrementen. Hier verfaulte das ganze vergeudete Leben.

„Gehen Sie da doch nicht hinein“, sagte der Stallwächter.

„Ich verstehe das nicht“, stammelte Westermann fassungslos.

„Sobald der Boden aufgetaut ist, werden wir ein großes Grab ausheben.“

Sie gingen in den Stall zurück. Der Wächter schlug die Tür zu.

„Hauptmann Westermann?“

„Ja.“

„Wir warten auf Sie“, sagte Lohmann.

„Ich komme.“

Lohmann drängelte. Er wollte weg. Es konnte passieren, daß die russischen Nähmaschinen einen Nachtangriff auf

Heiligenbeil flogen. Jemand hatte ihm erzählt, daß die Gneisenaukaserne brenne, das sei ein guter Zielpunkt für die Nachtbomber. Junge Soldaten vom Grenadierersatzbataillon 356 hätten ihn nach dem Weg gefragt. Sie wollten nach vorn. Sie wollten retten, was nicht mehr zu retten war.

23

Hinter den ersten Häusern von Eisenberg bogen sie nach Südosten ab, auf die große Chaussee, die zur Front führte. Zwölf Kilometer bis zu der Linie Hasselberg – Schönwalde. Um vier Uhr sollte der Angriff beginnen. An Schlaf war nicht mehr zu denken. Obwohl der Himmel voller Wolken hing, konnte man etwa dreißig bis vierzig Meter weit sehen. Die in regelmäßigen Abständen auftauchenden Stämme der Ahornbäume wiesen ihnen den Weg. Unteroffizier Crantz ließ Domingo im scharfen Trab gehen. Das schüttelte sie ein wenig hin und her, aber es ließ sie die Kälte nicht so spüren, die in die Stiefelschäfte und die Ärmel der weiten Übermäntel kroch.

Vier Kilometer hinter Rödersdorf war der Teufel los. Ein schwerer Panzer lag auf der rechten Seite der Chaussee fest und machte jeden Gegenverkehr unmöglich. Lastkraftwagen und Kräder stauten sich. Ein zweiter Panzer fuhr heran. „Was fummeln die Kerle bloß mit den Taschenlampen herum“, schimpfte Lohmann.

„Los, weiter“, befahl Westermann. „Versuchen Sie links durch den Graben zu fahren.“

Die Gig hoppelte über den Acker. Nach etwa einhundert Metern bogen sie wieder auf die Chaussee ein. Aber bald sah Westermann ein, daß es keinen Zweck hatte, auf der Straße weiterzufahren. Leere Munitionswagen und Selbstfahrlafetten, schwere Zugmaschinen und Werfergeschütze versperrten den Weg. Ein Glück, daß sich die russischen Nachtbomber nicht sehen ließen. Sie mußten auf das Feld zurück. Crantz zwang Domingo, durch den Straßengraben zu klettern. Stellenweise konnte der Wallach sogar antraben. Kurz vor dem Dorf Groß-Lütkenfürst ging südlich der Straße eine Feldhaubitzbatterie in Stellung. Die klotzigen Raupenketten rissen die Teerdecke und den Feldweg auf. Dicht neben den Chausseebäumen standen zwei Funkwagen und mehrere Fahrzeuge der Munitionsstaffel. Sie blieben einen Augenblick stehen.

„Allerhand Holz für morgen früh", sagte Lohmann.

Westermann hörte nicht hin. Crantz war der Fahrer. Crantz kannte den Weg zur Feuerstellung. Er verstand Domingo zu lenken. Im Halbschlaf schickte er seine Gedanken auf die Reise. Das Haff. Es würde unmöglich sein, die neuen Geschütze über das Haff zu bringen. Also mußte man den Verlust von Waffen und Gerät in Kauf nehmen. Aber die Männer konnte man hinüberschaffen, wenn man Boote hatte. Hinüberschaffen auf die Frische Nehrung. Wenn ihn sein Gedächtnis nicht im Stich ließ, war das Haff bei Rosenberg etwa zehn Kilometer breit. Der Russe würde mit seinen Geschützen die Nehrung erreichen. Sicher waren sie dort auch nicht, aber auf der Nehrung konnten sie nach Pillau marschieren oder nach Danzig. Was dabei herauskam, konnte niemand vorhersehen.

Er kannte sich im Hafen von Rosenberg aus. Vielleicht waren die Boote noch da. Die Lomme. Das Ruderblatt einhängen. Das Lateiner-Segel setzen. Ein schlankes Mädchen steht an Deck. Die Sonnenstrahlen spiegeln sich in ihrem Haar. Sie zieht sich langsam aus, um auf der anderen Seite der Lomme ins Wasser zu springen und ihm beim Freischwimmen der Lomme zu helfen. Er sieht den nackten Rücken, die Schultern, die Taille, die schöne Form ihres Gesäßes. Sie lacht. Sie springt. Wassertropfen kugeln über das lackierte Holzdeck. Gleich werden die anderen kommen, sagt er. Unerfahren. Unentschlossen. Die anderen. Ach was, meint sie. Sie werden sich Zeit lassen. Und auch wir werden uns Zeit lassen. Es gibt so schöne Augenblicke im Leben, die darf man nicht verschenken.

„Ziemlich beeindruckend“, sagte Lohmann. Auch er hatte gedacht, sie seien schon am Ende.

„Ja“, antwortete Westermann nach einer Weile.

„Wo kommen die nur plötzlich her?“ fragte Lohmann, ohne eine Antwort zu erwarten.

Pferdebespannte Karren rollten vorbei. Dann ein Kradmelder, der den Scheinwerfer nicht abgeblendet hatte. Sie überholten vier Fernsprecher, die ein Feldkabel abrollten. Mitten in den Chausseegraben hinein. Das hält nicht lange, dachte Lohmann.

„Wo kommen die Leute mit einem Mal her?“ fragte Westermann.

Lohmann kicherte boshaft. „Hab’ ich vor einer Weile auch schon mal gefragt.“

„Na und?“

„Das weiß der Teufel.“

„Na also! Wird die goldene Führerreserve sein, die er immer erst einsetzt, wenn Hopfen und Malz verloren ist.“

„Der Angriff wird klappen“, meinte Lohmann.

„Ich überlege schon seit Tagen, wie man die Reste der Batterie über das Haff bekommt“, sagte der Hauptmann.

Auf der Chaussee marschierte eine lange pferdebespannte Kolonne nach rückwärts. Ein Sanka versuchte, wiederholt hupend, vorbeizukommen.

Aber schließlich waren sie durch Groß-Lütkenfürst durch. Hinter dem Dorf nach Gut Friedrichshof zu kamen sie besser vorwärts.

„Wenn erst einmal der Angriff klappt“, sagte Lohmann, „dann hat das Haff noch lange Zeit.“

Es ging langsam auf Mitternacht zu, und es wurde von Stunde zu Stunde kälter.

Unteroffizier Crantz sagte, er sei ziemlich durchgefroren, ob ihn jemand in der Gig ablösen wollte. Er würde gern ein Stück reiten. Unteroffizier Lohmann meldete sich sofort. Also wechselten sie die Plätze. Lohmann schwieg eine Weile. Er wollte sich erst ein bißchen mit Domingo anfreunden, bis er merkte, daß der Wallach ganz willig und folgsam am Zügel ging.

„Vergessen Sie nicht, das Pferd ist blind", sagte Westermann.

„Weiß schon. Broschda sagte es mir."

„Sagt Ihnen der Name Kulinski etwas?" fragte Westermann nach einer Weile.

„Kulinski? Ich denke schon. Ein Name, der häufig vorkommt." Lohmann begann, Domingo ein bißchen anzutreiben. Ließ die Leine auf das Fell klatschen. „Ein Mann vom Regiment?"

„Aber ja."

„Sechste Batterie?" fragte Lohmann.

„Ja, genau. Oberleutnant von Kulinski. Zu Anfang des Krieges Chef der Sechsten Batterie."

„Da diente ich noch bei der Ersatzabteilung."

„Na ja, ist auch nicht so wichtig. Er war später jedenfalls Lehrer auf der Kriegsschule in Jüterbog. Und keine Stunde ging vorüber, in der er nicht sagte: Meine Herren, ein Artillerist, der nicht vorausschaut, ist ein schwerbewaffneter Idiot. Darum, und nicht darum allein, denke ich an das Haff."

Lohmann wollte nicht an das Haff denken. Alles in seinem Kopf drehte sich um den Angriff. Bissig, ja fast böse, sagte er: „Das Haff ist aber nicht vor uns, das liegt hinter uns."

Westermann wendete nicht den Kopf. „Ich hoffe, Sie können mir bis zum letzten Tag mit derselben Frechheit erklären, wo vorn und hinten ist."

Er erwartete keine Antwort mehr, und es kam auch keine.

Lohmann schwieg verdrossen. Gut, daß niemand sah, wie faltig sein Gesicht plötzlich geworden war. Er fühlte sich alt und verbraucht. Einfach unbrauchbar. Vielleicht auch für den Angriff. Überhaupt der Angriff. Er hatte keine Lust mehr anzugreifen. Was konnte dabei herausspringen? Das ahnte wahrscheinlich kein Mensch. Die Höhe war kein Goldbergwerk. Wie viele Höhen hatten sie schon erobert und wieder verloren. Und was blieb davon?

„Herr Hauptmann, wir müssen hier aussteigen“, sagte Lohmann. „Dort das Haus!“

„Wo sind wir hier?“

„Abteilungsgefechtsstand. Herr Hauptmann bekommen vielleicht vom Kommandeur noch ’nen Tip.“

Westermann wickelte sich aus den Decken und stand auf. Er sah Lohmann über die Schulter. Zu Broschda hin. „Haben wir eine Decke für Domingo? Es kann eine Viertelstunde dauern.“

Broschda nickte. „Alles da.“

Westermann sprang vom Wagen. Verflucht, jede rasche Bewegung hämmerte im Kopf. Es war ein Ärgernis, daß sein Körper nicht so funktionierte, wie es sich für einen jungen sportlichen Hauptmann gehörte. Hoffentlich brachte der Tag nicht allzu viele Laufereien. Er mußte über sich selbst lachen. Das war weiß Gott ein naiver Wunsch für einen Angriffstag.

Der ganze Abteilungsgefechtsstand war noch hellwach. In der überheizten Bauernstube saßen der Kommandeur Hut und sein Stab. Die Leute von der Nachrichtenstaffel gruben aus dem Plunder des Hauses zwei Petroleumlampen aus. Man konnte durch die Glaszylinder die glühenden Dochte und die tanzenden Flammen beobachten. Die Division hatte befohlen, die Trosse aufzulösen. Der Pferdebestand schmolz im russischen Artilleriefeuer dahin. Die verbleibenden Pferde und Wagen sollten nur noch der Munitionierung, der Verpflegung und dem Transport der Verwundeten dienen. Daraufhin hatten die Offiziere des Abteilungsstabes die Gepäckkisten zum Gefechtsstand bringen lassen, um sich von ihrer Habe zu verabschieden. Die Ausgehuniformen, die schmukken Parademützen, die Säbel und die blinkenden Ehrendolche, die sie seit 1941 für den Einmarsch in Moskau und Petersburg durch die Gegend schleppten, wurden für das Ende am Haff nicht mehr benötigt. Die Rotarmisten konnten sie als Kriegsbeute nach Hause tragen.

Major Hut hatte sich nach einem wehmutsvollen Blick in seine Offizierskiste feingemacht. Er trug den Feldrock aufgeknöpft, darunter glänzte ein schneeweißes Hemd mit einer makellosen schwarzen Seidenkrawatte. Er sah sehr nobel aus. Unwillkürlich blickte Westermann lange auf den weißen Kragen. Dagegen sah er selbst geradezu schäbig aus. Seine Uniform zeigte deutliche Spuren von der Verschüttung. Eine Tasche war eingerissen, die Hosenbeine verkrustet. Er konnte von Glück reden, daß er sich im Lazarett mit geliehenem Rasierzeug glattrasiert hatte. Was er vermißte, war sein Rasierwasser, dessen herber Duft sich zwei bis drei Stunden auf der Haut hielt. Die guten Dinge verbrauchten sich rasch. Was lange hielt, war die grobe Kommißseife.

Westermann fand, die Stimmung auf dem Gefechtsstand war gut. Nach nicht enden wollenden Niederlagen eröffnete sich der Vierten Armee die Chance eines kleinen Sieges. Einerseits. Westermann kannte diese zwiespältigen Gefühle. Einerseits hoffte man auf den Erfolg. Falls nicht, hielt jeder von ihnen einen Nachttopf voller Häme bereit, um den General Friedrich Wilhelm Müller tief einzutunken. Hitler hatte ihn gerufen, nun sollte er mal zeigen, daß er in der Lage war, die Kastanien aus dem heißen Feuer zu holen.

Der blutjunge Adjutant bot ihnen zwei Stühle an.

„Prima, daß Sie sich wieder hergeschleppt haben. Viel Freude wird es Ihnen nicht machen. Zigarette? Trinken Sie eine Tasse Kaffee oder lieber einen Wodka? Vielleicht ganz gut gegen Ihre Kopfschmerzen, was?"

„Gern, Herr Major." Westermann wählte den Muckefuck, Lohmann den Wodka.

„Es tut mir leid, daß Sie verschüttet wurden", sagte der Major. „Wir bekamen die Meldung nicht sofort. Wie sieht es in Heiligenbeil aus?"

Lohmann trank den Wodka und entschuldigte sich. Er kannte das Gelaber der Stäbe zur Genüge aus der Zeit, als er noch Melder war. Sie mußten zusehen, daß der Hauptmann hier nicht anwuchs.

Westermann beugte sich vor. Er klemmte die Zigarette zwischen die Lippen und zündete das Stäbchen in der Hitze des Brenngases der Lampe an. „Wer sich noch nicht retten konnte, sieht zu, daß ihn die Pioniere nach Hela schaffen. Es war ein Fehler, die Zivilbevölkerung in den Dörfern festzuhalten."

„Ja, das war falsch", meinte auch der Major. Er wühlte mit der linken Hand in der Kiste und brachte sein Tagebuch zum Vorschein.

Westermann konnte sich nicht vorstellen, daß dieser Mann vor gar nicht so langer Zeit von der dritten Revolution gesprochen und ihm erklärt hatte, nach dem Endsieg müsse die Wehrmacht den SS-Staat domestizieren. Die Leute, die von den Herden und aus den Dörfern kamen, starben wie die Fliegen. Alles, was der Major, dem eine dritte Revolution vorschwebte, dazu zu bemerken hatte, war: Ja, das war falsch.

„Wir müssen etwas gegen den Gasbrand tun", mahnte Westermann. „Die Sanitäter sollten zumindest gewarnt werden, und der Abtransport der Verwundeten muß zügiger erfolgen."

„Ich gebe das an die Batterien weiter", sagte der Major. „Erzählen Sie, was gibt es sonst Neues in der Etappe?"

„Nichts“, antwortete der Hauptmann, und während er das sagte, fiel ihm ein, daß sein Bruder gestern gestorben war. Aber das war natürlich etwas, was den Kommandeur nicht die Bohne interessierte. „Das Neueste tut sich diesmal hier vorn. Greifen wir an?“

Der Major hob die Augenbrauen. „Ja“, sagte er gedehnt, „wir greifen an.“

Schöne Bescherung, dachte Westermann. Er sah den Adjutanten an. Doch der schob die Oberlippe zu seiner Stupsnase und grinste.

„Hier, schauen Sie mal auf die Karte, sieht ganz hübsch aus, was?“

„Augenblick. Ja, das ist die Höhe einhundertfünfunddreißig, und was soll das bedeuten?“

Major Hut sog heftig an der Zigarette. „Ja, das ist die Höhe. Diese blaue Linie bedeutet Festung. Die Höhe ist eine Festung, hat der Führer persönlich unserem Divisionär am Telefon gesagt. Feine Sache, was? Diese Festung wird heute früh von uns zurückerobert und dann verteidigt bis ans Ende der Welt. Wie bisher mit den spontan zu Festungen erklärten Schützengräben. Nun, man läßt sich die Sache was kosten. Augenblick bitte.“

Der Adjutant stellte die Kaffeetassen auf den Tisch und schenkte ein.

Gut, daß wir unter uns sind, dachte Westermann, da erfährt man doch mehr. Wenn der Stabschef dabei saß, ging es weit zaghafter zu.

„So“, fuhr der Major fort, „jetzt kann’s losgehen. Hier stehen unsere drei Batterien: da Ihre, die Erste, da die Zweite und dort die Dritte.“

„Munitionsbestand?“

„Sie haben etwas über hundert Schuß, die anderen weniger. Aber die Abteilung soll heute nacht noch ungefähr tausend Schuß bekommen.“

„Wir sind unterwegs Kolonnen begegnet, wollen wir hoffen, daß sie dabei waren.“

„Los, Adju, fragen Sie gleich nochmal beim Regiment nach. Nun aber weiter.“ Er fuhr sich mit der Hand über die Haare. „Hier nordwestlich Lütkenfürst geht eine schwere Batterie in Stellung, die uns untersteht. Ganz hübsch, hat aber auch nicht viel Munition. Da oben bei Deutsch-Thierau stehen zwei Einundzwanzigzentimeter-Eisenbahngeschütze, die schießen von vier Uhr bis vier Uhr dreißig Störungsfeuer auf Lichtenfeld, wo man den gegnerischen Divisionsstab vermutet. Ganz hübsch - haben aber ebenfalls nicht viel Munition. Die einzigen, um es gleich zu sagen, die noch reichlich Munition haben, sind die Infanteristen, und auf die verlassen wir uns wieder mal. Zu diesem Zweck wird dem Infanterieregiment ein Bataillon der linken Nachbardivision zugeführt . . .“

„. . . und eine Sturmkompanie aus der Heeresreserve“, fiel der Adjutant ein.

„Richtig, wozu ein Adjutant nicht gut ist . . . Wenn ich die Sturmkompanie vergessen hätte, wäre die Schlacht schon verloren, denn die Jungens gehen erfahrungsgemäß ran wie die Teufel. Habe sie heute abend am Friedrichshof vorbeimarschieren sehen, kann nur sagen, Klasse . . . So, und trotzdem hätte unsere Rechnung ein ganz großes Loch, wenn unsere Panzer nicht herkämen, denn, lachen Sie bitte nicht, der Russe hat auch welche. Wenn Sie ein gutes Ohr haben und außerdem noch die Luft anhalten, können Sie von Gottesgnade aus hören, wie sie hinter der Höhe und in Richtung Müngen herumkurven. Zum Glück haben wir diesmal auch welche. Königstiger, der letzte Schrei. Ich kann sie Ihnen nicht beschreiben, denn ich habe die Dinger noch nie gesehen. Bisher war der liebe Gott immer bei anderen Divisionen. Kerle, Kerle, diesmal sieht die Sache gut aus . . . Rauchen Sie doch, wozu sind die Zigaretten da . . . Ach so, Sie möchten jetzt nicht, natürlich, haben auch recht ... Doch zurück zum Angriff ... Punkt vier geht der Angriff los. Feuervorbereitung erst, wenn Höhe so nicht zu nehmen. Zehn Minuten lang. Dann tritt die gesamte Infanterie an. Sehen Sie, von hier bis hierher, in der Breite von zwei Regimentern. Je drei Panzer auf dem linken und rechten Flügel. Die rechten fahren südlich um Hasselberg herum, die linken fahren durch diese kleine Delle nach Südosten, schließlich schwenken beide Züge nach innen ein und rollen die Stellungen auf der Höhe auf. Ist die Linie Einhundertfünfunddreißig-einhunderteins erreicht, wird die Division entscheiden, ob noch Müngen genommen werden soll. Nötig ist es scheinbar nicht. Die Ritterkreuze werden auch ohne Müngen verteilt. Bon, das wäre so ziemlich alles ... Was werden Sie machen?"

Westermann zeigte mit der Bleistiftspitze auf Gottesgnade. „Ich denke, ich bleibe beim Bataillonsgefechtsstand, ich kann von dort aus bis zur Höhe und bis Müngen sehen. Vor die Höhe schießen wir zunächst nach den alten Feuerkommandos. Später müßte dann ein vorgeschobener Beobachter hinauf."

„Und das soll Lohmann sein?"

„Nein", antwortete Westermann, „Lohmann wollte ich diesmal bei mir behalten. Muß mal sehen. Eigentlich wäre der Doktor an der Reihe, aber die Kompanien wollen ja wohl mindestens einen Unteroffizier bei sich haben."

„Egal", meinte Major Hut, „rufen Sie mich hinterher noch an und geben Sie mir den Namen durch. Nehmen Sie aber auf jeden Fall einen alten Hasen, sonst gibt es Ärger. Sie wissen ja, der Divisionskommandeur läßt sich heute abend jede Einzelheit berichten."

„Reißt euch zusammen", warf der Adjutant ein, „ihr werdet beobachtet."

„Ja, heute schaut der Führer erwartungsvoll nach Osten", fügte der Major hinzu.

„Wie Napoleon, als die Russen hinter ihm her waren", flachste Westermann. Er konnte wie immer den Mund nicht halten.

„Würde mich interessieren, was der Stabschef zu diesem Kompliment meint", sagte der Adjutant.

„Unser dritter Skatmann hat sich gestern abend in Marsch gesetzt, um die Verbindung zur schweren Batterie aufzunehmen. Seitdem lästern wir ein wenig, tut immer ganz gut."

Das Feldtelefon klingelte. Der Adjutant hob den Hörer ab und meldete sich: „Wer ist dort? . . . I-b? Ja, was ist mit der Munition? . . . Ach so . . . Noch nichts da? Wird aber langsam Zeit . . . Natürlich rufe sofort an, wenn . . . Jawohl, fertig."

„Herr Major, ich möchte jetzt verschwinden, bei der Batterie gibt es auch noch allerhand zu tun. Ich habe schnell noch eine Frage. Was geschieht, wenn wir die Munition nicht rechtzeitig bekommen?"

Der Kommandeur erhob sich. „Dieselbe Frage habe ich vorhin dem Regiment gestellt. Antwort: Angegriffen wird auf jeden Fall."

„Was sagt die Infanterie dazu?"

„Um Gottes willen, lassen Sie die Infanterie nur nicht wissen, wieviel Munition wir noch haben. Vom rein menschlichen Standpunkt aus nicht ganz fein, aber was sollen wir machen?"

„Natürlich, das psychologische Moment. Immer wichtig." Westermann hob die Hand. „Ich wünsche uns allen einen guten Morgen."

„Ich schätze, es wird der schönste Donnerstag dieser Woche", sagte der Adjutant draußen am Wagen. Dann fuhren sie in die Nacht hinein.

An der Kreuzung bogen sie auf die Chaussee nach Hasselberg ein. Kurz vor dem Dorf wollten sie zur Elektroschneise abschwenken, um dann schließlich zu Fuß nach

Gottesgnade zu gehen. Ein Weg, den sie nun schon oft gegangen waren und den sie noch oft gehen würden, wenn alles gutging. Mancher würde auf diesem Weg zurückgetragen werden, viele aber würden hier so oder so nie wieder vorbeikommen. Immer wieder derselbe Gedanke vor einem Angriff: Schau dir noch einmal alles genau an, wer weiß, ob dir diese Bilder noch einmal begegnen. Und dann wenige Minuten vor dem Sturm: Wen wird es erwischen? Mich oder dich oder den Karl oder den Horst, den mit dem Milchgesicht, der erst vor ein paar Tagen gekommen ist und der noch gar nicht weiß, wie das ist, angreifen. Wenn er nach seiner ersten Nacht noch auf gesunden Beinen steht, dann ist er kein Pimpf mehr, mit diesem hübschen Milchgesicht, dann ist er ein alter Landser, genau so dreckig, genau so abgerissen, genau so schnoddrig, genau so stur, genau so müde. Ja, vierundzwanzig Stunden hier sind eine andere Erziehung als fünfzehn oder sechzehn Jahre Elternhaus, ja, mein Junge, hier hast du in einem Tage begriffen, was das Leben wert ist und wie schnell sich so was verspielt. *Rouge ou noir*, hier wird mit der Geschwindigkeit einer Gewehrkugel der Einsatz kassiert.

Westermann ließ sich vom Wagen hin- und herschaukeln, das machte die Nachtkälte nicht so spürbar. Er versuchte, wieder an den geschwungenen Rücken und den Schatten zu denken, aber das Bild ließ sich nicht mehr herbeizaubern. Er hatte jenen Schatten endgültig aus den Händen und den Sinnen verloren. Die Schatten hier, die vieltönigen Schatten der Nacht vor dem Angriff nahmen ihn auf und gaben auch nicht den kleinsten Teil mehr ab.

Alle Augenblicke fiel Lohmann durch das Schlingern des Wagens gegen seinen rechten Arm. Schlief der Mann? Eine glückliche Natur. Doch plötzlich sagte eine verdrossene Stimme neben ihm: „Im Arsch is' duster."

Ja, er hatte sich vorgenommen, Lohmann nicht schon wieder als vorgeschobenen Beobachter ins Fegefeuer zu schicken, aber aus dieser guten Absicht wurde nichts. Lohmann war sein bester Mann für diese Aufgabe. Unteroffizier Crantz würde das Meldewesen leiten, und Johann Broschda sollte, wie immer, auf den Chef aufpassen. Mit dem Gelingen des Angriffs wurde bei allen Dienststellen und allen Gefechtsständen, ja selbst bei den angreifenden Kompanien fest gerechnet. Gerade hier herrschte das größte Vertrauen. Die einzelnen Schützengruppen waren, wenn auch nicht aufgefüllt, so doch stark genug, um sich mit einiger Sicherheit im Gelände bewegen zu können. Man hatte die Regimenter so zusammenrücken lassen, daß sie sich bei geringer Abschnittsbreite auch in die Tiefe gliedern konnten, was das Gefühl der Stärke bei den Leuten noch steigerte. Natürlich ließ sich der Erfolg eines rein örtlichen Angriffs nie mit Bestimmtheit voraussagen, aber in diesem Fall sprach alles für ihn, bis vielleicht auf den Mangel an Artilleriemunition. Aber jetzt, kurz vor vier Uhr, fragte niemand mehr danach, und die es nur zu gut wußten, hüteten sich, davon zu sprechen.

Spähtrupps, die kurz nach Mitternacht losgeschickt worden waren, brachten keine andere Meldung mit als die, daß der Gegner sich in den heilgebliebenen Bunkern auf der Höhe eingenistet hatte, ohne anscheinend Wert darauf zu legen, das Gelände zwischen der Höhe und Gottesgnade zu besetzen, da sie es bei Helligkeit ja ohnehin von oben her beherrschten.

Um jedes gefahrbringende Geräusch zu vermeiden, war befohlen worden, die Stoßtrupps ohne Stahlhelm und ohne Koppelzeug angreifen zu lassen. Selbst Spaten durften von der vordersten Linie nur beschränkt mitgenommen werden, und die Männer, die sie behielten, waren ausgesuchte, erfahrene Nahkämpfer. Vielleicht spielte bei diesem Befehl nicht nur der Gedanke eine Rolle, daß die Spaten erfahrungsgemäß am ehesten gegen eine Waffe schlugen oder klapperten, vielleicht bewog die Kommandeure auch zu diesem Entschluß das Gefühl, daß die Leute mit um so größerer Hartnäckigkeit angreifen würden, wenn sie wußten, daß es keine Möglichkeit gab, sich einzugraben oder eine Deckung zu schaffen, daß es wahrhaftig keine andere Chance gab, als die Gräben und Bunker zurückzuerobern, als die Höhe zu gewinnen und dort in den altgewohnten Löchern den russischen Gegenstoß zu erwarten. Auf halbem Wege, zwischen Gottesgnade und der Höhe, wartete nur der Tod.

Jedermann von den Kompanien wußte es. Jeder wußte, worauf es ankam. Jedermann konzentrierte sich bis zum Äußersten auf den Angriff. Und als die Schützengruppen sich dann schließlich kurz vor vier Uhr in Bewegung setzten, da geschah dies mit einer solchen Ruhe, Exaktheit und Sauberkeit in der Formation, daß man hätte glauben können, man stecke mitten in einer Felddienstübung des Gardedukorpsregimentes.

Auch Unteroffizier Lohmann erhielt genaue Anweisungen. Die Beobachtungsstelle war wieder in den notdürftig hergerichteten Bunker eingezogen, aus dem man den Chef vor kurzem herausgezerrt hatte.

Kurz vor vier Uhr stand Hauptmann Westermann vor dem Bunker und erklärte überflüssigerweise zum fünften Male, worauf es ankam. „Sie bleiben hier am eingestürzten Stall stehen und starren in Richtung Höhe. Nicht eine Hundertstel Sekunde von der Richtung weg. Unsere Batterie ist auf Mitte Höhe eingerichtet, das ist rot. Haben Sie das verstanden?"

„Jawohl, Herr Hauptmann."

„Wenn ich rot abschieße, dann heißt das, daß der Russe uns schon vor seiner Stellung entdeckt hat. Dann müssen wir direkt Sperrfeuer auf die Höhe schießen. Das macht unsere Erste Batterie."

„Jawohl."

Westermann dozierte weitere Schießkunde, als sei man im Manöver.

„Wenn ich grün abschieße, dann heißt das, wir sind schon in den Gräben drin, das Sperrfeuer muß dann jenseits der Höhe liegen. Das macht dann die Zweite und Dritte Batterie, verstanden?"

„Jawohl, Herr Hauptmann."

„Sollte mir etwas passieren, dann rufen Sie das Feuer auf Anweisung des Bataillons ab, der Kommandeur weiß Bescheid. Ohne rote oder grüne Leuchtkugeln wird erst geschossen, wenn das Bataillon ruft. Ist das klar?"

„Jawohl, Herr Hauptmann."

„Dann wiederholen Sie!"

„Rot, großer Mist, Russe frühzeitig aufgewacht, Erste schießt auf Mitte Höhe."

„Weiter."

„Herr Hauptmann müssen jetzt gehen, die Infanterie ist angetreten", mahnte Lohmann etwas ungeduldig.

„Weiter, habe ich gesagt!"

„Grün, alles in Butter, Überraschung gelungen, Abteilung schießt hinter die Höhe."

Westermann drehte sich zum Doktor um. „Unteroffizier Lohmann bleibt hier an der Ecke stehen, Sie halten Verbindung zum Bataillon, wenige Minuten nach meinem Signal wird der Russe wie verrückt mit seiner Artillerie herumschießen. Sorgen Sie dafür, daß dann die Funkverbindung zur Feuerstellung klappt. Noch irgendeine Frage?"

Es war alles klar.

„Herr Hauptmann sollten mich mitnehmen, statt allein im Gelände herumzukriechen", maulte Lohmann.

„Tun Sie, was ich gesagt habe . . . Also, macht's gut."

Fast unhörbar stiefelte Westermann los. Langer Mantel, kein Koppel, in jeder Hand eine schwere Signalpistole. Es sah aus, als schreite er zum Duell.

Alles, was auf Gottesgnade zurückblieb, horchte gespannt in die Nacht. Kein Laut von der Höhe her. Ein paar russische Granaten, die üblichen nächtlichen Störgeschosse rauschten über den Hof hinweg ins Hinterland.

Der Fernsprecher drückte den Hörer gegen die Ohrmuschel. „Noch am Apparat?“ fragte er leise.

In der Feuerstellung standen die Kanoniere zwischen den Holmen der Lafetten und horchten in die Nacht, als könnten sie von dort aus verfolgen, was auf der Höhe vor sich ging.

Indessen schlichen die Kompanien weiter zur Höhe hinauf. Kein Laut, keine Stimme, kein Schrei. Die Luft auf den Gefechtsständen war elektrisiert von gespannter Aufmerksamkeit.

„Fragen Sie die Erste, was sich tut.“

„Jawohl, Herr Leutnant.“

„Hallo“, ging die Frage gedämpft weiter, „ist die Erste am Apparat?“

„Ja, was ist?“

„Was Neues?“

„Nichts, absolute Ruhe.“

Die Stimme wendete sich. „Herr Leutnant?“

„Ja.“

„Nichts Neues von der Ersten.“

„Gut, bleiben Sie bloß am Apparat, Sie.“

„Jawohl, Herr Leutnant!“

Kein Zeichen von den Kompanien, kein Schuß, keine Maschinengewehrsalven. Nichts.

Lohmann schmerzten die Augen. „Was machen die Lapse?“ murmelte er.

Minuten vergingen.

Der Bataillonskommandeur kroch aus dem Keller des Gutshauses und kam zur Beobachtungsstelle rüber. „Irgendwas stinkt da oben“, sagte er zu Lohmann. „Hoffentlich haben die Ihren Chef nicht abgestochen.“

„Möchte auch wissen, was die Lapse da wieder machen, Herr Major.“

„Vielleicht sind die Kompanien aber auch noch gar nicht ran, das wäre denkbar.“

„Haben die denn keinen Funk mit?“

„Doch, der rechte Kompanietrupp; der darf aber nicht einschalten vor Angriffsbeginn, außer bei Gefahr.“

„Also besteht keine Gefahr“, meinte Lohmann.

Drinnen im Bunker sagte der Fernsprecher: „Nichts los.“

„Nichts los“, sagte der Fernsprecher in der Feuerstellung.

„Nichts los?“ wiederholte fragend der Adjutant am anderen Ende der Leitung. Er horchte nach draußen. Nein, keine Batterie schoß.

Der Bataillonskommandeur überquerte den Hof und verschwand wieder im Keller. Lohmann steckte sich eine Zigarette an, obwohl es verboten war, vor dem Angriff mit offener Flamme oder Licht herumzuhantieren.

Der Doktor knurrte. „Einer will immer eine Extrawurst.“

Lohmann tat einen tiefen Zug hinter der gewölbten Hand. „Einer spinnt immer.“

Und dann war es da. Wunderbar klar stieg das Licht auf, ganz steil und hoch in den Himmel hinein, wie der Auftakt zu einem grandiosen Feuerwerk. Oben auf dem Gipfelpunkt blieb die Rakete für den Bruchteil einer Sekunde zitternd am Himmel hängen und kehrte dann verlöschend wieder zur Erde zurück. Jetzt brach der Boden auf. Aus den Ritzen und Löchern quoll es hervor. Geschieße, Geknatter, Detonationen von Handgranaten. Auf der Höhe brüllte es: Hurra, hurra, hurraaaaa!

„Grün!“ brüllte Lohmann in den Bunkereingang.

„Grün!“ brüllte der Fernsprecher.

„Grün!“ schrie der Leutnant ins Mikrophon, „Zweite und Dritte Batterie Feuer!“

Die Luft zitterte von den Abschüssen.

„Erste Batterie 'Sperrfeuer Mitte' einstellen, Feuerbereitschaft melden, sagen Sie dem Oberwachtmeister Unruh: Beeilung."

„Jawohl, Herr Unteroffizier, Beeilung."

Die eigenen Granaten rauschten über sie hinweg und schlugen hinter der Höhe ein. Zwischen zwei Feuerüberfällen glaubte Lohmann, die schweren Brummer von den Eisenbahngeschützen über sich rumoren zu hören.

Doch auch die andere Seite erwachte. Nach sechs Minuten schlugen die ersten russischen Granaten auf Gut Gottesgnade ein. Die Artillerie drüben griff in den Kampf ein. Da sie aber noch nicht wußte, was auf der Höhe vor sich ging, lagen die Einschläge alle diesseits der Höhe. Das war für die Infanterie gut.

Zwanzig Minuten seit Angriffsbeginn, dachte Lohmann, zwanzig Minuten nach vier Uhr, der Angriff hatte glänzend angefangen, das stand fest.

Vier Uhr fünfundzwanzig. Meldung an das Infanterieregiment: Höhe bis auf Nordostzipfel genommen. Fünf Uhr fünfzig: Divisionskommandeur spricht Anerkennung aus. Befiehlt Nordostzipfel zu nehmen. Sieben Uhr zwölf, Funkspruch von Höhe an Bataillon: Wo bleiben die eigenen Panzer?

Wo blieben die eigenen Panzer? Nur die oben auf der Höhe wußten es noch nicht. Die sechs Königstiger hatte man in der Nacht, bevor der Angriff begann, abberufen und in den rechten Nachbarabschnitt geschickt, weil der Russe dort mit seinen Panzern einen Einbruch von vier Kilometer Tiefe erreicht hatte. Der Nordostzipfel war ohne Königstiger zu nehmen.

Kurz nach neun Uhr Befehl des Divisionskommandeurs: Nordostzipfel unverzüglich angreifen.

Das Artillerieregiment hatte Bedenken wegen der geringen Munitionsbestände. Man versprach, Munition bis zum

Abend zu beschaffen. Mein Gott, bis zum Abend. Was hieß das schon.

Lohmann fluchte. Er rechnete damit, daß der Chef ihn zu dem Angriff auf den Zipfel hinaufschicken würde. Der Doktor stand neben ihm und kaute ein Stück trockenes Brot. „Wenn ich der General wäre“, sagte Lohmann ungeniert, „würde ich auf die Höhe gehen und den Kompaniechef fragen, was er von dem Angriff auf den Zipfel hält.“

„Wenn Sie den Mund aufmachen“, erwiderte der Doktor, „muß ich immer daran denken, wie der kleine Fritz sich den Krieg vorgestellt hat. Was ist denn schon ein General?“

Sie standen neben der eingestürzten Stallwand und sahen zur Höhe hinauf. Ein paar russische Granaten pfiffen heran und schlugen jenseits der abgebrannten Scheune ein. Sie krochen schnell in den Bunker. Der Doktor setzte sich auf die Pritsche, wo seine Sachen lagen, öffnete den Brotbeutel und packte Brot, Butter und eine Büchse mit Blutwurst aus.

„Eine Schnitte könnte ich auch vertragen“, meinte Lohmann und wollte gerade seinen Freßbeutel suchen, als ein Melder vom Bataillon den Kopf zum Bunkereingang hereinsteckte.

„Einer von euch soll mal zum Major rüberkommen“, schnarrte er heiser. Sein Gesicht verschwand wieder.

Scheiße! Hoffentlich ist dem Chef nichts passiert. Alles, nur das nicht. Wenn sie hier schon kaputtgingen, dann sollte der Chef als letzter dran glauben, sonst ging es mit ihnen nur um so schneller. Er stand auf und kroch durch den Türrahmen, den sie nach dem Einsturz mühsam wieder zusammengeflickt hatten. Er lief über die freie Fläche zwischen dem Stall und dem arg zusammengeschossenen Wohnhaus. Vor dem Eingang standen einige Landser. Unrasiert. Mit einer Zigarette zwischen den Lippen. Ein wenig nervös, ein wenig nutzlos, ein wenig sehnsüchtig. Zu müde für eine große Sehnsucht. Zu unkonzentriert für eine große Sehnsucht. Sie sind mir so nahe, dachte Lohmann, daß ich ihnen um den Hals fallen könnte. Das ist der riesige Unterschied zwischen mir und dem Doktor. Das ist überhaupt der Unterschied. Nicht nur zwischen ihm und mir. Er zieht die Uniform wieder aus und damit hopp. Mir ist sie inzwischen festgewachsen. Die Uniform ist meine Haut geworden. Eine zähe Haut.

Er sah an den Gesichtern dieser Leute vorbei auf das zerstörte Gut Gottesgnade, und irgendwie hatte er das Gefühl, daß es Zeit wurde, hier zu verschwinden. Der Boden war zu zerquält, als daß er ihnen noch etwas schenken konnte. Diese Stellung war verbraucht. Sie gab nichts mehr her. Langsam ging er die Treppe hinunter. Hoffentlich war dem Chef nichts passiert.

Am Ende des Kellerganges lag der Unterschlupf des Bataillonsgefechtsstandes. Ein kleiner viereckiger Tisch, Stühle, mehrere Kerzen.

„Trinken Sie erst mal einen Schnaps", sagte der Major und reichte ihm einen winzigen Becher, eine abgeschnittene Flakkartusche.

„Gut, das Zeug", sagte Lohmann.

„Dafür sollen Sie noch einen haben. So, und nun hören Sie mal zu. Wir greifen um elf Uhr fünfzehn den letzten Rest der Höhe an. Hat Ihr Chef Funk mit?"

„Nein, Herr Major", antwortete der Unteroffizier und stellte die abgesägte Flakkartusche wieder auf den kleinen Tisch. Gleich neben dem Feldtelefon lag die Karte, und Lohmann konnte bei flüchtigem Hinsehen feststellen, daß die Angriffe an der Chaussee und nördlich der Höhe nach Schönwalde zu auch nicht zum Ziele gekommen waren.

Der Adjutant bot ihm eine Zigarette an.

„Können Sie ein Funkgerät mitnehmen, wenn Sie raufgehen?"

„Ja, wir haben noch eins hier auf der Beobachtungsstelle."

„Wir geben Ihnen eine Pergamentpause mit, aus der Hauptmann Westermann ersehen kann, worauf es ankommt."

Lohmann nahm die Zigarette zwischen Daumen und Zeigefinger und hielt die Flamme des Feuerzeugs davor. „Warum wird dieser Angriff noch gemacht?" fragte er.

„Wie meinen Sie das?" sagte der Major belustigt.

Ich kann schon wieder nicht die Schnauze halten, dachte Lohmann. Zwei kleine Becher Schnaps am frühen Morgen und ich kann die Schnauze nicht halten . . .

„Wenn die Kompanien jetzt damit kaputtgemacht werden, den letzten Zipfel da oben zu nehmen, haben wir hinterher niemanden mehr, der den russischen Gegenangriff abwehrt."

„Wie kommen Sie darauf, Sie komischer Kauz?"

„Ich weiß nicht, Herr Major, es wäre doch möglich."

„Die Division hat den Angriff befohlen, die werden schon ihre Gründe dafür haben."

„Glauben Herr Major, daß der Angriff gelingt?"

„Wissen Sie was, lieber Mann, nehmen Sie hier die Pause, sagen Sie Hauptmann Westermann, daß angegriffen wird, und im übrigen empfehlen Sie sich so schnell wie möglich."

„Jawohl, Herr Major", sagte Lohmann, machte eine Ehrenbezeugung und verschwand im Kellergang. Verfluchter Schnaps! Warum riß er die Klappe auch immer so weit auf. Der Doktor hatte recht, er konnte den Mund nicht mehr halten, dabei hatte er doch weiß Gott lange genug gelernt, die Klappe zuzumachen.

Er ging zum Bunker hinter dem Stall zurück, befahl den Funkern, das Gerät aufzunehmen, und trottelte dann zur Höhe hinauf. Die Division hatte befohlen anzugreifen, na also, was gab es da noch zu meckern. Was machte das schon, wenn er, der lächerliche unbedeutende Unteroffizier, mit dem Verstand einer Ameise, an dem Erfolg zweifelte. Seine Meinung war nicht gefragt.

Zur Höhe führte ein ausgetretener Fußweg, der oben etwa fünfzig Meter neben dem Artilleriebunker in den Laufgraben einmündete. Da der deutsche Angriff im Augenblick völlig eingeschlafen war, meldete sich auch der Russe nicht mit seinem Störungsfeuer. Unbehelligt von allen unangenehmen Überraschungen keuchten sie hinauf. Die Funker bogen ihre Oberkörper weit nach vorn, damit die Gurte mit den schweren Funkkästen nicht so an den Schultern rissen. Die Luft war erfüllt von dem Gestank frischer Einschläge, verbrannter Erde und den Ausdünstungen der nun schon Tage herumliegenden Leichen. Am Anfang hatte Lohmann festzustellen versucht, welche der beiden Seiten hier mehr geblutet hatte, aber ein Unterschied war nicht festzustellen. Die deutschen Gefallenen trugen das Feldgrau, man erkannte sie schon von weitem an den blauweißen Gesichtern, sofern das Gesicht überhaupt noch da war, während die Leichen des Gegners dicke braune Mäntel trugen, und auch die Gesichter zeigten ein eigentümlich fahles Braun oder Gelb, und viele hatten mongolische Züge.

Die drei Männer kamen zu einer Rübenmiete, und die beiden Funker baten, die Geräte einen Augenblick absetzen zu dürfen.

„Warum nicht?“

Lohmann steckte sich eine Zigarette an. Das Tragen der Funkkästen war eine Biesterei. Warum hatte das Heereszeugamt dafür noch nichts Besseres erfunden? Zudem waren die Geräte auch funktechnisch nicht sehr gut. Ständig gab es Störungen und Unterbrechungen. Man konnte die Funker nur bedauern. Es war noch Zeit bis zum Angriff, überlegte Lohmann, und sie würden von hier bis zum Bunker nur noch etwa zehn Minuten zu laufen haben, wenn alles gut ging und wenn sie unterwegs nicht noch Feuer bekamen. Der Angriff dünkte ihm jetzt eine Schnapsidee, so begeistert er die Nachricht davon aufgenommen hatte. Und wenn der Befehl vom Führer kam, dann war es eine Schnaps idee vom Führer.

Er stand auf und zog seinen Mantel zurecht. „Los, gehe wir", sagte er. Schwerfällig setzten sich die Funker in Bewe gung. In Lohmann kam wieder das Gefühl auf, das er scho vorhin in Gottesgnade empfunden hatte. Es wurde Zeit, da sie hier aus dieser Gegend verschwanden.

Aber wohin? Wohin sollten sie? Hinter der Autobah kam doch gleich das Haff, und hinter dem Haff kam gleic die Ostsee, kam das Meer. Quatsch, so lange er beim Kom miß diente, empfing er Befehle, und diese Befehle hatten ih bisher noch immer irgendwohin geführt.

Für den Kommiß gibt es kein Ende, dachte er, für de Kommiß gibt es keinen Untergang. In irgendeiner Richtun geht es immer weiter.

Für das Stück von der Miete bis zum Bunker auf der Hö he brauchten sie mehr Zeit, als Lohmann geschätzt hatte Mehrere Male mußten sie in Deckung gehen. Aber das russi sche Störungsfeuer hielt nicht an. Als sie oben ankamen, wa es totenstill.

Vor dem Beobachtungsbunker lagen vier gefallene russi sche Soldaten.

„Zieht sie ein Stück bergab", befahl Lohmann, „ich geh inzwischen zur Kompanie und werde sehen, wo der Haupt mann steckt."

Die Funker setzten die Geräte ab. Sie hatten gehofft, ers einmal etwas ausruhen zu können, aber es half nichts. Si mußten die Leichen fortschaffen und den Bunker aufräumen hier auf der blanken Erde konnten sie nicht wohnen. Drinne sah es gar nicht so schlimm aus. Handgranaten hatten di Wände und die Pritschen angefetzt, einer der Hocker la zerbrochen unter dem Funktisch, und auf dem Fußbode rechts vor der Tür saß zusammengesunken ein toter Russe.

„Ich faß ihn nicht an", murmelte der eine Funker.

„Keine Angst, ich besorge dir eine Zuckerzange.“ Lohmann packte den Toten bei den Unterschenkeln und zerrte ihn zur Tür. Aber der Russe war sehr schwer und schon steif. Lohmann schaffte es nicht allein. „Los, anfassen!“ schrie er.

Widerstrebend halfen sie. Sie schleiften die Leiche den Graben entlang und wälzten sie an einer niedrigen Stelle über die Grabenbrüstung.

Die Iwans waren erst vor Stunden gefallen. Sie stanken noch nicht.

„Baut nun gleich das Gerät auf, wir müssen uns jetzt etwas beeilen.“

Lohmann ging den Graben entlang zum Kompaniegefechtsstand. Überall lagen Stahlhelme und zerstörte Gewehre herum. Weiter vorn schoß jetzt ein Maschinengewehr. Unwillkürlich duckte Lohmann sich, obwohl er am Klang erkannte, daß es ein deutsches Maschinengewehr war. Minuten später begann eine wüste Knallerei. Er setzte sich in Trab, bog in den Hauptgraben ein und sprang in den Bunker des Kompaniegefechtsstandes.

„Macht der Russe einen Angriff?“ fragte er keuchend.

„Weiß kein Mensch.“

Außer dem Feldwebel saßen nur Melder und Kompaniefunker auf den Pritschen.

„Wo steckt der Hauptmann Westermann?“

„Ist mit dem Kompaniechef unterwegs“, antwortete der Feldwebel. Und nach einer Pause: „Bist du nicht der Lohmann?“

„Na klar, Mensch.“

„Dann trinkst du einen mit.“

„Mach ich!“

Plötzlich knallte es. Ein Schuß schlug in die Holzdecke. Der Feldwebel sprang auf. „Wer war das Schwein?“

Alle sahen auf einen Melder, der auf der Erde hockte und mit kalkweißem Gesicht an seiner Armeepistole herumfummelte.

„Warst du das?“ schrie der Feldwebel.

Der Melder hob den Kopf.

„Willst dir einen Heimatschuß besorgen, wie?“

„Nein, Herr Feldwebel.“

Einer der Melder mischte sich ein. „War ein Drecksversehen beim Auseinandernehmen der Waffe. Das ist kein Schisser.“

„Habe ich Sie gefragt?“ fauchte der Feldwebel aufgebracht, „ich rede doch gar nicht mit Ihnen.“

Doch der Melder hatte Courage. „Lassen Sie den Jungen in Ruhe, ein Kind, ein kleines Kind mit einer Pistole. Was wollen Sie da verlangen? Man muß auch damit rechnen, daß mal aus Versehen so ein Ding losgeht.“

„Halt deine Schnauze, ja!“ Der Feldwebel kniff die Augen zusammen. „Ich kannte jemanden, dem ging aus Versehen eine Pistole los, und vielleicht wißt ihr, was mit dem geschah? Nein, das wißt ihr nicht? Sieh mal einer an, wie schnell sich so etwas vergißt.“

„Was kann mit dem schon passiert sein? Sie haben ihn umgelegt“, sagte einer der Funker.

„Ich habe doch gesagt, das hier ist kein solcher Schisser. Ein Pimpf, aber kein Schisser“, verteidigte ihn sein Kamerad.

„Hört mal zu“, meinte Lohmann seelenruhig, „mach doch jetzt vorm Angriff keinen Wind, der Knabe wird ja gleich zeigen, wer er ist. Ist er eine Pflaume, kann man darauf zurückkommen, nicht wahr? Und damit hopp.“

„Hier schießen einem noch die eigenen Leute in den Hintern“, knurrte der Feldwebel. Er wußte auch nicht recht, was er machen sollte. Vielleicht war es das Einfachste, den Mann beim Sturm der Russen unter die Lupe zu nehmen.

Das Feldtelephon klingelte. Ein Fernsprecher nahm den Hörer ab.

Vor dem Bunkereingang tauchten mehrere Männer auf, die die Stahlhelme zu den Kompanien brachten. Jemand rie den Sani heraus. Zwei Maschinengewehrleute vom schweren Zug waren durch einen Granatwerfereinschlag verwundet worden. „Dem einen geht es dreckig“, sagte ein Melder, „ich habe ihn gesehen, die ganze linke Seite ist aufgerissen.“

Plötzlich stand Hauptmann Westermann am Bunkereingang.

„Lohmann.“

„Herr Hauptmann.“

„Los, sofort zur Beobachtungsstelle.“

„Alarm, der Russe greift an!“ schrie der Feldwebel.

„Alarm!“ rief einer der Funker.

Der Fernsprecher hob den Hörer ab und drehte an der Kurbel.

Nach wenigen Augenblicken meldete sich das Bataillon. „Alarm“, rief der Fernsprecher aufgeregt, „der Russe greift an!“

Der Kompaniechef befahl den Zügen, sich sofort aus den Bereitschaftsstellungen zurückzuziehen und die Verteidigungsgräben zu besetzen. Die erste russische Welle kletterte den Hang herauf. Weit auseinandergezogen und tief gestaffelt, sprangen die braunen Schützenrudel vor.

„Wie vorsichtige Feldmäuse“, sagte Lohmann. Der Hauptmann stand neben ihm und beobachtete mit dem Doppelglas die Russen. „Funkverbindung zur Feuerstellung und nach Gottesgnade“, meldete der Funker.

Aber es kam kein Feuerkommando.

Nach wenigen Minuten sagte der Funker abermals: „Funkverbindung zur Feuerstellung.“

„Ja, danke. Sie sollen ‘Osthang’ einstellen, aber noch nicht laden. Das muß die Infanterie allein schaffen.“

Die deutsche Artillerie schwieg. Und auch die Infanteriewaffen schossen nicht. Die braunen Feldmäuse kamen immer näher heran. Dann legten sie sich plötzlich hin. Wie kleine Maulwurfhügel lagen sie jetzt da auf dem Feld, und beide Seiten warteten auf das, was kommen mußte.

„Jetzt werden sie gleich mit dem Trommeln anfangen. Passen Sie auf“, sagte der Hauptmann, „jetzt zerhacken sie gleich die Höhe, und dann erst springen sie uns an die Kehle.“

„Wir haben nicht viel Munition, Herr Hauptmann.“

„Wir nicht, aber wir können auch mit der Fünfzehnzentimeter-Batterie schießen, und die haben vor einer halben Stunde zweihundert Schuß bekommen.“

„Das geht schon.“

„Ja, das geht schon.“ Und nach einer Weile: „Passen Sie auf, Lohmann, nehmen Sie mal Ihr Glas vor die Augen und schauen Sie auf das äußerste linke Haus von Müngen, rechts davon eine auffallend dunkle Scheune, haben Sie das?“

„Ja, Herr Hauptmann, die Scheune habe ich. Was ist denn das? . . . Ach du Scheibenkleister, ein Panzer. So ein Mist!“

„Nun, wenn Sie von diesem Haus weiter nach links gehen, immer an der Chaussee, nein nicht Chaussee, immer an dem Feldweg nach Schönwalde entlang, da kommen Sie an ein kleines Einzelgehöft, was sehen Sie da?“

„Den dunklen Fleck an der rechten Giebelwand?“

„Ja, ein T-34.“

„Und wenn Sie von da aus weiter nach links gehen . . .“

„Nicht nötig, Herr Hauptmann, die Biester sind schön im Halbkreis um uns herum aufgefahren.“

„Na also, und wo sind unsere Königstiger?“ Er schrieb etwas auf einen Zettel. „Los, springt mal einer von euch schnell zur Kompanie. Außerdem ein Funkspruch an die Abteilung. Schreiben Sie: Feind Bereitstellung eingenommen. Erwarten jeden Augenblick Anfang Trommelfeuer. Müngen und nördlich Panzerbereitstellung.“

So fing es nun schon seit Jahren an. Erst kam die Infanterie an die eigene Stellung gekrochen, und dann entdeckte man wenig später die Panzer. Oder sie saßen auf den Panzern drauf.

„Wissen Sie, was die Abteilung antworten wird?“

„Ich ahne es, Herr Hauptmann.“ Lohmann hielt ihm eine Schachtel Zigaretten hin.

„Sie wird uns daran erinnern, daß es außer dem Radar noch eine zweite großartige Erfindung des Krieges gibt.“

„Herr Hauptmann meinen die Panzerfaust.“

„Ja, wenn wir die nicht gehabt hätten, wären wir beide heute zu Hause.“

Der Funker kam von der Kompanie zurück. Mit beiden Händen fuhr er sich durch das struppige schwarze Haar. „Der Kompaniechef bedankt sich für die Meldung. Da ist eine ganz große Schweinerei los.“

„Was für eine Schweinerei?“ fragte Lohmann und nahm das Doppelglas von den Augen.

„Der Kompaniechef hat gerade einen Mann von seiner Kompanie erschießen lassen.“

„Nun sag' bloß.“

„Weswegen?“ fragte Lohmann.

„Feigheit vor dem Feind. Ein ganz junger Bursche, Herr Unteroffizier.“

„So, und was hatte er sich geleistet?“

„Er hat sich in die Hand geschossen, um in ein Lazarett zu kommen.“

„Dann ist es der kleine Pimpf gewesen, der Schisser. Schade. Ein hübsches Gesicht“, sagte Lohmann und warf die soeben angezündete Zigarette auf die Erde. Langsam setzte er seinen Stiefel darauf und trat sie kaputt.

In diesem Augenblick begann das russische Trommelfeuer. Die ganze Höhe zitterte, und keiner da oben hörte, daß die Panzer ihre Verstecke verließen und in einem wundervoll geordneten Bogen auf den Berg zufuhren.

„Verbindung zur Feuerstellung?“ fragte der Hauptmann.

„Noch - ja.“

„Feuerkommando für schwere Batterie: Osthang einstellen, Feuerbereitschaft melden.“

Nach fünfzehn Minuten kochte der Berg. Fast genau au die Sekunde wechselte die Schußfolge, und die im Artille riebunker merkten, daß die russischen Batterien ihr Feuer au den Westhang vorverlegten. Der eigentliche Angriff begann.

„Feuerbefehl an schwere Batterie: Sechs Gruppen. Erst Batterie Feuerbereitschaft melden.“ Westermann kroch in de Beobachtungsstand und nahm das Glas vor die Augen. Er sah daß die Panzer noch etwa fünfzig Meter von dem ersten Gra ben entfernt waren. Ein Infanterist stürzte in den Bunker.

„Helft mir“, wimmerte er, „helft mir doch, ich bin ver wundet.“

„Wo?“ fragte Lohmann kalt.

„Hier, an der Schulter muß es sein.“

Lohmann zog ihm den linken Ärmel herunter. „W kommst du her?“

„Vom Kompaniegefechtsstand. Ich soll auch was melden Ja, da, da tut es weh. Könnt ihr mich wegbringen?“

Lohmann sah sich ruhig die Schulter an. Kleiner Splitter durchschlag. Der Ausschuß war etwas aufgerissen. Nich weiter tragisch. „Was sollst du melden?“

„Verbinden Sie mich doch!“

„Was du melden sollst, habe ich gefragt.“

Der Mann sah ängstlich auf. „Ich weiß gar nichts mehr mir ist ganz kalt.“

Lohmann holte aus und gab ihm eine Ohrfeige. „Was d melden sollst, habe ich gefragt.“

Plötzlich weinte der Infanterist los. Die Tränen zogen hell Spuren durch seine dreckigen Wangen. „Ihr seid Schweine oh, seid ihr Schweine! Unser Kompaniechef hat gesagt, zuers auf die Iwans schießen, und später mit der Schweren auf di Panzer. Nachgebrüllt hat er mir: Zuerst auf die Iwans.“

„Na also“, meinte Lohmann und legte ein Mullkissen au die Ausschußwunde. „Warum nicht gleich so?“ Er wickelt eine Binde ab und zog den Mull fest.

„Bringt ihr mich jetzt zurück?“

„Ja, einen Moment, wir bestellen dir ein Taxi.“

„Wir werden trotzdem auf die Panzer schießen“, brüllte der Hauptmann von oben. „Davon kriegen die Iwans ein bißchen was ab.“

„Hübsch hierbleiben, mein Junge, versteht du mich?“

Es stellte sich sehr bald heraus, daß die Infanterie im allerersten Graben furchtbare Verluste erlitten hatte. Stellenweise gab es nur Tote und Verwundete, und die wenigen kampffähigen Männer wurden hin- und hergerissen von den Pflichten, sich der Angreifer zu erwehren und den Verletzten Verbände anzulegen. Jetzt, ja spätestens in diesem Augenblick, hätte mit mörderischer Wucht das eigene Artilleriefeuer einsetzen müssen, aber was sich da tat . . .

Lohmann stand aufgerichtet im Graben und beobachtete die Einschläge des eigenen Feuers. „Was wir uns da leisten, hört sich an, wie wenn eine Ziege aufs Trommelfell scheißt.“

Die Panzer rollten über den ersten Graben hinweg und säbelten mit ihren Maschinengewehren die Stellung entlang.

Der geschlossene Angriff zerfiel in hundert Einzelangriffe, in hundert Heldentaten und in hundert Heldentode.

Die russische Infanterie besetzte die tote Stellung der Vierlingsflak und griff von dort aus nach Süden an. Sie begann sich dem Beobachtungsbunker zu nähern.

Westermann dachte: Keine Chance, mit dem Leben davonzukommen.

„Panzer“, brüllte jemand wie blödsinnig, „Panzer überall!“

Lohmanns Mundwerk war nicht totzukriegen. „Was heißt ‘Panzer überall’? Ist dir schon einer in den Arsch gefahren?“

Solange es hell war, konnte ein Panzer hier oben auf der Höhe jede Maus bis Gottesgnade totschießen.

Westermann fluchte. Es mußte auf der Stelle dunkel werden. Das war die einzige Rettung. Jetzt mittags um ein Uhr mußte es Nacht werden. Lohmann machte die Feldflasche auf und trank einen großen Schluck. Der Schnaps lief über und troff aus dem einen Mundwinkel den Kiefer herunter. Er wischte mit der Hand darüber.

Innerhalb einer Viertelstunde verschlechterte sich ihre Lage so, daß sie jede Hoffnung aufgaben. Der Russe rollte von der Stelle aus, an der er eingebrochen war, den Graben nach Süden auf und drückte die wenigen Überlebenden von der Höhe hinunter. Ein anderer Teil der Kompanie lief den Stichgraben entlang bis zum Bunker der Beobachtungsstelle. Als letzte erschienen der Kompaniechef und der Feldwebel. Sie befahlen ihren Leuten, etwa zehn Meter vom Bunker entfernt den Graben abzuriegeln und die nachsickernden Russen mit Handgranaten und Maschinenpistolen aufzuhalten. Ihnen allen war klar, daß es von hier aus nicht mehr weiter zurück ging, außer, sie verteidigten sich bis zum Einbruch der Dunkelheit und versuchten dann, über die freie Fläche in südwestlicher Richtung durchzubrechen. Am hellen Tage würde jeder von ihnen schon bei dem Versuch, aus dem Graben auszusteigen, abgeknallt werden.

Der Kompaniechef zählte die übriggebliebenen Waffen, Panzerfäuste und Handgranaten und verteilte sie bis auf ein leichtes Maschinengewehr, das er selbst behielt. Lohmann nahm sich zwei Panzerfäuste und begann, die aufgeklebten Bedienungsvorschriften zu studieren. Die Infanteristen standen apathisch herum. Wenn die Iwans jetzt in den Graben gesprungen wären, hätten sie sich widerstandslos abschlachten lassen.

Westermann nahm sich vor, den Unteroffizier Crantz nach vorn zu holen, der sich, wie er behauptete, in Königsberg an der Panzerfaust hatte ausbilden lassen und schon bewies, daß er die Dinger zünden konnte. Hier mitten im Gemenge des Nahkampfs würde die Kunst der Panzerabwehr ungleich höhere Ansprüche stellen.

Auf die Insel des verlorenen Haufens prasselte ein Granatwerferfeuerüberfall.

„Jetzt kommen sie gleich“, sagte Lohmann und nahm noch schnell einen Schluck aus der Feldflasche. „Wenn die letzte Granate geplatzt ist, alles raus!“

„Bist du hier der Chef?“ fragte der Feldwebel. Er setzte den Stahlhelm auf und schob den Sturmriemen unter das Kinn.

„Nee, aber du bist meiner, wenn du das Ding hier drehst.“

Sie waren jetzt alle fertig. Der Kompanieführer stand hinter der einen Säule des Eingangs und schielte über die Grabenbrüstung. In der rechten Hand trug er eine Stielhandgranate, aus der schon der Abzugsfaden heraushing.

Der Feuerüberfall war vorbei, und Hauptmann Westermann steckte den Kopf aus der Beobachtungsluke. In der näheren Umgebung des Bunkers zählte er nur zwei Panzer, ein weiterer rasselte schon nördlich von ihnen die Höhe hinunter auf Gottesgnade zu, während ein vierter das Kommando unterstützte, das den vordersten Graben nach Süden aufrollte. Etwa fünfunddreißig Russen stürmten auf den Bunker los. „Sie kommen“, brüllte Westermann und hob den Lauf seiner Maschinenpistole aus der Luke. „Nicht an den Bunker rankommen lassen, sonst setzen sie uns eine geballte Ladung aufs Dach!“

Er konnte jetzt mit seiner Batterie nicht mehr schießen, das wäre Selbstmord gewesen.

Die Infanteristen stolperten heraus und besetzten das kurze Grabenstück. Es war klar, daß sie so schnell wie möglich etwas gegen die beiden Panzer tun mußten, wenn nicht alles verloren sein sollte. Die Russen schrien „Uräähh . . . Urääh“ und kamen sprungweise näher. Da krochen der Kompaniechef, der Feldwebel und schließlich auch der nicht ganz nüchterne Lohmann im Graben vorwärts, um vielleicht von der Seite aus an einen Panzer heranzukommen. Nach etwa fünfzehn Metern stießen sie auf eine Gruppe Russen. Die erste gegnerische Garbe tötete den Kompaniechef. Der Feldwebel warf mehrere Handgranaten, und Lohmann, der hinter dem toten Offizier eine Deckung fand, schoß von unten her in die Russen hinein. Dann sprangen sie vor.

Es waren noch zwei von den Russen übriggeblieben, und der Feldwebel erschoß beide, ohne eine Sekunde zu zögern. Jetzt war der Graben frei, und sie rannten ihn ein Stück entlang, bis sie an einen kleinen Bogen in die Nähe des einen Panzers kamen.

„Los, gib her", zischte der Feldwebel.

„Was?"

„Die Panzerfaust! . . . Wo hast du Idiot die Panzerfaust?"

Lohmann mußte sie bei dem gefallenen Kompaniechef liegengelassen haben. Kochend vor Wut stolperte er zurück.

„So ein Mist", fluchte er, „so ein gottverdammter Mist, lieber Gott, hilf uns hier raus, raus aus diesem Mist." Er schluchzte vor Wut und Verzweiflung. Da lag die Panzerfaust neben dem Kopf des Kompanieführers. Hastig griff er danach, und während er sich wieder aufrichtete, sah er, daß der Hals des Toten durchstoßen war. Aus dem Kragen quoll jetzt noch das Blut. Bestürzt drehte Lohmann sich um und rannte los, so gut das im Graben möglich war. Er keuchte und hustete und riß den Mund dabei weit auf. Sein Gesicht war puterrot. Die Augen quollen ihm aus dem Kopf.

Der Panzer war indessen ein Stück vorgefahren. Die Entfernung hatte sich vergrößert.

„Paß auf den Graben auf", sagte der Feldwebel, „sonst knallen die uns ab."

„Nun schieß doch schon!" keuchte Lohmann.

Der Feldwebel schob den plumpen Sprengsatz der Panzerfaust über den Grabenrand und wartete, bis der Kettenkoloß zum Bunker her einschwenkte und seine offene Flanke darbot.

Lohmann plärrte fast. „Schieß, sonst holt uns der Teufel."

„Du kannst jetzt beten", antwortete der Feldwebel ganz ruhig und drückte ab. Die Flamme des Rückstoßes schlug gegen die hintere Grabenwand. Nicht übermäßig schnell summte der Sprengkörper auf den Panzer zu. Sie hörten einen dumpfen Aufschlag, der Panzer hob sich für den Bruchteil einer Sekunde ein wenig von der Erde, und dann quoll aus all seinen Fugen dichter, schwarzer Qualm.

„Los, zurück!"

Hinter der nächsten Biegung stießen sie auf drei Russen, die ihnen aber den Rücken zukehrten, weil sie niemanden mehr hinter sich vermuteten. Sie mußten an der Stelle, an der die Toten lagen, in den Graben gesprungen sein. Der Feldwebel riß die Maschinenpistole hoch und schoß die drei nieder. Sie kletterten über die Leichen hinweg und rannten zum Bunker.

Außer den beiden Funkern zählte Hauptmann Westermann jetzt noch sechs Infanteristen, die unverwundet waren. Immerhin verhielten sich die Russen nach dem Verlust des einen Panzers still, und der Hauptmann nutzte die Pause, um mit der schweren Batterie auf den zweiten Panzer zu schießen. Der Klotz stand nur etwa dreißig Meter vom Bunker entfernt, zum Glück seitlich zur Richtung der Flugbahn. Schon nach den ersten Schüssen ließ der Fahrer den Motor aufheulen und fuhr weiter zurück. Von dort aus begann er, auf den Bunker zu schießen.

Dieses zeitraubende Hin und Her erbitterte den Führer des russischen Stoßtrupps. Sie hörten in den Feuerpausen seine lauten, schrillen Kommandos. Nach einem Handgranatenüberfall setzte der Angriff erneut ein. Der Ring um den Bunker schloß sich immer enger.

Nach wenigen Minuten fiel einer der Infanteristen, ein älterer Mann mit gelber Haut und unrasiertem Kinn, durch Kopfschuß. Zwei Leute zerrten ihn ein Stück im Graben entlang, zu der Stelle, wo sie aus den Leichen eine Barrikade errichteten. Keiner von den anderen sah sich um. Einer sagte: „Warum ergeben wir uns nicht?“

Der Feldwebel fuhr ihn an: „Vielleicht kommen wir noch raus! Wer sich ergibt, ist ein toter Mann.“

„Nicht immer.“

„Denk an die Jungens von der Flak.“

„Wir sind so oder so kaputt.“

Der Feldwebel ging in den Bunker. „Die Leute wollen nicht mehr. Keine Chance mehr, Hauptmann.“

„Was wollen die Leute?“

„Gefangenschaft.“

„Aber wir nicht“, fuhr Lohmann dazwischen. „Vorher schießen wir noch auf uns selbst.“

„Was soll das? Kinder, versteht mich doch, die Russen sind dicht am Bunker.“

Westermann sah ihn ruhig an. „Auf meiner Seite sind es noch zwanzig Meter, sie wollen nicht viel riskieren.“

„Wenn sie noch einmal aufspringen, sind sie hier.“

„Gut, dann werfen Sie Handgranaten.“

„In acht Sekunden muß alles im Bunker sein.“ Westermann sah auf die Uhr. Dann sagte er zum Funker: „Feuerbefehl auf eigenen Standpunkt. Schwere Batterie Kommando: Panzer.“

Der Funker wiederholte ins Mikrophon: „Feuerüberfall auf eigenen Standpunkt.“

„Schnell, schwere Batterie auf Panzer“, schrie Lohmann, „sonst hauen sie uns das Dach kaputt.“

„Schwere auf Panzer.“

Draußen knallten schon die Handgranaten. Die Infanteristen stürzten in den Bunker. Als letzter blieb der Feldwebel an der Tür stehen.

Nach ein oder zwei Sekunden hörten sie die eigenen Granaten heranpfeifen und in nächster Nähe detonieren. Und dann war nichts mehr zu unterscheiden.

„Weg von der Tür!“ brüllte Westermann.

Der Feldwebel blieb wie erstarrt stehen. Die Detonationen gellten ihnen in den Ohren, der Raum füllte sich mit beißenden Pulverschwaden, und unter ihren Füßen spürten sie das Zittern der Erde. Wenn nur die Bunkerdecke hielt.

Es kam ihnen wie eine Stunde vor, was nur eine oder zwei Minuten dauerte.

Der Feldwebel stürzte als erster hinaus. Überall neue Granattrichter und Erdklumpen, selbst die Barrikade der Toten hatte eine Granate mit Sand verschüttet.

Er hob den Kopf über den Grabenrand. In einiger Entfernung sah er einen verwundeten Russen kriechen. Er ließ sich ein Gewehr geben und schoß hinterher. Doch er traf ihn nicht mehr. Der zweite Panzer brannte. Sonst rührte sich nichts.

„Irgendein Witzbold schießt Nebel, Herr Hauptmann.“

„Wo?“

„Zwischen uns und Gottesgnade.“

„Los, dann brechen wir aus.“

„Ja, wir brechen aus.“

„Können alle laufen?“

„Haltet doch die Schnauze und fangt an!“

„Wir rennen in den Nebel hinein.“

Die beiden Funker sahen den Hauptmann fragend an.

„Offener Spruch: Ausbrechen Hilfspunkt zweihundertzwei.“

Ein Funker sprach ins Mikrophon. Dann schoß Westermann mit der Pistole in die Geräte.

„Los!“

Sie rannten, fielen hin, rafften sich wieder auf, stolperten durch Granattrichter, wurden beschossen, lagen ein paar Atemzüge still, rannten weiter, und plötzlich standen sie keuchend und zitternd vor Erschöpfung hinter dem zerschossenen Stall. Nur der Feldwebel fehlte.

„Wer hat den Feldwebel gesehen?“

„Den Feldwebel?“

Mein Gott, den hatte niemand gesehen.

Die Höhe war endgültig verloren.

Erneut begann der Rückzug.

Am Abend protzten sie ihre Geschütze auf und setzten sich gegen Nordwesten auf die Autobahn zu ab. Der Übergang über die Omaza, einen schmalen Fluß, der sich in das Gelände eingefressen hat, kostete zwei schwere Stunden. Die Männer waren am Ende ihrer Kraft. Sie wußten, worum es ging . . . die erschöpften Pferde nicht. Die Autobahnbrücke spannte sich unbeschädigt, zur Sprengung vorbereitet, über das weiße, leuchtende Band der Straße.

Eine ruhige Nacht. Nur ein paar Nachtstörer brummten in südwestlicher Richtung. Es mußte Eisenberg sein. Sie marschierten durch Bilshöfen, das gleich hinter der Brücke beiderseits der Straße lag. Es war noch völlig unbeschädigt. Hinter den Fenstern friedlicher Häuser hingen helle Gardinen. Links lag das große Gutsgebäude unter hohen, breitkronigen Kastanien. Die Chaussee, die sie entlang fuhren, war glatt und sauber. In den Feldern verstreut weißfarbige Siedlungshäuser. Der Acker eben wie ein Spiegel bis zur Autobahn hin.

Die neue Stellung war erkundet und vom Vorkommando besetzt. Sie lag am Waldrand nördlich der Eisenbahnlinie Deutsch-Thierau - Heiligenbeil. Zum ersten Male der Name Heiligenbeil. Wenn du auf diesen Schienen zehn Kilometer weitergehst, bis du in der Stadt, und dann noch einmal drei Kilometer weiter, so stehst du am Ufer des Frischen Haffs. Du kannst dir jetzt an den Fingern abzählen, daß du noch zwölf Kilometer festen Boden zu verteidigen hast. Und dann? Im Durchschnitt mußten sie im Laufe eines Kampftages zwei Kilometer aufgeben. Noch sechs Tage. Alle Arbeitstage einer Woche. Nur der Sonntag blieb offen - der Tag des Herrn.

Es bleibt eine einzigartige Leistung der Soldaten, daß diese Woche zehn Tage hatte, daß die Auszehrungskämpfe sich noch zehn Tage hinschleppten, zehn Tage zu vierundzwanzig Stunden. Das Wrack einer Armee gegen Armeen. Ausgepumpt und erschöpft hielten sie stand, als wollten sie der Welt noch ein letztes Mal zeigen, was dieser Boden ihnen wert war und welcher Zähigkeit sie fähig waren.

Die neue Stellung hatte bisher einen Troß beherbergt. Tapezierte Bunker, Latrinen mit Herztüren. Dazwischen schmutzige, niedrige Hütten, überhastet verlassen. Sie richteten sich so schnell wie möglich ein.

Bis alle Befehle gegeben und der Einsatz klar war, wurde es Mittag. Hauptmann Westermann, übernächtigt und nervös, stand laufend mit der Abteilung in Verbindung. Die Linie Deutsch-Thierau - Eisenberg wurde noch gehalten. Die Armee zerbrach sich den Kopf, wie der unaufhaltsame Rückmarsch zu stoppen wäre. Noch zählten sie achtzigtausend Mann. Man versuchte die Katastrophe hinauszuzögern.

Gegen Nachmittag wurde Hauptmann Westermann zur Abteilung befohlen. Major Hut war sehr ruhig, klar und sachlich. Er hatte jede Linie seines Gesichtes, seiner Figur auf Kommandeur geschaltet. Westermann ahnte, was kommen mußte. Er starrte auf den tadellos weißen Kragen, auf den immer noch korrekt geflochtenen schwarzen Binder, auf das schwarz-weiß-rote Band mit der Ehrenblattspange. Hinter den Augen glaubte er Hilflosigkeit zu erkennen, doch so ganz klar war das nicht. Der Adjutant saß wie immer formlos und grinsend daneben, rauchte eine Zigarette und schnüffelte mit seiner Stupsnase über die Karte. In der nächsten Sekunde wußte Westermann, was das alles bedeutete: Der Kommandeur, der Adjutant, der wächserne I-a-Schreiber mit den müden Augen und schwarzen Schatten. Er sah plötzlich das, was nackt und nüchtern hinter ihren Stirnen dachte, was ihn vorsichtig betastete, wie man ein kleines Kind aus der Wiege nimmt. Es war Mitleid. Er griff ins angebotene Etui und klemmte sich eine Zigarette zwischen Daumen und Zeigefinger. Er gab sich schreckliche Mühe, aber er konnte nicht verhindern, daß seine Hand zitterte.

Der Kommandeur begann leise, monoton und unterbrach seinen Lagebericht nur, um einen scharfen Zug aus der Zigarette zu tun. „Unserer Division liegen nach wie vor drei bis vier gegnerische Divisionen gegenüber, dazu ein Sturmbataillon, eine Panzerbrigade und neben der Artillerie zwei Werferregimenter. Die russischen Eisenbahnpioniere haben unser Bahnsystem repariert und benutzen Lokomotiven und Züge für ihren Nachschub. In Landsberg laden sie zur Zeit nagelneue Panzer aus. Dazu amerikanische Schwimmwagen. Sie sollen dazu dienen, das Haff zu überqueren." Er machte eine Pause.

Das Feldtelefon schnurrte. Das Regiment gab eine Meldung durch.

„Da wir nicht mehr vor und zurück können, wären die Russen in der Lage, sich Zeit zu lassen. Sie könnten ihre Kräfte schonen. Soldaten vor dem Tod bewahren. Das Gegenteil ist der Fall. Sie treiben die Kompanien an. Hetzen die Männer in unser Maschinengewehrfeuer. Offenbar will sich Stalin nicht von den Amerikanern und Engländern vorwerfen lassen, sie hätten für Rußland zu große Opfer bringen müssen. Quintessenz: der Druck auf unsere Armee wird sich noch verstärken."

„Das haben wir bei Schönwalde, Gottesgnade und Groß-Lütkenfürst schon zu spüren bekommen", bemerkte Westermann.

„Ich weiß das, mein Lieber. Ich weiß das alles, aber es wird letztlich keine Rolle spielen, ob wir den Heiligenbeiler Kessel noch vierzehn Tage oder nur noch eine Woche halten können."

Unvorstellbar, daß Major Hut ihn vor nicht allzu langer Zeit ermahnt hatte, mit dem Deutschen Gruß zu grüßen und nicht mit dem militärischen Gruß der Preußen, weil es für den Endsieg und für den Kampfeseifer der Soldaten wichtig sei. Unvorstellbar, daß der Major von einer dritten Revolution gesprochen hatte, die zum Ziel haben würde, den SS-Staat zu domestizieren und in Deutschland wieder geordnete Verhältnisse zu schaffen. Wer in der zerbröselnden Ostfront mochte sich so etwas ausgedacht haben? Hatten sie alle den Verstand verloren? Westermann spürte die Wut in sich aufsteigen. Er mußte sich zwingen, dem Major zuzuhören.

„Der Führer erwägt einen Separatfrieden mit den Westmächten", schwafelte Hut weiter, „um den Rücken frei zu bekommen für den Kampf im Osten. Dieser Frieden wird nicht so rasch zustande kommen, für uns in jedem Falle zu spät. Bitte keine Illusionen. Um so wichtiger ist aber, daß wir unser Ende tapfer hinauszögern, sagen Sie das Ihren Leuten, jeder Verhandlungstag ist ein Gewinn für die Gespräche mit den Amerikanern."

Westermann mußte sich zusammennehmen, um nicht ausfallend zu werden. „Wenn all das hinter uns liegt, Herr Major, werden wir einen ganz neuen Staat haben. Einen ganz anderen Staat."

„Den Staat der Tugenden", höhnte der Major. „Platon läßt mal wieder grüßen."

Westermann gelang es, den ironischen Unterton zu ignorieren. „Keine Gewalt."

„Ach, herrje."

„Ja."

„Weiter", forderte der Major. Saß da wie ein Erleuchteter, der schon alles wußte, ein Buddha mit der ganzen Weisheit der letzten Woche.

Vieles hatte sich in Westermann angestaut. Es sprudelte nur so aus ihm heraus. Er konnte sich später nicht entsinnen, was er alles aufgezählt hatte, aber es mußte wohl eine ganze Menge gewesen sein. Ein Staudamm brach, die Wasser schossen zu Tale. Ja, natürlich, keine Gewalt. Keine Revolutionen, keine Kanonaden in den Straßenschluchten. Keine Standgerichte. Keine jungen Soldaten, die er von den Bäumen schneiden mußte. Kein Peloton. Keine Kämpfe um gelobtes Land. Keine Glaubenskriege, keine Reichstagsbrände. Keine Kristallflammen in Gotteshäusern. Keine Judenpogrome. Keine Bomben auf Kirchen und Dome. Keine verglühende Thora. Keine brennenden Tabernakel. Keine Christenverfolgungen. Keine Kreuzigungen, keine Bartholomäusnächte. Keine Brutuskomplotte. Keine Stauffenberg-Verschwörungen. Keine Testamente des Nero.

„Das kann ich akzeptieren“, sagte der Major lakonisch.

„Danke.“

„Und das war's dann?“

„Ja“, antwortete Westermann, „das war's. Vielleicht noch eine Kleinigkeit dazu. Möge die Pest der Schlaflosigkeit ein Ende haben.“

Der Landweg nach Königsberg war endgültig unterbrochen, für Gegenangriffe fehlten die Kräfte. Für die letzten Flüchtlinge, Frauen und Kinder vor allem, und für Verwundete blieb ein letztes Schlupfloch. Während Hitler den Befehl über die Samlandfront seinem Gefolgsmann General Friedrich Wilhelm Müller anvertraut hatte, befehligte die Zweite Armee im Kessel von Danzig – Gotenhafen – Dirschau – Tiegenhof – Kahlberg General von Saucken, der Manns genug war, die Kräfte seiner Division nicht in sinnlosen Schlachten zu verschleißen, sondern den Fluchtweg vom Frischen Haff bis Gotenhafen und Hela offen zu halten und nach Dänemark und Schleswig-Holstein zu transportieren, was noch eine Chance hatte, den Zusammenbruch zu überleben. Zivilisten. Hilfswillige. Verbündete. Verwundete. Zwangsarbeiter. Kopflos herumirrende Geschöpfe Gottes.

Unvorstellbar, daß Major Hut noch vor Wochen die Generäle eingeteilt hätte in Befehlsempfänger und Gefolgsleute des Führers einerseits und in einsichtige und entschlossene Heerführer andererseits, die den Überblick bewahrten und ihren Verstand gebrauchten. Mit der abnehmenden Distanz zu dem eisfreien Haff vervielfachte sich allerdings der Mut zur Wahrheit. Sogar der Major zögerte nicht, die ganze Wahrheit zu beschreiben.

Er bat den Adjutanten, einen Nikolaschka zu servieren. Wodka im Glase. Abgedeckt von einer Scheibe Landleberwurst und einem Senfplumeau. „Wir haben hier im Keller noch ein paar Vorräte gefunden."

Der Adjutant grinste und stellte die Gläser vor sie hin.

Der Major kaute die Leberwurst und sog den Wodka genüßlich durch die Zähne. Dann kam er zur Sache. „Folgendes ist befohlen: Das Artillerieregiment gliedert sich in dieser Nacht so um, daß seine Feuerstellungen direkt hinter der Hauptkampflinie stehen. Der Gegner ist im direkten Schuß zu bekämpfen. Da die restlichen, völlig erschöpften Infanterieverbände als nicht mehr widerstandsfähig und zuverlässig zu werten sind, müssen die Feuerstellungen auch infanteristisch durch die Kanoniere verteidigt werden. Die Batteriechefs nehmen mit den Bataillonen und Kompanien direkt Verbindung auf."

„Hm", machte Westermann.

„Was gefällt Ihnen daran nicht?"

„Das Zweite Bataillon liegt vor meiner Stellung?"

„Natürlich", sagte Major Hut.

„Wissen Herr Major, was das heißt: Zweites Bataillon?"

„Nee."

„Das Bataillon hat noch etwa dreißig Mann und wird vom Bataillonsarzt geführt. Der Adjutant ist ein Unteroffizier vom Nachrichtenzug, die schwere Kompanie dieses Bataillons besteht aus acht Mann und einem leichten Maschinengewehr . . . Das ist das Zweite Bataillon."

„Na und?"

„Weiter nichts, Herr Major, wir können fortfahren.“

„Na also. Ihre Stellung ist vom Regiment in diesen Raum befohlen ...“ Der Kommandeur zeigte auf einen Bleistiftkreis hart südlich der Straße Deutsch-Thierau - Rehfeld. Einhundertfünfzig Meter vor der Stellung lag das Gut Bilshöfen.

„Ausgerechnet ein Dorf vor der Nase. Die da drüben werden sich einen Spaß daraus machen. Und von der Autobahnbrücke gucken sie uns in jedes Deckungsloch.“

Der Kommandeur schaute auf. „Ja, zugegeben, stimmt. Sie vergessen aber, daß die Hauptkampflinie noch ostwärts des Gutes verläuft, das Gut ist bei uns, und daß die Fünfte Batterie noch vor Ihnen steht, Sie hocken also fast schon in der Etappe.“

„Welchen Auftrag hat die Fünfte Batterie ... vor mir?“

„Sie hat den gleichen Befehl wie Sie!“

„Darf ich noch einmal ...“

„Aber Westermann“, sagte der Kommandeur böse, „ganz klar: Die Stellung ist bis zum letzten zu halten.“

„Mann oder Schuß?“

„Das bleibt sich gleich, mein Guter. Am Ufer des Haffs erwarten Sie weder Schiffe noch Schwimmwesten. Der Traum ist aus. Ist das so schwer zu kapieren?“

„Ich kann das meinen Männern nicht verkaufen, Herr Major, oder bin ich auch das meinem Eid schuldig?“

Der Major schaute an ihm vorbei. „Sie müssen wissen, was Sie Ihrem Rock schuldig sind.“

Westermann stand auf und schlug die Hacken zusammen.

„Haben Sie noch irgendeine Frage?“

„Nein, Herr Major, die Erste Batterie meldet sich ab.“ Er grüßte und ging zur Tür. Einen Augenblick blieb es still. Draußen verhallten dumpfe Stiefeltritte.

„Schade“, sagte der Adjutant.

Der Kommandeur nahm einen Bleistift und zeichnete fein säuberlich die neue Hauptkampflinie in seiner Karte ein.

Früher hatte das der Adjutant gemacht. Er starrte eine Weile zur Zimmerdecke hinauf, wo eine schwarze Stubenfliege um einen Ölfleck herumkroch. Die Division war eine ostpreußische Division. Hier im Lande lebten die Familien der Soldaten. Ging das Leben dem Ende entgegen, dachten die Söhne an ihre Mütter. Im Sterben war eine Mutter dem Menschen am nächsten. Und da sie sich nun mit dem Sterben beschäftigten, wie der Führer es befahl, waren die Soldaten ihren Müttern Tag und Nacht ganz nahe.

Auch dem Kommandeur, dem Sohne Ostpreußens, fiel seine Mutter ein, und er fragte sich, ob sie wohl noch rechtzeitig aus Königsberg herausgekommen war. Schade, sagte er in Gedanken und mit dem gleichen Tonfall, mit dem es der Adjutant zu sagen pflegte, schade, daß alles so kaputt ging. Sollte es mit Hilfe der Amerikaner doch noch zu einem Endsieg kommen, würde dies ein alter zerzauster Hahn verkünden, der auf dem Gipfel eines Trümmerhaufens krähte.

Als Westermann wieder zum Wäldchen zurückkam, hatte er sich alle Einzelheiten zurechtgelegt. Das nahm allen Aufgaben das Bewußtsein des Zwanges, das sonst manche Dinge verhaßt gemacht hätte. Er prüfte die Geschützbedienungen. Der Nachrichtenstaffelführer, der kleine Furchendackel, riß die Augen auf und klappte sie erschrocken wieder zu, als der Hauptmann jeden einzelnen Funker für die drei Funktrupps einteilte. Den Beobachtungstrupp teilte der Hauptmann ein, als handele es sich um eine Maschinengewehrgruppe. Er befahl, die Gurte nachzuzählen. „Handgranaten, nur sechzig Stück, das genügt nicht."

Die Leute verstanden ihn sofort. „Ein Stück hinter uns, Herr Hauptmann, da steht ein verlassenes Munitionslager, fünf Minuten die Schneise entlang, da müßte man mal nachschauen."

„Gut, übernehmen Sie das. Taschenlampen nicht vergessen."

Ein Glück, der schwarze Bestand an Trockenbatterien war erst zu einem Drittel aufgebraucht. Dann wandte sich Westermann an den Unteroffizier Crantz und trug ihm auf, einen Platz für den Batteriestab zu suchen, einen Keller, einen Bunker im Munitionslager, der sich herrichten ließ, eine Scheunenwand mit betoniertem Unterbau, die Schutz bot und zugleich erlaubte, mit Panzerfäusten auf die heranfahrenden T-34 zu feuern. Ein Platz, der erlaubte, zu den Geschützen zu laufen, um den Bedienungen Befehle zu geben oder Verwundeten Erste Hilfe zu leisten. „Die Geschütze brauchen keine Panzerfäuste, die sollen hier ihre Panzergranaten verschießen", rief er Crantz hinterher.

Die Protzen kamen. Klar. Jetzt galt es noch, einhundertfünfzig Meter diesseits des Gutes eine Nahkampfstellung zu finden. Inzwischen war es dunkel geworden. Westermann nahm den Oberwachtmeister Unruh mit, ein jüngerer konnte die Batterie nachführen. Ein Nachrichtenstützpunkt blieb im Wäldchen zurück. Bald waren sie auf der Straße. Die Chausseebäume hoben sich kaum vom verhangenen Himmel ab. Ein großes Stück voraus rumorten schwere Fahrzeuge. Es mußte die Fünfte Batterie sein. Die weißen Leuchtkugeln der vordersten Infanterie stiegen weit vor ihnen hoch. Westermann schätzte die Entfernung bis zur Hauptkampflinie auf zwei Kilometer. Aber wie leicht täuschte man sich nachts. Er schaltete die Taschenlampe ein und beleuchtete die Karte. Hier mußte es sein. Rechts von der Straße runter. Stoppelakker. Schwerer feuchter Boden. Die Stiefel klebten an der Erde. Hier würden sie sich eingraben müssen - bis an den Hals. Mann und Geschütz. In einer einzigen Nacht. Wie schnell eine Nacht vergeht. Sie würden mit der Nacht um die Wette arbeiten müssen. Sie wußten aus alter Erfahrung, jeder Spatenstich sparte Blut. Wieso Blut? Es ging ja nicht mehr um das Leben. Es war nun ganz klar, daß der Teufel sie holen würde.

„Hierher die Geschützstände. Schußrichtung Südosten. Nach rückwärts gestaffelt. Dreißig Meter Abstand.“

Unruh ging noch ein Stück weiter. „Herr Hauptmann, schätze, das ist ein Haus.“ Mitten im Feld ein Gehöft. Sie betraten das Wohnhaus, leuchteten mit abgeblendeter Taschenlampe die leeren Zimmer ab, die Fenster waren mit zerrissenen Luftschutzvorhängen verhüllt. Unter den Wohnräumen ein fester Keller, geräumig, gut abgestützt. Sie sagten nichts. Sie sahen gleichzeitig zur Decke und schätzten, wie lange sie halten würde. Es bedurfte nicht mehr vieler Worte. Vielleicht würden sie an dieser Stelle in einigen Stunden noch einmal an ihre Familien und ihre Heimat denken. An ihre Familien, die, in alle Winde zerstoben, von Flüchtlingstrecks aufgesogen worden waren. Vielleicht hatten sie auch auf Hela ein Schiff erwischt. Sobald der Krieg zu Ende war, würde man sich gegenseitig suchen. Man würde diese und jene finden, und viele würde man nicht mehr finden. Ihnen würde das Gedenken gehören.

„Unteroffizier Crantz?“

„Herr Hauptmann.“

„Es gibt hier einen ganz ordentlichen Keller, sehen Sie sich das an.“

„Scheint geeignet“, meinte Crantz. Er mochte Keller nicht. Lag lieber unter freiem Himmel. Aber wenn Panzer anrücken sollten, konnte er sich mit den Panzerfäusten hinter der Hauswand aufstellen.

„Den Beobachtungstrupp mit dem Maschinengewehr nehmen wir hierher, ebenso die Funker, und noch eins, wenn . . . Halt, hören Sie.“

Vertraute Geräusche. Wie schön, die Pferde schnauften.

„Die Batterie kommt. Es ist jetzt gleich dreiundzwanzig Uhr, morgen früh wird es kurz nach sechs hell, wir haben also sieben Stunden Zeit . . . Nur sieben Stunden! Wir müssen schnell arbeiten. Gehen wir.“

Es fiel kein Schuß. Die Front - dieses vielfach zerrissene, gequälte und gepeitschte Band – war im Fluß, wie der Wehrmachtsbericht so treffend zu sagen pflegte. Auch der Gegner brachte seine Batterien in neue Stellungen.

In dieser Nacht verlegte die Abteilung ihren Gefechtsstand hinter das Wäldchen. Die Infanterie grub sich jenseits von Bilshöfen ein, und zwar, wie der Kommandeur gesagt hatte, je ein Bataillon links und rechts der Straße. Das rechte reichte bis zur Autobahn. Das war ein großer Abschnitt. Zu groß für ein Bataillon. Denn dieses Bataillon war schließlich nur einen Zug stark. Das bedeutete, vor ihnen gab es keine Front mehr, sondern lediglich einen Schützenschleier. O Leute, vergeßt nicht, vor uns steht die Fünfte Batterie. Ein Pfeiler im Bauwerk der Front. Vier Geschützstände mit Männern, die kämpfen werden, weil auch sie wissen, worum es geht!

Zwei Kilometer hinter der Ersten Batterie grub sich die Zweite Batterie ein, mit Front nach Süden, gegen Eisenberg. Da am späten Nachmittag bereits gegnerische Panzer in Eisenberg gemeldet wurden, befahl das Artillerieregiment an den Südausgang von Rehfeld noch eine schwere Feldhaubitzbatterie mit drei Fünfzehn-Zentimeter-Rohren. Hier sollte auch der „Schützenschleier“ dichter sein.

So kam der neue Tag.

24

Geheim.
Durch Melder.
Sofort nach Kenntnisnahme vernichten!
Vier Ausfertigungen.
Kommandeur Abt. I/21 an Batteriechefs.

Durch Leichtfertigkeit im Umgang mit Waffen und Sprengstoffen ist die Rheinbrücke von Remagen unversehrt in amerikanische Hand gefallen. Die verantwortlichen Offiziere wurden in Abwesenheit zum Tode durch Erschießen verurteilt und bis zu ihrer Ergreifung für vogelfrei erklärt.

Das Armeeoberkommando wurde im Verlauf eines Führergesprächs hiervon in Kenntnis gesetzt und erneut darauf hingewiesen, daß die Armee das Haffufer von Tolkemit und Heiligenbeil bis Brandenburg bis zum letzten Mann zu halten hat. Um dies zu gewährleisten, wird die Armee am Haffufer schwerbewaffnete Feldgendarme aufstellen und Standgerichte in Frauenburg, Rosenberg und Balga einrichten. Die Truppe ist noch einmal über ihre Pflichten zum unbedingten Gehorsam zu belehren.

gez. Major Hut

Westermann hatte andere Sorgen. Er unterließ die Belehrung seiner Soldaten. Er befolgte jedoch den Befehl, das Geheimpapier sofort nach Kenntnisnahme zu vernichten. Er drehte den Papierbogen zu einem Röllchen zusammen und zündete sich damit eine Zigarette an. Remagen war weit. Nahe war das Haff.

25

Starker Nebel lag auf dem Gelände. Erst gegen neun Uhr wurde es klarer. Jede Bewegung erstarrte. Die Männer waren völlig erschöpft, sie saßen in den feuchtkalten Deckungslöchern und schliefen, den Spaten noch in der Hand. Es blieb bis Mittag ruhig. Hauptmann Westermann suchte mit dem Fernglas das Land ab. Der Brückenkopf des gesprengten Autobahnüberganges lag rechts vor ihnen. So stark überhöht, daß der Gegner von dort aus jedes Geschütz und jedes Dekkungsloch erkennen mußte. Noch war dieser Brückenkopf in eigener Hand. Man sah am diesseitigen Steilhang Figuren mit deutschen Stahlhelmen herumkriechen. Am Südrand des Gutes standen die Rohre der Fünften Batterie. Auch dort keine Bewegung. Unheimliches Schweigen.

Am Nachmittag Feuervorbereitung und erste Angriffe. Am Abend schon gelang es dem Gegner, den Ostrand von Bilshöfen, den Brückenkopf und südwestlich von ihnen die Unterführung Rehfeld - Eisenberg zu besetzen. Das waren keine großen Erfolge, aber gerade das waren die Ausgangsstellungen für die nächsten Tage. Noch einmal kamen alle Batterien des Artillerieregimentes in die neue Nacht.

Mit Einbruch der Dunkelheit zog der Bataillonsgefechtsstand des rechts der Straße liegenden Bataillons in Westermanns Haus über. Der Arzt hatte den Befehl über das Zweite Bataillon, das Trümmerbataillon, inzwischen an einen kleinen, rundlichen Major abgegeben, der außer einem Adjutanten auch noch eine Kompanie von Troßleuten, Bäckern und Musikern mitgebracht hatte. Der Kommandeur des Bataillons sagte klipp und klar, daß die erreichte Linie nicht zu halten sein würde. Natürlich sollte alles versucht werden. Im äußersten Fall sollten die zurückgehenden Infanteristen sich an die Geschützstände anklammern und diese bis zum letzten halten.

Westermann empfand eine dumpfe Wut über die Art und Weise, mit der sich die Führung über die Wirklichkeit hinwegsetzte. Er konnte immer noch nicht glauben, daß seine Batterie und seine Männer nun endgültig zum Teufel gehen sollten.

Das Telefon klingelte. Es klang heiser und rostig. Die Abteilung verlangte eine eingehende Orientierung und Beurteilung für den morgigen Tag. Westermann nannte seine Bedenken: Alles hänge von dem Aushalten der Fünften Batterie ab. Er könne auf diesen Flankenschutz bei Frontalangriffen von Osten her nicht verzichten. Er für seinen Abschnitt garantiere die Abwehr auch stärkerer Angriffe. Für wie lange? Bei dem jetzigen Munitionsbestand einen Tag. Höchstens! Wie man sich das denke? Seine Meldung hätte die Abteilung doch wohl. So? Es kommt nichts mehr nach?

„Dann können die Herren es sich an den Fingern abzählen, wann hier Schluß ist. Mit den Fäusten hält man keinen Panzer auf!“ brüllte er außer sich in die Telefonmuschel. „Auch nicht mit braunen Idealen!“

Schweigen.

Dann die rostige Stimme von drüben. „Kann ich das auch mit nach oben melden?“

„Ich bitte darum“, sagte Westermann und legte den Hörer auf.

Um zwei Uhr morgens kamen die Essenträger. Die Bohnensuppe schmeckte herrlich. Es war sogar frisches Fleisch eingekocht. Einem Funker fielen beim Löffeln der Suppe die Augen zu. Ein Unteroffizier stieß ihn an. Da aß er weiter, als sei es die selbstverständlichste Sache der Welt, daß einem beim Essen die Augen zufielen. Später schickte Westermann einen Melder zur Fünften Batterie. Ob es irgend etwas Neues gäbe?

Nichts.

Noch ein Melder.

Unteroffizier Crantz blickte ihn verwundert an. Der Chef nervös?

Um fünf Uhr zehn entwickelte sich im Dorf eine wilde Schießerei. Plötzliche Ruhe. Wo nur der Melder blieb? Dieses Warten konnte einen zur Verzweiflung bringen.

Fünf Uhr fünfundzwanzig Feuerüberfall auf das Gut. Noch mitten aus den Rauchschwaden tönte tierisches Uräähh-Geschrei herüber.

Westermann drehte nervös die Kurbel des Feldfernsprechers. Es meldete sich niemand. Die Verbindung war gestört. Er weckte die beiden Strippenzieher. Der Dunkelblonde mit den kleinen, etwas schrägen Augen steckte sich mit wurschtiger Miene eine Zigarette an und schnallte um. Der andere horchte ängstlich nach draußen, wo jetzt schwere Einschläge den Boden erschütterten. Westermann sah die beiden an. „Sobald es etwas ruhiger wird, lauft ihr los." Dann ging er die schmale Zementtreppe in das Erdgeschoß hinauf und suchte sich hinter dem Fenster in der Küche einen halbwegs sicheren Platz, von dem aus er später das Dorf und den Südostabschnitt beobachten konnte.

Er zerschlug die unterste Fensterscheibe. Das Glas schepperte draußen auf nasses, fauliges Holz. Die beiden Fernsprecher meldeten sich ab. Westermann hob das große Doppelglas vor die Augen und starrte hinüber, wo sich die ersten Umrisse der Häuser und Bäume aus dem Nebel abzeichneten. Zu Füßen der Gebäude wimmelten aufgeregte Gestalten mit deutschen Stahlhelmen herum. Das glaubte er zu sehen, beschwören konnte er es nicht. Von der Fünften Batterie war nichts zu erkennen.

Der Melder war soeben zurückgekommen. Er sprang die Stufen hinauf und stand gehetzt und mit weit aufgerissenem Mund im Türrahmen. „. . . das Dorf . . . der Russe . . . Herr Hauptmann . . . Der Kommandeur verlegt seinen Gefechtsstand zurück."

„Welcher Kommandeur?“ fragte der Hauptmann langsam.

„Der vom Ersten Bataillon.“

Das Erste Bataillon lag links, also nördlich der Straße.

„Weiter!“

„Der Russe steht mit Panzern am Gutshaus . . . Unsere Infanterie hat tolle Ausfälle. Der eine Leutnant sagte eben: Unsere beiden Sturmgeschütze sind verdammt vorsichtig . . . Ja, das hat er gesagt und dann . . .“

Pause.

„Was . . . und dann?“

„Dann sollte ich noch melden, daß der Chef der Fünften eben gefallen ist . . .“

Schweigen.

Der Hauptmann sah wieder zum Dorf. „Der Chef gefallen . . . dann ist die Batterie gefallen . . . dann ist das Dorf gefallen . . . dann fallen auch wir.“

Das letzte sprach er so leise vor sich hin, daß ihn der Melder nicht verstand. Der wartete noch, fühlte, daß er nicht mehr benötigt wurde, und stieg mit müden Schritten in den Keller hinab.

Feuerschlag auf den diesseitigen Dorfrand. Die Sicht war jetzt klar und reichte sogar bis zur Autobahnbrücke. Seine eigene Stellung lag immer noch ohne jeden Beschuß. Er drehte das Fernglas wieder zum Dorf zurück. Und plötzlich packte ihn ein wahnsinniger Schrecken. „Alarm!“

Die drei Maschinengewehrmänner sprangen wie von Hunden gehetzt die Treppe hinauf und ließen sich mit dumpfem Gepolter hinter der Schießscharte fallen. Sie taten es automatisch, ohne zu denken. Der Schlaf steckte ihnen noch in den Knochen. Einer fragte: „Feuer frei?“

„Wird befohlen.“

Er konnte es noch nicht fassen. Aus dem Dorf quollen die eigenen Leute in aufgelockerten Rudeln heraus und strömten zurück. Der Major, der seinen Bataillonsgefechtsstand bei ihm unten im Keller eingerichtet hatte, trat neben ihn. Dann stürzte er aus dem Raum und lief den zurückflutenden Infanteristen entgegen, schreiend, mit den Händen fuchtelnd. Wie eine kleine sehr menschliche Maschine. Der Russe schoß mit Maschinenpistolen und Maschinengewehren. Keiner der Leute warf sich hin, keiner nahm Deckung. Sie liefen mit grenzenloser Sturheit weiter. Die beiden Sturmgeschütze, die zur Unterstützung der Infanteristen im Dorfe eingesetzt worden waren, tauchten auf und fuhren langsam auf das Haus der Ersten Batterie zu. Eine Maschinengewehrgruppe der Infanterie erreichte als erste mit ihren beiden Gewehren den Garten. Der Feldwebel, der sie führte, befahl, das Gerät hinter der niedrigen Hecke aufzubauen. Der Gegner schoß jetzt sicherer. Garbenweise schlugen die Kugeln gegen die Hauswand. Der Hauptmann nahm so viel Deckung, daß er mit dem Doppelglas gerade noch über die Fensterbank hinweg beobachten konnte. Die Infanteristen hatten Ausfälle. Manche blieben liegen. Einige halfen sich hinkend weiter. Vereinzelte leichte Granaten hauten in den Lehmboden. Es war wie auf dem Exerzierplatz.

Der Hauptmann beobachtete, ohne sich zu rühren. Dann brüllte er: „Funker!“ und noch einmal ungeduldig: „Funker!“

Der Gefreite sprang die Treppen herauf und nahm hinter der Wand im Flur Deckung, Block und Bleistift in den zitternden Händen. „Herr Hauptmann.“

„Spruch an Abteilung: Fünfte Batterie macht Stellungswechsel rückwärts. Chef gefallen. Bilshöfen in russischer Hand.“

Der Funker wiederholte. Dann stürzte er in den Keller zurück.

Die Reste der Infanterie fluteten über die Stellung der Ersten Batterie hinweg. Sie waren durch nichts mehr zu halten. War das schon Panik? Die Sturmgeschütze folgten ihnen langsam. Als der Feldwebel der Maschinengewehrgruppe im Garten Befehl gab, abzubauen und nach rückwärts zu verschwinden, ging Westermann ihm entgegen und zog seine Pistole.

Der Feldwebel sah ihn frech an. „Bitte, schießen Sie."

Der Hauptmann hob die Pistole in Brusthöhe. Der Feldwebel verzog keine Miene seines groben, pockennarbigen Gesichtes. „Ich gehöre zum Bataillon ... Mein Bataillon setzt sich ab, folglich gehe ich mit."

„Wo wollen Sie den Krieg noch gewinnen?"

„Schießen Sie doch", heulte der Feldwebel plötzlich los, „schießen Sie ruhig." Er weinte wie ein kleines Kind. „Wir können nicht mehr."

Westermann steckte die Pistole fort und schlug ihm mit der Hand mitten ins Gesicht. Der Feldwebel torkelte. Dann ging er zu seinen Männern und schrie sie an: „Was glotzt ihr herum, verdammte Kerle? Aufbauen! Wir bleiben."

Die beiden Maschinengewehre waren das einzige, was Westermann für seine Stellung retten konnte. Der kleine wirbelige Major, der Kommandeur des rechten Bataillons, kam noch einmal bei ihm vorbei. Müde, zerschlagen, drekkig. Keine Spur von Energie mehr. „Das ist mir unerklärlich, ich kann es nicht begreifen."

Westermann gab keine Antwort.

„Ich werde versuchen, ein paar Männer zu sammeln, damit komme ich dann zu Ihnen zurück." Er grüßte und ging los, den Resten seines Bataillons nach. Westermann sah ihn nie wieder.

Einhundertfünfzig Meter hinter der Feuerstellung seiner Batterie standen jetzt die beiden Sturmgeschütze. Sie schossen über seine Stellung hinweg ins Dorf. Das Gebelle ihrer Kanonen klang wie hysterisches Gelächter, das schrill durch die leeren Räume des Hauses drang und sich schnell in der Ferne verlor. Die russische Artillerie begann, sich auf sie einzuschießen. Die Sturmgeschütze wichen nach rückwärts aus. Das eine von ihnen fuhr sich an einer Schlammstelle mitten im Felde fest. Die Besatzung stieg aus, lief die wenigen Schritte bis zu dem anderen Sturmgeschütz, kletterte über die Ketten auf den Turm und verschwand im Innern. Dann fuhr das noch intakte Sturmgeschütz in Richtung Bahnhof Rehfeld zurück.

Die Erste Batterie war sich selbst überlassen.

Eine Stunde später sah Hauptmann Westermann zwischen den Häuserresten des Gutshofes, an der Straße und rechts unter den wuchtigen Stämmen der Kastanien erdbraune Gestalten auftauchen. Es waren noch hundertfünfzig Meter bis zu seinen Geschützen. Aus der Art ihrer Bewegungen und der Kommandos, die nun zu hören waren, schloß Westermann, daß sie die Feuerstellung seiner Batterie vielleicht noch gar nicht erkannt hatten. Sie griffen ganz einfach an. Auf der Straße folgten ihnen . . . ein, zwei, drei, vier T-34. Einer fuhr voran, die anderen staffelten sich rückwärts. Schließlich bullerten sie gemeinsam ruckweise vorwärts. Die Panzerführer hatten noch nicht einmal die Turmdeckel geschlossen. Man hatte diese Deutschen laufen sehen.

Der Hauptmann ging in das Eckzimmer hinüber, von wo aus er seine ganze Stellung übersehen und nach rechts noch den Dorfrand beobachten konnte. Der Feldwebel der Maschinengewehrgruppe lag im Garten auf der Lauer und wartete. Die Männer an den Geschützen sahen unwillkürlich zum Haus hinüber. Ihre Körper waren zu abgearbeitet, als daß sie sich jetzt sicher in der Gewalt gehabt hätten. Eine verzweifelte Nervosität lag über der Stellung. Es war ein verteufeltes Experiment, den fahrenden Panzern mit den Rohrmündungen zu folgen. Und es war ein Wunder, daß sie nicht entdeckt wurden.

Im Straßengraben lagen zwei Mann mit Panzerfäusten und sechs Mann als Gewehrschützen verteilt. Westermann verließ sich auf die Maschinengewehre.

Ja, und auf die Tarnung. Die verstanden seine Jungen.

Einschließlich des Streifens jenseits der Straße errechnete Oberwachtmeister Unruh ein feindliches Bataillon, eher noch mehr. Sie selbst zählten fünfunddreißig Köpfe mit einer Handvoll Infanteristen. Die Hunde sollten nur kommen.

Noch neunzig Meter! Westermann stand am Fenster und rührte sich nicht.

„Ick wer' verrückt", flüsterte Unteroffizier Ratschko vor sich hin und starrte auf seine verdreckten Hände, die die Maschinenpistole umklammerten.

„Finger vom Abzug, sonst bullert's zu früh!"

„Is' ja alles Wahnsinn."

Die russische Artillerie begann zu lärmen. Geschosse schwirrten über ihre Köpfe ins Hintergelände nach Rehfeld, wo die Zweite Batterie stand.

Hier stand die Erste.

Die vordersten Russen waren auf vierzig Meter heran. Der Chef hat den Arm gehoben, dachte Unruh, verfluchte Warterei. Nicht einmal rühren darf man sich. Noch dreißig Meter! Lieber Alter, nun ist's Zeit. Hat der verfluchte Kerl doch immer noch seine Pfote oben. Die Iwans sind gleich bei mir. Der erste vor meiner Nase stolpert in der nächsten Sekunde über meine Gewehrmündung . . . Der Alte ist verrückt.

Der Chef wartete. Er kümmerte sich nicht um die Infanterie, er hatte hier drei Maschinengewehre, zwei davon flankierend, was war da schon ein Bataillon! Er wartete, bis der Richtkanonier am dritten Geschütz die Hand heben würde. Diese Hand würde ihm sagen: Ich hab' ihn jetzt genau drin, der erste Panzer gehört mir. Es mußte gelingen.

Dann geschah etwas Unerwartetes. Ein Russe hatte die Mündung des ersten Geschützes entdeckt, zeigte mit der Hand darauf und schrie unverständliches Zeug.

„Ist es meine Batterie oder ist sie es nicht?" Westermann biß sich auf die Lippen.

Er atmete auf.

Die Batterie schwieg still, weil er seine Hand immer noch oben hielt. Es kam nur auf den ersten Panzer an. Wenn der brannte! Der schreiende, gestikulierende Russe wurde von seinen Kameraden ausgelacht. Weil er sich um ein verlassenes Geschütz . . .

Der Richtkanonier vom dritten Geschütz hob die Hand. Da riß Westermann seine herunter. Die Russen waren auf fünfzehn Meter heran.

Ein Inferno brach los. Sekunden nur - dann war die Stunde entschieden. Der erste Panzer brannte. Doch das zweite Geschütz mußte schlecht gezielt haben. Der T-34 fuhr mit festgeklemmtem Turm zurück. Die Granate, die dem dritten galt, zerriß den heranstürzenden Schreihals in tausend Fetzen und nahm noch andere mit. Der angeschlagene Teil des russischen Bataillons rechts der Straße hatte sich hingeworfen, einzelne Männer krochen schon zurück. Nur der Zug links der Straße arbeitete sich weiter vor und schoß sich mit den Gewehrschützen herum, bis ein Geschütz dazwischen hielt.

Sechs Minuten nach dem ersten Schuß funkte die Batterie an den Abteilungsgefechtsstand: Abschnitt wird gehalten.

Man sah am Dorfausgang einen Offizier tobend herumlaufen. Ein neuer Angriff wurde befohlen.

Um neun Uhr begann der zweite Angriff. Das vorbereitende Feuer lag genau in der Stellung. Dann stürmten sie erneut mit zwei Panzern. Um neun Uhr fünfundvierzig war auch das vorbei. Ein weiterer T-34 brannte. Der Gegner hatte erhebliche Ausfälle, das vierte Geschütz rasierte zwei Chausseebäume ab und schoß mit Verzögerungszündern durch das Astgewirr. Die Kompanie nördlich der Straße würde das nie vergessen.

Die Stimmung der Batterie wurde optimistischer. Die Russen setzten sich wieder zum Dorf hin ab.

Oberwachtmeister Unruh witterte frische Luft. Er kroch aus seinem Deckungsloch und war mit ein paar Sprüngen im Haus. Er stellte sich neben den Chef, der aus dem Küchenfenster heraus das Dorf beobachtete.

„Das erste Geschütz ist ausgefallen“, sagte er nach einer Weile.

„Ich sah es, Rohrtreffer.“

„Unteroffizier Motz und Stabsgefreiter Rogalla gefallen.“

„Motz und Rogalla . . .“

„Ja, und außerdem sechs Verwundete, ich hab' sie alle fortgeschickt. Sie können sich gegenseitig helfen.“

„Wieviele Männer haben wir noch?“

„Siebenundzwanzig mit Herrn Hauptmann.“

„Genug, ein Bataillon aufzuhalten“, sagte Westermann sehr bestimmt.

„Mit drei Geschützen und fünfunddreißig Schuß?“ Er machte eine kurze Pause. Das ist für die Katz, wollte er sagen, doch er schwieg.

„Handgranaten?“

„Ein paar“, antwortete Unruh.

„Patronen?“

„Pro Karabiner vierzehn Schuß, es sind siebzehn Karabiner.“

„Genug, den Angriff abzuschlagen.“

„Das wird kein Freudenfeuer geben.“

„Für die drüben reicht es.“

Schweigen. Kein Schuß fiel.

Westermann drehte sich plötzlich zu ihm hin. „Was stehen Sie hier herum?“ brüllte er los. „Wir halten, verstehen Sie, wir halten die Stellung . . .“

Oberwachtmeister Unruh warf die Fingerspitzen an den Stahlhelmrand, machte kehrt und ging aufrecht hinaus. Ganz ruhig, fast langsam schlenderte er über das freie Feld zu seinem Deckungsloch zurück.

Noch immer fiel kein Schuß.

Er ist der beste Unteroffizier, den ich habe, dachte Westermann. Glaubt er, ich mache etwas falsch? Oder ist er mein Gewissen?

Es blieb noch eine Weile ruhig. Bei den Russen drüben im Dorf ließ sich kein Helm und kein erdfarbener Rock sehen. Auf der Straße qualmte der abgeschossene Panzer.

Was Hauptmann Westermann in diesem Augenblick noch nicht wußte, war, daß der Befehlshaber drüben sich die Sache anders überlegt hatte. Er wollte entgegen seiner bisherigen Taktik unter keinen Umständen noch mehr Männer opfern. Kam es auf ein paar Stunden an? Die Küste würden sie noch früh genug erreichen. Er rief den Artilleriekommandeur an. Ein paar Minuten später legte sich ein Unterleutnant auf der Beobachtungsstelle am diesseitigen Autobahnbrückenkopf einen Plan zurecht, der, lächerlich einfach, bald mit der Präzision eines Uhrwerks ablaufen sollte. Er brauchte nur eine 12,2-Zentimeter-Haubitze dazu und Munition. Nicht einmal viel Munition. Um zehn Uhr dreißig rief er zum erstenmal „Feuer“ ins Mikrophon.

Die deutschen Kanoniere hatten erbärmlich wenig Zeit für sich selbst gehabt. Erst die Geschütze eingraben, den Wall bauen, Munitionslöcher . . . Tarnung . . . erst als letzte kamen sie selbst an die Reihe. Ihre Löcher sahen wie frisch ausgehobene Gräber eines Wehrmachtsfriedhofes aus. Das war alles. Diese Löcher lagen aber dicht bei den Geschützen, denn die Männer mußten schnell im Geschützstand sein und durften bei diesen Sprüngen nicht gesehen werden. So waren es eigentlich nur vier Nester, in die der Gegner jetzt hineinfeuerte. Er konnte sie von dort oben prächtig übersehen. Eine Aufgabe für den Truppenübungsplatz. Die russische Artillerie traf mit jedem Schuß die Stellung.

Der Beobachter ahnte nicht, daß das erste Geschütz der Batterie bereits zerstört und die übriggebliebenen Männer auf die anderen Geschütze verteilt worden waren. Der Unterleutnant verschwendete etwa zwanzig Schuß an dieses erste Geschütz. Diese zwanzig Schuß lang hatten sie noch eine Gnadenfrist. Aber sie alle starben mit diesen zwanzig Schuß schon zum erstenmal, denn sie sahen, mit welcher Sicherheit der Boden unmittelbar um das Geschütz herum aufgewühlt wurde, sie sahen, wie die Deckungslöcher, in denen vier von ihnen noch vor Stunden gelegen hatten, umgepflügt wurden, als sollten sie alle eine neue Saat sein, die man in den Boden stampfte.

Der russische Unterleutnant war ein guter Artillerist. Diese deutschen Dummköpfe, die ihre Geschütze mitten aufs Feld stellten, um den russischen Vormarsch aufzuhalten, waren ein geduldiges Ziel.

Hauptmann Westermann beobachtete jeden Einschlag. Immer wieder starrte er auf den Brückenkopf. Nichts. Wo saß der Kerl, der sie hier zusammenschoß? Nichts rührte sich, auch kein Infanterist ließ sich sehen. Kein Gewehrschuß fiel, kein Maschinengewehr hämmerte. Nur dieses monotone Singen, Rauschen, Einschlagen, Hochspritzen, Zusammenfallen, Dampfen und Qualmen. Eine Granate nach der anderen.

Nach diesen zwanzig Schuß wußte Westermann, daß die da drüben ein vorzügliches Geschütz und eine gute Bedienung waren, etwas anderes als ihre ausgeleierten, zerschundenen Rohre. Es war nicht schwer, ihre Methode zu erkennen: Stur ein Ziel nach dem anderen, hübsch der Reihe nach, vom ersten bis zum vierten Geschütz. Gut, also mußte er die Bedienungen einzeln ins Haus nehmen, in den Keller. Griff der Russe zwischendurch an, so waren noch die übrigen Bedienungen da und seine Maschinengewehre. Von der Stellung bis zum Haus schätzte er vierzig Meter. Er mußte es versuchen.

Westermann behielt nur das Koppel mit der Pistole um. Den Stahlhelm, der beim Laufen nur hinderlich war, legte er neben seinen Beobachtungsstand am Küchenfenster. Dann verließ er das Haus durch den rückwärtigen Ausgang, wartete einen Augenblick hinter der Hausecke und lief auf die Stellung zu. Es ging sehr schnell. Als er das Deckungsloch von Oberwachtmeister Unruh erreichte, hatte er sich nur einmal hingeworfen. Kein Schuß war gefallen.

„Bedienung abwechselnd ins Haus“, keuchte Westermann.

Unruh wußte sofort Bescheid. Er gab Kommandos. Der erste Mann vom zweiten Geschütz kroch aus dem Deckungsloch und lief los. Nach den Berechnungen Westermanns mußte jetzt der 12,2-Zentimeter-Beschuß auf das zweite Geschütz beginnen. Der Chef und sein Oberwachtmeister sahen dem Mann, der eben gestartet war, nach. Der Mann lief nicht, er humpelte. Westermann fluchte. „Laufen sollen Sie, Sie Hammel! . . . Laufen Sie doch!“

Pause.

„Schneller, Mann!“

Unruh haßte plötzlich diesen schreienden Offizier. Du meine Güte, man müßte ihm einfach in die Fresse schlagen, mit der Hand den Mund zuschlagen, dachte er. Er beherrschte sich. „Herr Hauptmann vergessen, daß die Männer sich seit dem Hellwerden überhaupt nicht mehr bewegt haben, sie sind steif gefroren . . .“

Jetzt wachten die drüben auf. Infame Bande. Maschinengewehrfeuer vor das Haus. Der da lief, kümmerte sich um nichts. Zehn Schritte hoppeln, hinlegen, auf, zehn Schritte hoppeln. Westermann schrie, winkte mit den Armen. Zu spät, die Leute waren eben fertig, erschöpft, ungelenk, steif von der Hockerei in den Löchern. Es ging nicht mehr.

Kurz vor dem Haus lief der Mann mitten in eine Garbe hinein, sackte zusammen und rührte sich nicht mehr. Das Maschinengewehrfeuer starb ebenso plötzlich ab.

Jetzt muß ich laufen, dachte Westermann, sonst tut es keiner mehr. Er lief. Vorm Haus hingeworfen, paar Sekunden warten . . . jetzt wurde das Gezirpe ruhiger . . . hinter das Haus.

Nein, es hatte keinen Zweck . . . Zwar nur ein lächerlicher Streifschuß am Oberschenkel, nicht der Rede wert, die Reithose zweimal durchlöchert . . . Trotzdem ging es nicht. Die Männer waren nicht so schnell im Aufspringen und Hinwerfen, sie waren auch zu abgestumpft, um den richtigen Augenblick zu erfühlen. Westermann biß sich auf die Lippen. Die Männer mußten in ihren Löchern bleiben. Er winkte Unruh ab. Es ging nicht mehr.

Dann knöpfte er die Reithose auf und klebte über die schmale Hautwunde einen Mullfetzen.

Während er wieder seinen Beobachtungsstand am Küchenfenster einnahm, begann draußen das Punktfeuer auf das zweite Geschütz.

Auf dem Abteilungsgefechtsstand herrschte nervöse Unruhe. Der Kellerraum wurde durch zwei Kerzen nur notdürftig erhellt. Es stank nach feuchten Kartoffeln.

Der Abteilungskommandeur zeichnete nach den letzten telefonischen und Funkmeldungen die neue Linie in die Karte ein. Eine Linie aus Stützpunkten.

Der Leutnant ließ sich mit dem Regiment verbinden, um den Regimentsadjutanten zu orientieren. Zwei Batterien im Nahkampf, wie das beim Stab hieß, die dritte schoß mit ihrem Beobachter in einen Panzerangriff südlich Rehfeld. Im Apparat ein Knacken.

„Ja, hier Erste Abteilung“, begann die Stupsnase, „gewiß, die möchte ich jetzt durchgeben. Ich beginne . . . rechte Grenze an Straße Rehfeld – Waltersdorf. Von dort keine Meldung. Höhe achtundfünfzig und die Brücke sind ebenfalls verloren. An der Waldecke noch ein Stützpunkt. Südrand Rehfeld wird noch gehalten, die Zweite Batterie am Südwestausgang schlägt sich mit acht Panzern herum. Ein Geschütz Totalausfall. Weiter nach links, also nach Osten zur Autobahn zu, eine Lücke, die Infanterie hat ihren Stützpunkt zwischen zehn und halb elf Uhr aufgeben müssen, sie liegt jetzt südlich des Straßentunnels. Westermann an alter Stelle. Er jammert sehr, na ja, ist ja auch nicht schön. Herr Major befürchtet, daß die Batterie in einer Stunde verloren ist, vor zehn Minuten hatte sie nur noch wenige Schuß. Wie bitte? . . . Nein, das Infanterieregiment kann nicht die geringste Unterstützung geben . . . Ich verstehe nicht, ja versprochen, natürlich, aber die wissen selbst nicht mehr, wie sie sich verteidigen sollen . . . Links von Westermann eine Lükke bis zur Waldfläche, hart nördlich der Eisenbahn . . . ganz recht, und dann nach Gallingen rauf. Deutsch-Thierau und Rehfeld ziemlich zerstört. Das Infanterieregiment wird versuchen, bis zum Abend in allgemeiner Linie Bahnhof Rehfeld - Gallingen zu halten, und das ist schon fast unmöglich . . . Nein, sonst nichts Neues . . . Wie bitte?"

Pause.

„Ich wiederhole. Alle Soldaten der Ersten und Zweiten Batterie, die aus dem Schlamassel herauskommen, sind zu einer Kanonierkompanie zusammenzustellen . . . Zu Befehl. Ich rufe wieder an."

Der Abteilungskommandeur hatte mitgehört. Die Abteilungsführung saß in einem Keller nördlich Rehfeld, Infanterie und Artillerie wie immer auf einem gemeinsamen Gefechtsstand. Major Hut wandte sich an den Infanteriekommandeur. Er wußte schon die Antwort, aber es war so, als müsse er immer wieder fragen, immer wieder bohren, in der Hoffnung, daß es doch noch eine letzte Hoffnung gab. Schließlich war man nicht Kommandeur von fünfhundert Mann, um sie mir nichts, dir nichts aufs Spiel zu setzen. Er wandte sich an den Infanterieoberstleutnant mit dem Ritterkreuz. „Können Herr Oberstleutnant meine Erste Batterie herauspauken?"

„Wo denken Sie hin, Hut, mit wem sollte ich das tun?"

Das Telefon klingelte. Major Hut schluckte eine bittere Erwiderung hinunter. Er nahm den Kopfhörer ans Ohr. Die Abteilungsbeobachtungsstelle meldete sich. Sie glaubte, beobachten zu können, daß sich mehrere russische Schützenpulks von Süden her an die Erste Batterie heranarbeiteten. Das hieß, genauer gesagt, der Gegner begann, den Männern der Ersten Batterie den einzigen Weg rückwärts, die Straße nach Rehfeld, abzuschneiden. Der Kommandeur schrieb hastig ein paar Worte auf einen Zettel, dann rief er nach einem Funker. „Sofort an Erste Batterie, schnell!"

Der Funker beeilte sich. Er rannte die Treppe hinauf, kniete vor seinem Gerät nieder, nahm das Mikrophon in die Hand und spielte an der Abstimmung. „STX für MON kommen, Eins für K kommen, habe Spruch für Sie: Aushalten bis zum letzten Schuß. Ich wiederhole: . . . STX antworten Sie!"

Aber STX antwortete nicht. Der Funker sah seinen Kameraden an. „Menschenskind, verstehst du die Sache, bis zum letzten Schuß?"

„Och", sagte der und gähnte, „die werden's schon begreifen."

Pause.

„STX, kommen Sie . . . du, schreib mal mit, die haben einen Spruch für uns . . . Mensch, los doch . . . das ist doch STX . . ." Er schrie jetzt ins Mikrophon: „Hier MON, hier MON, ja, kommen Sie . . . STX . . . ich höre Sie . . ." und dann schrieb er den verschlüsselten Spruch auf. „Warten Sie, wir haben Antwort." Mit fieberhafter Eile wurde der Spruch entschlüsselt. Auf damit zum Abteilungskommandeur!

„Spruch von der Ersten Batterie!"

Der Adjutant riß ihm das Formular aus der Hand. Er überflog die Zeilen, hob seine Stupsnase und las, zum Kommandeur gewandt, vor, gleichzeitig den Inhalt mit der Lage auf der Karte vergleichend: „Nach links keine Verbindung . . . Beobachten hart südlich Rehfeld zurückgehende eigene Infanterie . . . Feuerstellung nicht mehr zu halten . . . Erbitten zur Vermeidung unnötiger Verluste Handlungsfreiheit . . .“

Major Hut nahm die Zigarette aus dem Mund. „Was heißt Handlungsfreiheit? Hat Westermann unseren letzten Spruch bekommen?“ Er sah den Funker mit gerunzelter Stirn an.

Der Funker schlug die Hacken zusammen. „Jawohl, Herr Major. Der Spruch mit dem letzten Schuß ist raus.“

„Dann können wir diese Frage doch unbeantwortet lassen“, sagte der Kommandeur langsam. „Sie hat sich durch den Abteilungsspruch erledigt.“

Der Funker machte kehrt und verschwand. Völlige Stille im Keller. Oben im Haus hörte man Männer herumlaufen.

Der Stabschef, der neben dem Kommandeur gesessen hatte, erhob sich. Seine Hände lagen in den Taschen der Reithosen vergraben, im rechten Mundwinkel hing eine brennende Zigarette. „Ich kann mir nicht helfen“, unterbrach er die Stille, ohne seine Haltung zu verändern, „ich kann mir nicht helfen, ich finde, der gute Westermann hat die Nerven verloren.“

„Das finde ich nicht“, meinte Major Hut. „Würden Sie in aller Ruhe zusehen, wie Ihre Männer zu Hackfleisch verarbeitet werden?“

Der Stabschef zog die Augenbrauen hoch. Langsam grub er seine Hände mit den Wurstfingern und den viel zu langen Nägeln aus den Taschen. Er drehte das Innere seiner rechten Hand zur Decke hin, bog die Fingerspitzen nach oben und betrachtete die Nägel mit der ungepflegten, angewachsenen Nagelhaut. Dann sah er den Kommandeur an. „Hackfleisch, das kann jedem von uns passieren. Wer Soldat wird, muß damit rechnen, daß der Krieg ihn zu Hackfleisch macht. Es geht hier doch nicht um den einzelnen. Was tut das, wenn Sie krepieren oder ich. Hackfleisch hin . . . Hackfleisch her. Ich erinnere Sie, Herr Major, an die Aufgabe, die wir hier zu erfüllen haben. Jeder Meter, den wir hier halten, bindet feindliche Kräfte. Wenn der letzte von uns erledigt ist oder als aufgedunsene Leiche im Haff schwimmt, werfen die da drüben ihre Divisionen an den Hauptabschnitt. Gerade das soll verhindert werden. Wir stellen hier eine Entlastung der Oderfront dar. Wir müssen um uns schießen, solange wir dazu in der Lage sind. Anschließend können wir mit allerhöchster Erlaubnis verfaulen."

„Sie reden immer dasselbe, mein Lieber", sagte der Major. Er drückte auf den Knopf der automatischen Zigarettenmaschine, die er irgendwo gefunden hatte. Die nördliche Halbkugel sprang auf und brachte den stacheligen Fächer von Zigaretten zum Vorschein. „Wie lange wollen Sie mir noch erzählen, daß wir hier ein nützliches Mitglied der Abwehr sind? Asphaltparolen, sonst nichts. Wann, sagten Sie, sind die Wunderwaffen einsatzbereit?" Er nahm eine Zigarette aus dem Igel und zündete sie, sich vorbeugend, an der Kerze an. „Ist wohl eine Frage der Weltanschauung, wie? Ich bin kein Held, Helden sind auch immer ein bißchen verdächtig, nicht wahr? Ich bin wahrscheinlich auch nicht einmal ein genügend guter Offizier gewesen, obwohl Befehle für mich immer Befehle waren und noch immer Befehle sind, aber es muß die Möglichkeit des taktisch Realen dahinterstehen. Ich will mich an der Spitze meiner Männer verheizen lassen, wenn ich damit irgend etwas retten kann. Aber Leichen um jeden Preis? Sie wissen doch ebenso gut wie ich, was für eine traurige Rolle wir hier spielen. Wir Männer unter uns sollten aufhören, uns gegenseitig unsere Sprüche vorzuleiern." Er schnappte erregt nach Luft.

Dies war nicht der Augenblick, sich der eigenen Sprüche zu erinnern. Doch wußte er sehr wohl, daß auch er selbst ganz schöne Sprüche gekloppt hatte. Wie locker war ihm der Spruch von der Zunge gerollt, man werde nach dem Endsieg den SS-Staat domestizieren, als sei die Domestikation wilder Tiere sein Studienfach. Hatte nicht jeder von ihnen, nüchtern oder trunken, an einer politischen Schnapsidee Gefallen gefunden? Und sich dann noch der Kühnheit der Gedanken gerühmt und die Sprüche zu eigenem Wortschatz gemacht?

„Sie sind nervös heute, Herr Major, zu nervös“, sagte der Stabschef. Er stützte sich mit beiden Händen auf den Tisch.

Der Major war dann plötzlich ganz ruhig. Er verschränkte die Arme auf der Brust und lächelte den Stabschef an. „Zu nervös, ich verstehe Sie. Ich verstehe Sie vollkommen.“

„Diese Situation ist mir peinlich“, heuchelte der Stabschef.

Der Major sah ihn voll an. „Sie können sich jedes weitere Wort ersparen. Ich kenne die Direktive, auf die Sie anspielen. Falls ein Einheitsführer die Gefechtslage für aussichtslos hält, hat er seine Befehlsgewalt an jeden, gleich welchen Ranges, abzugeben, der glaubt, mit dieser Situation fertig zu werden. Wünschen Sie den Befehl über diese Abteilung zu übernehmen?“ Obwohl er äußerlich immer noch sehr ruhig war, glühte sein Gesicht vor Zorn. „Ich wünsche Ihre Antwort, Herr!“

Der Stabschef lächelte kalt zurück. „Nun gut, ich nehme dieses Angebot an.“ Er machte eine Pause. „Die Abteilung hört auf mein Kommando.“

„Großartig“, schnaufte der Kommandeur. „Sie nehmen an. Mein Adjutant steht zu Ihrer Verfügung.“ Er schlug mit der Hand auf die Zigarettendose. Es gab einen Knacks.

Der Stabschef hob sein Koppel von dem großen, rostigen Nagel an der Wand und schnallte bedächtig um. Der Adjutant hätte gern frech gelächelt, aber er wagte nicht, eine Miene zu verziehen. Er wußte wahrhaftig nicht, woran er jetzt war. Der Stabschef stand vor ihnen, und es schien, als komme er sich selbst unheimlich vor.

„Faites votre jeu!“ sagte der Kommandeur.

Der Stabschef wandte sich an den Adjutanten. „Melden Sie dem Regiment, ich habe den Befehl über die Erste Artillerieabteilung übernommen. Ich halte die Feuerstellung der Ersten Batterie für den Schlüsselpunkt des ganzen Abschnitts. Da Hauptmann Westermann im Einsatz seiner eigenen Person nicht mehr über die notwendige Rücksichtslosigkeit zu verfügen scheint, marschiere ich in seine Stellung, um mit ihm die Verteidigung durchzuführen. Erst in der kommenden Nacht gehen wir auf die von der Infanterie vorgesehene Riegelstellung zurück. Ich werde den Befehl dann wieder an Sie, Herr Major, zurückgeben. Stellen Sie jetzt sofort die Funkverbindung zur Ersten Batterie her und geben Sie durch, daß ich auf dem Weg dorthin bin und daß die Stellung auf jeden Fall bis zu meinem Eintreffen zu halten ist.“

Er grüßte und stieg steif die Betontreppe hinauf.

Major Hut öffnete erneut diese lächerliche erbeutete Zigarettenautomatik und nahm mit flatternden Fingern eine Zigarette aus dem Fächer. Die Stupsnase des Adjutanten schnüffelte hilflos über die Karte. Was gab es noch zu tun? Die Batterien opferten sich, wie das System es verlangte. Sie verschossen ihre letzte Munition, die Soldaten starben, wie es ihnen anerzogen worden war. Der Stabschef, dem niemand den Glauben und die Treue nehmen konnte, glaubte, ja, war sich offenbar sicher, dies oder jenes besser machen zu können als der erfahrene Kommandeur. Der Stabschef machte seinem Major Vorhaltungen, zugleich diffamierte er Hauptmann Westermann, den Chef der Ersten Batterie. Vielleicht hatte der Stabschef seine *extase du jour*, wollte sich jeder Kontrolle der militärischen Logik entziehen und aus sich herausgetreten den Helden spielen. Was sollte er, der Adjutant, tun? Eingreifen? Nein, dachte er. Immer nur lassen. Reisende und Helden sollte man nicht aufhalten.

Ihm fiel ein, daß er noch einen Feldpostbrief an seine Eltern nach Berlin schreiben wollte, zugleich aber fühlte er, daß ihm jede Lust dazu fehlte. Zudem war es sicher Unsinn, überhaupt noch Feldpostbriefe zu schreiben. Wahrscheinlich gab es niemanden mehr, der sie zu befördern in der Lage war. Seine Gedanken schwammen ungreifbar und ziemlich verworren zwischen den feuchten Kellerwänden herum. Der Major erhob sich von dem wackligen Stuhl, den sie oben aus einem der Zimmer geholt hatten, reckte sich zu seiner ganzen Größe auf, hing die Zigarette zwischen die Lippen, um die Hände freizubekommen, und knöpfte dann seine Feldbluse auf. Sein Bauch ist trotz der reichlichen Strapazen nicht kleiner geworden, dachte der Adjutant. Bei dieser unausgesprochenen, respektlosen Bemerkung fand er auch sein Lächeln wieder. Er grinste den Major mit seiner ganzen Jungenhaftigkeit an. Da zog der Major die Feldbluse von den Schultern, streifte sie langsam rückwärts von den Armen und hing sie über die Stuhllehne.

„Ich bin jetzt Major a. D.", sagte er, „von Beruf Zivilist."

„Großartig", meinte der Adjutant. „Und wo wollen Sie jetzt hin, Sie armer Zivilist? Nach Hause? Haben Sie etwa die stille Hoffnung, übrigzubleiben . . . zu überleben? Die Möglichkeiten hierfür sind man verdammt dünn."

„Soweit sind wir also", schnaufte der Major. „Und doch sind wir alle noch längst nicht weit genug", fuhr er nach einer kleinen Pause fort. Er sah den Adjutanten an, als betrachte er sein Kind, das soeben miterlebt hatte, daß sein Vater in ungehöriger Weise gestraft worden ist. Plötzlich fühlte er sich als die Summierung einer Generation, die, von einer überwältigenden Idee besessen, etwas Überwältigendes angefangen hatte, und die nun in einem Augenblick der Ausweglosigkeit und des drohenden Fiaskos gewärtig sein mußte, von den Jüngeren verlacht zu werden. Das schmerzliche Empfinden, diesem Spott ohne ein ernsthaftes Gegenargument ausgesetzt zu sein, wurde nicht durch die Tatsache gemildert, daß er seinen Rock mit den verschlungenen silbernen Schulterstücken einfach über den Stuhl gehängt hatte und nun in Hemdsärmeln mit Hosenträgern über der Brust dasaß.

„Ich kann dazu nichts sagen“, meinte der Adjutant, ohne sich dabei etwas zu denken. Er hätte jetzt zu gern eine Tasse guten Bohnenkaffees getrunken, aber er wagte nicht, einen so banalen Gedanken auszusprechen.

Der Russe hatte am frühen Morgen angegriffen, und der Adjutant war seitdem keinen Augenblick zur Ruhe gekommen. Er fühlte sich ausgehöhlt vor Müdigkeit, die Augen schmerzten und brannten, gereizt durch die stickige, rauchgeschwängerte Luft. Es ärgerte ihn, daß sein Kommandeur sich von diesem arroganten Stabschef hatte weichmachen lassen.

Jeden Tag was anderes, dachte er, wahrscheinlich werden wir alle vor Erstaunen überschnappen, wenn mal nicht mehr jeden Tag was Neues kommt. Er hob den Telefonhörer ab und drehte an der Kurbel des Feldfernsprechers. Die Vermittlung meldete sich. Lediglich zur Dritten Batterie bestand noch eine Drahtverbindung. Die Erste und Zweite Batterie waren nur noch über Funk zu erreichen. Er befahl einen Funker zu sich.

Das Artilleriefeuer wurde lebhafter. Es schien, als ob der Russe sich auf einen neuen Angriff vorbereitete. Einige Einschläge rumorten in der Nähe des Kellers. Der Funker baute sich vor dem Adjutanten auf. Auf der linken Seite des Kellers öffnete sich eine Tür. Der Oberstleutnant vom Infanterieregiment stand im Türrahmen. „Nehmen Sie Verbindung auf mit allen Ihren Beobachtungs- und Kampfstellen. Die Splitterangriffe des Gegners sind völlig abgeklungen, er schießt seine Artillerie neu ein, wahrscheinlich will er uns zum Mittagessen vernaschen, ich telefoniere gerade mit meinem Bataillon. Mein Adjutant kommt gleich rüber, wir haben verschiedene Wünsche . . .“

Er hat die Situation völlig in der Hand, dachte die Stupsnase, er würde sie auch dann noch völlig beherrschen, wenn er allein und nur mit einer Pistole in den feindlichen Angriff hineinschießen müßte. In Kirischi hat er zwei Panzer fertiggemacht, das gab damals das Ritterkreuz. Die russischen Panzerfahrer, darunter ein Leutnant, stiegen aus und ergaben sich. Die deutschen Soldaten boten ihnen auf dem Gefechtsstand einen Hennessy und französische Zigaretten an. Die Rotarmisten revanchierten sich mit den beliebten Papirossi mit dem langen Hohlmundstück aus Pappe, das sie zusammendrückten, wie sie es von den Russen gelernt hatten. Dann wurden die Männer zur Division gebracht, um ein bißchen was über Väterchen Stalin zu erzählen. Saubere Sache; elegante Lösung. Mein Gott, damals hatte es das noch gegeben. Dann war der Krieg von Tag zu Tag schmutziger geworden. Härter. Rücksichtsloser. Und wenn sie zurückweichen mußten, hinterließen sie verbrannte Erde.

„... vor allem muß ich unbedingt wissen, was mit der Ersten Batterie los ist, verstehen Sie! Wenn die Stellung dort erledigt ist, hängt mein ganzer linker Flügel in der Luft ..." Er sah den Major, den Mann in Hemdsärmeln und Hosenträgern, liebenswürdig lächelnd an. „Ich kann gar nichts für Sie tun. Hoffentlich sind Sie mir nicht böse. Trotzdem verlasse ich mich darauf, daß Sie diese bedeutsame Stellung mit allen Ihnen zur Verfügung stehenden Kräften halten. Klarer Fall! Wenn der Iwan uns dort abwürgt, ist der ganze linke Flügel im Eimer."

„Mein Stabschef ist eben dorthin unterwegs, Herr Oberstleutnant", antwortete der Major.

„Gut so, kommen Sie ja nicht auf die blödsinnige Idee, selbst loszuziehen, die Triarier brauchen wir später noch! ... Also, geben Sie mir Ihren Lagebericht." Der Oberstleutnant verschwand wieder im Nachbarkeller.

Plötzlich entstand im Haus eine hörbare Unruhe. Schritte, Rufe. Ein Melder stürzte die Kellertreppe herunter.

„Was gibt es?" fragte der Adjutant.

„Der Stabschef ist verwundet“, platzte der Melder heraus. „Am Hals, hier oben direkt über dem Kragen. Es hat nur sehr wenig geblutet, aber, zum Teufel, er hat nichts mehr gesagt.“

Der Major schickte den Adjutanten nach oben, um zu sehen, was wirklich passiert war.

Der Stabschef hatte das Haus zusammen mit einem Fernsprecher des Abteilungsnachrichtenzuges in Richtung Bilshöfen verlassen. Sie waren aber noch vor der Eisenbahnlinie, die etwa auf der Hälfte zwischen Rehfeld und Bilshöfen den Landweg kreuzte, in einem Feuerüberfall steckengeblieben. Der Stabschef befahl dem Fernsprecher, und vor allem auch sich selbst, wieder aufzuspringen und weiterzulaufen. Nach etwa dreißig Metern schlug vor ihnen eine Granate ein, die dem Feuerüberfall nachkleckerte. Ein Versehen der schießenden Batterie. Der Fernsprecher lag sofort wieder flach auf der Erde. Den Stabschef, der um Bruchteile einer Sekunde zu spät reagiert hatte, trafen mehrere Splitter. Es war halb so schlimm. Ein kleiner Splitter, der hätte gefährlich werden können, durchschlug die linke Hand, die der Stabschef im Sprung hochgerissen hatte, und bohrte sich in den Hals oberhalb des Kehlkopfes. Der Vorgang war vom Haus aus beobachtet worden, so daß sofort zwei Leute mit einer Trage losrannten. Der Stabschef stand indessen mit Unterstützung seines Begleiters auf und humpelte zum Haus zurück. Er wurde sogleich verbunden. Und eigentlich jetzt erst stellte es sich heraus, daß der Stabschef im Sprechen behindert war. Er flüsterte nur noch. Der Adjutant nahm ihn in Empfang und führte ihn mit übertriebener Vorsicht in den Keller zurück.

Der hemdsärmelige Major baute sich vor dem Verwundeten auf. Er sah kurz auf die verbundene Hand und den unförmig umwickelten Hals. „Kognak?“ stieß er hervor.

Der Stabschef nickte. Hastig reichte der Adjutant die Flasche herüber, während der Major sich umdrehte, um ein Glas aufzutreiben.

„Pech“, krächzte der Verwundete leise, „kann aber nicht viel sein, was da im Halse steckt.“

„Sprechen Sie möglichst wenig“, meinte der Adjutant besorgt, „Halsgeschichten sind bekanntlich dumm. Trinken Sie, das hilft immer.“

Der Major gab ihm das Glas in die gesunde Hand. Der Stabschef führte es mit zittrigen Fingern zum Mund. Mit verkniffenen Lippen schluckte er das Zeug hinunter.

„Tut mir leid für Sie“, flüsterte der Stabschef nach einer kurzen Pause, „mit der Ersten Batterie muß jetzt was geschehen. Schlage vor, daß Sie . . . sich auf den Weg machen.“

„Ich denke, Westermann weiß, wann er seine Männer zurücknehmen kann.“

„Es kommt darauf an, daß er sie nicht zurücknimmt“, antwortete der Stabschef mühsam.

Der Major war wütend. Er sah sich um, ob die Tür zum Keller des Infanteriekommandeurs zu war. Sie war zu. Da ging er ganz dicht an den Stabschef heran. „Wenn die Infanterie, die die gleichen Befehle hat wie wir, ihre Kompanien nicht bis zum letzten Mann opfert, besteht für uns kein Anlaß, unsere Männer von den russischen Bajonetten aufspießen zu lassen. Wollen Sie denn in Dreiteufelsnamen, daß die Abteilung heute ganz kaputt geht?“

„Geht die Erste Batterie zurück, gibt es für die Nachbarabschnitte kein Halten mehr. Verstehen Sie mich doch . . .“ Er bemühte sich, lauter zu sprechen, aber es mißlang. Doch sein Flüstern war eindringlich genug. „Oder wollen Sie kneifen?“

Der Major bekam einen knallroten Kopf. Wahrscheinlich hielt ihn allein die Verwundung dieses Mannes davon ab zuzuschlagen.

„Sie haben keine Möglichkeit, den Führerbefehl zu umgehen. Sagen Sie das auch Hauptmann Westermann“, fuhr der Stabschef leise, aber unbeirrt fort. „Wir gehen erst heute nacht auf die neue Stellung zurück. Ich bleibe so lange hier auf dem Gefechtsstand.“

Der Major nahm seinen Rock von der Stuhllehne und zog ihn an. Er schnallte um, setzte seine Mütze auf und hing die schwere schweinslederne Kartentasche um, die ihn schon durch Polen und Frankreich begleitet hatte. Dann streifte er die Wildlederhandschuhe über die Hände. Seine Augen sahen noch einmal zum Stabschef hin, bedauernd, verachtend, voller Hohn. „Ich nehme an, Sie stehen zu meiner Verfügung, wenn Sie wieder mit einem Stückchen Eisen umgehen können.“ Und nach einer Pause fügte er hinzu: „Mein Herr!“

„Wir werden uns später zu rechtfertigen haben“, antwortete der Stabschef mit seiner unheimlichen Stimme. „Nehmen Sie für Westermann was Schriftliches mit? Warten Sie“, er wandte sich an den Adjutanten, während er mit der gesunden Hand auf den Meldeblock zeigte. „Order an Erste Batterie. Stellung unter allen Bedingungen halten. Nach Einbruch der Dunkelheit selbständiges Absetzen vom Gegner auf Linie ‘Hartmut’.“ Er überlegte.

„Fertig.“

Er riß dem Leutnant das Papier aus der Hand, faltete es mit der gesunden Hand zweimal zusammen und gab es dem Major.

„Die Einzelheiten bitte persönlich befehlen. Wir warten hier auf Sie, Herr Major. Nach zweiundzwanzig Uhr lassen wir einen Melder zurück.“

Der Stabschef stützte sich auf den Tisch auf und ließ sich dann mit verzerrtem Gesicht auf den Stuhl fallen.

Der Major sah ihn nicht mehr an. Er empfand jetzt einen derartigen Widerwillen, eine so greifbare Verachtung, daß er sich schon auf die freie Luft und die frische Witterung außerhalb dieses verdammten Kellers freute. Es war völlig sinnlos, zu Westermann zu gehen, aber die Aussicht, den ganzen übrigen Tag nicht mehr in diesem dumpfen Loch, in dieser krankhaften, überspannten Atmosphäre, in diesem von Schweißgeruch und Tabaksqualm verpesteten feuchten, unterirdischen Kasten zubringen zu müssen, nahm ihm einen Großteil seines Zornes. Er knüllte den Zettel, den er soeben erhalten hatte, in seiner Hand zusammen. „Tut mir leid“, sagte er, „daß unsere Männer von so entsetzlich viel Durchschnitt geführt werden.“ Dann drehte er sich endgültig um und stieg die Treppe hinauf.

Der Major überlegte, ob er einen Melder mitnehmen sollte, wie es üblich war. Es gab darüber sogar einen strikten Befehl. Aber schließlich sagte er sich, daß dieser Weg zur Ersten Batterie so belanglos war, daß es gleichgültig sein konnte, ob ihm unterwegs etwas passierte. Und wenn ihm schon etwas zustieß, dann wenigstens nur ihm allein und nicht noch einem zweiten Mann. Im Erdgeschoß angelangt, wandte er sich nach rechts in einen Raum, der mitten im Haus lag, ohne Fenster nach außen, und in dem die Funker ihre Geräte aufgebaut hatten. Auch die Funker der Infanterie saßen hier.

„Verbindung zur Ersten Batterie?“ fragte er.

Links und rechts entlang der Wand hockten die Männer vor ihren Kofferapparaten auf kleinen Holzkisten und drehten an den winzigen grauen Scheiben, hantierten mit säuregefüllten Batterien herum oder sprachen monoton in Mikrophone. All diese Männer hier, dachte der Major, die Melder, Schützen, Kanoniere, Funker, Nachrichter, Fahrer oder Reiter waren Kerle, wie sie kein Land besser hervorbringen konnte. Mancher andere an ihrer Stelle wäre längst nach Hause gelaufen, ohne sich noch einmal umzudrehen. Ja, das waren schon Kerle, aber eine Armee, nein, eine Armee war das nicht mehr. Keine Haltung mehr . . . Keine Truppentradition.

„Verbindung?“ fragte er nochmals.

Der Funker schob die Hörmuschel von den Ohren. „Nein, Herr Major . . . Möglich, daß sie in einer halben Stunde wiederkommen. Wir rufen nur alle halbe Stunde, und jetzt haben sie sich nicht gemeldet.“

„Danke“, murmelte der Major und machte kehrt. Es hatte keinen Zweck zu warten. In einer halben Stunde konnte er schon bei der Ersten Batterie sein. Er verließ das Haus auf dem gleichen Weg wie der Stabschef. Das Gelände fiel vor ihm ab bis zur Bahnüberführung, dahinter begann eine ebene Fläche, die bis zur Chaussee und an der Chaussee entlang bis nach Bilshöfen reichte. Er überlegte, ob es nicht besser sei, den direkten Weg bis zur Bahnüberführung zu meiden und dafür das ganze Stück am Bahndamm entlang zu gehen. Er entschloß sich für das letztere. Bis zur Eisenbahnlinie benötigte er etwa zehn Minuten. Der Bahndamm bot dann bis zur Überführung eine wundervolle Deckung.

Es war die Zeit zwischen Winter und Frühling, eine Zeit der verborgenen Unruhe und der Ungewißheit. Vom Krieg war in diesen Minuten kaum etwas zu hören. Die Front schwieg. Nur in der Gegend von Rehfeld fielen vereinzelte Schüsse. Panzerabschüsse außerhalb eines Gefechtes, mit Pausen, ohne Begleitung durch das helle Gezirpe des Infanteriefeuers.

Der Major war am Bahndamm angelangt. Er bog nach links ab, zur Bahnüberführung hin. Nach wenigen Schritten fand er eine leere Handgranatenkiste neben einem Haufen rostiger Kartuschhülsen. Er klappte den Deckel der Kiste zu, hob sie am Kordelgriff hoch und stellte sie aufrecht wieder hin. Man konnte sich jetzt ganz gut darauf setzen. Dann steckte er sich eine Zigarette an. Das Streichholz schnickte er in hohem Bogen über den Weg. Es blieb in einer flachen Pfütze liegen, wo es bald, wenn erst die Sonne die Felder ganz auftaute, vom Wasser fortgeschwemmt werden würde.

Es hat nicht viel Zweck, sich jetzt zu beeilen, dachte der Major und spielte mit dem zerknüllten Zettel, den der Stabschef ihm mitgegeben hatte.

Er beobachtete das Haus, in dem sein Gefechtsstand untergebracht war und das er von hier aus noch sehr gut sehen konnte. Sie laufen da herum, als hätten sie Tarnkappen auf, aber wenn der Angriff losgeht, bekommen sie auch eins aufs Haupt. Es war zum Sitzen doch noch zu kalt. Er warf den Rest der Zigarette über den Weg, in der Absicht, das Streichholz zu treffen, aber es gelang nicht. Mißmutig stand er auf und ging den Weg am Bahndamm entlang weiter. Bald waren seine Stiefel bis zu den glatten Waden herauf voller Modder. Schade um die Mühe, die das Blankputzen gekostet hatte. Ja, ich rieche den Angriff, dachte er, und eigentlich, wenn ich mir selbst gegenüber ganz ehrlich bin, rieche ich auch, daß ich keine große Chance mehr habe. So was spürt man in der Nase. Aber ich habe mich, wie alle anderen, dazu hergegeben, solche Befehle zu unterschreiben, Befehle, die einem keine Chance ließen. Und jeder Soldat will eine Chance haben, das hatte Westermann ihm doch mal gesagt. Jeder Soldat, natürlich, jeder will eine Chance haben, und ein Soldat fürchtet nicht einen Tod, der die Chance zur Schwester hat, denn der Zufall ängstigt immer die Schwachen. An der Grenze vom Zufall zur Wahrscheinlichkeit verlieren Soldaten den Elan, außer, sie sind trunken von der Großartigkeit oder der Abgründigkeit der Stunde. Diese Trunkenheit ist vorbei, dachte der Major. Jeder denkt nur noch an seine Chance, weil diese Chance so lächerlich klein geworden ist. Eigentlich . . . weiß Gott, schließen diese Befehle jede Chance aus, es ist Irrsinn, sie da noch zu suchen, sich um sie zu bemühen. So einer kleinen Möglichkeit des Übrigbleibens nachzujagen widerspricht, streng genommen, den Armee- oder Führerbefehlen, denn es hieß ja, ohne jeden Zweifel, daß sie bis zum letzten Lebenszeichen, bis zum letzten

Lebenszeichen des letzten Mannes, in ihren Löchern zu bleiben hatten.

Die Schießerei in Richtung Rehfeld wurde lebhafter, aber der Angriff konnte es doch noch nicht sein. Das hörte sich anders an. Ein Angriff hörte sich, verflucht noch mal, anders an.

Der Weg fiel jetzt zur Überführung hin ab, gleichmäßig wuchs der Bahndamm rechts vor ihm aus dem Boden. Die Schießerei um Rehfeld hatte nachgelassen, und er wußte, daß jetzt nur noch Minuten bis zum Angriff blieben. Er schritt schneller aus, gelangte an die Straße, ging unter der Eisenbahnbrücke durch und wandte sich gleich wieder nach links, Richtung Bilshöfen, das er von hier aus schon gut erkennen konnte. Von der Ersten Batterie war nichts zu sehen, die Chausseebäume verdeckten das Gelände vor der Straße nach Rehfeld.

Ich werde kurze Strecken laufen, dachte er, vielleicht schaffe ich es doch noch, ich muß es schaffen, ich muß ihnen sagen, daß sie das große Programm nicht mehr retten können und daß es daher Wahnsinn ist, in so einem überflüssigen Ausharren den Heldentod zu sehen. Krepieren ohne Chance. Schließlich habe ich mitunterschrieben, wir haben uns ja alle nichts dabei gedacht. Man kann uns keinen Vorwurf machen, wir sind auch nur Soldaten. Aber was werden diese Menschen empfinden, wenn sie erkennen müssen, daß sie alle ihre Habe und schließlich sich selbst für falsches Geld verkauft haben? Genau das, was ich dabei empfinde. Und was empfinde ich? Was empfinde ich denn dabei? Im Augenblick noch gar nichts. Im Augenblick geht ja alles noch drunter und drüber, im Augenblick kann man noch gar nichts empfinden, ich muß jetzt erst in die Geschützstellung und muß den Männern sagen, daß das gar nicht so gemeint war.

Er winkelte die Arme etwas an und rannte über das Feld, auf die Straße nach Bilshöfen zu. Der Weg querfeldein wurde ihm durch einen halb aufgetauten Wassergraben versperrt. Das Laufen bereitete ihm Mühe. Schon lange nicht mehr hatte er sich so anstrengen müssen. Er versuchte, das Tempo im Geschwindschritt zu halten, aber er kam nur wenig schneller vorwärts. Die aufgetauten Lehmkrusten hingen an seinen Stiefeln wie Blei. Völlig erschöpft überquerte er die Chaussee und landete im jenseitigen Straßengraben, wo er einige Sekunden anhielt, um Luft zu schnappen. Er hob sein Doppelglas vor die Augen und suchte den Horizont ab. Die Autobahnbrücke fehlte, die sich vor Tagen noch wie ein straff gespannter Bogen vom bewölkten Himmel abgehoben hatte. Links von dem Brückenkopf die ausgebrannten Gutsgebäude von Bilshöfen, Trümmer und zerschossene Kastanienbäume. Diesseits der Siedlung mußte die Erste Batterie stehen. Schnell fanden seine geschulten Augen die Geschützenester. Eins, zwei . . . drei und vier. Was davon noch heil war, ließ sich aus dieser Entfernung nicht feststellen. Nichts bewegte sich. Es fiel kein Schuß. Rechts der Feuerstellung zur Autobahn hin ragte das weiß getünchte Haus aus dem Acker, in dem der Bataillonsgefechtsstand gesessen hatte und in dem Westermann auch jetzt noch saß. Ich werde jetzt laufen, überlegte er, ja, ich laufe weiter den Graben entlang, dann muß ich zwangsläufig bei den Geschützen landen, denn die Geschütze stehen dicht an der Chaussee. Dort wird irgend jemand sagen können, wo Westermann steckt; aber er kann eigentlich nur im Haus sein. Ich werde mich in aller Ruhe über die Situation der Ersten Batterie, meiner Ersten Batterie, orientieren, ich werde meiner Beurteilung der Lage unterstellen, ich sei der Chef, und alle Männer, die dort im Dreck liegen, seien meine Männer, mit denen ich jahrelang zusammen marschiert bin und mit denen ich zusammen gelebt habe . . . ich werde mir vorstellen, ich kenne sie alle beim Namen, ich wüßte, ob sie verheiratet sind und wieviele Kinder sie haben . . . und dann werde ich entscheiden, ob es lohnt, das alles einzusetzen, um die Katastrophe am Haff um einen halben Tag oder günstigstenfalls um einen Tag hinauszuschieben, um einen lächerlichen Tag.

Er kroch weiter im Graben vorwärts. Nach wenigen Metern erhob er sich und ging aufrecht die Chaussee entlang. Im Graben vorwärts zu kriechen war eine Biesterei. Die Feuchtigkeit hatte sich, während er im Graben kniete, in der Reithose festgesogen. Der nasse Stoff berührte bei jedem Schritt die Knie und Oberschenkel. Er fror.

Jetzt konnte er die Geschütze mit bloßen Augen erkennen, und er sah auch schon Köpfe mit unförmigen Stahlhelmen, die aus der Erde aufragten. Wahrscheinlich sahen die Männer auch ihn, wahrscheinlich erwarteten sie ihn schon, und der Gedanke an diese Wahrscheinlichkeit gab ihm Trost. Die Männer dieser Batterie waren schließlich auch seine Männer, selbst wenn er ihr Abteilungskommandeur war und sie nur selten sprach.

Je näher er an diese Männer heranrückte, desto klarer wurde ihm, daß er diesem Spuk ein Ende zu bereiten hatte. Es ist ungewiß, sagte er sich, während er sich eine neue kurze Atempause gönnte, ob ich je wieder eine so wichtige Entscheidung über das Leben von fünfzig oder hundert Männern treffen kann, vielleicht wird mir das alles aus der Hand genommen, von Dingen, die ich nicht übersehen kann. Vielleicht erreicht uns alle, einschließlich des letzten Generals, morgen oder übermorgen am Haff der Befehl, uns zu opfern für die Strategie eines Mannes, der in dem Glauben lebt, daß noch nichts verloren sei. Seit Monaten schon wurde von der Wunderarmee Wenk gesprochen, die Gewehr bei Fuß stand, um in dem Augenblick, in dem der Gegner im Herzen Deutschlands verblutete, aus der Tiefe des nördlichen Raumes hervorzubrechen und das Land wieder zu befreien. Ich weiß, daß es solche Wunder nicht gibt, daß es solche Wunderarmeen nicht gibt, vor allem nicht bei Männern, die seit

Jahren von der Hand in den Mund leben und die lediglich wunderbar zu improvisieren wissen. Aber eine Armee, eine schlagkräftige Armee kann man nicht improvisieren.

Der Major rannte und stolperte weiter. Die Geschützstände rückten in greifbare Nähe.

Ich werde mich hier einschalten, arbeitete es in seinem Hirn, um den Männern ihre Chance zurückzugeben, meinen Männern ... eine Chance, die ich ihnen genommen hatte, das andere kommt hinterher. Die große Auseinandersetzung kommt hinterher, die Auseinandersetzung zwischen Befehl und Gewissen kommt später! ... Zunächst muß ich den Männern wieder eine Chance geben, denn jeder anständige Mann ist eine Chance wert.

Ich werde ... ja, sie haben mich erkannt, sie winken ... ich werde an der Chaussee bleiben bis in Höhe des ersten Geschützstandes und dann erst zur Stellung nach rechts abbiegen. Hier an der Chaussee kann ich jede Sekunde in Dekkung gehen ... Ich kann mich hinwerfen, dann bin ich verschwunden, hier im Graben ... Auf dem freien Feld liege ich dann ohne jede Deckung ... Ich werde Westermann sagen, daß er das tun soll, was er für richtig hält ... Vielleicht ist es auch alles gar nicht so schlimm, es ist völlig ruhig, vielleicht läßt sich die Stellung wirklich bis in die Nacht hinein halten, ohne die Erste Batterie aufs Spiel setzen zu müssen. Hier war die Front. Vielleicht war hier alles gar nicht so schlimm ...

Keuchend kam er bis in die Höhe des ersten Geschützstandes. Er blieb völlig ausgepumpt stehen, um nach Luft zu schnappen. Oberwachtmeister Unruh erhob sich eine Sekunde lang aus seinem Deckungsloch und winkte zu dem Haus hin, das von hier aus hinter der Stellung mitten im Feld lag. Das weiße Haus. Der Major verstand.

Er wartete noch einen letzten Augenblick, um seine Kräfte für den Lauf zum weißen Haus zu sammeln. Er übersah die ganze Feuerstellung, das zerbrochene vorderste Geschütz, den durchlöcherten Schutzschild des darauffolgenden Geschützes, dem er nicht ansehen konnte, ob es noch intakt war oder nicht. Ebensowenig sah er die toten Männer, von denen der Funkspruch Westermanns gesprochen hatte, denn Sie lagen in sich zusammengesunken oder zerfetzt in den Gräben, die sie sich selbst geschaufelt hatten.

Von dem erneuten Angriff des Gegners, den er schon seit Minuten, seit einer halben Stunde erwartete, war an keiner Stelle der Front etwas zu hören.

Der Major erhob sich jetzt ganz aus dem Chausseegraben und rannte auf die Stellung zu. Der Dreck, der an seinen Stiefeln klebte, hinderte ihn. Er lief auf das Deckungsloch von Unruh zu und warf sich dort hin.

Der Oberwachtmeister hob seinen Kopf. „Der Chef ist im Haus“, sagte er. „Herr Major laufen am besten die ganze Strecke durch.“

„Klar, Unruh“, antwortete der Major keuchend. Er spannte seinen Körper, schnellte sich vom Erdboden hoch und rannte auf das weiße Haus zu. Er sah vor sich die Leiche des gefallenen Kanoniers auftauchen. Ich muß sie überspringen, dachte er, ich darf nicht um sie herumlaufen, das hält zu lange auf, ich muß sie schnell erreichen und dann mit zwei, drei Sprüngen hinter dem Haus sein.

Ihm fiel noch ein, daß es ohnehin nicht leicht sein würde, die Männer am hellen Tage aus der Stellung zu nehmen. Dann hörte er das Gezirpe einer Maschinengewehrgarbe. Es fühlt sich an, als bekäme ich Schläge, wie damals von meinem Vater, dachte er. Eins zwei, drei. Die beste Arzenei. Der filius . . . der filius . . .

Der Major knickte in den Knien ein, fiel vornüber und schlug hart mit dem Kopf auf die Erde auf. Er bewegte noch einmal den linken Arm, dann lag er still neben dem toten Kanonier.

Westermann stürzte durch die seitliche Tür aus dem Haus. Hinter der rückwärtigen Wand konnte ihm nichts passieren, sie lag von der Front abgewendet. Kein Maschinengewehr erreichte diesen Hausschatten.

„Los“, brüllte er den beiden Funkern zu, „wir müssen ihn haben!“

Die Funker sahen ihn an.

„Steht doch nicht so blöde herum!“ tobte der Hauptmann. Er lief über den Hof und verschwand im Stall.

Er hatte völlig die Nerven verloren. Nervös rannte er im Stall hin und her. Die Bauern müssen doch eine Holzstange oder so was Ähnliches haben. Von den fortgetriebenen Kühen lag noch der Dung da, und saure Rübenschnitzel verbreiteten einen unangenehmen Geruch. Er gelangte in die Häckselkammer, wühlte dort zwischen Geschirren und zu Boden gefallenen Sätteln herum und fand schließlich eine Stange, die oben in einem Eisenbolzen endete und mit der man allem Anschein nach die Luke zum Dachboden des Stalles zu öffnen pflegte. Eine aufgescheuchte Maus verschwand unter der Häckselkiste. Er verließ eilig die Kammer, rannte über die Stallgasse zur Tür und rief die Funker.

Der Major lag etwa zwei bis drei Meter vor dem Haus. Zu dritt standen sie hinter der Wand und schoben langsam flach über dem Boden die Holzstange vor. Sie brauchten Minuten, bis sie den Haken unter das Koppel geschoben hatten. Schließlich versuchten sie anzuziehen. Der Haken hielt. Sie faßten alle drei an und zogen den widerstandslosen Körper hinter die Deckung.

Westermann sah den Major an. „So eine Scheiße“, sagte er.

Die beiden Funker streckten den Major der Länge nach aus, hoben seine behandschuhte Hand hoch und versuchten, sie über der Brust zusammenzufalten. Aber diese Hände waren zu verkrampft, als daß sie sich jetzt friedlich hätten zusammenfalten lassen. Doch bei diesem Versuch fanden sie einen völlig zerknüllten Zettel. Mühsam entzifferte Westermann die Zeilen: Stellung unter allen Bedingungen halten.

„Dazu brauchtest du nicht zu kommen“, sagte der Hauptmann laut. Er drehte sich um und ging ins Haus zurück.

Kaum waren die drei in der Tür verschwunden, begann der neue Angriff.

Es rollte böse aus der Ferne heran. Die Luft über ihnen war mit einem vielstimmigen, wilden Gesang angefüllt, der sich erst ein ganzes Stück hinter ihnen wieder verlor. Das waren die schweren Geschosse, die sich wahrscheinlich auf Rehfeld oder auch auf Thomsdorf konzentrierten. Jetzt aber kamen sie an die Reihe: die Feuerstellung der Batterie und das Haus. Dachpfannen prasselten in den Garten. Ein Teil der Stallmauer stürzte nach wenigen Schüssen ein. Die Sicht war so behindert, daß der Hauptmann nicht weiter verfolgen konnte, was die russische Kompanie im Süden vorhatte. Gefangennehmenlassen war das letzte, das allerletzte.

Aus den Dreck- und Staubwolken tauchte immer wieder der Brückenkopf der Autobahn auf. Er ragte gleich einer verhängnisvollen drohenden Hand über ihre Stellung.

Erst ein Singen ... Deckung ... Einschlag. Einige Sekunden Zeit, dann kam die nächste Gruppe. Einschlag. Ziegelstaubwolken fegten bis in die Küche. Raus aus der Dekkung. Im Garten ging ein Maschinengewehr zum Teufel. Wieder lag ein Treffer an der oberen rechten Hauskante. Ein Maschinengewehrschütze wimmerte hilflos. Uiiiih, Dekkung, Einschlag.

Westermann spuckte staubigen Schleim auf die Treppe. Die Augen waren verklebt.

Die nächste Salve. - Deckung.

Er rannte die äußere Treppe hinunter bis zur Hausecke.

„In der nächsten Feuerpause haut ihr ab“, schrie er den verwundeten Maschinengewehrmann an. „Und Sie begleiten ihn“, fügte er hinzu, als er dem fragenden Blick des zweiten Schützen begegnete. „Vielleicht habt ihr Schwein . . .!“

Er warf sich hin.

Die nächste Salve.

Eine Granate sauste durch die vordere Wand und rumorte im Innern des Hauses wie ein dumpfer Donner. Westermann stand benommen auf. „Vielleicht habt ihr Schwein und kommt bis zum Verbandsplatz.“

„Keine Angst, Herr Hauptmann“, schrie der zweite Schütze zurück, sehr laut und sehr mutig. „Hinter der Chaussee ist es halb so schlimm.“ Er robbte auf den ersten Schützen zu, den es vorhin erwischt hatte und der sich beide Hände vor die Augen hielt. „Los, steh auf, es wird Zeit, daß wir abhauen.“

„Ich sehe nichts mehr, ich glaube, ich bin blind.“

„Halt deine Schnauze und komm.“

„Ich kann nichts sehen.“

„Sei keine Tunte.“

„Alter Arsch.“

„Ich führe dich . . . du hast nichts zu tun, als dich hinzuschmeißen, wenn ich ‘Deckung’ rufe.“

„Ich werde hier noch verrecken.“

„Halt deine Schnauze . . .“

„Dieser dreimal verdammte Krieg . . . Mir platzt der Kopf auseinander . . .“

„Liegenbleiben!“ brüllte Westermann.

Die nächste Salve. Die Einschläge lagen jetzt direkt in der Batteriestellung.

Der zweite Schütze umwickelte den Kopf des Verwundeten mit mehreren Binden, die er aus den Gummihüllen der Verbandspäckchen herausriß. Erdfontänen spritzten zwischen den Geschützen hoch. Hier am Haus war es im Augenblick völlig ungefährlich. Das Infanteriefeuer hatte merkwürdigerweise noch gar nicht begonnen, selbst das Maschinengewehr, das den Major umgelegt hatte, schwieg.

„Faß mich unter“, stöhnte der Schütze. Sein Kopf stak bis zur Nase herab in einem unförmigen Mullknäuel. Der zweite Maschinengewehrmann faßte ihn am Arm und zerrte ihn so schnell wie möglich aus dem Garten auf das Haus zu. Der Verwundete wimmerte vor Schmerz und Erschöpfung.

„Jammer nicht“, sagte der andere barsch.

„Wir werden hier noch verrecken“, wimmerte der Verwundete.

Westermann machte kehrt und ging auf die Treppe zu. Er mußte versuchen, Funkverbindung mit der Abteilung zu bekommen.

Die nächste Salve pfiff heran.

Rings um das Haus sprühte Feuer. Eisensplitter fetzten gegen die Wände. Der Fußboden im Flur, wo Westermann sich hingeworfen hatte, zitterte unter seinem Körper.

Er sprang auf und rannte die Treppe runter zurück in den Garten.

So war das also.

So schnell ging das.

Man merkte es gar nicht, und wenn man es merkte, lebte man noch.

Dem zweiten Maschinengewehrmann fehlte der Oberkörper, aus seinem Bauch ragte ein dreckverspritztes und pulverschwarzes Stück Wirbelsäule.

Den Verwundeten hatte der Druck gegen die weiße Wand geschmettert. Ein Etwas, mit einem schmutzigen Mullknäuel. Die Wand war übersät mit dunkelroten Tupfen.

Zwei Meter weiter bemerkte der Hauptmann in der Hauswand ein Loch von etwa dreißig Zentimeter Durchmesser. Eine Granate mußte die Wand durchschlagen haben und im Keller . . . Großer Gott, im Keller . . . Nur nicht die Funker, es kann doch nicht sein, daß die Funker . . .

Der Hauptmann sprang die Treppe hinauf, durchlief den Flur und öffnete die Tür zum Keller, die schon halb aus den

Angeln gerissen war. Auf der obersten Stufe stand mit weit offenen Augen sein Melder.

„Raus hier!“ schrie der Hauptmann. „Nach der nächsten Salve raus hier, wir treffen uns hinter dem zerschossenen Stall! . . . Was starren Sie mich so an?“

„Die Funker, Herr Hauptmann!“

„Los! Raus hier!“

Der Melder stand immer noch wie versteinert.

„Scheren Sie sich raus!“

„Jawohl, Herr Hauptmann.“

Westermann ging langsam, Stufe für Stufe, die Kellertreppe hinunter. Der Qualm biß in den Augen, und die schwere heiße Luft trieb ihm den Schweiß ins Gesicht. Dann sah er es. Die Granate hatte auch die Zwischenwand durchschlagen und mußte erst im hinteren Raum detoniert sein. Die beiden Funkkästen schauten aus wie zerbeulte, durchlöcherte Essenträger, ein wirres Durcheinander. Drähte, zerfetztes Papier, Manteltuch, ein Fuß mit zerrissenen Socken lag neben einem eingeschlagenen Kochgeschirr.

Der Hauptmann wandte sich nach links, wo seine Kartentasche gelegen hatte. Vielleicht konnte er die Schußtafel noch gebrauchen.

Er hörte draußen die nächste Salve einschlagen. Ich kann hier nicht bleiben, dachte er.

Zu seinen Füßen lag der Obergefreite, der den Funktrupp geführt hatte. Ein Granatsplitter hatte seine Bauchdecke aufgerissen. „Ich kann es nicht sehen“, flüsterte Westermann und fuhr sich mit der Hand über sein schweißnasses Gesicht, „ich kann es nicht mehr sehen.“

Er gab die Suche nach seiner Kartentasche auf, drehte sich um und stieg langsam wieder die Treppenstufen hinauf.

Das zweite Geschütz war erledigt. Unteroffizier Ratschko gefallen, der blonde Hüne, der lachen konnte, wenn andere verzweifelten. Der Munitionskanonier aus Pilkehnen tot. Er sollte später dem Vater die Schreinerei abnehmen. Teufel auch, in Pilkehnen saß längst der Russe, und vom Vater wußte niemand etwas.

Aber die Uhr lief weiter, und wenn sie einmal still stand, dann war immer noch die Erde da, die sich drehte.

Um elf Uhr zwanzig schlugen sie den dritten Angriff ab. Mit zwei Geschützen und neunzehn Mann. Sie behielten zwölf Granaten und acht Kartuschen zurück, alles eingerechnet.

Um elf Uhr fünfunddreißig zählten sie noch vierzehn Köpfe. Es wurde still um die Stellung. Der Artilleriebeschuß hatte für Minuten ganz aufgehört.

Auch die Russen waren müde. Wie lange sollte das noch gehen?

Das Gewissen suchte sich immer ruhige Augenblicke aus, das Gewissen handelte niemals im Affekt. Ja, es schien so, als ob es im Lärm, im Kampf, in der Gefahr gar nicht existierte, sondern nur verborgen mittrieb. Nun aber bäumte es sich auf.

Oberwachtmeister Unruh sprang aus seinem Deckungsloch und tauchte nach drei, vier Sätzen bei Westermann auf, der sich im zerstörten Stall eingerichtet hatte.

Das Gewissen klopfte zum zweiten Male.

„Wir haben noch zwei Geschütze, Herr Hauptmann“, keuchte Unruh.

„Na also, damit schaffen wir noch was.“

„Zwölf Schuß mit acht Kartuschen.“

Der Chef sagte nichts. Er beobachtete mit dem Doppelglas, daß die Russen im Süden nun noch weiter westlich ausholten, um an die Straße zu kommen. Bald gab es für sie keinen Rückweg mehr.

Schweigen.

Dann sagte das Gewissen ganz laut: „Herr Hauptmann, Sie müssen die Männer entlassen. Sie haben getan, was menschenmöglich war, sie haben ausgehalten, wie der Befehl es vorsah ... Ohne Munition können wir nicht einmal anständig sterben."

Westermann zuckte mit den Schultern. „Vermutlich können wir bis dahin noch einige Zähigkeit beweisen."

„Wem nützt das noch?"

Westermann sah immer noch dorthin, wo die gegnerische Infanterie in kleinen Gruppen nach Westen einsickerte. „Gehorsam fragt nicht nach Nutzen."

„Das ist wenig", schrie ihn Unruh an. „Das ist gar nichts! ... Dafür vierzehn Mann?"

Der Chef sah ihm nach, wie er fortging, mit müden, schleppenden Schritten, schlaff in den Schultern, mit hängenden Armen, den Stahlhelm im Genick. Wie eine Puppe ohne Gesicht. Wie ein fremdes Wesen ohne Augen, Nase und Mund, ohne Lippen zu sprechen, ohne Sinne zu fühlen. Westermann sah verschwommen, wie hinter dem Oberwachtmeister ein Heer der Namenlosen marschierte, mit denselben schlaffen Schultern, den gleichen hoffnungslos hängenden Armen und einem übergestülpten Stahlhelm, der das einzige verdeckte, was noch an den Menschen, den gequälten, zerschundenen, ausgepumpten Menschen erinnerte: das Gesicht.

Der Hauptmann in seiner dreckigen, abgescheuerten Uniform fragte sich in diesem Augenblick zum ersten Male, ob Gehorsam zur Schuld werden könne.

Und sein Gewissen klopfte zum dritten Male.

Unruh winkte mit der Hand, und seine starren, fast augenlosen Gesichtszüge wiesen nach rückwärts zur Straße hin, wo die Russen dem eigenen Gewehrfeuer zum Trotz sprungweise näherrückten.

Da löste auch Westermann seine Hand vom Koppel und schlug sie zur Faust geschlossen zweimal nach rückwärts:

Durchkämpfen!

Die Männer fanden sich blitzschnell zurecht. Zwei von ihnen sprangen auf die andere Straßenseite, krochen ein Stück im Graben entlang und schossen auf die russischen Schützen, die ihnen den letzten Ausweg zu versperren drohten.

Ein Granateinschlag wühlte sich hinter dem vierten Geschütz in die Erde. Ein Splitter riß den Aufsatz mit dem Rundblickfernrohr ab. Die Kanoniere setzten die Sprengladung ein. Mit den letzten Handgranaten und Karabinern sprangen sie auf, trugen ihre letzten Geschosse zum dritten Geschütz. Dieses Geschütz sollte die verdammte Beobachtungsstelle auf dem Brückenkopf mit Feuer belegen und den Rückzug decken.

Die russischen Einschläge lagen immer noch in der Feuerstellung. Oberwachtmeister Unruh rannte zum dritten Geschütz, um es selbst einzurichten. Es mußte schnell gehen. Teufel auch. Für wenige Augenblicke brach das Feuer ab. „Sprungauf, marsch, marsch, über die Straße, einzeln." Der Chef schrie sich heiser. Da, die russischen Schützen. Eierhandgranaten.

Ein Mann faßte sich an den Kopf, wischte sich vergebens das Blut aus den Augen. An der russischen Flanke vorbei. Die letzten zwei Mann standen an der Feldhaubitze. Schuß. Schuß. Rasende Griffe, Sprengladung eingesetzt und den Verschluß zugeschleudert. Deckung. Dumpfe Detonation. Qualm. Sprengstücke surrten durch die Luft, klatschten irgendwo auf die Erde.

Hundert Meter weiter lagen vier Kanoniere hinter den Chausseebäumen und knallten die Russen ab, die nun übermütig auf dem Acker nördlich der Autobahn herumturnten.

Das mörderische Ende bis zum Bahndamm, bis zur Unterführung . . . ebenes Gelände, Granattrichter zum Luft holen. Zu dreizehn kamen sie hinter dem Bahndamm an. Darunter ein Lungenschuß und zwei Leichtverwundete. Einen

Kanonier vom vierten Geschütz hatte noch an der Chaussee der Teufel geholt. Keuchend, nach Atem ringend, unfähig, das alles zu einem Fluch zusammenzufassen, wankten sie an der Böschung weiter, mit weichen Knien und schlaff herunterhängenden Armen. Sie waren nur noch krumme, abgestumpfte Figuren. In diesem Zustand konnte ihnen kein Befehl mehr etwas anhaben. Der dicke Unruh litt. Sein Gesicht glich einem aufgeblasenen, blauroten Luftballon. Sein Mantel hing geöffnet bis zur Erde hinunter, der Körper schien durch die Feldbluse hindurch zu dampfen. Er starrte verständnislos vor sich hin.

„Beinahe", flüsterte er, „beinahe hätten sie uns . . . mein Gott . . . beinahe . . ."

Aus Rehfeld stiegen schwarze Wolken auf. Zwei Häuser brannten. Hauptmann Westermann sammelte seine Leute und ging mit ihnen langsam den Bahndamm entlang auf den Abteilungsgefechtsstand zu. Sechs Mann trugen den Schwerverwundeten. Kein Wort fiel. Von Zeit zu Zeit drehte sich Westermann um. Aus seiner stolzen Batterie war innerhalb weniger Stunden ein Leichenzug geworden.

Westermann stieg die schmale Kellertreppe zu dem Abteilungsgefechtsstand hinunter. Er mußte einen Augenblick am Eingang warten. Der Oberstleutnant der Infanterie stand mit dem Rücken zu ihm am Tisch und telefonierte: ruhig, gemessen, distanziert. Er hatte das Sterben nicht miterleben müssen.

„Die Zweite Batterie hält noch, Herr General . . . Die letzte Funkmeldung erreichte uns vor einer halben Stunde . . . Gewiß, Herr General, das wäre möglich, ich rufe Sie wieder an. Ende."

Der Oberstleutnant hing ein, steckte die beiden Hände in die Hosentasche und schlenderte in Gedanken versunken um einen Holzpfeiler, der eine Kellerbox mit Kartoffeln abschloß. Der schmale Gang war frei, Westermann schritt auf die linke hintere Ecke zu, in der an dem kartenbedeckten Plantisch der Stabschef saß.

„Mahlzeit“, sagte er, die Hand zum Gruß hebend. „Mit zwölf Mann zurück.“

„Sonst nichts?“ erwiderte der Stabschef.

„Die Munition verschossen“, sagte Westermann, „die Geschütze gesprengt.“

„Ist Ihnen Major Hut begegnet?“ fragte der junge Adjutant.

„Gefallen“, antwortete Westermann, „es traf ihn, als er unsere Stellung erreichte.“

„O mein Gott“, sagte der Adjutant.

„Das ist im Augenblick nicht wichtig“, meinte der Stabschef. Er stand auf und wollte Haltung einnehmen, aber die niedrige Kellerdecke erlaubte ihm nicht, seinen Kopf hochzunehmen. So blieb er eingeknickt vor Westermann stehen. „Ich will wissen, warum Sie mit zwölf Mann die Feuerstellung aufgegeben haben, Hauptmann Westermann. Hatte Ihnen der Major nicht den Abteilungsbefehl überbracht, den Befehl, Ihre Stellung bis zum letzten Mann zu halten?“

„Wem, mein Herr, bin ich hier Rechenschaft schuldig?“ fragte Westermann scharf. Er überlegte, wer jetzt eigentlich Abteilungsführer war. Normalerweise der älteste Chef. Der neue Chef der Dritten Batterie also. Wo steckte eigentlich die Dritte Batterie? Unwillkürlich griff er zu seinem Koppel und öffnete die Schnalle der Pistolentasche. Der Stabschef brachte es fertig, sich ihm als Standrichter vorzustellen. Das hatte er schon erlebt. Aber er fürchtete nicht die Auferstehung des Feldrichters Kaminski. Wenn es dazu kam, daß sie sich gegenseitig an die Kehle sprangen, würde er diesem NS-Führungsoffizier eine schnelle Kugel in den Kopf jagen.

„Auf Ihren Rechenschaftsbericht pfeife ich, Herr Westermann, ich stelle fest, daß unter Ihrem Befehl Ihre Männer eine Stellung geräumt haben, die sich noch einige Zeit hätte halten lassen.“

„Wollen Sie Ihre Meinung nicht noch deutlicher sagen?"

„Ich will lediglich angedeutet haben, daß Sie Ihr Leben verdammt gut in Sicherheit gebracht haben, mein Herr." Er wischte mit dem Verband der linken Hand über die trockenen Lippen.

Der Adjutant sprang auf.

„Stecken Sie die Pistole weg, Westermann", mischte sich mit ruhiger Stimme der Oberstleutnant der Infanterie ein. „Soweit ich über Ihre Abteilung orientiert bin, wird nun aus den übriggebliebenen Männern der Ersten und Zweiten Batterie eine Kompanie aufgestellt. Damit erhöhen wir zwar unsere Gefechtsstärke, aber auf der anderen Seite müssen wir auf den Feuerschutz von ganzen acht Geschützen verzichten. Das gleicht den Vorteil leider wieder aus. Lassen Sie den Unfug, Westermann, was soll das, nehmen Sie die Pistole weg, wir haben weiß Gott andere Sorgen . . ."

Der Fernsprecher läutete schrill. Der Oberstleutnant nahm den Hörer ab. „Ja, hier Oberstleutnant Kosel . . . Hallo, wer ist dort? Das Artillerieregiment? Ich höre, Herr Oberst . . . Nein! Der Kommandeur Ihrer dritten Abteilung, Major Hut, ist vor einer Stunde in der Feuerstellung der Ersten Batterie gefallen . . . Wie bitte? . . . Westermann ist gerade mit seinen letzten zwölf Mann zurück. Einen Moment, er steht neben mir . . ."

Der Oberstleutnant nahm den Hörer vom Ohr und wandte sich an den Hauptmann. „Ob Sie noch Unteroffiziere mitgebracht haben."

„Ja, drei Unteroffiziere, darunter Wachtmeister Unruh."

Der Oberstleutnant sprach wieder in den Hörer. „Drei Unteroffiziere, der dicke Unruh lebt . . . Ja sicher . . . Die Abteilung wurde bisher vom Stabschef geführt . . . Ich verstehe nicht . . . Soll den Befehl über die Abteilung sofort an den Chef der Dritten Batterie abgeben? Einen Moment, ich übergebe den Hörer!"

Er gab den Telefonhörer an den Stabschef ab. Dieser nahm ihn in die gesunde Hand und meldete sich mit heiserer Stimme.

Der Artillerieregimentskommandeur befahl, daß der Abteilungsgefechtsstand unter Führung des Chefs der Dritten beim Infanterie-Regiment zu bleiben habe, allerdings nur mit der Feuerkraft der heilgebliebenen Dritten Batterie, die an dieser Stelle noch nicht im Nahkampf eingesetzt worden war. Der Leutnant der Zweiten sollte die Kanonierkompanie aufstellen, die dem Infanterieregiment unterstellt würde. Westermann erhalte voraussichtlich neue Geschütze von einer Ausbildungsbatterie, die sich unter der Führung eines Leutnants Markowski zur Zeit auf dem Marsch nach Jürkendorf befinde. Ein entsprechender ausführlicher Befehl würde so schnell wie möglich folgen. Er, der Stabschef, solle sich beim Regiment melden zur besonderen Verfügung, falls er sich nicht zum Hauptverbandsplatz begeben müsse. Ende.

Der Oberstleutnant mit dem Ritterkreuz hatte das Gespräch durch einen zweiten Kopfhörer mitgehört.

„Meine Herren“, sagte er. „Sie wissen, was zu tun ist.“

Der Adjutant des Infanterieregimentes kam aus dem Nebenkeller. „Oberstleutnant, Rehfeld gefallen . . . die Zweite Batterie erledigt. Teile von uns verteidigen noch Bahnhof Rehfeld. An der Unterführung werden bereits russische Infanteristen gemeldet. Ich habe schon Befehl gegeben, unseren Gefechtsstand für den Nahkampf herzurichten. Wir müssen uns zumindest bis zum Einbruch der Dunkelheit hier halten, sonst geraten unsere nächtlichen Absetzbewegungen durcheinander.“

„Wie weit ist es vom Bahnhof bis zu uns?“

„Etwa zweihundertfünfzig Meter, Herr Oberstleutnant.“

„Ich habe zu tun. Sie, Adju, kommen gleich mal mit rüber.“

Als Westermann und der Stabschef allein im Raum standen, der Stabschef immer noch mit nach vorn eingeknicktem

Kopf, mit der gesunden Hand die Stuhllehne suchend, um sich zu setzen, fragte er Westermann, ob er und seine Leute Major Hut in würdiger Weise zur letzten Ruhe gebettet hätten. Westermann antwortete: „Nein, dazu blieb keine Zeit." Dann fiel er ungewollt in die Schnoddersprache der Frontsoldaten. „Keine Sorge, das werden die Russen erledigen. Sie haben ihn umgebracht, sie werden ihn auch begraben."

Mit diesem Hinweis kam Westermann der Wahrheit ziemlich nahe. Nicht die Russen begruben die Toten, sie stellten aus den deutschen Kriegsgefangenen Arbeitskolonnen zusammen, die Massengräber öffneten, die Gefallenen hineinwarfen und das Schlachtfeld aufräumten. So fanden im Raum Heiligenbeil – Braunsberg vierzigtausend Soldaten ihre letzte Ruhe. Ihre Namen hat niemand zu Papier gebracht.

Die Stupsnase hatte sich erhoben und mit dem Oberstleutnant den Kellerraum verlassen.

Hauptmann Westermann grüßte den Stabschef. „Ich glaube, wir haben uns im Augenblick nichts mehr zu sagen."

„Nein", antwortete der Stabschef krächzend und erhob seine verbundene Hand ein wenig von der Tischplatte. „Wir werden uns auch nie etwas zu sagen haben. An solchen Typen scheitern wir."

„Sie sind verwundet, darum fasse ich Sie nicht an", sagte Westermann und stieg die schmale Kellertreppe hinauf. Oben warteten Unruh, die beiden anderen Unteroffiziere und sechs Kanoniere. Sie waren eingeschlafen, noch mit den Stahlhelmen auf dem Kopf, ihre Gesichter dunkel vor Dreck.

„Anschließen", befahl der Hauptmann.

26

An diesem Tag und in der darauffolgenden Nacht schrumpfte der Apfel, den der I-a der Armee auf die Karte gemalt hatte, um ein ganzes Stück zusammen. Die abgekämpfte und dezimierte Infanterie schleppte sich bei Einbruch der Dunkelheit auf den neuen Kreisbogen zurück, auf dessen taktisch wertloser Linie sie den Befehl erhielt, sich einzugraben. Der Boden war nach wie vor nicht völlig aufgetaut, und der Mangel an Schanzgeräten machte jede noch so primitive Befestigung der Schützenlinien unmöglich. Die Männer erhielten kein heißes Essen mehr, und selbst Kaffee, der in Kanistern nach vorn getragen wurde, erreichte die vorderste Linie nur mehr als lauwarme, übelriechende Brühe. Übermüdet und verbraucht kratzten die Männer Löcher in die Erde, in die hineinzulegen und ihr Leben zu verteidigen ihnen als Wahnsinn erschien. Sehr bald schon standen sie wie erfrorene Zaunpfähle auf den Feldern herum, mit der einzigen, irrsinnigen Hoffnung, daß irgendwer diesen Unfug mit einem plötzlichen Kommando beenden möge; aber es gab niemanden, der dieses Kommando ausgesprochen hätte. Alle, die in jener Nacht herummarschierten oder auf dem Acker, hinter Ställen und Scheunen, im Schutz einer Mauer oder hinter blätterlosen Brombeerhecken herumstanden, alle, die in dieser Nacht auf matschigem Weg oder der von Schlaglöchern zersiebten Landstraße zurückfluteten, dachten: Wohin denn noch? Und warum?

Hauptmann Westermann führte sein Häuflein auf Grünwalde zu und bog dann nach Westen ab, in Richtung auf den Wald südlich der Chaussee. Die Männer und Westermann waren todmüde und kamen nur langsam vorwärts. Die Anstrengung der letzten Tage und Nächte hatte sie fast betäubt, und diese Betäubung wich auch jetzt noch nicht von ihnen, obwohl sie sich immer weiter von der Front entfernten und der Gefechtslärm von Minute zu Minute dumpfer und leiser wurde.

Dort, wo zwischen dem Dorf und der Eisenbahnlinie die ersten Tannen standen, stießen sie auf einen Verwundetensammelplatz. Ein baumlanger, unrasierter Sanitätsfeldwebel trat ihnen entgegen. „Nehmen Sie ein paar Leute mit, Herr Hauptmann, wir sind doch alle in der gleichen Scheiße. Sie können nicht mehr, wir können nicht mehr."

„Lassen Sie den Schisser doch weitergehen, Feldwebel, für den sind wir doch nichts mehr wert", rief ein Verwundeter.

„Halt die Schnauze, die sind von der Artillerie."

„Was denn?"

„Legt uns doch um, dann seid ihr uns los!"

„Los! Geben Sie uns die schwersten Fälle mit", rief Westermann. Er drehte sich wütend um und suchte die kräftigsten seiner Männer aus.

Die Kanoniere hoben murrend die Bahren hoch.

Der Feldwebel legte seine Hand auf Westermanns Rükken, als habe er in ihm soeben einen guten Freund gefunden. „Wenn Herr Hauptmann hier gleich durch den Wald marschieren, stoßen Sie auf die Chaussee, von dort ist es nur noch ein kurzes Stück bis zur Eisenbahnlinie. Gleich hinter dem Bahndamm halten die Sanitätswagen. Und sagen Sie doch bitte Bescheid, daß ich noch Träger brauche, ich schaffe es nicht allein, der Feldarzt kennt unseren Standort." Er grüßte.

„Ja", sagte Westermann. Er hätte auf der Stelle einschlafen können.

Langsam stolperte das Häuflein weiter. Ein Verwundeter stöhnte und redete wirres Zeug.

„Ich brauche noch Träger", rief der Feldwebel hinter ihnen her.

Es war jetzt schwierig, vorwärtszukommen. Fast alle fünf Minuten mußten sie anhalten und die Bahren absetzen. Einmal stolperte ein Mann und fiel hin. Sie legten eine größere Pause ein. Westermann hatte Mühe, die Leute wieder hochzubekommen.

So verloren sie Zeit.

Nach zwei Stunden war es fast ganz dunkel geworden. Der Himmel hatte sich mit undurchdringlichen Wolken bezogen. Hinter ihnen, noch ein ganzes Stück entfernt, stieg ab und zu eine rote oder weiße Leuchtkugel hoch. Eine rote Leuchtkugel, das bedeutete für die Artillerie: Feueranforderung. Aber die Artillerie antwortete nicht. Auch der Russe schoß nicht mehr. Er mochte jetzt wohl seine Geschütze einige Kilometer nach vorn karren. Die Schlacht schwieg.

Erschöpft gelangte die Gruppe zur Protzenstellung der Ersten Batterie. Zwischen den Tannen standen unter freiem Himmel die Fahrzeuge und Pferde, der Beobachtungswagen, die Feldküche, der Verpflegungswagen und der Munitionstroß. Hier gab es sogar zwei größere Bunker, die irgendeine Baueinheit als Unterkunft angelegt hatte und in denen nun die Troßleute saßen. Vor dem einen der Bunker spielten Unteroffizier Crantz und der Doktor mit einem jungen, verwahrlosten Schäferhund, der dem Doktor zugelaufen war und nun nicht mehr von seiner Seite wich. Crantz, der sich mit Hunden auskannte, meinte, der Köter hätte eine Macke. Sobald irgendwo ein Schuß fiel, spielte er den Verwundeten und kroch mit erhobener linker Vorderpfote unter einen der Wagen. Er sei ein Schauspieler. Der Doktor nannte ihn Molière. Westermann fragte, wo sein Bursche sei. Der Doktor zeigte auf den Bunker. Broschda habe in einer Eismiete nahe einem Keller Pirogen gefunden und koche für den Hauptmann eine Suppe.

Westermann stellte sofort eine Kolonne zusammen und ließ die Leute die Verwundeten weiter bis zur Bahnlinie tragen. Die übriggebliebenen Kanoniere und Unteroffiziere krochen in die Bunker, setzten sich auf die Erde und schliefen ein.

Der Doktor bot Westermann einen klaren Schnaps an. „Vor der Suppe", sagte er. „Ein Schluck auf unseren großartigen General." Westermann war nicht zum Albern zumute, aber er trank den Schnaps.

„Haben Sie eine Zigarre für mich?" fragte Unruh. „Hier ist eine Luft! Wie im Vorzimmer eines orientalischen Freudenhauses."

Sie setzten sich auf eine Pritsche und starrten sich an. Sie fühlten, wie der Bunker sich langsam mit ihrer Erschöpfung füllte.

„Ja, so war das", sagte Westermann. Er schlug die Karte auf und besah sich die Marschroute nach Jürkendorf. Die Straßen würden in dieser Nacht völlig verstopft sein, und es würde eine Kunst sein, sich da überhaupt durchzumogeln. Wo mochte er den Leutnant Markowski mit seiner Batterie finden? Junge, Junge, einmal ausschlafen können, dachte Westermann.

Unruh wandte sich an den Doktor: „Ich empfehle Ihnen, ein Gebet auswendig zu lernen. So eins mit Vergebung der Sünden und Antrag auf Flugkarte nach oben. Ja, und mit Amen am Schluß."

„Ziemlich langweilig, vom Sterben zu reden."

Der Oberwachtmeister sah in das Kerzenlicht. Dann rieb er sich die Augen. „Ich wollte, ich hätte keinen Grund dazu."

„Ich werde hier herauskommen, darauf können Sie Gift nehmen. Ich habe Rußland überstanden, ich werde auch diese Idiotie überleben", sagte der Doktor.

„Dann lernen Sie man bis dahin das Dauerschwimmen. Vielleicht gibt es beim Troß auch Niveacreme, zum Einfetten, gegen das kalte Wasser. Los, Jungens, fragt mal bei der Küche nach, ob wir was zu essen kriegen." Er stieß einen Eingeschlafenen an. „Liegt hier nicht rum, nach dem Essen wird geschlafen!"

Der Kanonier sah einmal auf, dann schlief er weiter.

„Faule Bande."

Während Westermanns neue Feldhaubitzen verloren gingen und seine Kanoniere in den Deckungslöchern verbluteten, übernahm das Meldewesen unter der Leitung des Unteroffiziers Crantz den Kontakt zum Abteilungstroß und zum Regimentsgefechtsstand. Obergefreiter Klaus, der studierte und philosophierende Schwadroneur, den sie Doktor nannten, Unteroffizier Lohmann und Johann Broschda wechselten sich in den Fahrten mit dem blinden Domingo und der Gig ab, um Pläne, Dokumente und Wehrmachtsberichte abzuholen oder Erkennungsmarken und Nachlässe der Gefallenen zum Regiment zu schaffen. Auch überzählige Karabiner und Maschinenpistolen, soweit sie noch brauchbar waren, mußten abgegeben werden, um im Volkssturm und Verbänden der Hitlerjugend eine neue Verwendung zu finden.

Der Doktor, der sich nicht darauf beschränkte, Gepäck und Waffen und Decken und Mäntel beim Regiment abzugeben und Befehle und Divisionspost entgegenzunehmen, nutzte jede Gelegenheit, um Informationen für sein eigenes Überleben zu sammeln. Er wußte, daß Rosenberg schon unter Beschuß lag, daß es aber für den Abtransport der vielen Verwundeten und des Personals der Hauptverbandsplätze und Lazarette, die ihre Zelte abbrachen, einen Bootsbetrieb von Rosenberg nach Großbruch und von Balga und Kahlholz nach Mövenhaken gab. Die Pioniere unterhielten nicht nur die Fähren und organisierten nach Bedarf die Schlauchbootfahrten zur Nehrung, sie bauten auch die Sandwege auf der Nehrung zwischen Neutief und der Weichselmündung aus, falls schwerere Fahrzeuge Munition transportieren mußten oder Schwimmwagen und Kübel die Stäbe der Divisionen verlegten. Der Doktor hatte eine Menge gehört, einen Teil davon behielt er für sich, die unterhaltsamen Nachrichten gab er weiter, um die Soldaten von ihrem Elend abzulenken.

Da hieß es, der Oberbefehlshaber der Armee habe seinen Stab abgemagert, um so beweglich wie möglich zu sein, das verkleinerte Armeequartier werde man in Kahlholz aufschlagen, von wo aus es noch etwa zehn Kilometer bis Neutief waren. Der größere Teil des Armeestabes sei bereits in Neuhäuser nordostwärts von Pillau, um den Gefechtsstand der zukünftigen Heeresgruppe Nord für die Zeit einzurichten, da die Vierte Armee im Ganzen das Zeitliche gesegnet haben werde. Unbegreiflich, daß hohe Stäbe Fluchtwege planten, von den einfachen Leuten aber verlangten, daß sie sich für den Mythos des zwanzigsten Jahrhunderts und für Hitlers Götterdämmerung opferten.

Eine andere Mär besagte, daß die Armee der übergeordneten Heeresgruppe, wie zu Kriegsbeginn befohlen, Tag für Tag den Bestand an Offizieren, Fahrzeugen, Pferden, Munition und die Abgänge durch Gefallene, Verwundete und Vermißte meldete und daß die Zahlen auf dem Papier und die wahren Zahlen immer weiter auseinanderklafften.

Aus einer besonders zuverlässigen Quelle erfuhr der Doktor von den Aktivitäten des Major Thanatos. Der Oberbefehlshaber der Armee hatte vor Jahren auf Kreta ein Kommando übernehmen müssen, und da er verständlicherweise des Griechischen nicht mächtig war, holte er in seinen Stab einen deutschstämmigen Major namens Thanatos und übertrug ihm die Verbindung zur lokalen Verwaltung, den Sicherheitsdienst, die Dienste der Abwehr und das Nachrichtenwesen. Seit dieser Zeit füllte Major Thanatos die Formulare für den Bestand an Leuten aus, im Schlaf konnte er die Abgänge an Gefallenen und Verwundeten, die Abstellungen und die Zugänge aus der Ausbildung des Nachwuchses hersagen.

Vor wenigen Tagen hatte ein Detachement des Standgerichtes Flinder den Major in Balga aufgegriffen, gefesselt und abgeführt, weil er sich nicht ausreichend habe ausweisen können. Vielleicht war er ein Grieche. Was aber tat ein Grieche in Ostpreußen? Der Major blieb sechsunddreißig Stunden im Dorfgefängnis von Balga, in dieser Zeit konnte kein Angehöriger der Armee sterben. Ein hilfloser und verzweifelter Ersatzmann wußte nichts Besseres zu tun, als immer neue Kopien der Formulare an die Heeresgruppe zu schikken. Keine Gefallenen. Keine Vermißten. Keine Granate verschossen. Sehr gut, wenngleich ein wenig gespenstisch.

Auf diesen Fahrten knüpfte der Doktor auch Kontakte zu verschiedenen Marketendereien, die niemand ohne Erlaubnis des Gauleiters Erich Koch betreten durfte. Unteroffizier Crantz sträubte sich, diese Geschichte zu glauben, doch gab es keinen Zweifel. Viele militärische Dienststellen hatten schwarze Bestände an Ausrüstungen, Konserven, Eisernen Rationen, Getränken und Treibstoffen angelegt, im Chaos dieser letzten Monate ging dem Gauleiter, den Zahlmeistern und den Marketendern der Überblick verloren und sie fürchteten, auf ihren Beständen sitzen zu bleiben. Da konnte man mit ein paar guten Worten leicht etwas abstauben.

Zwischen Heiligenbeil und Rosenberg stand eine riesige Scheune, die man mit der Habe der Flüchtlinge gefüllt hatte. In den Märztagen, da die Eisdecke auf dem Haff dünner wurde, forderten die Pioniere, die den Weg über das Eis immer wieder mit neuem Flechtwerk aus Strohgarben absteckten, die Fahrzeuge zu entlasten. Sie kontrollierten die Fracht der Kastenwagen. Nähmaschinen mußten zurückbleiben. In der Scheune lagerten Tausende von Nähmaschinen. Nahe der Scheune hatten versprengte Gehbehinderte, Kranke und Verwundete ein Lager eingerichtet, sie unterhielten Tag und Nacht ein Feuer und durchsuchten liegengebliebene Schlitten und Wagen nach Eßbarem. Sie brachen Postfahrzeuge auf, öffneten Pakete und Briefe und lästerten über die Vertraulichkeiten zwischen Liebenden und Geliebten. Dem Doktor prägte sich dieses Bild der Verkommenheit ein, und er sprach darüber mit seiner Quelle. Für die Quelle, einen Funker auf dem Regimentsgefechtsstand, waren diese kleinen

Postdiebe kein Thema. Da der Funker des Nachts die ausländischen Nachrichtendienste abhörte, erzählte er dem Doktor so allerlei von dem Danziger Kessel unter General von Saucken, den Schiffen von Hela nach Schleswig-Holstein und nach Dänemark. Er kam auch auf die Partisanen und die Contrapartisanen zu sprechen. Offenbar stand der Funker mit diesen Contras in Verbindung.

Contrapartisanen waren deutsche Soldaten, die sich in kleinen Gruppen auf eigene Faust ins Reich durchschlagen wollten. Ihre Triebfeder war der *horror captivitatis sibiricae*, das Grausen vor der sibirischen Gefangenschaft. Für die Landflucht suchten die Contras robuste Leute, die gut zu Fuß waren und die sich zutrauten, versteckte Pfade durch die Wälder zu nehmen, den Oberländer Kanal südlich Elbing zu überqueren und über Dirschau nach Pommern zu marschieren. Es kamen nur gesunde harte Männer in Frage mit gutem Schuhwerk, einem Tornister voller Eiserner Rationen und einem Fahrtenmesser. Keine Waffen. Man wollte nicht kämpfen, man wollte sich durchschlagen. Ein Kompaß. Eine Landkarte. Ob er, der Doktor, so ein harter Waldläufer sei? Na ja, mehr oder weniger. Eher nein. Oder doch? Sie konnten mit einer Unterstützung durch die Landbevölkerung nicht rechnen. Die Bauern waren geflohen oder wurden gerade vertrieben.

Er würde darüber nachdenken. Er hatte in den letzten Tagen nichts anderes im Kopf. Er konnte nicht begreifen, daß sie hier verheizt werden sollten. Würde der Hauptmann darüber mit sich reden lassen? Der Hauptmann hatte viel Verständnis für seine Leute, aber das ging vielleicht ein bißchen zu weit. Oder konnte man den Hauptmann umdrehen und zum Contrapartisan machen? Ein guter Mann. Ein erfahrener Mann. Ein harter Mann. Mit ihm würde es gelingen, durch die russischen Linien zu sickern und sich nach Westen durchzuschlagen. Für die Fantasie gab es nach wie vor keine Grenzen. Und wie stand es um den Wasserweg?

Der Doktor stand auf. „Es gibt Sauerkraut mit Schweinefleisch. Leider keinen Senf, den haben wir nicht finden können. Warten Sie." Er drehte sich um und sah den Oberwachtmeister an. „Wo Wasser ist, da findet man auch Boote. Wer will mir verbieten, einen Kahn ausfindig zu machen?"

„Sie Kindskopf, meinen Sie denn, Sie seien der einzige, der ein Boot ausfindig machen will? In diesem Abschnitt hofft eine ganze Armee, daß sich da, wo Wasser ist, auch Boote finden lassen. Eine Armee, nun, sagen wir mal, hunderttausend Mann oder zweihunderttausend, was weiß ich, wollen Sie das alles in Fischerboote setzen oder in Ausflugsdampfer?"

„Aber die Armee hat doch Schwimmwagen", entgegnete der Doktor, „Pionierpontons, Brückenkommandos! . . . Sind Sie denn wahnsinnig, wir können hier doch nicht alle verrekken, nur weil keine Boote da sind!"

„Der Kommandeur vom Infanterieregiment hat, glaube ich, einen Volksschwimmwagen, wenden Sie sich mal an den, vielleicht hat der noch einen Platz frei für einen Doktor der Philosophie . . . Examen gemacht mit der 'Massenseele' . . . Und wenn Sie tatsächlich im Schwimmwagen einen Platz gefunden haben, wartet drüben auf der Nehrung eine Reihe von Maschinengewehren auf Sie, so hat es unser Führer befohlen. Für jeden, der den Kampf auf dem Festland lebend aufgibt, eine Kugel. Auch für Sie. Oder gelingt Ihnen auch da eine Ausnahme? Die 'Massenseele' sollte solche Ausnahmen doch nicht zulassen. Ach so! Die besten des Volkes müssen übrigbleiben, wie? Die Denker und Dichter. Rettet die Großen unseres Landes, rettet die Fahnenträger und die Vorkämpfer der Idee, auf die anderen wartet eine Maschinengewehrsalve, na also . . . Einen Schluck auf unseren großartigen General!"

Erregt sprang der Doktor auf. „Wenn das Hauptquartier will, daß wir hier alle vor die Hunde gehen, anstatt Tag und

Nacht darüber zu grübeln, wie man diese Armee von Menschen vor dem Ende bewahren kann, so ist das Hauptquartier für mich nicht das Schwarze unter dem Fingernagel wert."

„Will hier der Philosoph meutern? . . . Man los!" höhnte Unruh.

Der Hauptwachtmeister kam in den Bunker. Zwei Leute schleppten Essenträger herein.

„Habt ihr eure Kochgeschirre da? Junge, Junge, die schlafen ja alle." Er wandte sich an Hauptmann Westermann. „Sollen wir die Männer wecken? Das Essen wird sonst ganz kalt!"

Westermann sah auf. „Wir müssen in zwei Stunden abmarschieren, können Sie die Suppe solange warmhalten?"

„Es gibt Sauerkraut mit Schweinefleisch, Herr Hauptmann. Ziemlich fett, das muß heiß gegessen werden."

„Regnet es etwa?" fragte Westermann, als der Hauptwachtmeister näher an die Kerze herantrat. An dessen Mantel glitzerten kleine, durchsichtige Wassertropfen.

„Es schneit wie toll, Herr Hauptmann, wir haben alle Pferde eingedeckt. Bei der Temperatur wird es einen großen Matsch geben, zumindest auf den Landwegen. Ist die Marschroute schon bekannt?"

„Stellen Sie die Essenträger hier ab, wir lassen die Leute schlafen, solange es geht. Am besten bleiben Sie jetzt mal hier, wir müssen die Befehle für morgen fertig machen." Westermann begann zu schreiben.

„Sobald ich Gewißheit habe", fuhr der Doktor leise fort, „daß mein persönlicher Einsatz nutzlos ist oder besser sinnlos ist, mache ich nicht mehr mit."

„Gut, dann ziehen Sie Ihr noch halbwegs weißes Hemd aus und binden es an einen Karabiner, damit die Russen es auch sehen, bevor sie Ihnen das Messer in den Bauch rennen", spottete Unruh.

„Pah, es muß ja nicht unbedingt Gefangenschaft sein. Gefangenschaft ist ein zweischneidiges Schwert. Keiner kann mir garantieren, daß ich da lebendig herauskomme. Aber ich habe eine andere Idee, und ich werde sie Ihnen verraten, wenn Sie helfen."

„Na, was denn?" blinzelte ihn der Oberwachtmeister spöttisch an.

„Wir schlagen uns durch die russischen Linien! Ein paar Mann nur, verläßliche Leute, die über die nötige Ausdauer verfügen, marschieren dann . . ."

„Hören Sie doch auf mit solchem Unfug! Selbst wenn Sie lebend durchkämen, müßten Sie Monate marschieren, bis Sie auf die ersten Deutschen stoßen. Durch den polnischen Korridor . . . Wahnsinn . . . Die Polen hassen uns wie die Pest, da hilft uns kein Schwein."

„Mann Gottes, wir brauchen doch nur am Haff entlang zu marschieren", beschwor ihn der Doktor mit gedämpfter Stimme, „bis wir irgendwo ein Boot auftreiben. Mit dem fahren wir über das Haff bis zur Nehrung. Die Nehrung ist doch noch in unserer Hand. In der Danziger Niederung wartet kein Maschinengewehr auf uns."

Er beobachtete das starre Gesicht Unruhs. Seine Hände, die er in der Erregung zusammengeballt hatte, lösten sich und fielen auf die Oberschenkel zurück. „Ihr Kommißhengste seid eine unvergleichliche Rasse. Was nicht im Befehl steht, wird nicht gemacht. Lieber mit dem Befehl den Kopf riskieren als ohne Befehl herauskommen aus dem ganzen Desaster. Und wenn es dann schief gelaufen ist, sagt ihr, der Befehl war von vornherein falsch, aber wir mußten ihn ja ausführen!" Er machte eine kleine Pause. „Man könnte euch umbringen für all das!"

Unruh gähnte und drückte den Rest der Zigarre an einem Stück Holz aus.

„Reden Sie jetzt nicht dazwischen, Sie sind vielleicht ein Philosoph oder so etwas Ähnliches und können mit Ihrem Köpfchen etwas anfangen, aber vom Kommiß haben Sie keine Ahnung. Können Sie die ganze Batterie mitnehmen? Sehen Sie, das ist die Antwort: Ich lasse keinen von diesen Jungen zurück, wir kennen uns noch vom Frieden her, von der Kaserne, von Polen, von Frankreich, ich kenne viele der Angehörigen. Meinen Sie, ich wollte mir hinterher sagen lassen, ganz zum Schluß hätte ich doch gekniffen? Nein, mit allen zusammen, entweder Durchbruch oder hier alle auf einem Haufen verrecken. Die ganze Batterie bringen Sie nicht durch die Russen, also bleibt nur der gemeinsame Feldgottesdienst."

„Ihr seid alle wahnsinnig", flüsterte der Doktor, „ich mache dieses Theater nicht mit. Von mir aus geht zum Teufel! Ja, glauben Sie denn wirklich, ich würde mich am Ufer aufhängen lassen oder durch das Wasser schwimmen, um mich an der anderen Seite von den Getreuen des Führers abknallen zu lassen? Nein", er kicherte in sich hinein, „das nicht ... Alles andere, nur das nicht!"

„Ich schätze, Sie werden den Mut haben, mit uns zusammen auf eine mehr oder weniger anständige Art einzugehen. Mit ein bißchen Tapferkeit vor dem Feinde", höhnte Unruh.

Der Doktor drehte sich um, stolperte an den Schlafenden vorbei und öffnete die Bunkertür.

„Nein, ohne mich", sagte er und setzte sich die Feldmütze auf.

„Sie denken doch daran, daß man im letzten Augenblick jemanden braucht, der einem zuhört", rief der Oberwachtmeister hinterher - aber der Doktor war schon fort.

Es fiel immer noch Schnee. In großen bizarren Kristallen taumelte er zwischen den Tannen hin und her, bis sich die Flocken schließlich auf die Zweige und die Preiselbeersträucher niederlegten. Von der Bahnlinie her hörte man Lärm, sonst war es unheimlich still. Weit verstreut standen die Pferde unter ihren Woilachs, trostlos mit tief hinabgesenkten Köpfen und weißem Pulver in den Mähnen. Mit den Halftern an den Stämmen oder an Wagenrädern angebunden, träumten sie zu zweit oder viert in der Nähe ihres Feldwagens. Verlassen hingen die Vorderbraken an den Deichselspitzen. Der Doktor vergrub die Hände tief in die Manteltaschen. Er stapfte durch den Schnee an den Fahrzeugen vorbei in die Richtung, in der er die Front vermutete. Ein Posten mit geschultertem Karabiner sah ihm stumm nach.

Es war dem Doktor völlig unverständlich, wie sich alle damit abfinden konnten, hier vor die Hunde zu gehen. Er hatte sich den Krieg ganz anders gedacht: Mit der Maschinenpistole in der Hand und vor sich unförmige erdbraune Gestalten, verwildert und tierhaft, eine gefährliche Masse, in die man hineinzufeuern hatte. Er wußte, daß er kein Held war und nie einer werden würde. Damals, als ihn der Befehl erreichte, in diesem letzten Jahr, nahm er sich vor, aus sich das Beste zu machen. Weil er studiert hatte, steckte man ihn zur Artillerie in einen Rechentrupp. So fand er keine Gelegenheit, sich zu erproben. Nun harrte ein lächerliches Ende auf sie alle, dem zu beugen sie sich zur Pflicht machten, welche Motive diese Pflicht auch immer haben mochte.

Ja, es war ein lächerliches Ende. Was hieß das schon: „Keiner verläßt den festen Boden". Eingraben, einkrallen in die Erde, mit unvollkommenen Mitteln verteidigen, was die anderen mit ungeheurem Materialeinsatz spielend gewinnen würden. Noch lebte hier eine ganze Armee, Tausende, Hunderttausende von Männern, Kraft genug, einen Stoßkeil zu bilden, mit dem sich durch die russischen Linien durchbrechen ließ. Man mußte in südwestlicher Richtung angreifen und in Eilmärschen den Danziger Raum erreichen. Über Elbing hinweg oder südlich der Stadt durch den Drausen-See die Weichselmündung gewinnen und dort zu den eisernen Kampfgruppen stoßen, die noch verbissenen Widerstand leisteten.

Diese lächerlichen Feldherren, die hier herumhockten, Befehle gaben, die einen ankotzten, die hysterisch in die

Telefone schrien, wenn irgendwo irgend jemand ein paar Meter zurückweichen mußte, weil man mit einem Haufen von Leichen, Verwundeten und Erschöpften eben keinen exakten Angriff aufhalten konnte, Feldherren, die im tiefsten Loch aller Löcher, Keller und Bunker ihren Gefechtsstand aufgeschlagen hatten, wo sie mit dicken roten Bleistiften die näher und näher rückenden Linien ihrer Angst eintrugen, anstatt zu wagen, alles zu wagen, anstatt sich zu Herren dieser Schlacht zu machen, anstatt sich selbst zu wagen, anstatt schlimmstenfalls die Verantwortung für die weiße Fahne zu übernehmen.

Das war nicht der Krieg seiner Vorstellungen. Der Doktor nahm die Hände aus den Manteltaschen und schlug den Schnee von den Schultern und Armen. Obwohl die Flocken den Waldboden wie mit einem graublauen eisigen Tuch zudeckten, war die Luft sehr mild und weich. Auf den Wegen würde der Schnee sofort wegtauen und die Katastrophe nur noch vergrößern. Von der Front war immer noch nichts zu hören. Der Doktor ging langsam in südöstlicher Richtung weiter. Es wunderte ihn, daß er keinem Landser begegnete. Wo waren denn überhaupt die eigenen Linien? Und was taten die Generale? Die Männer mit den roten Aufschlägen schwiegen. Sie schwiegen zu allem. Sie hatten von Anfang an geschwiegen. Sie lehnten die Verantwortung vom ersten Tage an ab, und auch jetzt noch waren sie nicht bereit, irgendeine Verantwortung zu übernehmen. Sie griffen nicht an, sie übernahmen kein Risiko, sie meuterten nicht. Sie wagten es auch nicht, an Kapitulation zu denken. Sie resignierten. Sie ließen bestimmt ein Kriegstagebuch führen, das sie später zu ihrer persönlichen Verteidigung zu verwenden gedachten. Im übrigen ermunterten sie die Truppe, im Wahnsinn auszuharren und auch das nur, weil es ihnen Wort für Wort vorgebetet worden war. Nur so konnte er sich Stalingrad, nur so konnte er sich das erklären, was hier geschah.

Er hatte sich entschieden. Wieso? Was wollte er eigentlich?

Der Doktor gelangte jetzt an den südwestlichen Waldrand, etwa fünf Minuten von der Stelle entfernt, an der Westermann am späten Nachmittag auf den Verwundetensammelplatz gestoßen war. Dort, wo der Wald aufhörte und der freie Acker begann, zeichnete sich im Schnee eine tiefe Furche ab. Der Doktor blieb stehen und starrte auf den niederfallenden Schnee, der ihm die weitere Sicht nahm. Er hörte nur das leise Rauschen der Schneeflocken, sonst war es still. Keine Leuchtrakete, keine Abschüsse, keine Einschläge. Wo war die Front? Natürlich, sie zog um, sie rückte vor, richtete sich neu ein, korrigierte die Aufstellung, legte bereit. Doch wo? In der Nacht konnte es nicht die geringsten Schwierigkeiten machen, durch den Riegel hindurch auszubrechen, denn der Riegel bestand aus marschierenden, fahrenden, schleppenden und schwitzenden Russen. Nachts vollzog sich der große Stellungswechsel, und er vollzog sich auf den Wegen, Straßen und Chausseen. Nachts ... nein, das konnte nicht schwer sein.

Der Doktor stand am Waldrand und starrte in die Nacht. Millionen von Schneeflocken spielten und tanzten vor seinen Augen. Der Krieg hatte sich für ein paar Stunden zur Ruhe begeben. Der Mann hörte ihn nicht. Er vernahm nur das sanfte Fallen des Schnees. Dieses Wunder nahm ihn ganz gefangen. „Nach Süden, ich muß jetzt nach Süden abbiegen", murmelte er. „Ich muß diesen Weg allein gehen." Nach einer Weile fügte er hinzu: „Den Kompaß, den hätte ich wenigstens mitnehmen sollen." Wieder eine Pause. Er starrte immer noch in den Schneewirbel. „Und ein Brot, wenigstens ein Brot. Wer weiß, wann ich dem ersten Deutschen begegne."

Die Nacht gab ihm keine Antwort.

Da ging er zögernd in den Schneewirbel hinein.

Im Bunker brannten jetzt nur noch zwei Kerzen. Die meisten Männer schliefen, nur wenige saßen da und rauchten. Die Luft in diesem unterirdischen Raum ließ sich schneiden. Es roch nach durchschwitztem Tuch und nassem Leder. Unruh blickte erwartungsvoll den Chef an. Seit ihm von dem Posten gemeldet worden war, daß der Doktor in Richtung Front verschwunden sei, hatte der Oberwachtmeister nichts mehr gesagt.

Hauptmann Westermann hielt den ausführlichen Regimentsbefehl in der Hand. Er las ihn zum zweiten Male durch und legte ihn dann auf die senkrecht aufgestellte Kiste, die als Tisch diente.

„Ich glaube nicht, daß wir die Übernahme in Jürkendorf schaffen", sagte Westermann.

„Warum soll das nicht gehen?" erwiderte der dicke Oberwachtmeister. Es fiel ihm auf, daß der Chef an eine Sache, die er doch zweifellos durchführen wollte, nicht mehr glaubte. Das war neu.

„Warum soll das nicht gehen?" wiederholte Unruh nach einer Weile.

„Sie werden es erleben, hier, schauen Sie auf die Karte", sagte Westermann.

„Dort ist Jürkendorf, da müssen wir hin."

„Ja, da treffen wir die Ausbildungsbatterie, deren Geschütze wir übernehmen ... und hier ... Unruh ...", er zeichnete eine schwache Bleistiftlinie ein, die hart ostwärts des Dorfes auf Bladiau zu verlief, „das ist die neue Hauptkampflinie, die morgen den ganzen Tag über gehalten werden soll."

„Na also."

„Richtig, na also! Haben Sie schon mal eine Linie gesehen, die, einmal in die Karte eingezeichnet, dort auch wirklich lag? Einen ganzen Tag über! Schön, wenn die Linie bis mittags hält, sind wir raus. Um acht Uhr sind wir raus. Um Punkt sechs müssen wir da sein. Zwei Stunden, was meinen Sie?"

„Höchstens eine Stunde, Herr Hauptmann!“

Schweigen. Westermann grinste mißtrauisch.

„Eine halbe Stunde, Herr Hauptmann.“ Unruh biß eine neue Zigarre an. „Um sechs sind wir da, der Teufel soll mich holen, wenn wir um halb sieben nicht stolz wie die Spanier aus dem Dorf rausfahren.“

„Gut, dann schaffen wir es.“

„Vorausgesetzt, daß der Russe uns bis halb sieben in Ruhe läßt. Wenn nicht? ...“ Unruh zuckte mit den Schultern.

„Ich weiß es nicht“, meinte der Hauptmann und stützte sich mit beiden Ellenbogen auf die Kiste. Das Sitzen ohne Lehne schmerzte in seinem Rücken.

„Bei der Partei marschiert man schneller als bei normalen Menschen. Die rechnen einem die tollsten Sachen vor. In deren Stabsplänen haben wir sogar schon den Sieg in der Tasche. In meiner Tasche finde ich nur Tabakkrümel. Aber meine Tasche ist eben keine Parteitasche.“

Die eine Kerze war jetzt fast ganz heruntergebrannt. Um den Docht hatte sich ein großer Paraffinkuchen gebildet. Ein vorwitziger Tropfen wagte sich bis zum Kistenrand vor und hüpfte lautlos in die Tiefe.

„Wir müssen einen Mann zum Regimentsgefechtsstand schicken. Ich hoffe, wir erreichen doch was ... Ja, wer ist da?“ fragte der Hauptmann zur Tür hin.

„Wir sollen hier den Bataillonsgefechtsstand einrichten“, rief jemand.

„Ich fragte, wer da ist, he?“

„Baumgart ist mein Name, ich gehöre zum Zweiten Bataillon“, antwortete die unsichere Stimme.

„Ach, kommen Sie doch mal her“, sagte der Hauptmann. Er wartete auf irgendeine Überraschung. „Passen Sie auf, Sie Würstchen, da schlafen meine Leute. Hier, kommen Sie hier durch!“

Langsam kam ein Zivilist näher.

„Sie wünschen, mein Herr?“ fragte der Hauptmann jetzt mit neugieriger Liebenswürdigkeit.

„Ich sehe ein bißchen komisch aus, was?“ meinte der Zivilist.

„Ja, etwas . . .“

„Man muß sich erst wieder daran gewöhnen“, mischte sich der dicke Unruh ein.

„An Kordhosen und Halbschuhe, ja, daran muß man sich wieder gewöhnen.“

Unruh sah zur Erde, aber der Kerzenschein reichte nicht bis zum festgetretenen Boden. Es dauerte einige Sekunden, bis die Augen sich an die Dunkelheit gewöhnt hatten. „Wie kommen Sie mit Halbschuhen hierher?“

„Wir hörten, daß die Trecks längst auf der Nehrung und auch schon auf den Schiffen sind“, sagte Westermann.

„Alle fragen mich: Was wollen Sie denn? Ich habe mich zum Volkssturm gemeldet“, sagte der Zivilist mit einem Unterton der Enttäuschung, „weil . . . Ich hab’ einen Hof hier in der Nähe, Donnerlittchen, so was läßt einen nicht los.“

„Ich verstehe“, sagte der Hauptmann.

„Viele sind hier aus der Gegend, es ist ein ganzer Haufen, wir werden aufgeteilt auf die Infanterie.“

Wenn das alles vorbei ist, dachte Westermann, müßte man eine Möglichkeit haben, den Leuten zu sagen, wie fabelhaft sie waren. Wie anständig sie das alles mitgemacht haben, wie anständig sie alles verloren haben und wie anständig viele von ihnen gestorben sind. Man kann dabeigewesen sein und weiß doch nicht, ob man gut oder schlecht war. Aber diesen Leuten, überlegte er, müßte man später ins Gesicht sagen können, ihr wart unvorstellbar, toll, verrückt, großartig, von Gott verlassen . . . ihr hattet den Verstand verloren . . . aber irgendwo drinnen hattet ihr einen wahnsinnigen Mut. Man hätte euch prügeln und sich in Ehrfurcht vor euch verneigen müssen. Ja, so wart ihr Menschen damals, man hätte euch die Hände küssen mögen, bevor man euch ins Gesicht schlug. So großartig verrückt wart ihr.

Hier ging ein ganzer Volksstamm, hier gingen Jahrhunderte wertvollster Kultur kaputt, und ihr kamt einfach daher, in Zivil, mit Halbschuhen an den Füßen, und wolltet euren Hof verteidigen.

Westermann sah den Bauern an und schüttelte den Kopf. Wer würde ihnen das später einmal sagen, überlegte er. Wer blieb denn von ihnen allen übrig?

Der Oberwachtmeister nahm aus dem Brotbeutel eine halbe Kerze und zündete sie an dem langsam umsinkenden Docht des völlig aufgeweichten Paraffinkuchens an. Dann drückte er das neue Stück mitten in den wächsernen Teich. Die zweite Flamme wurde größer und größer, der Raum füllte sich wieder mit einem warmen, blaßroten Licht.

„Sie können das nicht richtig verstehen", fuhr der Zivilist fort, „Sie sind Soldat seit Jahr und Tag, Sie haben viel Land erobert und viel verloren. Sie können mich verfluchen, aber ich sage trotzdem, es kommt Ihnen auf ein paar Meter nicht mehr an."

„Zigarette?" fragte Westermann.

„Danke, ja, ich rauche schon viel zu viel. Nun schimpfen Sie ruhig über uns, Herr Hauptmann. Soweit ich davon eine Ahnung habe . . ."

„Reden Sie keinen Schwefel . . .", unterbrach ihn der Hauptmann scharf.

„Nein, es kommt Ihnen auf ein paar Meter mehr oder weniger nicht an. Ihre Heimat ist Ihre Kompanie. Oder Ihr Bataillon, und diese Heimat nehmen Sie überall hin mit. Bei uns kommt es auf jeden Zentimeter an, denn dieses Land bebauen wir schon seit Jahren, seit langen Jahren . . . Wissen Sie, was das heißt . . . Land . . . eigenes Land . . . Und nun sind wir hier. Wir sind nicht abgehauen, verstehen Sie! Meine Jungens sind irgendwo bei der Nachrichtentruppe, und mit den Mädels wird meine Frau auch alleine fertig . . ."

„Lieber Herr . . ."

„Baumgart!"

„Sehen Sie, Sie sind hiergeblieben, um Ihr Grundstück zu verteidigen und behaupten, uns Landsern kommt es auf ein paar Meter nicht mehr an. Stimmt. Die paar Meter sind uns völlig egal. Fallen bei den zweitausend Kilometern, die wir zurückmarschiert sind, gar nicht ins Gewicht."

„Eben, und darum geht hier mein Hof kaputt."

„Wir überlegen nur, wie wir das alles mal wieder zurückkriegen können . . . Und da wissen wir uns keinen Rat."

„Das ist mir dann auch scheißegal, da leb' ich nicht mehr. Aber die Hunde sollen gar nicht erst hierher kommen."

„Ach richtig", meinte der Hauptmann, „darum blieben Sie ja hier."

„Die Partei ist auch der Überzeugung, daß die Festung an dieser Stelle gehalten wird."

„Das ist allerdings sehr interessant. Stehen Sie mit der Partei noch in Verbindung?"

„Ich glaube schon. Der Kreisleiter ist noch in Heiligenbeil."

„Dann läßt sich dazu nicht mehr viel sagen. Wissen Sie, die Kreisleiter haben natürlich einen besseren Überblick über die militärische Lage als wir hier vorn, vielleicht soll die Festung hier tatsächlich gehalten werden."

„Wo beginnt eigentlich die Festung?" fragte Unruh.

„Das hier ist schon Festungsgebiet. Die Bunker gehören dazu. Haben wir im Herbst noch gebaut."

„Und die Schützengräben und Panzersperren?"

„Ich glaube, was noch fehlt, wird heute nacht gebaut."

„Aha", sagte der Hauptmann, „heute nacht." Aber es war nicht zu verstehen, was er damit meinte.

„Ich weiß nur, daß der Bataillonsgefechtsstand hier einzieht, die vordere Linie soll am Waldrand verlaufen“, erklärte der Zivilist.

„Können Sie ein Paar richtige Stiefel gebrauchen?“ fragte der Oberwachtmeister.

„In den Halbschuhen kann ich am besten laufen.“

„Nun, jetzt können Sie doch nicht mehr weit laufen.“

„Ja, wenn Sie ein paar Stiefel übrighaben.“ Der Bauer überlegte einen Augenblick. „Noch lieber wäre mir ein Karabiner. Wir haben nur auf zwei Mann ein französisches Gewehr, und dazu ist die Munition knapp.“

„Ja, wenn das hier so ist, geben wir Ihnen auch einen Karabiner, Sie bleiben ja hier. Warten Sie noch etwas, ich möchte die Leute jetzt nicht wecken. Wir marschieren in einer Stunde ab.“

„Vielleicht haben Sie noch mehr Karabiner für die anderen vom Volkssturm?“

„Sind wohl alles Bauern aus dieser Gegend?“

„Ja, als es hieß, diese Festung wird gehalten, da blieb mancher aus unserem Dorf zurück. Wir kennen das noch aus dem Ersten Weltkrieg, uns macht man so leicht nichts vor.“

„Es ist gut, wenn es Leute gibt, denen man so leicht nichts vormachen kann.“

Die Bunkertür wurde plötzlich aufgerissen. Lohmann kam herein.

„Herr Hauptmann?“

„Hier!“

„Draußen sind Volkssturmleute, die wollen hier einen Gefechtsstand einrichten. Haben alle Zivil an.“

„Weiß ich schon. Der Doktor soll reinkommen.“ Der Hauptmann wandte sich an Unruh. „Wen geben wir als Melder mit? Der Doktor hatte heute den ganzen Tag über Ruhe, zum Regiment ist es überdies nicht weit. Liegt in Thomsdorf.“

„Muß ein Fernsprecher mit, einer von den Reserveleuten."
„Los, her mit dem Mann ... Der Doktor soll reinkommen, Lohmann, er muß in einer Stunde schon zurück sein."
„Jawohl, Herr Hauptmann."
„So, Unruh, wir müssen die Männer jetzt wecken. Der Hauptwachtmeister kann das Essen ausgeben lassen, es ist genau einundzwanzig Uhr fünf, um einundzwanzig Uhr fünfundvierzig marschieren wir ab."
Der dicke Oberwachtmeister erhob sich schwerfällig. Einen Augenblick sah er sich im Bunker um, blickte auf die Pritschen und die gepreßten Tannenzweige, auf denen die erschöpften Kanoniere lagen und fest schliefen. Unruh zögerte.
„Auf, Jungens", sagte er leise. „Tut mir leid für euch, aber ich kann euch nicht in weißbezogene Betten stecken, wo ihr eigentlich hingehört."
Die Leute antworteten nicht. Einer wälzte sich im unruhigen Schlaf auf die andere Seite. Dabei stieß er mit dem Stiefel gegen einen Stahlhelm. Das gab einen dumpfen Ton.
„Hoho, Jungens", rief der Oberwachtmeister lauter. „Ihr wollt wohl nicht? Oder könnt ihr meine sanften Flötentöne nicht verstehen? Abomeit, Grogull, wer ist das da, der mir seinen Hintern entgegenstreckt? He, Storosta, wollt ihr nicht aufstehen! ... Ihr kennt mich wohl gar nicht mehr ... Na also, muß man erst schreien, damit ihr euch wieder besinnt, wo ihr seid? Los, alles auf, in einer dreiviertel Stunde Abmarsch. Bis dahin Essen holen, Verpflegungsempfang und Packen. Nun macht doch schon vorwärts! Grogull, los, in den anderen Bunkern Bescheid sagen: Um einundzwanzig Uhr fünfundvierzig marschieren wir ab."
Die Leute standen langsam auf.
„So ein Mist", sagte einer.
„Am besten sagste gar nichts", meinte ein anderer.
„Noch etwas, Grogull", rief der Hauptmann zur Tür hin, „alle Unteroffiziere sofort hierher! Aber Beeilung!"

Das Waldlager erwachte zu neuem, spukhaftem Leben. Noch immer fielen große weiße Flocken. Die Fahrer gingen fluchend zu den Pferden und klopften ihnen den Schnee aus den Mähnen und Woilachs. Sie sahen die Geschirre nach, banden die Pferde los und führten sie vor die Fahrzeuge. Der weiße Zauber war bald zu einem grauen Matsch zertreten.

Vor dem großen Bunker standen mehrere Volkssturmmänner. Auf ihren Rücken hingen an langen Lederriemen fremde Karabiner. Es waren alte Männer darunter, die angezogen waren wie zur Fahrt zum Wochenmarkt. Mit Pelzmützen und weiten, schweren Bauernmänteln. Nur wenige trugen hohe Lederstiefel.

Volkssturm! Das war also der Volkssturm.

Diese ordentlichen, einfachen Menschen, die hier Jahrzehnte und Jahrhunderte lang Zuckerrüben, Weizen, Gerste, Roggen und Hafer gesät und geerntet hatten, diese Männer, deren Leben Arbeit war, Schweiß und Schwielen, und Furcht vor nichts, aber Ehrfurcht vor Gott, sie hatten sich von ihrem Treck getrennt oder auch von der Partei aufgreifen lassen, um dabei zu sein, wenn ihre Erde, wenn ihre Festung verteidigt wurde. Gut, die Söhne trieben sich auch schon in diesem verfluchten Krieg herum, diese Grünschnäbel, aber jetzt würden sie den Knaben zeigen, was sie vor Verdun und in den Karpaten, am Isonzo oder auf dem Balkan gelernt hatten.

„Na, was denn, hier steht der Volkssturm."

Res venit ad triarios, schrieb der Propagandaminister.

Das also waren die Triarier.

Der Volkssturm.

Die Partei.

Jugendverbände.

Kinder und Greise.

Uniform: Zivil mit Halbschuhen. Manchmal unter dem Mantel ein Braunhemd mit schwarzem Schlips.

Bewaffnung: alte französische Karabiner.

Munition: ein paar Schuß.

Der Glaube: vielleicht klappt es doch noch.

Und Ideale!

„Na, ihr Großväter“, sagte lächelnd ein Unteroffizier, der die Stufen zum Bunker hinabsprang.

„Wird Zeit, daß wir euch erst mal den Hosenboden stramm ziehen, ihr Scheißerchen“, rief ihm einer der Männer hinterher.

„Die haben ihren Podex mit Leder vernäht, das hält besser dicht.“

„Ich möchte wissen, warum diese Burschen uns hier draußen herumstehen lassen, stundenlang sabbern sie da, bis sie sich endlich in Bewegung setzen.“

Sie traten von einem Fuß auf den anderen. Von Zeit zu Zeit klopften sie sich den Schnee von den Mützen und Mänteln. Dann hörten sie drinnen diesen jungen Hauptmann sprechen. Diesen Lorbas, dem es auf ein paar Kilometer mehr oder weniger nicht mehr ankam.

„Paßt mal auf, Jungens“, fing Westermann an, „morgen früh um sechs Uhr übernehmen wir in Jürkendorf, einem Nest hier in der Nähe, neue Geschütze. Vier Kanonen von einer Ausbildungsbatterie. Die Protzen marschieren gleich los, weil die Wege völlig verschlammt sind und wahrscheinlich auch überflutet von anderen Divisionsfahrzeugen. Alles, was wir in Jürkendorf nicht brauchen, rückt gleich ab zum Flugplatz Heiligenbeil und bereitet dort die Feuerstellung vor. Am Flugplatz graben wir unsere neuen Kanonen in die Erde ein, es hat dann ohnehin keinen Zweck mehr, sie noch weiter mitzunehmen. Eine Stunde hinter dem Flugplatz beginnt das Haff, und durch das Haff führt keine Chaussee. Am Flugplatz ist Schluß. Ihr habt mich verstanden.“

Er machte eine Pause und sah sich um.

„Sie haben auch keine Boote für uns, außer für die Verwundeten, weil es für jeden, der sich noch wehren kann, verboten ist, über das Wasser abzuhauen. Drüben auf der Nehrung stehen Maschinengewehre, um jeden Unverwundeten in Empfang zu nehmen. Und noch eines, das könnt ihr auswendig lernen, heute nacht auf dem Marsch: Niemand macht sich selbständig ohne Befehl. Wenn es notwendig ist, den Kopf hinzuhalten, tun wir das alle gemeinsam, wenn es für den einzelnen eine Chance gibt, zu irgendeinem Zeitpunkt, wird es bekanntgegeben. Unser Haufen bleibt zusammen, solange wir gemeinsam eine Chance haben . . . Ihr könnt sicher sein, daß ich die Augen offen halte."

„Schade, daß immer irgendein Schwein die Nerven verliert", unterbrach ihn ein Unteroffizier vom Troß.

„Wer hat die Nerven verloren?" fragte der Hauptmann.

„Der Doktor soll abgehauen sein."

„Ja, mein Fahrer hat ihn gesehen."

„Glaube nicht, daß der Doktor abhaut", meinte Westermann, „ein bißchen Luft braucht jeder mal."

„Die Luft kam aber aus der verkehrten Richtung, Herr Hauptmann!"

„Ihr werdet ihn nicht hängen sehen! Ihr werdet niemanden hängen sehen, der von unserem Haufen die Nerven verliert. Aber der, der sich ohne Befehl selbständig macht, ist erledigt für mich. Wer sich selbständig macht, gehört nicht mehr zu uns. Auch für die Zukunft nicht, falls wir noch irgendwo ein Mauseloch finden."

„Hängen wär auch 'ne dumme Sache, Herr Hauptmann. Die letzten, die wir sahen, machten eine schlechte Figur dabei." Ein paar Männer lachten. Sie freuten sich, daß ihnen nicht gedroht wurde, wie das schon seit Tagen in den Einheiten üblich war.

Plötzlich waren sie gut gelaunt. Erst kam der Flugplatz, und dann war es noch eine Stunde bis zum Haff. Vielleicht würde man doch noch über das Wasser abhauen können. Die Maschinengewehre auf dem anderen Ufer, das war doch nur eine Latrinenparole . . .

„Jetzt noch folgendes“, sagte der Chef. „Bis zum Haff brauchen wir nichts weiter als das, was wir auf dem Leib haben und Waffen und Munition. Auch das Rasierzeug könnt ihr zurücklassen. Das ganze Gepäck bleibt hier. Ihr versteht mich. Kleines Sturmgepäck, das ist alles. Das überflüssige Zeug, vor allem überflüssige Mäntel und Knarren geben wir den Leuten vom Volkssturm. Tornister, Decken, Drillichzeug, Ersatzstahlhelme, den ganzen Kram, den wir seit Jahr und Tag mitschleppen, lassen wir hier zurück. Klarer Fall. Entweder wir gehen kaputt, oder wir schwimmen durch das Haff. Ihr könnt euch also an den Fingern abzählen, was wir jetzt nicht mehr mitnehmen. Sind wir uns einig?“

Der Hauptmann sah sich um. Die Männer sagten kein Wort.

„Dann ran an die Arbeit. Ich erwarte die Abmarschbereitschaft.“

Was hatte der Hauptmann da zum Schluß gesagt?

Blitzschnell schlug die Stimmung um.

Unschlüssig standen sie da, und es war zu spüren, daß es in ihren Köpfen arbeitete. So lagen also die Dinge, Donnerwetter ja, so lagen die Dinge. Seit der Krieg angefangen hatte, seit Polen also, Frankreich und Rußland hofften sie, einmal gesund zurückzukehren. Diese Hoffnung trug sie über alle Strapazen und Mißerfolge hinweg. Einmal wollten sie alle gesund zurückkehren. Zu den Eltern, zu ihren Frauen und Kindern.

In dieser Batterie waren Männer, die von der Hölle Kirischi bis zum Sumpffieber alles kannten. Was konnte noch ihre Welt erschüttern? Wir haben drei Jahre Rußland überlebt, pflegten sie zu sagen, wir überleben das bißchen auch noch. Dawai, nur nicht kleinkriegen lassen. Und nun plötzlich redete der Chef solch ein Zeug! Wir nehmen das mit, was wir auf dem Leib haben. Donnerwetter, was sollte das heißen? Was sollte das heißen, entweder wir gehen kaputt, oder wir schwimmen durch das Haff? Nun, dann schwimmen wir eben durch das Haff.

Kaputtgehen, nein, das kam nicht in Frage. Sie waren ja bis jetzt nicht kaputtgegangen. War das denn hier eine andere Hölle als die bei Petersburg oder am Wolchow? Nein, kaputtgehen kam nicht in Frage. Dann würden sie eben durch das Haff schwimmen. Wie breit war das Haff eigentlich?

Hallo, Herr Hauptmann, wie breit ist das Haff?

Zehn oder zwölf Kilometer, verdammt, und das Wasser würde mörderisch kalt sein. Wie machte man das, so lange über Wasser zu bleiben?

„Gut, erst mal alle überflüssigen Klamotten weg. He, ihr vom Volkssturm, hier sind Mäntel, Stiefel, Lederzeug, Mützen, Stahlhelme, überzählige Gewehre, Gepäckkisten und Wäschebeutel. Nehmt euch den ganzen Kram, zieht euch warm an, legt euch Decken und Woilachs unter den Bauch, so viel ihr wollt . . . zum Schwimmen brauchen wir so gut wie nichts.“

Mit Feuereifer entrümpelten die Leute die Fahrzeuge, warfen ihre kleinen, persönlichen Sammlungen, die sie sich im Laufe der Feldzüge angelegt hatten, Andenken an östliche Bunkerabende und die vielfältigen Vagabundenwege, einfach in den Schnee . . . Kistchen, Kästchen, Spiegel, Taschen und mit allerlei Kinkerlitzchen gefüllte Marmeladeneimer. Das, was ihrer Ansicht nach für den Volkssturm verwendbar war, breiteten sie ergeben zu dessen Füßen aus, als wollten sie sagen, hier, seht zu, daß ihr damit die Schlacht gewinnt, mehr können wir im Augenblick nicht für euch tun.

Plötzlich gab es am Beobachtungswagen Krach. Ursprünglich hatte die Batterie einen riesigen, hochrädrigen Feldwagen besessen, ein tonnenschweres Ungeheuer, das bei jeder Gelegenheit steckenblieb und sogar umkippte und das dann bei einem Fliegerangriff gottlob völlig zertrümmert wurde. Seitdem gehörte dem Rechentrupp und den Männern vom Beobachtungstrupp ein leergeräumter Munitionswagen der Zweiten Staffel.

„Wo ist der Hauptmann?“ rief plötzlich eine Stimme im Wald. „Weiß niemand, wo der Chef steckt?“

„Der Chef ist noch im Bunker.“

Der Mann stürzte die Treppe hinunter und öffnete die Tür. „Herr Hauptmann, was geschieht mit dem Rechenzeug?“ fragte er atemlos.

„Verzeihung, Herr Oberst“, sagte Westermann zu seinem Regimentskommandeur, der vor wenigen Minuten zur Ersten Batterie gekommen war. „Na, was ist denn los?“

Der Rechner holte Luft. „Die Beobachter wollen, daß wir das gesamte Rechengerät fortwerfen, aber das brauchen wir doch noch. Wir müssen doch wenigstens die Plantische behalten für das Störfeuer.“

„Sicher, ein bißchen muß uns noch bleiben. Ihr nehmt überhaupt das ganze Rechengerät vorerst mit. Sag' dem Doktor Bescheid, er soll sich sofort um den Kram kümmern.“

„Können Herr Hauptmann nicht selbst mitkommen, der Doktor ist nämlich nicht da, und die Unteroffiziere vom Beobachtungstrupp sind schon dabei, alles vom Wagen zu werfen.“

Der Chef drehte sich um.

„Unruh, Lohmann, los, der Doktor wird gesucht, wenn ihr ihn habt, soll er sofort zu mir kommen. Lohmann, gehen Sie doch noch zum Beobachtungswagen und sagen Sie Bescheid, daß dieser Unfug unterbleibt.“

Der Rechner legte die Hand an die Mütze und machte kehrt.

„Einen Moment, Unruh“, fuhr Westermann fort. „Sie haben ja eben gehört, daß die Ausbildungsbatterie ebenfalls versuchen soll, früher als sechs Uhr in Jürkendorf zu sein. Wir müssen uns jetzt beeilen, die Staffeln sollen sich umgehend abmarschbereit melden.“

„Ich bin sofort wieder zurück, Herr Hauptmann“, sagte der Oberwachtmeister und verschwand.

„Ich weiß, ich darf Sie nicht lange aufhalten, mein lieber Westermann, aber da ich schon einmal hier bin, will ich Ihnen auch ein paar Tips geben. Schauen Sie hier auf die Karte ... Sehen Sie ...“ Der Oberst fuhr mit dem Zeigefinger auf dem Gelände herum, und Westermann stellte fest, daß die Gepflegtheit dieser Hand und dieses Mannes nicht um einen Deut nachgelassen hatte. „... hier, nördlich von uns macht die Küste einen sanften Bogen zum Kanal hin und bildet sich bei Kahlholz zur Halbinsel aus. Oberhalb der Eisenbahnlinie ist das Gelände teilweise versumpft. Sobald der Boden ganz aufgetaut ist, werden die Panzer da nicht mehr durchkommen. Auf dieser Halbinsel sollen wir uns also festbeißen. Links von uns liegen noch verhältnismäßig intakte Verbände der Schutzstaffel, die auch gut munitioniert sind. Die Lage ist also nicht ganz so tragisch, wie es auf den ersten Blick aussieht. Der Regimentsgefechtsstand zieht mit dem Divisionär heute nacht nach Follendorf und bleibt dort bis zur letzten Minute. Ein nochmaliger Stellungswechsel ist nicht vorgesehen. Der ersten Abteilung werden heute nacht etwa hundert Schuß zugeteilt, davon werden Sie also die Hälfte bekommen. Sie dürfen auf keinen Fall indirekt schießen, sondern haben nur Feuererlaubnis bei direktem Panzer- und Infanterieangriff. Das Schußfeld auf dem Flugplatz ist glänzend, ich darf also erwarten, daß Ihre Stellung nicht überrannt wird.“

„Das hängt von der Infanterie ab, Herr Oberst! Wenn die Russen links und rechts an mir vorbeilaufen, weil die Infanterie meine Flanken nicht schützt, nützt die schönste Stellung und das beste Schußfeld nichts. Hier gleich nördlich des Flugplatzes zum Beispiel verläuft eine Schlucht, auf der anderen Seite stehen die Munitionsbunker. Wenn der Gegner sich dort festsetzt, bleibt mir nicht mehr viel zu tun übrig.“

„Sie kommen mir immer mit Bedenken, mein lieber Westermann, immer nur Bedenken. Die jüngeren Herren meines Regimentes verfügen leider nicht über die nötige Zähigkeit, mit der wir im Ersten Weltkrieg monatelang die Stellungen an der Westfront hielten. Wir kannten damals überhaupt keine Bedenken, sondern führten exakt die erhaltenen Befehle durch, und alle Befehle hießen: Halten, halten und nochmals halten! Ich kann nur wiederholen, daß es bei Todesstrafe untersagt ist, dieses Ufer lebend zu verlassen und zu versuchen, zur Nehrung zu schwimmen. Ihre Entrümpelung hier, so lobenswert sie sonst wäre, läßt bei den Leuten die Vermutung wach werden, daß in letzter Sekunde zum Rückzug geblasen wird. Davon kann gar keine Rede sein. Im Gegenteil. Lassen Sie die Männer wissen, daß drüben Einsatzkommandos und Kriegsgerichte warten. Ich will mir und meinem Regiment nicht den Vorwurf machen lassen, daß wir wenige Tage vor der glücklichen Wendung schlappgemacht hätten. Der Divisionskommandeur erhielt gestern vertrauliche Meldungen, denen zufolge in aller Kürze mit dem Einsatz neuer, verblüffender Geheimwaffen gerechnet werden kann, die endgültig unser Schicksal umkehren werden. Außerdem, vergessen Sie die Wenkarmee nicht. Stellen Sie sich vor, wir müßten uns vom Führer sagen lassen, wir hätten uns unserer Zeit und der Bedeutung dieses Krieges nicht würdig erwiesen. Ich verbitte mir daher jede Parole, die die Kampfkraft und den Geist der Truppe zu schwächen geeignet wäre. Versichern Sie den Leuten, daß die Verwundeten sorgfältig betreut und mit Pionierbooten auf die Nehrung gebracht werden. Nur die Verwundeten! Jeder Unverwundete, der drüben anlangt, wird wegen Fahnenflucht auf der Stelle erschossen."

„Es ist mir unverständlich, Herr Oberst", warf Westermann ein, „warum seit einiger Zeit ständig gedroht wird."

„Aber bitte, mein Lieber, wieso denn gedroht?"

Westermann betrachtete die rechte Hand des Obersten, die immer noch auf dem Kartenblatt lag. Die Kerze flackerte unruhig und zeichnete schwankende, glänzende Streifen auf die Fingernägel. Die Nagelhaut war sorgfältig fortgeschnitten worden, und in ihrer sanften Rundung tauchten weiße Halbmonde auf. Er dachte unwillkürlich an die abscheulichen Hände des Stabschefs, als er sagte: „Herr Oberst, wir haben seit Jahren unsere Pflicht getan, obwohl Unmenschliches von uns verlangt wurde. Wir sind bei sibirischer Kälte, bei Schnee und Regen marschiert und geritten, wir haben uns eingegraben, wo überhaupt nur ein Spaten in die Erde zu bekommen war, wir haben geglaubt, wo ein anderer schon längst nicht mehr geglaubt hätte, wir haben uns abgeschunden, auch wenn es nicht befohlen war, und nun, wo die Leute knurren, weil sie sich abschlachten lassen sollen, da wird mit dem Schmutzigsten, mit dem Tode durch Erschießen, gedroht."

„Ich weiß nicht, was Sie da reden", brauste der Oberst auf. „Wenn mir das meine Chefs sagen, was werden dann erst die Männer zu bemerken haben. Ich hörte heute, daß Sie Ihre Feuerstellung früher verließen, als unbedingt notwendig gewesen wäre. Ich habe Sie in Schutz genommen, weil ich mit Ihren Leistungen bisher zufrieden war, ich hoffe nicht, daß ich da einem Irrtum unterlag." Der Oberst legte eine kurze Pause ein. Dann fuhr er mit gewollt sanfter Stimme fort. „Sie können die Härte, mit der heute notwendigerweise befohlen und geführt wird, nicht verstehen, weil Sie die Meuterei der kaiserlichen Marine und anderer Verbände nicht miterlebt haben. Das darf unter keinen Umständen wieder passieren. Wir, die Offiziere, wir müssen mit aller Strenge durchgreifen, wo auch nur der geringste Ansatz einer Meuterei zu finden ist. Wir können im Felde besiegt werden, wir können ehrenvoll einen Waffenstillstand vorschlagen, wir können jeden Weg gehen, nur nicht den der Fahnenflucht oder der Meuterei. Ich hätte mir womöglich eine Kugel durch den Kopf zu jagen, wenn in meinem Regiment gemeutert würde, und ich wünsche keine derartigen Komplikationen."

„Herr Oberst können versichert sein, daß es keine Komplikationen geben wird."

„Das ist es. Ich freue mich, mich verstanden zu wissen."

Der Oberst erhob sich, strich den langen Mantel glatt und nahm die Mütze mit der Silberkordel von der Kiste. Sie sahen sich an. Westermann bemerkte den blütenweißen Kragen unter dem Uniformrock des Kommandeurs. Na also, so was gibt es noch, dachte er.

Der Oberst berührte mit seiner schmalen Hand Westermanns Oberarm. „Nun denn, nicht weich werden, mein Lieber, es geht vorüber. Wollen wir nicht gerade in diesen Tagen daran denken, daß wir in einer großen Zeit leben?"

Die Bunkertür wurde aufgerissen. Unteroffizier Lohmann kam herein und baute sich vor dem Hauptmann auf. Die beiden erkannten sogleich, daß Lohmann angetrunken war. Unter seinen aufgerissenen, feuchten Augen hatten sich flache Hautsäcke gebildet. Seine kleine, untersetzte Gestalt wirkte gespannter und energiegeladener als sonst. Er tänzelte von einem Fuß auf den anderen, blähte die Nasenflügel und spielte mit den Backenmuskeln. Dabei hielt er sich sehr aufrecht mit straffem Oberkörper und abgewinkelten Ellenbogen. Ja, er wirkte geradezu wie ein gedoptes Zigeunerpferd.

Lohmann war im ganzen Regiment zu bekannt, als daß der Chef zu befürchten brauchte, es werde Ärger geben.

„Sind wir soweit?" fragte Westermann.

„Oberwachtmeister Unruh läßt Herrn Hauptmann melden, daß die Reste der Batterie abrücken können."

„Danke, ich komme sofort. Die Protzen sollen schon auf die Straße vorziehen. Was haben Sie noch?"

„Meine Meinung ist ... ich bin voll einsatzbereit, Herr Hauptmann, auch wenn ich einen getrunken habe. Aber meine Meinung ist ...“

„Ob Sie getrunken haben oder nicht, interessiert im Augenblick nicht, Unteroffizier“, schaltete sich der Oberst ein. „Was gibt es?“

„Meine ganz unmaßgebliche Meinung ist“, und hier lächelte Lohmann wie ein kleiner, runzeliger Faun, „ich dachte nur ... also es ist wegen dem Doktor.“

„Wer ist der Doktor?“ fragte der Oberst zu Westermann gewandt.

„Der Doktor ist der Obergefreite Klaus, Herr Oberst, mein Rechentruppführer. Wir nennen ihn nur Doktor, er hatte noch promoviert, bevor er zu uns rauskam.“

„Ausgezeichnet der Mann, entsinne mich.“

„Ein kluger Kopf, aber als Soldat etwas schwierig.“

„Mitnichten ... hm, schätze die persönliche Note.“

„Es ist gut“, hakte der Hauptmann mit einer Kopfbewegung ein, „Sie können jetzt gehen, Lohmann.“

Pause.

„So gehen Sie doch!“

„Ich soll Herrn Hauptmann aber noch melden ...“

„Sie haben wieder mal getrunken, Lohmann! Sagen Sie Unruh, die Protzen sollen losmarschieren.“

„Ich soll Herrn Hauptmann doch melden, daß der Doktor verschwunden ist.“

Lohmann ließ sich nicht ablenken. Immer noch wippte er von einem Fuß auf den anderen. „Ich habe damit nichts zu tun, aber nach dem, was er hier geredet hat ...“

„Hopsasa! Verschwunden! Hm, Westermann, was soll das Ganze?“ Die Lippen des Oberst wurden zusehends schmaler.

„Der Obergefreite Klaus wird seit einer Stunde vermißt, Herr Oberst, und es besteht der Verdacht, daß er beabsichtigt, sich durch die russischen Linien zu schlagen. Aber solange wir keine Beweise haben, brauchen wir, glaube ich, damit keine Zeit zu verlieren."

„Mitnichten, Hauptmann! Ein Überläufer in flagranti ... in meinem Regiment! Unfaßbar! Erwarte im Laufe des morgigen Tages eine exakte Meldung. Sie kennen ja meine Auffassung über derartige Disziplinlosigkeiten."

„Zu Befehl, Herr Oberst!"

Der Regimentskommandeur dachte einen Augenblick nach. „Nun dann ... Und denken Sie daran, Leute auszusuchen für die Verteidigung des Gefechtsstandes, Munitionskanoniere und alles, was Sie nicht unbedingt für die Geschütze brauchen. Sicher werden auch einige Fahrer frei, ein Mann genügt doch für die Aufsicht der Pferde. Bitte alles vorzubereiten, werde Regimentsbefehl heute nacht diktieren."

Der Oberst sah seine mit weißem Fell gefütterten Lederhandschuhe an. Dann hob er die Extramütze und setzte sie mit einem kleinen Ruck nach links auf den Kopf. An seiner ganzen Erscheinung gibt es nichts, was sich beanstanden ließe, dachte Westermann, selbst der weiße Kragen ragt nur um Strohhalmbreite hervor.

Der Oberst verabschiedete sich.

„Geben Sie mir morgen vormittag Bescheid, ob dieser Mann ... wie sagten Sie doch ..."

„Der Doktor, Herr Oberst."

„Richtig. Ob der Doktor sich wieder eingefunden hat. Und halten Sie sich tapfer ... werden beobachtet!"

„Jawohl, Herr Oberst!"

Sie gingen beide aus dem Bunker und stiegen gemeinsam die schneeglatte Treppe hinauf, an deren Ende schon die Volkssturmmänner warteten. Dann bog der Oberst in Richtung Thomsdorf ab. Ein Melder, der draußen gewartet hatte, schloß sich ihm an.

„Erste Batterie aufsitzen!“ brüllte Hauptmann Westermann in den verschneiten Wald.

Wenige Minuten später stampften die Pferde durch den Schlamm des aufgewühlten Landweges.

Der Hauptmann und sein Oberwachtmeister ritten nebeneinander. Unruh klopfte fast zärtlich den Schnee aus der Mähne seines Wallachs.

„Die Sache mit dem Doktor finde ich komisch“, bemerkte er, „aber vielleicht kommt er durch.“

„Wenn er nicht durchkommt oder gar wieder bei uns auftaucht, werden wir Mühe haben, sein Leben zu retten.“

„Die oben fänden womöglich noch die Zeit, ihn aufzuhängen“, spottete Unruh.

„Nehmen wir erst einmal an, er kommt nicht zurück. Im übrigen wette ich jetzt mit Ihnen, daß wir um sechs Uhr nicht in Jürkendorf sind.“

Vor ihnen war eine Kolonne im Dreck steckengeblieben.

Es fielen immer noch ungewöhnlich große Schneeflocken vom Himmel.

27

In dieser Nacht wurde den Trümmern der Armee noch eine letzte Atempause geschenkt. Die erschöpfte Infanterie watete durch wadentiefen Schlamm. Eine Kette von keuchenden, schwitzenden Menschen wühlte sich mit hektischer Verbissenheit in die kaum aufgetaute Erde, immer noch in der Hoffnung, dem Leben einen weiteren Tag abgewinnen zu können. Wenn sie über ihre Lage nachdachten - zwischen zwei Spatenstichen oder hundert Meter weiter vorn auf Horchposten -, so erbärmlich dreckig war es ihnen noch nie gegangen. Hinter ihnen das Gerücht, schon bei dem Versuch einer Flucht erschossen zu werden, dort, wo sie standen, schaufelten oder im Dreck lagen die Möglichkeit, unromantisch heldenhaft zu sterben, und vor ihnen das Gespenst, aufgegriffen und erst wieder in einem sibirischen Lager abgesetzt zu werden. In dieser Nacht, in der ihnen alles klar wurde, was vor oder hinter ihnen oder bei ihnen auf sie wartete, begannen sie zu fühlen, daß so die Hölle war, wenn es sie gab. Und sie fluchten unaufhörlich. Manche von ihnen weinten oder beteten auch von Zeit zu Zeit. Viele lästerten Gott. Die meisten aber stießen zornige Flüche aus, immer wieder, bis ihnen in ihren nassen Löchern, in ihren feuchten Stiefeln und Mänteln vor Erschöpfung die Augen zufielen.

Indessen schlurfte der Doktor durch den nassen Schnee. Er hatte in seinem von der Not so oft geprägten Leben noch nichts Bedeutendes geleistet, vielleicht, weil ihm die Kraft fehlte, aber in ihm steckte ein gewisses Maß an Zähigkeit, die Dinge, an die er sich einmal heranwagte, bis zu ihrem gesetzten Ziel zu verfolgen. Sein Gedanke, sich durch die russischen Linien zu schlagen, um wieder Anschluß an intakte eigene Verbände zu bekommen, war keineswegs neu. Er hatte ihn wieder und wieder verworfen. Vielleicht waren es gewisse moralische Hemmungen, vielleicht aber auch die

Ungewißheit, die ihn hinter den feindlichen Linien erwartete. Schon seit Tagen hatte er versucht, diesen Gedanken auszuschalten und den Befehl, hier sein Grab zu schaufeln, als einfachsten und natürlichsten Befehl der Welt hinzunehmen. Vielleicht blieb einem vieles erspart, wenn man mitten im Angriff aufstand und die paar Sekunden abwartete, bis es einen erwischte. Vielleicht war das sogar die beste Lösung. Einfach mit sich Schluß machen lassen, möglichst kurz, möglichst sanft, möglichst schmerzlos. Doch dann waren abends die Leute aus der Feuerstellung gekommen, die Übriggebliebenen.

Der Spieß ließ sich die Namen der Toten vorleiern und machte Striche im Notizbuch, ein Buchhalter, der seine Tagesbilanz zog. Nicht, daß er dem Hauptwachtmeister deswegen einen Vorwurf hätte machen wollen, aber es entsetzte ihn, wie wenig der Heldentod noch wert war. Gewiß, ihr Leben war nicht viel wert, aber dann sollte wenigstens der Tod noch etwas gelten. Aber er galt nichts mehr. Natürlich würden die Mütter weinen, sofern sie diese Nachricht überhaupt jemals erreichte, aber von dem Rausch eines weihevollen und nützlichen Todes war nichts mehr zu spüren. *Dulce et decorum est pro patria mori*, du meine Güte, das mußte doch was anderes sein als dieses schmutzige Verrecken.

Ungehindert gelangte der Doktor bis an den Rand der Autobahn. Er wunderte sich, daß er nicht vorher auf die Eisenbahnlinie gestoßen war, die er in der Höhe von Rehfeld hätte überqueren müssen. Bei dem Schneetreiben, na ja, da konnte man sich schon verlaufen. Auf der Autobahn bewegte sich nichts. Wie ein breites Schneeband lief sie schlank und glatt mitten durch das wellige Gelände.

Er wußte nicht, worauf er noch wartete. Er sah die Bahn rechts und links entlang, als könne dort etwas auftauchen, etwas Vertrautes, eine Stimme: Komm mit, Kamerad.

Aber das war ja unmöglich.

Aus nördlicher Richtung vernahm er nur ein leises Mahlen und Rollen, wie wenn sich zwei Steine aufeinander drehten. Ketten?

Er ging in der Richtung des Geräusches weiter, und schon sehr bald wußte er, wo er sich befand. Das war doch die Brükke, über die er vor wenigen Tagen versehentlich gegangen war. Die Brücke ... natürlich ... die Brücke von Deutsch-Thierau nach Lonhöfen. Vor einem kleinen Bach, der halb zugeschneit war, blieb er stehen. Von hier bis zur Brücke waren es vielleicht noch dreißig Meter, und er konnte dort oben alles erkennen. Es gab für ihn keine Gefahr, denn die da drüben würden kaum daran denken, hier mitten in der Nacht nach einem deutschen Soldaten Ausschau zu halten, auch wenn er wie ein tapferer Zinnsoldat mitten in diesem fremden Land stand, allein, mit hochgeschlagenem Kragen, die Hände in den Manteltaschen und bis weit über die Knöchel im Schnee.

Minuten vergingen, und der Doktor starrte immer noch unbeweglich hinauf zur Brücke. Mein Gott, wie lange hatte er so etwas schon nicht mehr gesehen. Diese Massen! Dort oben marschierten in unaufhörlicher Kette die gegnerischen Verbände. In zwei nebeneinanderlaufenden Reihen strömten Pferde, Fahrzeuge und Leute auf das nördlich der Autobahn gelegene Dorf zu. Geschütze, Zugmaschinen, Werfer auf Selbstfahrlafetten, pferdebespannte, leichte Pakgeschütze, Munitionswagen, unendlich viele Munitionswagen, Infanterie, Handkarren mit Maschinengewehren, eine gummibereifte Feldküche, ein Fernsprechtrupp, der ein Kabel am Geländer festband, Munitionswagen, wieder eine Werferbatterie mit Stalinorgeln, ein pferdebespannter deutscher Gutswagen, an dessen Seite sogar die Lampe brannte, dahinter ein Schäferhund, Geschütze, Werfer, Munitionswagen, Geschütze, Werfer, Munitionswagen.

Um Gottes willen, das war doch nicht möglich! Das mußten doch Gespenster sein, diese unendlichen Kolonnen von Geschützen und Munitionswagen, Munitionswagen und Geschützen. Für diesen lächerlichen Abschnitt, für diesen Streifen, den seine Division zu verteidigen hatte, noch nicht einmal für den Armeeabschnitt, nein, nur für seine Division war das, was da auf der Brücke vorwärts drängte und vorwärts stolperte, ein ungeheuerlicher Aufwand. Tag für Tag hatten sie sich gegen diese ungeheure Übermacht wehren müssen, gegen eine Übermacht, die einen Vergleich zum Witz werden ließ. Er entsann sich nicht, im letzten Jahr jemals an der Ostfront eine solche deutsche Kolonne beobachtet zu haben. Ein solches Schauspiel kannte er nicht. In Zweierreihe, Geschütze, Munitionswagen, Munitionswagen, Geschütze.

Eine Viertelstunde, eine halbe Stunde verging, der Doktor stand noch immer im Schnee nahe der Autobahn und starrte zur Brücke hin. Er spürte, wie das Bodenwasser der Schneeschicht in das Innere seiner Stiefel drang und wie die Kälte der Nacht allmählich in ihm emporkroch.

Langsam überquerte er die Straße nach Rehfeld und kletterte den Bahndamm hinauf. Von dort aus beobachtete er, wie eine russische Werferbatterie am Waldrand nördlich der Bahn in Stellung ging. Der Schnee und das Querfeldeinmarschieren hatten seine letzten Kräfte verbraucht. Er drehte sich um und stakte den Damm wieder hinunter. Auf halbem Hang knickten ihm die Knie nach vorn, er fiel hin und rollte die schiefe Ebene hinunter. Er versuchte mehrere Male, sich wieder zu erheben, doch die Müdigkeit überwältigte ihn.

Ich muß es ihnen sagen, dachte er noch, sonst gehen sie alle kaputt.

Gegen sechs Uhr morgens stand ein Teil der Ersten Batterie wartend in Jürkendorf. Die anderen Fahrzeuge hatten sich im Schlamm der Jarft völlig festgefahren. Westermann ließ sie einzeln mit sechs und acht Pferden den nördlichen Hang hinaufziehen. Auf der Ostseite der Hauptstraße wartete bereits die Ausbildungsbatterie, deren Geschütze die Erste Batterie übernehmen sollte. Die Minuten vergingen. Nervös schlugen die Fahrer auf die Pferde ein. Um sechs Uhr dreißig hagelte ein Granatwerferüberfall in den Ostabschnitt des Dorfes. Gleich darauf hörte man das Urräähh der Sturmtruppen. Ein deutsches Sturmgeschütz rollte durch die Gärten auf das Geschrei zu.

Der Feuerüberfall hatte grausigen Erfolg. Westermann schrie seine Leute an, die toten Kanoniere der Ausbildungsbatterie einfach von den Geschützlafetten zu werfen, die Pferdekadaver aus den Sielen zu schneiden und die Geschütze mit eigenen Pferden so schnell wie möglich aus dem Dorf zu fahren. Sie durften hier nicht in einen Nahkampf geraten. Eine aufgeprotzte Batterie konnte sich nicht wehren, man würde sie alle abknallen, ohne daß sie eine Granate aus dem Rohr bekamen. Vom Ostrand des Dorfes her, hundert Meter von der Straße weg, hörte man Gewehrabschüsse und das Geratter der Maschinenpistolen.

Die Werferkanonade übersäte die Straße mit Kratern und Pusteln, so erhielt Jürkendorf in Blitzesschnelle ein pockennarbiges Gesicht. Dazu kamen nun noch die Leichen der Gefallenen im Straßengraben. Westermanns Kanoniere mußten sie dort liegen lassen, wo sie sie an Armen und Beinen hingeschleppt hatten wie das geschlachtete Vieh.

Die ersten Fahrzeuge rollten nach Westen ab. Ein Geschütz folgte. Es schien noch einmal gutzugehen. Dann wurde plötzlich der Oberwachtmeister Unruh vermißt. Fieberhafte Suche. Wer hatte ihn zum letzten Mal gesehen?

Schließlich fanden sie zwischen den Toten der Ausbildungsbatterie auch ihn. Eine Granate hatte seinen Oberkörper zerrissen. Sein Kopf war völlig unversehrt geblieben. Sein Gesicht strahlte Ruhe aus. Seine Augen sprachen mit Westermann. Er war ein tapferer Mann. Sie hatten sich immer gut verstanden. Westermann verstand ihn auch jetzt. Er las in Unruhs Augen. Ich habe alles hinter mir, sagten die Augen. Glauben Sie mir. Der Schmerz war belanglos. Als ich ihn spürte, war er schon vorüber.

Westermann stieg aufs Pferd und galoppierte hinter dem letzten Geschütz her, das das Dorf verließ. Die Batterie war heil herausgekommen, aber sie hatte ihren Preis bezahlt. An diesem Tag verteidigten sie den Flugplatz mit Verbissenheit und Wut. Als sie ihre Panzergranaten verschossen hatten und gegen Abend ein neuer Angriff gegen sie losbrach, ging auch diese Stellung verloren. Während der Nacht fluteten die Übriggebliebenen der Armee noch ein letztes Mal zurück.

Unteroffizier Crantz und den getreuen Broschda hatte es zwischen Schirten und Steindorf erwischt. Crantz am rechten Oberschenkel, Broschda blutete stark aus einer Kopfwunde. Sie konnten von Glück reden, daß beide gehfähig waren. Westermann ließ sie vom Sanitäter mit den Verwundetenpapieren ausstatten und drängte sie, zu verschwinden, Wohin? Ans Haff. Crantz wollte wissen, ob sie bis zum Ufer des Haffs Domingo und die Gig haben konnten. Westermann war das sehr recht; da sich die Pferde bei Fliegerangriffen nicht instinktiv hinwerfen konnten, waren ihre Ausfälle besonders hoch. „Die Gig können Sie irgendwo stehenlassen. Das Pferd lassen Sie laufen.“

„Danke“, sagte Crantz. Er überlegte, ob es einen Sinn hatte, sich auf die Suche nach dem Gauleiter zu machen.

„Was sich am Haff abspielt, vermag ich nicht zu sagen“, meinte Westermann, „sollte es schwierig sein, auf ein Pionierboot zu gehen, versuchen Sie, unsere Lomme zu finden.“

„Ach ja, die Lomme“, sagte Crantz. Er wußte nicht recht, ob er das Angebot ernst nehmen sollte oder ob Westermann ihn auf die Schippe nahm. „Rosenberg ist von der russischen Luftwaffe ziemlich zerstört worden.“ Er bezweifelte, daß es die Lomme noch gab.

Westermann konnte sich nicht vorstellen, daß irgend jemand die Lomme der Familie entführt hatte. Wie in jedem Herbst würde man sie auf den Sandstrand gezogen und mit einer Persenning abgedeckt haben. Der letzte aus der Familie, der sie benutzte, war verpflichtet, das Bootshaus aufzuräumen. Zumindest in diesem Falle achtete die Familie auf Disziplin. „Sie müssen sie ins Wasser ziehen, sollte das Eis geschmolzen sein“, erklärte er, „vielleicht treffen Sie auf ein Sturmboot der Pioniere, das Sie bis zur Nehrung ins Schlepptau nimmt.“

„Wie heißt Ihre verdammte Lomme?“ wollte Unteroffizier Crantz wissen.

„Blindschleiche. Auf jeder Seite des Bugs ein weißes Kunststoffschild mit schwarzen Buchstaben. Und noch etwas. Verlieren Sie Ihre Verwundetenausweise nicht. Am Ufer und auf der Nehrung stehen Feldgendarmen, die legen Sie um, auch wenn Sie behaupten, Sie seien ein Freund von Erich Koch.“

„Nichts von alledem“, sagte Crantz. „Wir halten uns mit dem Boot oder einem Floß knapp vor dem diesseitigen Ufer. Sagen wir mal, zwischen Follendorf und Balga. Stecken Sie eine Signalpistole ein. Ein Fahnentuch tut’s auch.“

Was sich dieser Mann nicht alles so ausdachte. Wer konnte schon voraussehen, ob sie das Ufer zwischen Follendorf und Balga noch lebend erreichten?

„Sorgen Sie sich nicht, Crantz! Wenn Sie nicht kommen, haben die Umstände es verhindert. Kommen Sie aber und wir sind unauffindbar, so zählen Sie uns zu den Kindern, die der Krieg gefressen hat.“

Crantz wollte das nicht akzeptieren. Dieser Hauptmann war ein anständiger Kerl, er wollte ihm in nichts nachstehen. „Ich werde kommen, ich schwöre es, und Broschda wird mir helfen.“

„Ich weiß, Crantz, Ihre Ehre heißt Treue.“

„Ja, das meinte ich“, bestätigte Crantz. „Doch sollten wir uns verpassen, denken Sie immer daran, daß es meine feste Absicht war, Sie herauszuholen.“

Broschda kam mit Domingo und der Gig. Er führte den blinden Wallach am Zügel. Ein gewaltiger Verband deformierte Broschdas Kopf.

„Ich weiß, Crantz, Sie werden nichts unversucht lassen.“

„Das können Sie mir glauben.“

28

In dem Regimentsbefehl, der Westermann vor Mitternacht erreichte, stand zu lesen, daß der Obergefreite Klaus, Rechentruppführer der Ersten Batterie, in Abwesenheit zum Tode verurteilt worden war. Westermann las weiter, daß dieses Urteil der Truppe bekanntzugeben sei, als abschreckendes Beispiel und um den Abwehrwillen der Männer zu stärken.

Hoffentlich ist er durchgekommen, sagte der Chef zu sich, hoffentlich kommen noch mehr durch, hier wird genug Blut fließen.

In diesen Tagen verloren die Menschen den Sinn für die Zeit. Minuten vergingen wie Stunden, Tage wie Minuten. Sie wußten nicht mehr, der wievielte Tag im Monat es war, sie empfanden nur noch den Unterschied zwischen Tag und Nacht. Tag, das war der Kampf um das Leben, und Nacht, das war marschieren, eingraben, Verwundete schleppen, abwarten und hoffen.

In der ersten Abenddämmerung trotteten sie durch das zerschossene Steindorf. Von hier bis zum Haff waren es höchstens noch zwanzig Minuten. Aber sie mußten dann noch ein ganzes Stück am Ufer entlang nach Norden marschieren, um nach Follendorf zu gelangen, wo sie sich zu melden hatten. Vor ihnen fuhr ein Sturmgeschütz, beladen mit Verwundeten, die sich am Turm festklammerten. Ab und an blieb das Geschütz stehen, und sein Führer fragte herumirrende Infanteristen nach einem Lazarett. Aber kein Mensch wußte Bescheid. Dann ließ der Fahrer den Motor aufheulen und fuhr weiter.

In der Frühe war der Oberstleutnant vom Infanterieregiment gefallen. Als sein Gefechtsstand angegriffen wurde, schoß ihm ein russischer Maschinenpistolenschütze eine Garbe durch den Kopf. Gleich darauf rissen sie dem Gefallenen das Ritterkreuz vom Rock. Ein paar Mann vom Regimentsgefechtsstand mußten sich ergeben, und einer, der noch heil herausgekommen war, meinte später, das sei vielleicht gar nicht schlecht, die Gefangenen müßten hinterher beim Aufräumen des Schlachtfeldes bestimmt die Toten vergraben, und so kämen sie alle doch noch zu einer halbwegs anständigen Beerdigung.

Hauptmann Westermann ordnete eine Zigarettenpause an. Die Leute gingen von der Straße runter und setzten sich auf die Trümmer einer roten Ziegelmauer. Hinter dem Dorf schlugen schwere Granaten ein. Sie hörten die Geschosse über sich pfeifen. Auf der anderen Straßenseite standen zwischen zwei verbrannten Häusern ein paar Kühe mit prallen Eutern und brüllten jämmerlich. Fassungslos sah Lohmann hinüber, und es schien einen Augenblick, als wolle er sich erheben und den Tieren helfen, aber dann ließ er sich zurücksinken, nahm seinen Stahlhelm ab und wischte sich mit einem schmutzigen Taschentuch über die Stirn. Müde Volkssturmmänner gingen in Richtung zum Haff an ihnen vorbei. Eine Horde von uniformierten Pimpfen folgte ihnen.

„Das sind die Panzerbrecher vom Jungvolk“, sagte Lohmann.

Der Hauptmann antwortete nicht. Nachdenklich sah er zu, wie die Jungen sich entfernten. Aber er dachte etwas ganz anderes. Wo mochte jetzt Marion stecken? Ihrem Brief zufolge mußte sie jetzt nach Kopenhagen unterwegs sein, um dort auf ihn zu warten. So etwas Naives. Als ob sie hier je rauskämen. Was wurde aus Bardou, dem Franzosen? Vielleicht fuhr auch er nach Dänemark. Und Sinx war also in Königsberg geblieben bei einem jungen Offizier des Luftwaffenstabes.

Königsberg würde nicht mehr lange zu halten sein.

Es schien, als schwebte er jetzt über den Dingen. Er sah all die Dinge von oben, aus einer höheren Sicht. Und er fragte sich, warum er der einzige war, der ungläubig staunend die wahre Natur des menschlichen Dramas begriff. Wo waren in diesem Augenblick die Anhänger, die Zauberpriester, die Propheten, die auf den Brettern der teuflischen Komödie ganz vorn gesessen hatten und die man als die Verantwortlichen hätte bezeichnen müssen? Wo standen in diesem Augenblick die Leute, von denen er die ganzen Jahre hindurch nur gehört hatte, wir erwarten von euch, daß ihr eure Pflicht tut? Wo war zu dieser Stunde der Oberbefehlshaber der Armee, der angekündigt hatte, er werde sich mitten unter seinen Soldaten das Herz aus dem Leib schießen lassen? Meine Ehre heißt Treue. Wo war der Führer?

Zwei Volkssturmmänner setzten sich zu ihnen. Westermann hatte das Gefühl, er sei gar nicht mehr da. Was hier auf den Steinen saß, war seine Hülle, die Hülle um einen leeren Raum. Ich bin hohl, dachte er.

Einer der Volkssturmmänner, ein kleines, verhutzeltes Männchen mit einer Nickelbrille, zog eine Zeitung aus der Tasche, hielt das Papier dicht vor die Augen und begann zu lesen. Doch es war sehr anstrengend, jetzt noch zu lesen, denn die Abenddämmerung nahm rasch zu.

„Was ist im Westen los?“ fragte Lohmann.

„Erfolge am Main, steht drüber“, antwortete das Männchen mit einer tiefen Stimme.

„Und was ist mit dem Rhein?“

„Der ist doch längst von den Amis überschritten, die Kämpfe toben jetzt im Ruhrgebiet. Ja, so weit sind sie schon. Die Amis marschieren ins Ruhrgebiet, in den Taunus, die Russen kämpfen in Küstrin."

Lohmann spuckte seine Zigarette in den Straßengraben. „Und der Erfolg am Main?"

„Wenn einer von euch eine Taschenlampe da hat, kann ich ja mal vorlesen", sagte die tiefe Stimme.

Mit einem Ruck stand der Unteroffizier auf, knöpfte die Taschenlampe von der Brusttasche und setzte sich neben den Volkssturmmann.

„Beeilt euch", sagte Westermann sanft. Er legte keinen Wert darauf, den Kommentar vom Wehrmachtsführungsoffizier zu hören. Aber das Männchen mit der Nickelbrille las laut vor: „Am dritten Tage der amerikanischen Großoffensive macht sich ... nach Feststellung der zuständigen deutschen Behörden ... der Versuch bemerkbar, die Raumgewinne, die vor allem im Rhein-Main-Gebiet eingetreten sind, zu vergrößern, die Lage damit zu verzerren und den Eindruck zu erwecken, als ob unsere Bewegungsfreiheit völlig gelähmt sei. Der moderne Krieg wird nicht nur mit den Mitteln der Waffe geführt. Auch die Propaganda ..."

„Mensch, hör mit dem Mist auf!" schimpfte Lohmann und knipste die Tastenlampe aus.

„Soll ich nun vorlesen oder nicht, he?"

„Na los, den Absatz zu Ende und damit hopp", sagte Lohmann und machte die Lampe wieder an.

„Na also: ... die Propaganda spielt jetzt eine entscheidende Rolle. Von gegnerischer Seite wird in diesen Tagen keine Bemühung unterlassen, die militärische Lage im Westen für uns so ungünstig wie möglich darzustellen, die feindlichen Fortschritte zu vergrößern und zu vergröbern. Demgegenüber steht das OKW auf dem Standpunkt, daß der Gegner sich in ein äußerst gewagtes Unternehmen eingelassen hat."

Lohmann knipste die Lampe endgültig aus. „Herr Hauptmann dürfen dreimal raten, warum dieses Unternehmen für die Amis lebensgefährlich ist."

„Keine Ahnung", antwortete Westermann. „Vielleicht arrangiert die Wenk-Armee eine Überraschung."

„Keine Spur von Wenk. Aber die Amis haben offene Flanken."

„Und wer greift die offenen Flanken an?" fragte Westermann, auf den Scherz eingehend.

„Der Werwolf."

„Na also." Sie lachten.

„Nanu, was ist denn da los?" brüllte Lohmann.

Vor ihm auf einem kleinen Platz stand ein Haufen von Soldaten um mehrere Feldgendarme und Volkssturmmänner. Die Landser schrien durcheinander und drohten mit den Fäusten.

Westermann zwängte sich in die letzten Reihen und drückte sich langsam nach vorn.

„Vorsicht", sagte Lohmann, „die sind vom Sonderkommando."

Die Volkssturmmänner waren Bauern aus dieser Gegend. Einer trug einen speckigen Veloursmantel, der andere, der direkt vor den Gendarmen stand, hatte eine Lammfelljacke an. Sie hatten sich lange nicht rasiert, und auch sonst sahen sie so aus, als sei der Teufel hinter ihnen her gewesen. Hauptmann Westermann stand auf einmal in der vordersten Reihe. Er sah den Truppführer des Sonderkommandos an. „Was ist hier los?" fuhr er ihn an.

Der Truppführer nahm Haltung an. „Wir greifen die Männer auf, weil sie sich von der Truppe entfernt haben. Nehme an, Fahnenflucht. Wir haben Befehl, sie zum Schnellgericht zu bringen."

„Wo waren Sie eingesetzt?" fragte Westermann den mit der Lammfelljacke.

„Wir haben meinen Hof verteidigt. Mit ein paar Leuten von der Infanterie. Als das Haus und die Scheune abgebrannt waren, habe ich gesagt: So, Jungens, jetzt können wir gehen!" Er machte eine Pause und sagte dann bissig: „Wenn das Fahnenflucht war, dann lassen Sie mich man ruhig aufhängen."

„Geben Sie mir die Kerle mit", sagte Westermann zu dem Truppführer.

„Gut, wenn Herr Hauptmann die Verantwortung übernehmen, können die Leute mit."

Die russischen Einschläge rückten immer näher. Ein Schuß haute in das Dach des Schulgebäudes.

„Laufschritt, marsch, marsch!" brüllte Westermann. Im Nu war die Straße leer. Die Feldgendarmen verschwanden im Schulhaus.

„Jetzt haben wir wieder eine Handvoll Männer mehr", keuchte Lohmann nach einer Weile. „Vielleicht können wir unterwegs noch mehr einkaufen. Dann gehen wir morgen mit voller Mannschaft ins Gefecht."

„Schreiben Sie sich hinterher mal die Namen von den Männern auf", befahl der Hauptmann. Aber in derselben Sekunde dachte er: Wenn wir die Namen nicht wissen, was macht das denn schon?

Die Reste der Ersten Batterie lagen jetzt in der Sanddüne vor den Ufern des Haffs. Die Trosse hatten hier verschiedene Bunker gebaut, in die auch die Kampfverbände mit unterkrochen.

Der morgige Tag mußte ihr letzter werden, und diese Nacht ihre letzte Nacht. Diese Nacht sollte entsetzlich lang werden. Diese Nacht, angefüllt mit dem Geschrei der Übergeschnappten und der Raserei der Nichtsterbenwollenden. Betende würden neben Gottverfluchenden liegen und auf den Morgen warten.

In dieser Nacht ging eine kleine Welt unter, dort am Haff, in dieser Nacht und an dem darauffolgenden Tag. Eine gute Beerdigung wurde in diesen vierundzwanzig Stunden vorbereitet: Denn vierzigtausend Tote geben eine gute Beerdigung.

Noch vor Mitternacht begann im Regimentsbunker die

Verhandlung gegen den Doktor. Sie wurde von dem Oberst geführt, seinem Regimentskommandeur. Sie wurde nachträglich geführt, anstandshalber, denn man hatte den Doktor schon zum Tode verurteilt. Aber da er nun, Gott weiß warum, noch einmal zurückgekommen war, sollte er sich auch verteidigen können. Der Oberst saß hinter dem Tisch, in seiner sauberen Feldbluse, mit einem noch immer weißen Kragen, glattrasiert. Nicht eine Spur von Erschöpfung, nicht eine Spur von Müdigkeit im Gesicht. Seine Gesichtszüge waren von einer edlen Häßlichkeit.

Obwohl es während der ganzen Verhandlung im Bunker und auch draußen unruhig war, obwohl draußen während der ganzen Nacht, teils weiter fort, teils in der Nähe des Bunkers, Granaten, Infanterie- und Leuchtspurgeschosse und immer wieder Fliegerbomben einschlugen, blieb der Oberst gleichmäßig sicher, gleichmäßig beherrscht, gleichmäßig blaß. Er saß da wie ein Spiegelbild der Friderizianischen Garde, so korrekt, so starr, so erfüllt von der Pflicht, noch im Schatten des Todes eine gute Figur machen zu müssen. Wahrscheinlich rauchte er etwas mehr als gewöhnlich, aber er atmete den Zigarettenrauch ohne Hast ein und aus, klopfte in wohlgemessenen Abständen die Asche auf die kleine, weiße Porzellanuntertasse und hütete sich, zum Anzünden etwas anderes zu verwenden als eine Kerze. Er saß da wie ein *rocher de bronze*, wie eine steinerne Sphinx, die lächelnd den Verfall ihrer Zeit überragte. Indem er diesen kleinen, erschöpften, ausgelaugten Obergefreiten anklagte, suchte er sich selbst und seiner Welt Genugtuung zu geben.

Ihr Bunker, den man ursprünglich in den Keller eines Fischerhauses, das schon vor Tagen abbrannte, eingebaut hatte, lag dicht an der einzigen Dorfstraße von Follendorf. Die Leute vom Troß waren längst den kämpfenden Verbänden eingegliedert worden. Es gab jetzt nur noch kämpfende Truppen und Sanitätseinheiten. In dem Raum zwischen der

Dorfstraße und dem Ufer standen unzählige Lastkraftwagen, Panzerfahrzeuge und Pkws, unter denen die noch verbliebenen Gefechtsstände, Melder, Funker und Fernsprecher vor dem unaufhörlichen Bombenregen Schutz suchten. Manche Soldaten legten, nachdem sie feststellen mußten, daß die Wagenheber mit ihrer kleinen Auflagefläche hoffnungslos im Sand der Dünen versanken, unter die Stahlrahmen der Kraftwagen Hölzer, um sie so aufbocken zu können. Dann gruben sie den Boden unter den Rädern fort, bis die Pneus in der Luft schwebten, und montierten die Gummischläuche von den Felgen, um mit ihnen die unheimliche Fahrt über das Wasser zu wagen. Andere suchten aus den Resten der Holzhäuser Balken und Scheunenbretter, um sie zu kleinen Flößen zusammenzubinden. Einige legten sich auch dicke Verbände am Kopf oder an den Armen an und versuchten, mit den Sanitätsbooten fortgeschafft zu werden. Diese Versuche hatten nur wenig Erfolg, da mit Anbruch der Dunkelheit zunächst die Schwerverwundeten auf die Pionierpontons getragen wurden. Die leichter Verwundeten, und das waren alle die, die sich selbständig bewegen und gehen konnten, durften erst lange nach Mitternacht mitfahren. Die Verwundetenboote brauchten für eine Fahrt bis zur Nehrung etwa anderthalb Stunden, sie konnten also vor drei Stunden nicht zurückerwartet werden. Aber die Verwundetenboote reichten bei weitem nicht aus für die große Zahl von Soldaten, die entweder noch am Tage verwundet wurden und erst gegen Abend aus der Feuerzone herausgetragen werden konnten oder die während des nächtlichen Feuers getroffen wurden.

Man hätte in dieser letzten Nacht noch die ganze Armee, soweit sie nicht schon der Teufel geholt hatte, herausschaffen können, um sie vor dem endgültigen und weiß Gott nicht rühmlichen Ende zu bewahren – aber dazu fehlten die Boote, oder man hatte den Pionieren und den vielen Fischern, die in dieser Gegend ansässig waren, bei Strafe untersagt, auf eigene Faust zu helfen. Lediglich einige Verwaltungsstäbe, Intendanturen und Versorgungskompanien wurden auf höheren Befehl hin eingeschifft. Sie sollten den Wiederaufbau der neuen Armee erleichtern.

„Selig sind, die nach rückwärts Boden gewinnen", sagte Lohmann, „denn sie werden die Heimat wiedersehen."

Der Doktor saß auf einem Stuhl in der hinteren Ecke des Bunkers und stützte mit seiner gesunden Rechten den linken Unterarm.

„Ich kann dir kein Glas anbieten, Doktor", sagte Unteroffizier Lohmann und reichte dem Obergefreiten eine mit Kirschwasser gefüllte Flasche, „aber wenn du mit mir aus einer Flasche trinken willst . . . hier bitte."

„Vielleicht kann ich auch noch ein Stück Brot bekommen", flüsterte der Doktor mit fiebriger Stimme. Die Haut über seinen Backenknochen hatte sich knallrot gefärbt. Seine Augenlider wurden durch die verqualmte Luft im Bunker noch mehr gereizt. Das schüttere Haar lief in wirren Strähnen über die Ohrmuscheln zum Hinterkopf.

Der Oberst legte seine weißen Hände auf den Tisch. Der Tisch bestand aus zwei Pfählen und einem darüber genagelten rohen Brett.

„Sie bejahen also, mit dem Gegenstand der Verhandlung vertraut gemacht und zur Wahrheit ermahnt zu sein, Obergefreiter Klaus?"

„Jawohl, Herr Oberst."

„Ich darf ja auch mal was sagen, obwohl ich mich in eine so stinkende Angelegenheit eigentlich nicht hineinmischen sollte", schaltete sich Lohmann ein.

„Mitnichten! Sie sind betrunken, Unteroffizier, und ich fordere Sie auf, den Bunker zu verlassen."

„Ich wollte nur sagen, Herr Oberst, daß wir diese Mätzchen jetzt lassen können. Mit dem Gegenstand der Verhandlung sind wir alle verdammt gut vertraut . . ." Der Unteroffizier machte plötzlich eine Pause, als müsse er sich etwas überlegen, und schrie dann unvermutet los: „Ich bin nicht betrunken, Herr Oberst, ich lehne es ab, betrunken zu sein, aber . . .“ und er hob störrisch den Kopf, „aber Sie haben auch mich zur Wahrheit ermahnt, und ich werde in dieser letzten Nacht die Wahrheit sagen, auch dem, der sie nicht hören will.“

„Ich habe nicht die Absicht, mit Ihnen zu diskutieren, mein lieber Lohmann, ich bitte Sie, Ihren Chef zu suchen und ihn hierher zu bringen.“

„Ich habe Befehl“, erwiderte Lohmann sehr viel ruhiger, „den Obergefreiten Klaus zu bewachen und kann daher nicht raus. Der Chef wird gleich kommen. Die paar Männer, die von unserer Batterie übriggeblieben sind, kann man schnell in die Linien der Infanterie eingliedern. Es wäre besser, erst anzufangen, wenn mein Chef zurück ist.“

„Ich befehle Ihnen, Herrn Hauptmann Westermann zu suchen“, wiederholte der Oberst scharf.

Lohmann erhob sich schwankend. Er öffnete weit den Mund, wobei er die Augen zu schmalen Schlitzen schloß, und pumpte seinen Brustkasten langsam voll Luft. Als er durch die Nase ausatmete, vibrierten seine rot entzündeten Nasenflügel.

„Herr Oberst haben recht, es wird Zeit, daß ich meinen Chef suche.“

„So gehen Sie schon!“

Der Unteroffizier drehte sich noch einmal langsam um.

„Also, Doktor, du hast gehört, daß der Oberst mir einen neuen Befehl gegeben hat, den ich jetzt ausführen werde.“

„Worauf warten Sie denn noch?“ fragte der Oberst.

„Zu Befehl, Herr Oberst“, antwortete Lohmann, ohne den Regimentskommandeur anzusehen. „Ich habe gelernt, immer folgerichtig vorzugehen. Also muß ich dem Doktor . . . Verzeihung, dem Obergefreiten Klaus . . . nunmehr den Befehl geben, sich für ein paar Minuten selbst zu bewachen, denn ich habe einen neuen Befehl erhalten ... Verstehst du, Doktor, einen neuen Befehl ..."

„Ist doch klar, Menschenskind", sagte der Doktor, der noch auf seinem Stuhl in der Bunkerecke saß. „Und jetzt suchst du den Chef ..."

„Ja." Lohmann lächelte ohne jeden Grund. „Ich suche jetzt den Chef, und du bewachst dich selbst, wozu ich dir hiermit den Befehl gebe ... Du könntest meinen Befehl eigentlich nochmals wiederholen. Was habe ich dir soeben vorgehaucht?"

Der Oberst war aufgestanden, aber er hütete sich, näher an den Unteroffizier heranzugehen. Bewußt sanft wandte er sich an den Angetrunkenen. „Den Mann bewache ich."

Da drehte sich Lohmann überraschend schnell um und sah dem Oberst erstaunt ins Gesicht. „Herr Oberst wollen einen Mann bewachen? Im Ernst, Herr Oberst wollen einen Fahnenflüchtigen bewachen, persönlich, im Dienstanzug und nach Wachvorschriften? Das kann ich unmöglich zulassen, Herr Oberst, das muß ich meinem Regimentskommandeur schon abnehmen können. Herr Oberst können unmöglich vor dem Feind zur Bewachung eines Ausreißers eingesetzt werden ..."

„Sie überlassen am besten mir, wozu ich eingesetzt werde", sagte der Oberst, aber er rührte sich nicht vom Fleck.

„Ich denke, ein Oberst, Herr Oberst, der bewacht nicht Gemeine!"

Der Unteroffizier ging zwei kleine Schritte auf den Oberst zu. Er wußte nicht, wohin mit seinen breiten roten Händen, und schließlich hing er sie ans Koppel, indem er die Daumen von oben hinter den Riemen steckte.

„Gehen Sie jetzt endlich", wiederholte der Oberst und setzte sich auf den Stuhl hinter den Tisch. Er kam sich plötzlich verloren vor, denn er konnte nicht einmal Befehle geben, konnte nicht mehr mit Abschnitten und Batterien telefonieren, konnte nicht die Karte studieren, denn die Standorte der einzelnen Regimentstrümmer waren noch nicht gemeldet worden. Wo blieb sein Adjutant mit den Karten?

Die einzige Batterie, die ihre Geschütze bis zu den Dünen diesseits des Dorfes hatte zurückfahren können, war die Achte. Sie verfügte über so gut wie keine Munition mehr, und er, der Regimentskommandeur, war sich darüber im klaren, daß sie bei der Verteidigung des Dorfes lediglich eine moralische Korsettstange bedeutete. Artilleristisch eine Null. Das war der Rest seines wunderbaren Regiments, der Rest von achtundvierzig Rohren, Tausenden von Pferden und Tausenden von vorbildlich ausgebildeten Artilleristen, Funkern, Fernsprechern und Fahrern. Das war der Rest seiner Welt. Eine Batterie stand da noch irgendwo im Land und grub sich ein, ohne Feuerkraft, ohne Munition und links und rechts davon die überlebenden Männer mit Gewehren und Pistolen, zwei schwache Kompanien vielleicht, gewiß nicht mehr, vielleicht weniger. Der Gegner hatte sie durch das ganze Land gehetzt und hatte sie hier auf diesem Stückchen Sand zusammengedrängt, wo er sie beim nächsten Angriff zusammenhauen würde wie einen Haufen Ratten, die in die Erde zu kriechen versuchten.

„Gehen Sie jetzt, ich brauche Ihren Chef", sagte der Oberst noch einmal freundlich. Er kannte sich mit Betrunkenen aus.

„Sie brauchen sich nicht zu fürchten, Herr Oberst", antwortete der breitbeinig vor dem Tisch stehende Unteroffizier, „weder vor der Nacht, noch vor mir. Unser Chef peilt draußen die Lage, und davon versteht er was. Hm, Doktor, das weißt du doch auch?"

„Du redest zu viel, du Dummkopf, trink lieber einen."

„Halt deinen Mund, du dammliger Laps. Ich habe jahrelang zugehört, jahrelang Befehle ausgeführt, jahrelang den

Mund gehalten und nicht zu denken versucht. In dieser letzten Nacht sind auch die Narren frei, und darum will ich Ihnen, Herr Oberst, mal was sagen . . .. Starren Sie doch nicht immer zur Tür hinüber, der Chef wird schon kommen . . . Ich will Ihnen jetzt mal was sagen: Sie glauben, ich bin betrunken. Das ist nicht wahr. Die letzte Nacht muß man wachen, wir haben nachher Zeit genug, uns auszuruhen." Er nahm die linke Hand vom Koppel und hob den Zeigefinger zur Nasenspitze. „Ein Oberst oder ein General, das ist schon eine Sache. So ein Oberst führt ein Regiment, und ein Regimentskommandeur, der ist wie ein Kapitän auf dem Schiff, der den Kurs bestimmt und das Auslaufen, und der hängen läßt, wenn einer meutert. Und da ist noch etwas: Die Mannschaft vertraut sich ihm an. Ich meine, der Soldat erwartet, daß man ihn mit allen Raffinessen der . . . na . . . Kriegskunst zum Erfolg führt. Das haben wir alle erwartet. Doch es wird mir immer unerklärlich bleiben, daß sie nichts zu ändern versuchten, als sie längst wußten, daß die Befehle den primitivsten Gesetzen der Front widersprachen. Daß wir hier alle vor die Hunde gehen, ist ein Stecknadelstich gegen das, was die Kommandeure mit ihren Befehlen den Männern angetan haben. Jawohl, Herr Oberst, Sie können mich hinterher auch erschießen lassen! Eine Truppe muß von ihrem Oberbefehlshaber wissen, daß keiner wie er so sicher, so aufrichtig, so klug und so aussichtsreich zu führen versteht, die Truppe muß das Gefühl haben: Er schafft es. Oder es ist nicht zu schaffen, und dann wird er es uns sagen und wird dem Ende ausweichen, bevor wir vor die Hunde gehen."

Er drehte sich zum Doktor um, der immer noch stillschweigend in der dunklen Bunkerecke saß. „Menschenskind, ich bin schon wieder stocknüchtern . . . so ein Mist!"

Langsam wandte er sich wieder dem Oberst zu. „Und aus diesem Grunde wird man alle verfluchen, alle, die uns geführt haben, alle, zu denen wir raufgeglotzt haben wie zu

Wundertieren. Alle, die uns geführt haben, wird man verfluchen, weil sie keinen Erfolg mit uns hatten, obwohl sie ihn mit solchen Männern hätten haben müssen. Oho, einen Krieg anfangen, das ist kein Kunststück! Aber ihn mit solchen Soldaten zu versauen und zu verspielen, dafür gehört ihr an die Wand."

Der Oberst riß die Zeltplane vom Bunkereingang weg. „Scheren Sie sich raus, Unteroffizier! Raus! Sofort!"

„Ich denke nicht daran!" schrie Lohmann den Oberst an, und seine Halsadern schwollen dick an vor Eifer und Zorn. „Ich denke nicht daran, jetzt rauszugehen. Das wäre eine einfache Sache, mich so kurzerhand an die frische Luft zu befördern, bevor ich das alles ausgekotzt habe. Mir steht der Dreck bis zur Unterlippe, und ich will das ganze Zeug loswerden, bevor mir einer eine Kugel in den Bauch jagt und die Sauce nach unten abläuft. Noch lebe ich, Herr Oberst – und diese Nacht gehört jedermann selbst. Herr Oberst brauchen sich nicht die Mühe zu machen, jetzt noch zu befehlen. Jetzt erübrigt sich jede Funkverbindung und jeder Spatenstich. Was die Leute in der Führung versäumt haben, das holen sie nie wieder ein, nie, bis ans Ende der Welt nicht, nie . . . und noch einmal: *nie*. Und was haben die Soldaten alles für die Führung getan . . ." Er brach ab, drehte sich um, ging zum Doktor hin und nahm die Schnapsflasche.

Was sollte das heißen, die Soldaten hätten alles für die Führung getan? Wollte der Unteroffizier damit etwa andeuten, er hätte nicht dem Vaterland, sondern der Führung gedient? Waren denn Vaterland und Führung nicht identisch? Der Oberst war ein Mann von Ehre und Charakter. Die Laufbahn hatte ihn in seinen Neigungen zu Ordnung und Etepetete bestärkt. Doch nun saß er wie Hiob auf dem Stein auf der Spitze eines Scherbenhaufens, und niemand hatte ihn gelehrt, dort oben eine gute Figur zu machen. Er hatte sich nicht vorstellen müssen und auch nicht vorstellen können, von einem Unteroffizier in dieser Weise attackiert zu werden. Das System des Vaterlandes hatte bisher perfekt gearbeitet, die Menschen hatten funktioniert. Es waren ihm hier und da Vorfälle zur Kenntnis gebracht worden, die den Tatbestand der Aufsässigkeit erfüllten, er selbst war von solchen Ereignissen verschont geblieben. Die Soldaten hatten auch in den gefährlichsten Situationen ihre Würde bewahrt, die Gesetze befolgt. Größten Lohn und höchstes Glück findet der Soldat im Bewußtsein freudig erfüllter Pflicht. Was hatte dieses System lädiert?

Er blickte dem Unteroffizier hinterher. „Sie können die Generäle nicht mit Ihrem Haß besudeln", sagte er, „sie haben genau wie Sie selbst, wie jeder andere ihre Pflicht getan. Sie haben ihr Bestes gegeben. Sie verdienen unsere Anerkennung."

Als er diese Behauptung ausgesprochen hatte, kamen ihm Zweifel, ob sie stimmte. Der Oberst gelangte zu der Einsicht, daß er mit dem sperrigen Unteroffizier nicht fertig werden würde. Er mußte warten, bis Westermann kam. Es wäre klug gewesen, hätte er selbst bis zu Westermanns Erscheinen den Bunker verlassen, doch scheute er das penetrante Störfeuer der russischen Granatwerfer und die Konfrontation mit den grausamen Realitäten der Nacht. Er konnte sich sehr gut vorstellen, was da draußen vor sich ging. Er würde, wenn er die Flucht von Follendorf nach Balga überlebte, noch bis zum Abscheu und Ekel über die Leichen gefallener Soldaten stolpern. Er blieb im Bunker.

Lohmann hob die Flaschenöffnung an die Lippen, bog den Kopf weit zurück und trank. Dabei verlor er das Gleichgewicht, so daß er mit beiden Füßen ein Stück zurückspringen mußte, um sich wieder zu fangen. Der Fusel lief in zwei schmalen Rinnsalen von seinen Mundwinkeln über die Backen. Er wischte sich mit dem Handrücken über das Gesicht.

Der Doktor war auf seinem Stuhl eingeschlafen. Sein Kopf hing wie abgebrochen über dem Brustkasten, während seine Unterarme auf den Oberschenkeln ruhten. Vielleicht sollte man ihn tatsächlich laufen lassen, dachte der Oberst plötzlich, er ist auch nur ein armes Schwein. Wir alle sind arme Schweine. Dieser Lohmann auch. Und ich. Wen sollen sie denn verantwortlich machen für all das, wenn nicht mich? Das ist doch naheliegend.

In diesem Augenblick kamen Hauptmann Westermann und der Regimentsadjutant, ein Oberleutnant der Reserve, mit einem Wachtmeister und mehreren Meldern zur Bunkertür herein. Sie grüßten. Ein Mann hing die Zeltbahn wieder vor die Tür. Der Regimentskommandeur atmete erleichtert auf.

„Na also“, sagte er. „Hauptmann Westermann, einen Augenblick bitte. Ich hatte eine sehr ... hm ... interessante Diskussion mit diesem Unteroffizier Lohmann. Der Mann ist betrunken. Er soll sich zum Teufel scheren.“

„Ich bin nicht betrunken, Herr Hauptmann, ich bin nicht betrunken, aber wenn in dieser Schweinerei einer den Mund aufmacht, dann heißt es, der Kerl muß ja betrunken sein. Hören Sie, Sie alle ...“, und er machte mit dem rechten Arm ein weitausholende Bewegung, „ich bin gar nicht betrunken, und ich bleibe dabei, daß man uns verraten hat!“

Westermann ging auf ihn zu und blieb dicht vor ihm stehen. „Was ist los, Lohmann, wen hat man verraten? Hm?“

Lohmann atmete scharf ein und aus. „Verzeihung, Herr Hauptmann“, sagte er leise. „Ich meinte man nur, daß wir Soldaten schlecht geführt worden sind, sonst hätten wir nicht so enden dürfen, so nicht ... Was hätten wir noch besser machen können? Was hätten wir besser machen können, um hier nicht abgeknallt zu werden?“

„Das wollten Sie sagen, Lohmann?“

„Jawohl, Herr Hauptmann, das wollte ich sagen.“

„Das ist alles, ja?“ fragte der Chef.

„Jawohl Herr Hauptmann, das ist alles!“

„Gut, dann machen Sie sich fertig und kontrollieren Sie nochmal den ganzen Batterieabschnitt.“ Ein lächerlicher Befehl.

„Jawohl, den ganzen Batterieabschnitt kontrollieren“, wiederholte Lohmann.

„Achten Sie vor allem auf den linken und rechten Anschluß“, fügte Westermann hinzu.

„Auf Anschluß achten.“ Lohmann drehte sich um, steuerte auf die Bunkerecke zu, in der der Doktor saß, und kramte dort auf der Erde herum. Schließlich hob er seinen Stahlhelm und eine Maschinenpistole auf. Er begann, mit sich selbst zu reden.

„Ja, ja, auf den Anschluß achten.“ Er baute sich vor dem Doktor auf, der immer noch schlief. „Auf den Anschluß kommt es an, wir waren dabei, wir hatten Anschluß an die Zeit, weißt du, wir haben nichts verpaßt, und darum einen Schluck auf den großartigen General.“ Und wieder hob er die Flasche auf, um einen Schluck daraus zu nehmen. „Das war der letzte Schluck auf den großartigen General, Doktorchen, jetzt trinken wir nur noch auf die armen Schweine, auf dich, auf mich, auf uns, auf die armen Schweine . . .“

„Kommen Sie, wir haben zu tun“, warf der Oberst ein.

„Bitte gehorsamst, Herr Oberst, noch eine Minute“, bat Hauptmann Westermann.

Der Regimentsadjutant legte Mütze und Koppel ab, holte aus einer Ledertasche die Karte und warf sie auf den Tisch. Einer der Melder zündete eine zweite Kerze an.

„Keine Sorge, Herr Hauptmann“, hörten sie Lohmann murmeln. Er wandte sich dem Ausgang zu. „Wir werden schon wieder nüchtern, Herr Hauptmann können sich auf mich verlassen.“ Vor der Bunkertür machte er kehrt riß die Hacken zusammen, grüßte und verschwand.

„Die Truppe ist mit den Nerven fertig", sagte der Oberst und zündete sich über der Kerzenflamme eine neue Zigarette an. „Wir wollen uns jetzt beeilen. Ich möchte mich vor Morgengrauen eine Stunde hinlegen. Bitte, meine Herren, fangen wir an . . ." Er setzte sich wieder hinter den Tisch.

Der Regimentsadjutant meldete sich als erster zu Wort.

Die Lage, o mein Gott, die Lage: Südlich des Dorfes unklar, Infanteristen, Trosse, Panzerjäger ohne Geschütze, Stäbe ohne Kommandogewalt, ein überfüllter Verbandsplatz, Tausende von verlassenen Kraftwagen, mehrere zerstörte Sturmgeschütze, Pferdeleichen, herumirrende Soldaten, dazwischen monoton die Einschläge von Fliegerbomben. Südostwärts des Dorfes lagen die eigenen Divisionsverbände. Klare Linienführung über die Höhe zwanzig hinweg auf Balga zu. Nach links Anschluß an intakte Schutzstaffeln. Die Leute gruben sich ein, die Kraft der Verteidigung würde sich auf Gewehre, einige Handgranaten und Geschütze der dritten Artillerieabteilung beschränken. Pro Geschütz etwa noch vier bis fünf Schuß. Keine Panzermunition. Keine schwere Flak, keine Infanteriegeschütze, keine Funkgeräte, ungenügendes Schanzzeug, kein Holz für die Befestigung der Gräben, völlig abgekämpfte Schützen und Kanoniere.

Beurteilung des Feindes: intakte Angriffsverbände.

Eigene Truppe: nur noch Trümmer.

„Vielleicht halten wir uns bis zum Mittag", sagte der Adjutant, „vielleicht bis zum Abend. Auf keinen Fall länger. Das ist die letzte Nacht."

Der Oberst lächelte. Und dieses Lächeln milderte den strengen Zug in seinem Gesicht. „Ich fürchte mich nicht vor der letzten Nacht. Sie sind jung, und Sie werden sich sagen: Ja, dieser alte Oberst hat sein Leben gelebt, und das hier ist für ihn ein anständiges Ende und eine anständige letzte Nacht. Aber es ist für mich genauso schwer, dieses Ende, wie für Sie. Glauben Sie nicht, diese paar Jahre, die zwischen Ihnen und mir liegen, machten die Sache leichter. Das Sterben ist für jeden Jahrgang gleich schwer, denn jeder läßt seine ganze Welt zurück, und jeder von uns hat sie gleich geliebt. Nein, es ist etwas anderes, woran ich denke . . . Verzeihen Sie mir bitte meine Geschwätzigkeit . . . Ich habe den Befehl entgegengenommen, bis zum letzten Mann zu kämpfen, und auch in diesem Punkt nehme ich für mich in Anspruch, ein Mann zu sein. Diese letzte Nacht und diesen letzten Tag werden wir noch alle zusammen durchstehen. Wenn wir uns dann noch aufrecht auf festem Boden befinden, werde ich für mein Regiment den Befehl geben: Rette sich, wer kann! Mit diesen letzten vierundzwanzig Stunden verlange ich von mir und den Soldaten das, was man ein zweites Mal nicht zu geben vermag. Der Bogen wird sich überspannen; reißt er nicht, so möge jeder zusehen, wie er über das Haff kommt. Das sollen die Leute wissen. Ja, sie sollen ganz genau wissen, was ich von ihnen verlange und was ich nicht mehr verlange, und sie sollen wissen, daß ihr Rücken frei bleibt. Aber der Tag muß uns gehören.“

Der Oberst überlegte einen Augenblick und fuhr dann fort. „Und eine Bitte an alle, die herauskommen und jemals von meiner Familie angesprochen werden sollten. Lügen Sie, erfinden Sie irgendeine Geschichte, von den Thermopylen meinetwegen oder so etwas Ähnliches, aber sagen Sie um Gottes willen niemandem, wie wir hier verrecken mußten.“ Er war von einer düsteren Feierlichkeit erfüllt, die ihn für Minuten über die katastrophale Lage, in der sie sich alle befanden, hinweghob.

Seine Offiziere standen vor ihm und fühlten gleich ihm die Bitterkeit, die dieses farblose und ganz und gar unheroische Ende mit sich bringen mußte. Vielleicht durften sie zu menschlichen Helden werden, aber im übrigen würde kein Hahn mehr nach ihnen krähen.

Plötzlich, der Adjutant grub gerade ein paar eiserne Kreuze, die die Division zur Verteilung geschickt hatte, aus seiner Tasche aus, stand wie aus dem Boden gewachsen der Doktor, der Obergefreite, vor ihnen. Sein unrasiertes, unkriegerisches Gesicht mit den vom Schlaf zerzausten Haaren erfüllte Westermann mit Mitleid. Eine Gestalt aus einer anderen Welt.

„Ich bitte, Herrn Oberst sprechen zu dürfen", sagte der Doktor mit brüchiger Stimme, und niemanden hätte es verwundert, wenn aus seinen Augen Tränen gequollen wären.

„Was wollen Sie denn noch?" fragte der Oberst mit einem kaum spürbaren Unterton der Verachtung, als könnte er diesen Außenseiter, der an seiner Welt weit entfernt vorbeitrieb, nicht mehr fassen. „Was?"

„Ich habe es nicht vergessen, Herr Oberst, daß Sie mich zum Tode durch Erschießen verurteilt haben. Aber vielleicht lassen Sie mich doch dahin, wo ich hingehöre, zur Ersten Batterie. Ich kann dort anständiger . . . ich meine, wir sind ja so oder so aufgeschmissen."

„Ich halte es auch für gut, Herr Oberst, den Obergefreiten Klaus zur Batterie zurückzuschicken", warf Westermann ein.

„Der Mann ist übergelaufen, meine Herren! Meinetwegen können wir aber in diesem Schutthaufen den Kriegsgerichtsrat ausfindig machen, der wird das Urteil nur bestätigen. Warum sind Sie Dummkopf denn überhaupt nochmal zurückgekommen? Sie sehen doch, daß wir jetzt keine Zeit mehr für langwierige Prozesse haben. Sie sind zum Feinde übergelaufen, Sie sind zum Tode durch Erschießen verurteilt und damit basta!"

Inzwischen waren im Bunker noch weitere Kerzen angezündet worden, zwei Leute vom Regimentsnachrichtenzug bauten einen Feldfernsprecher auf in der Hoffnung, mit dem weiter nördlich gelegenen Divisionsgefechtsstand Verbindung aufnehmen zu können. Das einzige gerettete Funkgerät

Berta tutete kurz und lang, krächzte und brachte schließlich vom Königsberger Sender Nachtmusik. Der Oberst drehte sich langsam um und sagte scharf: „Abstellen."

Sofort verstummte der Apparat. Einer der Funker zündete sich gereizt eine Zigarette an. Mehrere Männer setzten sich auf die Erde und schliefen an die Wand gelehnt sofort ein.

Draußen dröhnten monoton Granaten- und Fliegerbombeneinschläge. Mal näher, mal weiter fort. Wenn die Detonationen sehr nahe am Bunker erfolgten, flackerten sämtliche Kerzenflammen, und aus den Ritzen zwischen den Deckenbalken rieselte feiner Dünensand.

„Es war ganz anders, als Sie es sich denken, Herr Oberst", meldete sich wieder die brüchige Stimme des Doktors. „Darf ich mich einen Moment setzen, seit dem Bahndamm kann ich nicht mehr so lange stehen."

„Wo verließen Sie die Truppe?" fragte der Oberst.

„Wir lagen abends im Wald, ich glaube, es war vorgestern. Tagsüber hatten wir unsere Geschütze verloren, und von den hundertfünfzig Mann, die unsere Batterie noch beim Überschreiten der Grenze zählte, waren achtzig oder neunzig übriggeblieben. Vielleicht sind es heute noch vierzig und morgen keiner mehr. Das rechnete ich mir abends im Wald an den Fingern vor, weil wir den Befehl hatten, hier am Haff bis zum letzten lebenden Mann zu kämpfen. Wir liegen hier erheblichen feindlichen Verbänden gegenüber, nicht wahr?"

„Schneller! Sie! Wir haben nicht viel Zeit", sagte der Oberst.

„Es gibt keine Chance mehr, hier lebend herauszukommen, und auch Sie, Herr Oberst, haben diese Möglichkeit nicht mehr. Das ist es! Was hat uns denn der Führer, was haben uns denn die Generale . . . seit Jahren gesagt? Das müßt ihr noch schaffen, dann geht es aufwärts. Diesen Sieg müßt ihr noch erreichen, dann geht es aufwärts. Die Landser haben ihre Haut hingehalten, als stünde hinter ihnen ein Gott. Ich habe damals noch studiert, Philologie und Philosophie, habe an den Sinn eines Krieges geglaubt, und an die Bedeutung dieses Krieges für uns. Und immer wieder hat unser Oberster Befehlshaber gesagt: Nur noch das, dann geht es aufwärts. Wir können gar nicht mehr verlieren, wir müssen gewinnen, weil so ein herrliches Volk eben nur gewinnen kann. Dann meldete ich mich freiwillig, obwohl der Arzt meinte, es sei Wahnsinn, aber ich wollte dabei gewesen sein, wenn es hieß: Dies müßt ihr noch schaffen, Kameraden, dann geht es aufwärts. Und jetzt liegen die Trümmer unserer Armee hier am Haff, und der großartige General spricht zu uns in dieser Nacht: Jetzt müßt ihr nur noch verrecken, dann geht es aufwärts."

Der Doktor machte eine Pause.

„Mensch, hat der eine Schnauze", sagte einer von den Funkern, der noch nicht eingeschlafen war.

„Na und?" schrie der Oberst.

„Ich will nicht sterben, Herr Oberst, das ist alles."

Pause. Draußen hörte man monoton Granaten einschlagen.

„Also liefen Sie über, wie? Das lag doch nahe, nicht wahr? Einfach so überlaufen, und dann bist du draußen, he? Mitnichten, sage ich."

„Nein, Herr Oberst, niemals überlaufen. Überlaufen stinkt. Mein Vater hätte einen Überläufer nicht mehr nach Hause gelassen. Aber ich wollte ausbrechen. Ich wollte nicht zu den *morituris* gehören, die sich hier im Haff zusammentreiben lassen, ohne die geringste Aussicht, mit dem Leben davonzukommen. Pazifist, ich bin kein Pazifist. Pazifismus ist so eine Art Herzklappenfehler. Nein, das war es nicht . . ."

Ganz in der Nähe schlug eine Bombe ein. Der Boden unter ihnen vibrierte, der ganze Bunker schien zu wackeln. Irgendwo hämmerte ein Maschinengewehr, dann plötzlich wieder Stille. Die Männer in diesem Loch starrten sich einen

Augenblick an. Über ihnen rumorte eine „Nähmaschine“, einer dieser gräßlichen russischen Nachtbomber. Draußen schwirrten Stimmen durcheinander.

„Ich will hier nicht sterben, Herr Oberst, das ist alles“, wiederholte der Doktor und sah mißtrauisch zur Decke hinauf, von der Sand und Staub herunterrieselten.

„Wo schon Millionen ausgehalten haben, steht Ihnen nicht das Recht zu, aus privaten Gründen zu kneifen. Ein Regiment mit tausend privaten Motiven ist kein Regiment, nur ein Sauhaufen. Obergefreiter, das muß so bleiben, auch bis zu dem Punkt, an dem der eine oder andere glaubt, daß der Rest Wahnsinn sei und daß man nun aufhören könnte. Man muß es bis zum Schluß durchstehen, aber das sehen die wenigsten Soldaten ein.“

Die Zeltplane vor der Bunkertür wurde plötzlich beiseite geschoben. Im Türrahmen tauchte wie ein Gespenst Unteroffizier Lohmann auf, und das Unheimlichste war, daß er nichts sagte. Auf seinen Armen trug er einen schwerverwundeten Mann von der Infanterie.

Westermann faßte einen der schlafenden Funker an der Schulter und schüttelte ihn.

„Los, auf, der Stabsarzt wird gebraucht, laufen Sie schnell rüber.“

Lohmann legte den Infanteristen an die Hinterwand des Bunkers. Der Verwundete war ohne Bewußtsein.

„Das Saubiest schlug mitten rein. In den übernächsten Keller. So was habe ich noch nicht gesehen.“

„Warum bringen Sie den Mann denn nicht gleich ins Lazarett?“ fragte der Oberst.

„Hier im Dorf gibt es zwei Lazarette, Herr Oberst“, antwortete Lohmann, „wenn man so einen stinkenden Kuhstall Lazarett nennen kann. In beiden wird nur noch gespritzt, damit die Leute nicht so laut schreien. Und wenn sie eingeschlafen sind und Aussicht haben, auch wieder aufzuwachen, dann werden sie zu den Pontons getragen. Zu den Booten, die nicht ausreichen. In beiden Lazaretten ist Gasbrand." Er machte eine Pause. „Gasbrand! Ohne Chirurgen, ohne Serum." Er machte sich an dem Verwundeten zu schaffen. Einer der Funker stellte an das Kopfende des Liegenden eine Munitionskiste mit einer Kerze.

Der Doktor wankte zurück zur Bunkerecke und setzte sich wieder auf den Stuhl.

Der Oberst zog scharf an seiner Zigarette. „Sie haben gesehen, was da drüben marschiert", sagte er nach einer Weile, „und was nun?"

„Es kann doch nicht notwendig sein, daß die Menschen so leiden", antwortete der Doktor. Er sprach ganz leise, und seine Stimme klang, als habe er vorher eine Ewigkeit lang ausgeatmet. Nun schien keine Luft mehr in ihm zu sein: eingefallen, gekrümmt und dünn saß er auf dem wackeligen Stuhl.

„Notwendig?" wiederholte der Oberst gedämpft. Er vergaß, die Zigarette von seinen Lippen zu nehmen.

Der Doktor bog seinen Körper hoch. „Wir nehmen es schon seit Jahren hin", keuchte er, „ja, seit Jahren schon. Da konnten wir noch mit all unseren Waffen schießen, und in unserem Rücken war das Land, über das man gehen, in das man sich eingraben konnte. Und was haben wir hier? Zehntausende von Soldaten mit ein paar Gewehren, mit Spaten und Taschenmessern. Was wollen Sie denn mit denen noch?" Seine Stimme überschlug sich. Er lehnte sich mit seinem gesunden Arm an die Bunkerwand, um nicht umzukippen.

Der Oberst saß immer noch starr da. Die Zigarette hatte er aus dem Mund genommen.

Der Doktor hob den Kopf. „Sagen Sie mir doch, was Sie mit diesen zerlumpten und erschöpften Landsern noch gewinnen wollen. Warum hat denn niemand von den Offizieren den Mut zu befehlen, wir brechen durch? Wir tun etwas, wir lassen uns nicht einfach abknallen, wir bauen Flöße und schwimmen los, und wer uns an der Landung hindern will, den knallen wir ab. Wir liegen nicht untätig herum, wenn die Horden auf uns zielen, wir wehren uns. Warum gibt denn keiner den Befehl, sich gegen den Tod zu wehren? Ich werde es Ihnen sagen, ich lasse mich nicht einfach abknallen, nur weil da irgendeiner gesagt hat, jetzt müßt ihr nur noch verrecken, dann geht es aufwärts."

Er hatte seine Verzweiflung hinausgekeucht, nun weinte er nur noch. Dem Oberst war es peinlich, daß der Mann jetzt auch noch weinte. Er selbst hatte niemals in seinem Leben geweint, jedenfalls, soweit er sich entsinnen konnte. Dazu war er erzogen worden.

„Ich kann diese weinerliche Kreatur nicht mehr ertragen", sagte der Oberst. Er schaute vorwurfsvoll auf Westermann, als habe der den Mann zu einem Jammerlappen gemacht. Einer mußte immer verantwortlich sein. Ja, das war's. Hatte es Westermann nicht hier und da auch an Schneid gefehlt?

Der Adjutant sah müde auf. „Herr Oberst, können wir diesen Vorgang jetzt abschließen?"

„Einen Augenblick", antwortete der Oberst.

„Ich möchte die Auszeichnungen noch an die Männer verteilen lassen", sagte der Adjutant.

Der Regimentskommandeur sah verächtlich auf die Eisernen Kreuze und die schwarz-weiß-roten Bänder. Dann wischte er sie mit seinem rechten Unterarm vom Tisch. Die Metallstücke kleckerten auf den Boden . . .

„Tut mir leid", murmelte die rauhe Stimme Lohmanns aus dem Halbdunkel, „der Mann ist schon tot."

Da erhob sich der Oberst und reckte sich mit einem grotesk wirkenden Ernst kerzengerade hinter dem Tisch auf.

„Obergefreiter Klaus, Rechentruppführer der Ersten Batterie, nehmen Sie Haltung ein."

Die letzte Nacht - Rückzug über das Haff

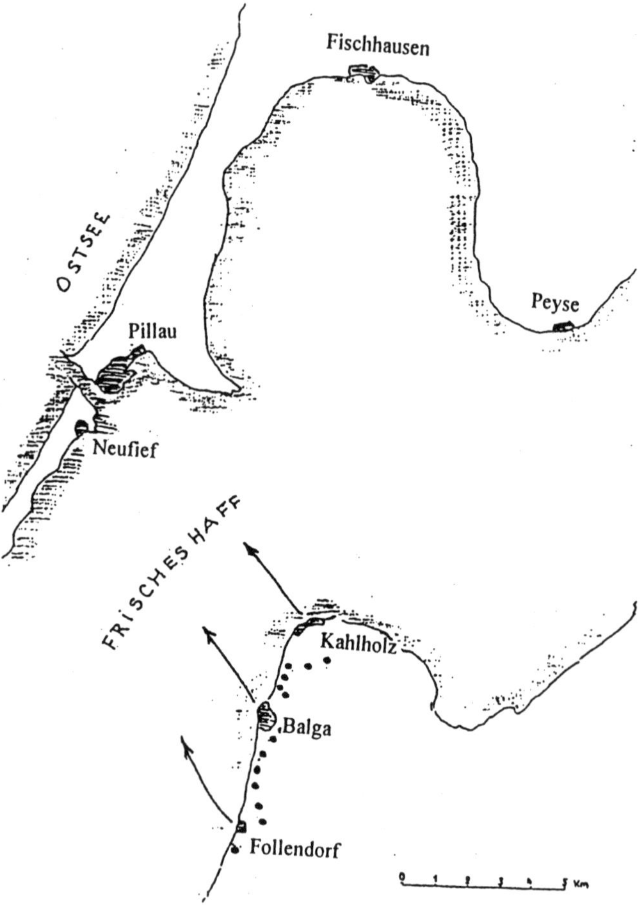

Der Doktor stand mühsam auf und setzte die Füße aneinander.

„Sie haben sich in der vorigen Nacht von Ihrer Einheit entfernt, in der Absicht, Ihr Geschick in Ihre eigenen Hände zu nehmen. Das war eine offene Rebellion. Ich verurteile Sie daher zum Ausschluß aus unserem Regiment. Ich verwehre Ihnen das Recht, mit uns zu leben oder mit uns zu sterben. Sie gehören nicht mehr zu uns."

Er machte eine Pause und setzte sich dann um eine Idee blasser wieder hin. „Unteroffizier Lohmann", fügte er abgespannt hinzu, „bringen Sie den Mann zu den Booten."

Lohmann wußte nicht, welche Boote der Oberst meinte. Er führte den Doktor hinaus.

29

Mitternacht war schon vorüber, und die Lage der zusammengeschossenen Armee zeigte keine Veränderung. Von oben her hatte so gut wie jede Befehlsgebung aufgehört. Lediglich in den unteren Stäben bemühte man sich verzweifelt, eine durchlaufende Linie von Schützennestern auszubauen, um zumindest den ersten Ansturm des im Morgengrauen erwarteten gegnerischen Angriffs abwehren zu können.

Das nächtliche Bombardement hielt an, und jede Bombe und Granate tötete oder verwundete unvermeidbar Soldaten. Zerriß Verwundete. Tötete Tote. Traf Gefallene zum zweiten oder dritten Mal. Viele Soldaten nutzten auf der Flucht rasch geschaufelte Deckungslöcher, und wenn sie die Kameraden neben sich ansprachen, stellten sie fest, daß deren Körper schon kalt und starr waren. Das Ufer zwischen Follendorf und Balga sah aus, als habe das Universum über den Sanddünen seine Latrine entleert. In den Müll und die Exkremente stürzten sich bei jedem neuen Feuerüberfall Schutz suchende Soldaten. Ein Soldat hatte einen Schellenbaum in den Sand gerammt. Dann war er gefallen. Seine Hand umklammerte fest den Fuß des Baums.

Am Haffufer, in den Dünen und an der Straße waren die Verluste schwerer, weil es hier keinen Quadratmeter Erde gab, in dem sich nicht ein Landser eingegraben hätte.

Hier hockten sie wie Rudel verängstigter Tiere, und sie starrten auf die dunkle Masse des Wassers, als könnte dort jeden Augenblick ein Wunderschiff auftauchen, das sie alle aus der Hölle entführte. Doch nur wenige Male landeten die kleinen Flöße und Motorpontons der Pioniere, um die Verwundeten abzutransportieren. An der Landestelle standen Feldgendarme und Stabsärzte mit schußbereiten Maschinenpistolen, um das Einladen der Verwundeten gegen die Übergriffe verzweifelter Soldaten zu sichern. Auch auf den Flößen standen schwerbewaffnete Soldaten mit dem Befehl, jeden niederzuschießen, der es wagen sollte, ohne Lazarettschein aufzuspringen.

Zerschossene Lastkraftwagen, Befehlsomnibusse, Zugmaschinen und Stabsautos säumten das Ufer. Überall hockten erschöpfte und vor Angst halb irrsinnige Versprengte und Troßleute, die nicht begreifen wollten, daß es keinen Ausweg mehr gab. Das Schreien der in jeder Minute sterbenden und verwundeten Offiziere und Soldaten steigerte die Verwirrung und die wahnsinnige Wut der Menschen. Immer noch wurden aus den Autobereifungen Gummischläuche herausgezogen und aufgeblasen. Mit dieser Beute beladen gingen die Männer in nördlicher Richtung das Ufer entlang, bis sie am Ende des Dorfes zwischen der Chaussee und dem Wasser einige noch nicht abgebrannte Bootsschuppen fanden, aus deren Brettern sie kleine Zwei- und Drei-Mann-Flöße zusammenbauten. Unter die Bretter banden sie die aufgeblasenen Autoschläuche, legten sich dann flach auf diese primitiven Wasserfahrzeuge und stießen vom Ufer ab.

Bald aber konnte man im ganzen Abschnitt keinen Splitter Holz mehr finden. Die Leute warfen ihre gesamte Ausrüstung fort, zogen ihre Stiefel aus und hingen sich so an einzelne Autoschläuche, in der Hoffnung, schwimmend das andere Ufer zu erreichen. Doch das Wasser war jetzt im März noch erbärmlich kalt, und viele von ihnen ertranken schon nach wenigen hundert Metern.

Noch weiter nördlich, in Höhe des Mühlenbruches, dort, wo die Chaussee sich dicht an das Ufer anschmiegte, fuhren sie ganze Lastwagenkolonnen ins Haff, einen Wagen neben den anderen, so daß hier eine künstliche Brücke entstand. Vom letzten Wagen, der schon fast im Wasser versank, gaben sie Leuchtzeichen zur Nehrung hin, um Fischerboote oder Pontons anzulocken. Alle ihre Versuche aber waren vergebens, denn die wenigen Landeplätze hatte man schon seit Tagen festgelegt, um den Abtransport der Verwundeten nicht zu verwirren.

Das Land ließ sie nicht mehr los.

Nun wurde allen Überlebenden klar, daß den Resten der Armee ein Entrinnen nicht mehr gegönnt sein würde. Bei den Todesmutigen unter ihnen löste diese Erkenntnis eine letzte Bewunderung für den Führer aus. Er war es, der der Armee den Befehl gegeben hatte, am Haff für die gemeinsame Sache zu sterben und sterbend Kräfte des Feindes zu binden. Wiederholt war ihnen diese Order eingehämmert worden, und es hatte auch nicht an Hinweisen gemangelt, man würde die Schiffe auf dem Haff verbrennen, noch bevor die Soldaten das Ufer erreichten. Doch Berlin war weit, und die alten Haudegen, erfahrene und tapfere Männer, gaben sich gern der Illusion hin, sie würden selbst ihre hörigen Feldherren überlisten und in das Reich entkommen können.

Der Führer aber wußte von dieser Illusion. Hoßbach hatte der Armee wie ein Blücher, den die russischen Bündnispartner General Vorwärts nannten, das Tor nach Pommern öffnen wollen. Der Führer benötigte eine einzige Nacht, um Hoßbach durch Friedrich Wilhelm Müller zu ersetzen, und dieser Zauderer konnte Blücher nicht einmal imitieren. Der Cunctator kam und sah, und rasch stieß er das Tor zum Westen zu. Nicht die Todesmutigen und Haudegen hatten den Führer, nein, der Führer hatte sie überlistet. Krieg war Krieg. Von altersher. Sterben bedeutete nun einmal Sterben. Heldentod hieß Heldentod. Keine Diskussion, Soldaten! Die Illusion, sie könnten wieder einmal entkommen und die Geschichten von ihren Heldentaten getrost nach Hause tragen, verwandelte sich in Luftspiegelungen.

Hinter ihnen flimmerte die Wasserfläche des Haffs, auf dem Wasser treibend Tausende von Booten, die zweifellos darauf warteten, daß sich die Armee an Bord meldete, um in die vertraute Heimat zu segeln. Erschöpft, ihrer Sinne nicht mehr mächtig, blickten sie auf die Boote, und sie vermochten nicht wahrzunehmen, daß es nicht mehr als eine Fata Morgana war. Die Realitäten verloren vor ihren müden Augen die harten Konturen, die Schönheit des Bildes, die ewige Sehnsucht des Ertrinkenden nach dem sich nähernden Windjammer und der das Ufer kündenden Leuchtboje verwandelte ihre Sinnestäuschungen in eine ach so gütige Macht des Schicksals.

Etwa gegen halb zwei nachts erreichte der letzte schriftliche Befehl der Division den Bunker des Regimentskommandeurs. Mit diesem Befehl hüllte die Division das Ende des Heiligenbeiler Kessels in den Schleier teutonischer Ironie, indem er sich genau an die klassischen Formen eines taktischen Befehls hielt. Er begann mit einer Bemerkung über den Feind, dann folgte ein Bericht über die eigene Lage. Treffend genau. Und schließlich hieß es, daß der heutige Kampftag die zurzeit noch schwach zusammenhaltende Formation der Division auseinanderreißen werde, daß der Nahkampf aller Männer und auch Stäbe infolgedessen unvermeidlich sei und daß kein Unteroffizier oder Offizier mit einer weiteren Befehlsgebung rechnen könne. Jeder sei sein eigener Kommandant. Die Division danke für die heldenhafte Zähigkeit der Truppe. Sie erwarte, daß sich jeder, sei es im Todeskampf, sei es in der Gefangenschaft, so verhalte, wie es eines deutschen Soldaten würdig sei. Zum ersten Male wurde ausgesprochen, daß mit der Gefangenschaft gerechnet werden müsse. Am Ende des Befehls fand sich eine Bemerkung, daß alle Geheimen Kommandosachen und Geheimsachen, soweit sie nicht schon vernichtet seien, umgehend zu verbrennen seien. Vollzugsmeldung an die Division bis vier Uhr früh. Vernichtungsverhandlungen seien nicht aufzusetzen.

„Lassen Sie sofort alles vernichten“, befahl der Oberst dem Adjutanten. „Weisung an alle. Wir brauchen nur noch Waffen und Munition!“

Er legte den Befehl der Division auf den Tisch und strich das Papier mit der glatten Hand flach. Sogleich aber nahm er die Blätter wieder hoch und zündete sie über der Kerze an. Das dünne Papier brannte schnell. Die glühende Asche fiel zu Boden.

„Westermann, lassen Sie den Toten, der dort auf der Erde liegt, hinausschaffen und begleiten Sie dann die beiden Leute zum Boot. Die letzten Pontons verlassen uns genau um vier Uhr, den schriftlichen Ausweis geben Sie dem Mann mit. Wir sehen uns hinterher wieder. Ich selbst werde jetzt nochmals die Verteidigungslinie abgehen, um zu beurteilen, wie lange wir durchhalten. Ich bin spätestens um halb fünf zurück. Der Adjutant bleibt hier erreichbar. Seien Sie vernünftig, dort am Ufer, na, das brauche ich Ihnen ja nicht zu sagen, den Tag über zählt heute jeder Mann zehnfach.“

Was für ein Zirkus, dachte Westermann. In der letzten Nacht erfahren wir von der Division und vom Regiment, daß heute jeder Mann für zehn kämpfen muß. Und sollte einer von uns zweifeln, so wird der andere gläubig lachen. Und dann erinnert die Division noch daran, daß der Kriegsgott jedem Kämpfer einen Kameraden beigibt. Aber er schwieg. Hätte er das alles jetzt noch sagen sollen? Das alles nicht. Er sagte: „Hoffentlich geht es schnell, Herr Oberst. Ein großer Knall, und ab zur großen Armee." Er hätte so gern noch weiter gelebt. Wie alt war er jetzt? Sechsundzwanzig.

„Sie vergessen, daß wir den Befehl haben, den Gegner solange wie möglich zu binden. Es ist völlig unbedeutend, ob wir uns dabei quälen oder nicht. Jede Minute, die wir hier länger aushalten, zwingt den Russen, ebenfalls hierzubleiben und das Spiel mitzuspielen. Das gibt der Hauptfront, vor allem dem Mittelabschnitt die Möglichkeit, sich zu fangen, zu halten und schließlich aus der Tiefe des Raumes zum Gegenangriff überzugehen. Ich freue mich jedenfalls, daß die Masse meiner Männer bis zum Schluß durchgehalten hat. Es klingt sicher sentimental, aber ich bin doch sehr stolz auf diesen Haufen." Der Oberst legte die Hand an die Extramütze, drehte sich um und verließ mit einem Melder den Bunker.

Aus der Tiefe welchen Raumes? Zirkus und immer noch kein Ende der Suada.

Während sich der Oberst und sein Begleiter nach Osten wandten, auf den Lindenberg zu, um die gleich ostwärts der Dorfstraße beginnende Schützenlinie abzugehen, schleppten der Chef und Unteroffizier Lohmann den zusammengebrochenen Doktor in entgegengesetzter Richtung auf das Ufer zu. Obwohl der Bunker des Regimentskommandeurs nur zweihundert Meter vom Haff ablag, benötigten sie für diese Strecke eine halbe Stunde. Jeden Augenblick schlugen Granaten ein. Die drei Männer sprangen, krochen oder rannten vorwärts, suchten unter Kraftwagen Schutz, obwohl das natürlich Unsinn war, denn ein Kraftwagen konnte gar keinen Schutz gewähren, oder sie warfen sich in alte Granattrichter, bis das Feuer sich eine neue Stelle aussuchte.

Gegen drei Uhr morgens standen sie endlich am Wasser. Da sie aber die von der Armee eingerichteten Landungsstege verpaßt hatten, schwenkte der Hauptmann nach Süden ab und befahl den beiden zu warten. Die Dünen fielen hier ziemlich steil zum Ufer hin ab. Der Hauptmann schätzte den Dünenkamm auf etwa zehn Meter. Der Hang war über und über mit kleinen Deckungslöchern übersät, in denen Soldaten schliefen oder auf das Wasser starrten, in der Hoffnung, bald von einem Boot abgeholt zu werden.

Dort etwa, wo die Sandkuppe ihren höchsten Punkt erreichte, stand wenige Meter vom Ufer entfernt ein Holzgerüst im Wasser, über das ein schmales Brett zu einer vollbesetzten Fähre führte. Westermann lief zu den Wartenden zurück. „Ihr müßt euch beeilen, ein Stück weiter liegt eine Fähre“, sagte er atemlos.

Lohmann hob den zusammengesunkenen Doktor auf und gab ihm einen Schubs. „Los, Kerl, reiß dich zusammen.“

„Ruhe, Lohmann, fassen Sie rechts unter, der Kahn ist schon ziemlich voll. Wir stehen hier im Feuerschatten, die russischen Geschosse bleiben schon in der Düne hängen, darum liegt hier auch der Steg.“

„Was für’n Steg?“ fragte der Doktor.

„An dem Steg hat eine Fähre angelegt, von den Pionieren, mit der müssen Sie mit.“

„Ich bin innen ganz hohl, ich glaube, ich hab’ ’ne Lungenentzündung“, jammerte der Doktor.

„Halt jetzt deine Schnauze und verlier nicht die Adresse von zu Hause“, sagte Lohmann schroff.

„Du kommst schon durch, eine Entzündung schleppt jeder von hier fort. Ein Bursche wie du regeneriert sich rasch.“

„Was du nicht alles redest.“

„Ja“, sagte Westermann, „ich hab’ zuviel getrunken.“

Westermann packte den Doktor bei der Hand und schob seinen Unterarm unter die Achselhöhle. „Passen Sie auf, wir kommen hier alle noch raus. Bis abends werden die Stellungen gehalten. Ihr müßt uns nur Boote von drüben schicken. Sobald es dunkel wird, müssen die Boote hier sein. Werden Sie das drüben an der Nehrung sagen?“ keuchte Westermann. Sie sahen vor sich schon den Schatten der Fähre auftauchen. „Die Boote können auch tagsüber kommen. Nur sollen sie dann nicht anlegen, sondern draußen bleiben. Ein Stück schwimmen wir dann schon. Haben Sie das verstanden, Doktor?“

„Jawohl, Herr Hauptmann.“

Hunderte von Soldaten standen dichtgedrängt um den Landungssteg. Mitten in dem Knäuel brüllten mehrere Soldaten durcheinander.

„Ich möchte noch einmal richtig ausschlafen, in einem weißüberzogenen, warmen Bett“, flüsterte der Doktor.

„Wie stinklangweilig“, höhnte Lohmann, „eine Frau müßte schon dabei sein. Wie damals in Frankreich, von den Brüsten einer knackigen Frau Kognak schlürfen, Mensch, das möchte ich nochmal.“

„Paß jetzt auf“, befahl der Chef, „wir müssen durch die Leute durch zum Steg. Zusammenbleiben! He, macht mal Platz, hier ist ein Verwundeter . . . hört ihr nicht?“

„Wir sind auch verwundet“, sagte einer, „und warten schon seit abends.“

„Wer leitet hier denn die Verladung? . . . Laßt uns doch mal durch.“

„Wir wollen auch mit, aber die Schweine sagen, der Kahn wäre voll.“

„Los, Lohmann, halten Sie den Doktor fest . . . steht hier doch nicht so stur herum, was ist denn los? Kommen Sie, Doktor, der legt gleich ab.“

Langsam wühlten sie sich durch den Haufen durch. Der Doktor stöhnte. „Ich kann doch nicht mehr“, flüsterte er monoton, „ich kann doch nicht mehr.“

Am Anfang des Steges standen mehrere Feldgendarmen mit Maschinenpistolen in der Hüfte. „Der Kahn ist voll."

Der Chef stand jetzt in der vordersten Reihe. „Hier ist noch ein Verwundeter, der muß mit!" schrie er.

„Sie hören doch, daß der Kahn voll ist, es kommt niemand mehr mit!" brüllte der Gendarm zurück.

„Wer sagt denn, daß die Fähre voll ist, was?"

„Das bestimmen die Pioniere, Herr Hauptmann, die sind ja schließlich verantwortlich, daß der Kahn nicht absäuft."

Westermann stieß mit dem Fuß gegen einen Körper, der halb im Wasser lag. Er beugte sich tiefer herunter, um die Leiche zu erkennen. Es war ein Offizier.

„Mußten wir umlegen, Herr Hauptmann", sagte einer der Gendarmen, „auf die Boote dürfen nur Verwundete. Wir haben es ihm mehrfach gesagt, aber er wollte sich mit der Pistole in der Hand einen Weg bahnen."

„Nehmt den Schweinen doch die Maschinenpistolen ab und dann rauf aufs Boot", brüllte ein Landser aus den hinteren Reihen.

„Wir haben Befehl zu schießen", drohte der Feldgendarm.

„Und ihr habt Befehl, euch hier zu verteidigen. Ihr braucht nicht so laut zu schreien."

„Wir haben uns lange genug verteidigt, jetzt wollen wir nach Hause . . ."

Plötzlich begann der ganze Haufen zu brüllen. Das Boot stieß vom Landungssteg ab und trieb gemächlich ins Haff hinaus. Die drei Feldgendarmen wurden beiseitegestoßen und der Steg gestürmt.

„Los, Doktor", zischte der Hauptmann, „laufen Sie, es ist das letzte Boot." Er ließ den Doktor los und gab ihm einen Stoß nach vorn. Der Doktor gelangte als vierter oder fünfter auf den Steg. Er rannte auf das Boot zu und sprang ab. Aber sein Fuß erreichte nicht mehr den Rand der Fähre. Auch die hinter ihm Kommenden stürzten in die eiskalte Flut. Von wahnsinniger Angst getrieben wateten sie bis zum Bauch im Wasser hinter dem Boot her, aus dem sich helfende Arme entgegenstreckten, um die tiefer und tiefer Sinkenden herauszuziehen und aufzunehmen. Der Doktor warf sich mit einer letzten Anstrengung nach rechts und klammerte sich mit einer Hand am Bug fest. Er versuchte, unter dem Bug zur anderen Seite durchzutauchen. Plötzlich ratterten Maschinenpistolen. Auf der Fähre standen mehrere Pioniere und schossen auf die Soldaten, die sich an den Rand des Pontons anklammerten.

„Wir saufen alle ab, das Boot ist doch voll“, schrien sie. „Laßt doch los, ihr Idioten, na schön, wenn ihr nicht wollt . . .“ Wieder peitschten die Garben in die im Wasser Treibenden hinein.

Die am Ufer stehenden Soldaten brüllten vor Wut und verfluchten mit Tränen in den Augen alles, was ihnen einfiel.

Die im Wasser Getroffenen versanken stumm, oder schreiend, zwei oder drei von ihnen konnten wieder ans Ufer zurückkriechen, wo sie von den anderen verbunden wurden. Einem Panzerjäger hatte ein Schuß den Unterkiefer zerschlagen. Er jammerte völlig unverständliche Worte.

„So was kotzt einen an“, sagte Lohmann.

„Ja, Sie haben recht, es kotzt einen an.“

Schnell trieb die Fähre hinaus aufs freie Haff. Die Soldaten, die gehofft hatten, mit diesem Boot mitzukommen, gingen schweigend zum Dünenhang zurück, um dort in ihren Deckungslöchern weiter zu warten.

„Der Doktor ist vielleicht doch mitgekommen“, begann Lohnmann wieder, „obwohl ich seinen weißen Verband nicht mehr gesehen habe.“

„Er klammerte sich am Bug fest und tauchte dann plötzlich weg.“

„Ich würde es ihm gönnen“, antwortete Lohmann, „obwohl er kein guter Soldat war. Aber er dachte manches richtig.“

„Sie haben doch auch hingeguckt, als die Schießerei begann. Vielleicht hat ihn einer reingezogen. Es muß doch noch anständige Leute geben.“

„Ich habe nicht gesehen, daß einer reingezogen wurde, Herr Hauptmann, jedenfalls auf dieser Seite nicht. Aber auf der anderen Seite, das wäre möglich.“

„Sie haben recht“, sagte Westermann, „es kotzt einen alles an.“

„Im Bunker steht eine halbe Flasche Kognak, gehen wir, mir ist ganz übel geworden.“

„Ja, gehen wir“, wiederholte Westermann automatisch, „gehen wir nach Hause.“

Die Nacht schien kein Ende zu nehmen. Man hätte jetzt schon im Osten einen kleinen, hellen Schimmer wahrnehmen müssen, doch der Himmel war noch immer schwarz verhangen, und sie konnten damit rechnen, daß es tagsüber wieder regnen oder schneien würde. Das Dünengras hing noch voller Wassertropfen, die beim Gehen ihre Stiefel sauber wuschen. Sie kletterten den Hang hinauf auf das Dorf zu, das nur noch aus gespenstischen Ruinen, stehengebliebenen Schornsteinen, zu Bunkern ausgebauten Kellergewölben und einer von Granaten aufgerissenen Straße bestand. Das gegnerische Artilleriefeuer hatte fast ganz aufgehört. Zwischen den vereinzelt heranheulenden Granaten herrschte tödliche Stille. Über die von zerstörten und verlassenen Fahrzeugen, Leichen und Pferdekadavern übersäte Kraterlandschaft verstreut lag wie ein zu Tode verwundetes, apathisches Tier die einst so siegreiche Armee.

Hauptmann Westermann überlegte, was von seiner Batterie jetzt noch übriggeblieben war. Von seinen hundertfünfzig gesunden Leuten lagen hier noch ein paar in ihren Sandlöchern und warteten abgestumpft und übermüdet auf das, worauf sie schon seit Jahren Morgen für Morgen warteten, auf den sich immer wiederholenden Angriff, auf den Kampf und auf das Ausrollen ihres Würfels, dessen Zahl angab, ob sie . . . Immer dasselbe Spiel, immer der gleiche Einsatz. Doch hier lagen sie am Ende der Welt. Das war anders. Das war neu.

Im Bunker brannte nur noch eine Kerze. Der Regimentsadjutant saß am Tisch und telefonierte auf der einzigen Linie nach Norden. Nach einer Weile hing der Adjutant den Hörer auf.

„Oberst noch nicht zurück?“ fragte Westermann und legte seine Feldmütze auf den Tisch.

„Nein“, antwortete der Adjutant. Seine Augenränder hatten sich vor Müdigkeit zusammengezogen.

„Haben Sie noch einen Kognak für mich übrig, Lohmann?“ wandte sich der Chef an den Unteroffizier.

„Doch, Herr Hauptmann, aber ich sehe schwarz. Es ist die letzte Flasche, und wenn der Schnaps alle ist, ist's ganz aus.“

Westermann trank einen Schluck. „Schätze, daß das Theater in einer halben Stunde losgeht. Der Oberst könnte sich ein bißchen beeilen.“

„Lassen Sie doch den Oberst in Ruhe“, schimpfte der Adjutant, „Sie gehen einem auf die Nerven mit Ihren ewigen Randbemerkungen.“

„Was heißt denn da: ewige Randbemerkungen? Ich werde doch noch sagen können, daß ich den Morgenangriff in einer halben Stunde erwarte, was?“

„Was, was, was“, äffte der Adjutant unwirsch nach. „Damit Sie es wissen: der Oberst kommt nicht mehr zurück.“

„Was passiert?“ fragte Westermann, als sei er an der Antwort völlig uninteressiert.

„Der Oberst ist zu weit nach vorn gelaufen. Die Schützenlinien liegen doch hier oben gleich hinter der Straße.“

„Na und?“ fragte Westermann böse.

„Nichts - und! Bauchschuß. Operabler Bauchschuß!“

„Na und . . . Menschenskind, lassen Sie sich doch nicht jedes Wort aus der Nase ziehen!“

„Operabler Bauchschuß, sagte ich.“ Der Adjutant legte den Bleistift aus den Fingern und schob die Hände in die Hosentaschen. „Wissen Sie jemand, der hier im Dorf einen Bauchschuß operiert?“

„Nein, weiß Gott nicht“, antwortete Westermann und setzte sich auf eine herumstehende Munitionskiste.

„Der Oberst wußte es auch nicht“, sagte der Adjutant.

„So . . . Und dann?“

Der Adjutant zog die rechte Hand aus der Tasche, führte sie an die Schläfe und krümmte den Zeigefinger.

„Einfaches Verfahren, was?“

Alles schwieg.

„Dazu gehört auch ein gewisses Quantum Mut, aber der Oberst hatte ja genug davon.“

„Klar, Mut muß man haben, auch dazu. Übrigens, der Arzt der zweiten Abteilung, so ein junges Bürschchen, hat Morphium organisiert. Weiß der Teufel woher. Steht jedermann unseres Regiments zur Verfügung. Wer sich nicht stark genug fühlt für den Sonnenaufgang. Der Unterarzt ist leidenschaftlicher Raucher. Für eine Packung Zigaretten kriegen Sie eine Überdosis, dafür füllt er die Spritze und setzt Ihnen die Nadel in die Vene, nur spritzen müssen Sie selbst. Damit möchte er sein Gewissen nicht belasten.“

Er kicherte gehässig in sich hinein.

„Was will der denn mit den vielen Zigaretten?“

„Er rechnet damit, daß die Russen die deutschen Ärzte übernehmen, dann kann er die Zigaretten gut gebrauchen.“

„Das hat bis jetzt keiner von unserer Batterie gebraucht“, sagte Lohmann.

„Die Erste war ja auch immer etwas Besonderes.“

„War sie das?“ fragte Westermann.

„Sie gab sich große Mühe“, meinte der Adjutant.

Lohmann trank und stellte die Flasche auf das Brett, das dem Oberst als Schreibtisch gedient hatte. „Morphium? Wir überstehen den Tag auch so. Oder wir kommen sogar raus. Vielleicht fällt den Generälen etwas ein. Zum Beispiel ein Waffenstillstand. In letzter Minute. Oder haben Sie auch jetzt noch Schiß vor Berlin?"

Der junge Adjutant schüttelte langsam den Kopf. Er hatte mit dem Oberst darüber gesprochen. Über die Macht des Schicksals und über die Sippenhaft. Niemand von den höheren Offizieren wollte die Familie in den Schlamassel hineinziehen. „Das verstehen Sie nicht, Lohmann. Und wenn Sie es verstünden, würde es nichts ändern."

Lohmann war ganz sicher, daß er alles verstehen würde, was man ihm erklärte. Er hätte dem Adjutanten noch ein paar Fragen stellen können, doch er unterließ es. Der Adju hatte in einer Hinsicht ganz gewiß recht. Jetzt würde sich nichts mehr ändern. Und das war für ihn das wirklich Unbegreifliche. Daß sich niemand auflehnte. Daß niemand aufbegehrte. Daß alle einfach nur hinterher trotteten.

„Ich finde es blöd", sagte er, „daß wir von nichts anderem mehr reden. Mir ist die Luft hier im Stall ohnehin zu schlecht. Hier erdrückt einen ja die Bunkerdecke. Entsinnen Sie sich des Angriffs bei Pleskau? Da konnte man vom Flußufer das ganze Land übersehen, die Abschüsse, die Rauchfontänen, das Dampfen der geborstenen Erde und schließlich die fremden Bataillone, die wie Marionetten vor uns auftauchten. Es gibt auch berauschend schöne Bilder im Krieg."

„In Ordnung, Lohmann, suchen Sie sich eins."

„Mach ich, Herr Leutnant."

„Gut, gehen Sie rauf, stellen Sie sich auf das Dach und geben Sie uns ein Zeichen, wenn die Russen vor Ihnen auftauchen", sagte der Adjutant.

„Ich nehme gleich meine Knarre mit, Herr Hauptmann", meinte Lohmann, „die Flasche ist ohnehin leer. Ich kann mir nicht erklären, wieso ich von dem Kognak nichts mehr spüre.

Keine Spur von Rausch. Ich könnte ein ganzes Faß in mich hineinlaufen lassen, ohne die geringste Wirkung."

„Es wirkt nicht mehr, Lohmann."

„Das ist der Schluß, Herr Hauptmann, ich kann mich nicht mehr betrinken. Das ist übler, als ich dachte."

„Halten Sie keine langen Reden, Sie wissen doch, der Oberwachtmeister Unruh fing damals auch plötzlich zu erzählen an."

„Ich halte schon die Schnauze, Herr Hauptmann, es ist nur so komisch, wenn man sich nicht mehr betrinken kann. Das werde ich meiner Frau erzählen, die wird sich freuen."

Ihm fiel der Brief seiner Frau ein, den er wie durch ein Wunder vor acht Tagen bekommen hatte. Er zog ihn aus der Brusttasche, faltete ihn auseinander und hielt ihn vor das Kerzenlicht. Zum zehnten Male las er die Zeilen.

„Ich zähle wirklich schon die Tage, bis Du wieder hier bist. Wir werden Deinen Urlaub ganz allein feiern. Ich trage nur Deine Lieblingskleider, vor allem das mit den weitausgeschnittenen Ärmeln, weißt Du? Ich werde Dich streicheln und ganz, ganz lieb zu Dir sein, dann wirst Du dich schnell erholen . . ."

„Verdammt", sagte Lohmann und zündete den Brief an der Kerzenflamme an.

Dann stiegen sie die Treppe hinauf und kletterten durch den Sand hinauf auf die Steine, die die Troßleute vor Tagen als Splitterschutz auf das Bunkerdach gelegt hatten.

Eine Maschinengewehrgarbe pfiff über sie hinweg. Nein, hier konnten sie nicht bleiben. Sie mußten runter an das Ufer. Hinter der Düne würde sie nicht gleich die erste Granate erwischen. Sie sprangen hinunter und suchten einen Platz, wo keine Leichen herumlagen. Dort blieben sie stehen. Sie fröstelten. Ein kühler Morgen. Sie blickten nach Osten, auf den Lindenberg zu, von wo der Angriff seinen Anfang nehmen mußte. Unteroffizier Lohmann zog für einen Augenblick den Stahlhelm vom Kopf, um besser hören zu können.

„Was haben Sie mit Ihrem Haar gemacht?“ fragte Westermann.

„Die Schönheit ist hin“, witzelte Lohmann. Zahlreiche kleine dunkelbraune Flecken bedeckten die Kopfhaut.

„Wieso?“

„Das Haar ist mir in den letzten Tagen büschelweise ausgefallen“, erklärte Lohmann.

„Ich denke, es wird später wieder nachwachsen“, tröstete ihn der Chef.

„Das will ich hoffen“, meinte Lohmann. „Die Zeit heilt vieles.“

Während einer kurzen Feuerpause der russischen Artillerie vernahmen sie das gedämpfte Treten von Pferdehufen. „Was ist das denn?“ wollte Westermann wissen. „Ein Pferd?“

Domingo hörte zur Rechten die flachen kurzen Wellen des Haffs gegen den Strand laufen. Zur Linken nahm er den herben Duft des aufbrechenden Strandhafers wahr, der den Vorfrühling ankündigte. Die Frische der Morgendämmerung, der böige Nordostwind ließ seine blinden Augen tränen. In den Augenwinkeln, nahe der lilienförmigen weißen Blesse, klebte grünlicher Grind. Salziger Haffsand und Schorf hatten sich in der einst so schönen glatten Mähne verfangen. Von Zeit zu Zeit scheute er vor einer Leiche, um schließlich seine zitternden Hufe über einen gefallenen Soldaten zu heben. Als Teil der guten Schöpfung hütete er sich auch hier noch, auf einen Menschen zu treten, der zu seinen Hirten und Bewahrern gehörte.

Domingo schien seiner vollständigen Blindheit zum Trotz das Wesentliche der Endzeit zu überschauen. Unversorgt und so verlassen wie zu dieser frühen Stunde mußte er wohl ahnen, daß dies seine letzte Nacht war, nur wußte er sich nicht zu erklären, warum. Es war die Frage, die seine dunklen Augen kundtaten. Warum? Irgendwie hatte er plötzlich die

Grausamkeit der Menschen zu spüren bekommen, und nun suchte er an Westermanns Schulter ein wenig Wärme, Verständnis und neue Fürsorge. Der vertraute Duft aus Westermanns verschlissenem Mantel versprach Geborgenheit. Er hätte sie gern vergolten, aber offensichtlich vermochte er für die Menschen nichts mehr zu tun. Das Geschirr hing locker um Brust und Rist und Rücken. So müde und durstig und hungrig er auch war, er hätte sich gern ein wenig nützlich gemacht, sich hervorgetan gegen eine Handvoll Hafer, aber niemand bedurfte seines Eifers, und niemand stillte seinen Durst. Westermann streichelte seinen Kopf und seine Nüstern. Da atmete der Wallach tief aus und ein, und vor seinen Nüstern bildeten sich in der Frische des Morgens kleine Dunstfahnen. Die nasse Kälte zwang ihn, die Hinterhand etwas weiter unter den Bauch zu schieben, um sein Geschlecht zu schützen, aber schließlich siegte die Kälte. Der Krieg und die Kälte trugen den Sieg davon.

„Ist das nicht das Pferd Ihres Ortsgruppenleiters?" fragte Lohmann.

„Er war nicht mein Ortsgruppenleiter", wehrte Westermann ab.

„Vielleicht ist aber Ihre Lomme nahe."

„Ja, vielleicht."

Hinter der sanften Kuppe des Lindenbergs erhellte sich mehr und mehr der wolkenbezogene Horizont, hinter den Wolken würde bald die Sonne ihren Weg zum Himmel hinauf beginnen, die unendliche, ewige junge Sonne. Sie blickten noch einmal zurück und sahen die glatte, weite Fläche des Haffs. Kein Boot, so weit das Auge reichte.

„Man kann auch im kalten Wasser lange schwimmen", meinte Westermann. „Die Jungens sollten es versuchen."

Aber der Unteroffizier Lohmann hörte nicht zu. Er war mit seinen Gedanken weit fort. Nach ein paar Minuten sagte er: „Da wird sich meine Frau freuen."

„Worüber?“

„Daß ich mich nicht mehr betrinken kann.“

„Ja, das ist eine feine Sache.“

Punkt Viertel nach sechs bäumte sich mit einem dumpfen Dröhnen die Erde unter ihnen auf. Tausend-, millionenfach heulte es heran, gurgelte durch die Luft, schrie schrill, wühlte sich in die Erde, um sich sogleich wieder in dröhnenden Detonationen aufzubäumen. Die Feuerwalze begann jenseits der Straße, wo die Schützenlinie verlief, blieb dort wenige Minuten liegen, kroch dann Meter um Meter vorwärts, bohrte sich in den festgestampften Boden der Straße, warf sich über den Graben, sprang auf den Landstreifen zwischen Straße und Dünen über, galoppierte den Hang hinunter und stürzte sich schließlich wie eine übermütige Herde wilder Pferde in die aufschäumende See.

Aus den Nebeln und Dämpfen der jäh aufgebrochenen Erde tauchten die gespenstischen Schatten der erdfarbenen Bataillone auf.

Erinnerungen

Der Autor Werner Möllenkamp wurde am frühen Morgen des 29. März 1945 am Ufer zwischen Follendorf und Balga von Pionieren aufgelesen und auf einem Floß zur Frischen Nehrung gebracht. Auf der Nehrung sammelten sich die Reste des Artillerieregiments 21 zwischen Großbruch und Mövenhaken und wanderten zur Meerenge zwischen Neutief und Pillau. Marineeinheiten brachten die Soldaten über das Pillauer Tief zur Halbinsel Peyse, wo sie mit den Mitteln des Marinesperrwaffenarsenals und der Munitionsanstalt Peyse unter Eingliederung einiger aus Königsberg ausgebrochener Festungsartilleristen zu einer neuen Artillerieeinheit zusammengestellt wurden. Am 17. April 1945 wurde der Autor nahe Neuhäuser verwundet und über das Lazarett der Festung Pillau nach Hela gebracht. Festungskommandant General Chill, in Rußland Kommandeur des Infanterie-Regiments 45, organisierte zu dieser Zeit den Widerstand in Pillau, der in der zweiten Aprilhälfte zahlreichen Verwundeten und Zivilisten die Flucht nach Hela ermöglichte. Was das Oberkommando der Wehrmacht versäumte, mußten Einheiten des Heeres unter erschreckenden Umständen nachholen. Die Soldaten bezahlten die Fehler der Führung mit ihrem Leben. Die Leitung der Seetransporte von der Halbinsel Hela nach Dänemark und Schleswig-Holstein lag in den Händen von Admiral von Buchardi und Admiral Thiele, die der Autor hier noch einmal seiner Bewunderung und seines Dankes versichern möchte.

Der „Kohlenpott“ voller Verwundeter und Flüchtlingsfamilien fuhr des Nachts ohne Lichter und Positionslaternen nach Kopenhagen. Mit dem Schiff traf der Eisbrecher „Ostpreußen“, der den Verwundetentransport von Hela bis Dänemark begleitet hatte, im Kopenhagener Hafen ein. Erich Koch verließ den Eisbrecher als Major Berger, begleitet von einem kleinen Stab treuer Mitarbeiter, darunter Unteroffizier Crantz, ehemals Ortsgruppenleiter von Elchenaue. Auch wenn in jenen Tagen das sechsjährige Drama des Zweiten Weltkrieges ein Ende fand, die Leiden der Bevölkerung von Ostpreußen, Pommern und Schlesien sollten sich mit der Vertreibung noch fortsetzen. Aller dieser Opfer gedenkt der Autor mit Trauer und Wehmut.

DANK DES AUTORS

Meinen Dank richte ich an all jene, die mir bei der Überarbeitung der vorangegangenen Auflagen des Romans behilflich waren und meine Arbeit während der Drucklegung unterstützten. Auf dem langen und mühsamen Wege zu diesem Buche habe ich viele Gespräche geführt und Literaturquellen aufgespürt, um dem Geschehen in Ostpreußen so nahe wie möglich zu sein. Während der Arbeit wurden alle Herrlichkeiten jenes Stücks Erde wieder wach, aber auch das Elend der Kriegszeit und das Unglück der Vertreibung. Diese Auflage wurde auf Wunsch des Verlages mit Lagekarten ausgestattet, die den enger und täglich tödlicher werdenden Kessel um Heiligenbeil deutlich machen. Die Karten besorgte freundlicherweise Dr. phil. Johann Christoph Freiherr von Allmayer-Beck in Wien, Autor der Geschichte der 21. (Ostpr./Westpr.) Infanterie-Division, die wie die ganze Armee im Raume Heiligenbeil unterging.